The Psychology of Happiness

행 복 심 리 학

Michael Argyle 저
김동기 · 김은미 공역

학지사

The Psychology of Happiness
by Michael Argyle
Copyright © 2001 Michael Argyle

역자 서문

인간의 본성은 원시시대 이후로 거의 조금도 변하지 않고 있다. 그러나 인간의 행위를 통제하는 요인들에 관한 우리의 지식은 심리학 분야에서의 과학적인 연구 방법의 발전과 함께 놀라울 정도로 확장되었다. 불과 한 세기 전까지만 해도 심리학은 사실 비과학적인 학문이었다. 그러나 오늘날 심리학은 철학에서 제일 늦게 독립해 나온 학문이자 가장 성공적으로 독자적인 영역을 구축한 학문이 되었다.

심리학의 전통은 Wundt와 행동주의를 거치면서 확립된 실험과 계량적 검증이었다. 당연히 심리학에서는 입증하기 어려운 정신적이고 추상적인 개념에 등을 돌리고 말았다. 이것은 Boring의 지적처럼 철학과 정신분석학의 영향에서 심리학의 정체성을 확립하기 위한 어쩔 수 없는 선택이었다. 그러므로 심리학은 기계적인 법칙으로 일관하는 차갑고 냉정한 학문이 되어 버렸다.

그러나 이런 심리학이 변화되고 있다는 명백한 조짐이 있다. 새로운 천 년이 시작된 시점에서 미국 심리학회 회장인 M. Seligman은 심리학이 이제 긍정적인 심리학(positive psychology)을 지향해야 한다고 천명하였다. 불행하고 적응하지 못한 사람들에 대해서보다는 밝고 건강하며 미래 지향적인 주제에 관심을 기울여야 하며, 동물실험으로 유추한 결과보다는 인간 본연의 본질적 문제가 심리학의 전면에 등장해야 한다는 것이다.

이러한 분위기 속에서 끊임없이 시도된 인본주의적 운동이 꽃을 피운 것일 수도 있다. 그러나 이를 위해 심리학이 전통과 장점을 버리는 우를 범하지는 않았다. 이것은 심리학이 과학적 심리학의 전통을 유지하면서 그 영역을 지금까지 미처 눈여겨보지 못했던 정신적이고 추상적인 개념으로까지 외연을 확장시킨 것이다.

이 책에는 바로 이런 시대적 조류에 부합하는 주제와 방법들이 소개되어 있다. 인간이 사는 목적이 행복하기 위해서라면 과연 돈, 여가, 유머, 자기만족, 직업, 사회적 관계, 개인차와 문화적 환경 등의 조건들은 서로 어떤 관계가 있을까? 이 책의 저자는 자칫 사변으로 흐르기 쉬운 이 문제들을 실증적이고 과학적인 자료를 통해 냉정하게 설명하고 있다. 이 책의 장점은 차가운 열정을 소유한 건강하고 행복한 인간의 특징을 심리학적 방법론으로 접근하고 있다는 것이다. 이런 방식은 아직까지는 다소 초보적인 수준일 수 있지만, 우리는 지금까지와 마찬가지로 심리학이 잘 해낼 수 있을 것이라고 생각한다. 이런 믿음 때문에 길고 고통스러웠던 번역 과정 중에도 가끔 흥분과 행복감을 느끼곤 했다. 심리학의 가능성을 기대한 사람들이 이 책을 읽으면서 실망했다면 그것은 전적으로 우리들의 미숙한 번역과 과문함 때문이다. 이에 관해 독자들의 질책을 겸허히 수용할 것이다.

역자

머리말

이 책의 초판은 행복심리학 분야가 아직 미숙했던 1987년에 출판되었다. 그 때 이래로 이 책은 광범위하게 확장되었다. 많은 새로운 연구들이 『Social Indicators Research』, 『The Journal of Personality and Social Psychology』, 『Personality and Individual Differences』로 출판되었다. Veenhoven은 『Correlates of Happiness』(1994)에서, 전 세계의 조사에 대한 재분석을 시도하였으며, Kahneman과 Diener, Schwarz는 광범위한 자료로 된 『Well-Being: The Foundations of Hedonic Psychology』(1999)를 편집하였다. 여기서 필자는 한 개의 장을 집필하였다. 행복과 안녕감 연구는 현재 심리학 논문집에 주로 게재되고 있다. 그러나 이 주제에 대해 경제학자들은 돈이 사람을 행복하게 하는지의 여부와 실업의 효과에 대해 관심을 가지고 있다.

이 책의 초판이 나온 이후, 필자는 이 책의 중심 주제 몇 개에 대해 연구와 저술을 하였다. 이것은 필자가 몇 개의 장을 다시 정리하는 데 도움이 되었다. 이 기간에 필자는 『The Social Psychology of Work』(1989), 『The Social Psychology of Leisure』(1996), 『Psychology and Religion: An Introduction』(2000)을 출판하였다.

필자는 Peter Hills, Adrian Furnham 교수님과 Peter Robinson 교수님에게서 상당한 도움을 받았으며, 이분들은 전체 원고를 읽고 의견을 말씀해 주셨다. 특히, 필자는 옥스퍼드 브룩스 대학의 학생들에게도 상당한 빚을 졌다. 그들 중 몇몇은 이 영역에서 경험적인 프로젝트를 수행하였던 학생들이었다. 그리고 두 개의 학회가 아주 도움이 되었다. 그중 하나는 'Well-Being'과 관련해서 프린스턴에 계시는 Kahneman이 개최한 것이었고, 다른 하나는 너필드 대학에서 Avner Offer 교수님 외 여러분들이 개최한 것이다.

또 필자는 몇몇 도서관에서 도움을 받았다. 특히 옥스퍼드에 있는 New Bodleian의 Radcliffe Science Library와 PPE Reading Room에서 많은 도움을 받았다.

2000년 6월

옥스퍼드 브룩스 대학에서

차 례

제1장
행복하게 하는
것들은 무엇인가

우리는 모든 사람이 평등하게 창조되었다는 자명한 진실을 믿고 있다.
그리고 우리의 창조주에게서 양도할 수 없는 권리인 생명과 자유와 행복을
추구할 권리를 부여받았다.   −미국 독립선언서에서−

1. 행복의 추구

대부분의 사람들이, 아니 모든 사람들이 행복해지기를 원한다는 것은 증명
할 필요가 없는 분명한 사실이며, 이것을 입증할 만한 많은 자료들이 있다.
King과 Napa(1998)는 두 개의 표집연구에서(미국 중서부에서 수행됨), 미국인
들은 좋은 삶을 영위하는 데 있어 돈이나 도덕적 선함보다, 심지어 천국에 가
는 것보다 행복함과 삶의 의미를 훨씬 더 중요한 것으로 평가하였다고 한다.
그러나 학생들은 돈이 중요하지 않다고 생각하고 있지만, 성인들은 돈이 좋
은 삶을 살기 위한 한 가지 요소라고 생각한다. Skevington과 MacArthur,
Somerset(1997)은 영국의 많은 보통 사람들은 돈과 건강, 성(性)보다도 행복함
을 삶의 질을 구성하는 가장 중요한 요소로 평가하였다는 것을 발견하였다.
많은 사람들이 복권에 당첨되는 것과 TV 프로그램에 열광하는 것은, 돈이 여

러 가지 문제들을 해결해 주며, 그들을 행복하게 해 준다고 믿기 때문이다.

우리는 행복을, 추구할 수 없거나 추구해야 하는 것이 아니라 열심히 일한 것의 부산물이거나 좋은 삶의 어떤 다른 부분이라고 말한다. 한편, 심리학자들은 행복을 추구하는 것이 일부 사람들에게는 우울을 경감시키는 데 비교적 성공적이었으며, 그것의 목적은 우울한 사람들을 행복하게 하는 데 있다고 하였다. 이제부터 우리는 자신과 다른 사람 모두에게, 사실상 모든 공동체가 행복감을 향상시킬 수 있는 가능한 방법을 알아볼 것이다.

때로 행복의 진정한 개념은 모호하고 신비스럽다고 말한다. 그러나 대부분의 사람들은 그것이 무엇을 의미하는지 아주 잘 알고 있다. 조사연구에서 사람들에게 행복의 의미를 물어보았을 때, 그들은 종종 행복이 기쁨의 상태거나 다른 정적인 정서 상태에 있을 때, 그리고 삶에서 만족감을 경험할 때라고 말한다. 이들 두 요소, 즉 정적 정서와 만족감은 자주 측정되는 것들이며, 우리는 이것들이 어느 정도는 다른 원인을 갖고 있다는 것을 살펴볼 수 있다. 종종 세 번째 요소 ─ 우울이나 불안, 다른 부적인 정서가 없는 것 ─ 가 포함되기도 한다. 행복은 때로 대규모의 조사에서 단일 질문에 응답하는 방식으로 측정된다. 그러나 이것은 국제적으로 비교하였을 때 다소 예기치 않은 결과를 불러일으킬 수 있다. 따라서 좀 더 긴 척도가 더 나을 경우가 있다. 우리는 제2장에서 행복의 측정에 대해 논의할 것이다.

우울과 행복에 대한 많은 심리학 서적과 논문들 간에는 상당한 불균형이 있다. 우리가 간과하고 있는 정적 정서를 고찰하도록 동기화시킨 한 조사에서는 17 : 1의 비율을 이루고 있었다. 그러나 최근에는 상황이 변화되고 있으며, 소위 '주관적 안녕감(subjective well-being: SWB)'이라고 불리는 것에 대한 많은 연구가 이루어지고 있다. 이 말은 행복감과 정확하게 동일한 것을 의미하고 있으며, 필자는 행복감의 대안으로 이 말을 사용하려고 한다. 왜냐하면 안녕감은 보통 수입과 건강과 같은 객관적 변수를 포함하고 있기 때문이다.

행복이 다른 형태를 취할 수 있다는 것 또한 가능하다. 시끄럽고 흥분된 사회적 사건을 즐기는 사람들의 고도로 각성된 행복감이 있으며, 조용하고 고독한 활동을 즐기는 사람들의 한적한 행복감이 있다. 이것은 다른 문화에서 행복감의 수준을 비교할 때 문제가 된다. 우리는 다음 장에서 행복감이 가장 잘 측정될 수 있는 방법들에 대해 살펴볼 것이다.

2. 행복연구에서는 무엇을 알고자 하는가

심리학자들은 행복의 원인과 행복함을 일으키는 심리적 과정을 이해하고 자 한다. 그러나 다른 사람들은 무엇을 알고자 하는가? 그들은 행복의 이유를 알고자 한다. 왜냐하면 이것이 자신이 아닌 다른 사람들의 행복감을 증진시켜 줄 방법을 제시해 줄 수 있기 때문이다. 여가활동의 선택과 같은 어떤 인과 적 요인들은 조작될 수 있다. 그리고 긍정적인 기분을 유발하는 단순한 방법으로 자신의 기분을 변화시키는 것이 가능하다. 이것은 '행복이 변하는가?' 와 같은 질문에 대한 답변을 제시해 준다. '답은 '그렇다' 이다. 심지어 성격 과 같은 다른 인과적 요소들이 부분적으로 우리의 내 · 외적인 통제하에 있음 에도 불구하고 변하게 할 수 있다는 것이다. 우리는 제13장에서 그러한 방법 을 알아볼 것이다.

또한, 심리학자들은 그것을 해결하기 위하여 실질적인 영향력을 가지는 기 본적인 논쟁에도 관심을 두고 있다. 좋은 기분은 심리적 과정에 의존하며, 그 것들 중 몇 가지는 우리가 알고 있는 것들이다. 예를 들면, 우리는 프로잭 (Prozac, 항우울제-역자 주) 같은 약물의 효과나 운동의 효과를 설명할 수 있다. 이 책의 끝 부분에서 우리는 이러한 행복감의 특성에 대한 생리학적 산물들 을 자세하게 추적할 수 있을 것이다. 그리고 우리는 행복에 영향을 미치는 생 물학적 이점을 알고자 한다. 즉, '행복이 생존에 도움이 되는가?' 우리는 이 질문에 대한 몇 가지 답을 제시할 것이다(제3장 참조).

행복은 부분적으로 결혼이나 취업과 같은 객관적인 조건에 의존하지만 때 로는 마음에 의존하기도 한다. 즉, 행복은 우리가 현상을 어떻게 바라보느냐 에 의존하고 있다. 낙관주의는 좋은 예다. 그러나 '비현실적인 낙관주의' 는 어떤가? 목적을 가지는 것은 좋은 것이다. 그러나 만약 '목적 달성의 차이' 가 너무 크다면 어떠한가? 이런 것들은 삶에서 행복과 만족감에 대한 판단의 이면에 있는 몇 가지 인지적 과정이다(제4장 참조).

웃기는 상황을 즐기는 것 또한 행복에 보탬이 된다. 그리고 유머에 관해서는 이 책의 초판이 편집된 이후 추가된 부분이다. 유머는 몇 가지 방법으로 작동되며, 가장 중요한 것은 잠깐 동안 덜 심각한 방법으로 사건을 바라보는 것으로, 부정적 사건으로 인한 스트레스를 덜 느끼게 할 수 있다는 것이다. 유머는 사회적 마주침을 즐기는 수단을 의미하며, 부분적으로는 사회성이며, 사회적 기술이다. 유머는 사람들 사이에서 그리고 사회에서 갈등을 제거해 준다(제5장 참조).

이 책의 중간 부분은 행복의 주요 원인에 대한 것이다. 필자는 사회적 관계, 직업, 여가가 이에 해당된다고 믿고 있다. 우리는 낭만적 사랑, 결혼, 우정과 같은 관계들이 정적 정서의 주요 원인이라고 알고 있다. 그리고 정신건강이나 신체적 건강과 같은 다른 안녕감의 측면 또한 주요한 원인이다. 실질적 도움과 정서적 지지, 즐거운 활동에서의 교제와 같은 형태로 사회적 지지를 제공함으로써 사회적 관계는 행복에 영향을 미친다. 행복감과 사회성 간에는 밀접한 관련이 있는 것이다(제6장 참조).

직업은 대부분의 사람들에게 만족감과 즐거움을 준다. 그 이유는 그것이 부분적으로 보상과 다른 목표 달성을 이끌뿐 아니라 일을 하는 것에서 오는 내적인 만족감과 동료와의 관계에서 오는 사회적 만족감을 주기 때문이다. 그러나 직업은 스트레스가 될 수도 있다. 직업은 전반적으로 우리에게 도움이 된다. 직업 조건은 변화될 수 있으며 항상 나아지는 것은 아니다. 즉, 행복 연구가들은 새로운 직업의 형성에 주의 깊은 안목을 가지고 있다. 산업화된 세계를 통틀어 볼 때 실업률은 높다. 그리고 우리는 실업의 영향이 어떻게 완화될 수 있는지를 토의할 것이다(제7장 참조).

여가는 행복감의 중요한 요인이다. 그리고 그것은 대부분 개인의 통제하에 있다. 여가활동을 동기화하는 것에 대해서는 몇 가지 이론이 있다. 그 주요 동기는 종종 실제적이든 상상이든 간에 사회적 관계를 즐기는 것에 있다는 것이다. 심리학자들은 TV 시청을 좋아하는 것에 대해 꽤 혼란스러워 한다. 왜냐하면 사람들은 TV 시청에서 아주 낮은 수준의 만족감을 보이기 때문이다. 또한, 사람들은 TV를 시청할 때 거의 잠이 들기 때문이다. 그러나 사회적으로 고립되는 경우에 대해서는 긍정적 효과가 있을 수 있다(제8장 참조).

'돈이 사람을 행복하게 할 수 있는가?' 이것은 정말로 중요한 질문이다. 그러나 지금까지의 연구 결과가 서로 모순되기 때문에 이를 해결하기는 쉽지 않다. 많은 사람들과 정부는 마치 돈이 사람을 행복하게 하는 것처럼 행동하지만, 여전히 수입의 증가가 생활의 만족에 영향을 미치지는 않는다. 어떤 사람들에게는 복권에 당첨되는 것이 부정적 효과가 있으며, 부자들은 수입이 중간 정도인 사람들보다 더 행복하지 않다는 것이다. 즉, 돈을 많이 번 사람들과 아주 빈곤한 사람들은 덜 행복해 한다. 다른 한편, 부유한 국가일수록 가난한 국가보다 더 행복한 것으로 나타났다. 사회 계층과 교육은 행복에 상당한 영향이 있으며, 이 두 가지 모두 어떤 국가에서는 더 큰 영향을 가지고 있다(제9장 참조).

또한, 심리학자들은 어떤 종류의 성격이 가장 행복한지를 알고자 한다. 이것은 한때 논쟁의 초점이 되었으나 현재는 많은 연구가 진행되고 있으며, 외향성과 신경증 같은 성격 특질은 행복과 강한 관련성이 있다는 것이 발견되었다. 사고방식의 영역에는 몇 가지 다른 성격적 측면이 있다. 행복한 사람들은 자아존중감, 자기통제감, 낙천주의 그리고 목표를 갖는 것에서 파생된 목적의식이 높다. 이 분야에서의 어떤 결과들은 심리치료에서 사용될 수 있다. 즉, 환자를 가장 최선의 방법으로 사물을 바라볼 수 있게 설득하는 것이다. 행복에는 또한 성차가 있는 것으로 나타났다. 그러나 이것이 역사적 변화에 기인할 수 있는가? 다행스럽게도 몇몇 장기간의 연구에서 이러한 사실이 입증되었다. 이러한 내용은 제10장에서 성격과 함께 다룰 것이다.

'종교가 사람을 더 행복하게 할 수 있는가?' 그렇다고 할 수 있다. 그러나 운동 모임에 들어가거나 결혼을 하는 것만큼은 아니다. 교회 구성원들은 안녕감의 좀 더 전문적인 부분에서 혜택을 받고 있다. 즉, 봉사는 내적인 긍정적 경험을 일으킨다. 마치 음악이 그러한 것처럼 신도들은 죽음을 덜 두려워하고, 중요한 스트레스에 대처할 수 있는, 좀 더 실존적인 안녕감을 가지고 있다. 그리고 그들은 좀 더 오래 산다. 이것은 부분적으로는 교회 공동체에서의 강한 사회적 지지에 기인한다(제11장 참조).

우리 국가가 다른 국가와 어떻게 비교되는지를 아는 것은 가장 흥미 있는 일이다. 이것에는 많은 요소들이 있으며, 결론은 미국, 오스트레일리아, 스칸디나비아, 영국 등은 자기보고 행복에서 높은 점수가 나왔다는 것이다. 그러나 단일항목 조사에서 발견되는 것에 따르면, 이 분야에서 몇몇 결과는 의문시되고 있다. 즉, 아일랜드는 정말 세계에서 가장 행복한 국가인가와 유럽은 불행한가? 그 차이는 행복의 표현에 대한 사회적 규범 때문일 수 있다. 만약 우리가 객관적인 사회적 지표를 살펴본다면 좀 더 복잡한 그림이 나타나게 될 것이다. 제12장에서는 역사적인 변화가 있는지에 대해 살펴볼 것이다. 지난 40년에 걸친 조사에서 많은 국가는 평균적인 번영에서는 상당한 증가가 있음에도 불구하고 행복에서는 놀랄 만큼 적은 변화가 있었다. 즉, 우리는 이것 자체가 설명을 필요로 하는 후속 문제인지를 살펴볼 것이다. 사회적 변화가 계속되는 동안 행복은 영향을 받을 수 있고, 그들 중 일부는 좀 더 높은 실업률, 좀 더 많은 가정 해체와 같은 잘못된 방향으로 갈 수도 있다. 제12장에서는 이러한 국가 간의 차이를 다룰 것이다.

제13장에서 우리는 행복이 증진될 수 있는 방법을 고려할 것이다. 이를 위해 실험실에서 기분유도실험이 수행될 수 있다. 그리고 현장 상황에서는 운동과 같은 긍정적 사건의 빈도를 증가시킴으로써 수행될 수 있다. 행복치료는 긍정적인 생활사건을 증가시키고, 인지적 치료를 사용하고, 사회적 기술 훈련을 실시하는 것으로 구성될 수 있다. 이런 것들에 근거한 정교한 계획은 우울한 환자와 정상인 모두에게 사용될 수 있다. 우리는 프로잭과 다른 행복약물의 효과에 대해 토의할 것이다. 결론적으로 말하면, 변화된 생활방식이 행복을 성취하는 최선의 방법이 할 수 있다.

마지막으로, 우리는 행복이 유익한 것인지에 대해 물었다. 행복한 것이 사람들을 육체적으로나 정신적으로 더 건강하게 하는가? 그리고 사람을 좀 더 사회적이고, 유용하고, 열심히 일하게 하거나 문제를 더 잘 해결하게 해 주는가? 이런 질문에 대한 답은 또 다른 질문에 답할 필요를 만든다. 행복은 어디에 사용될 수 있는가? 그럼에도 불구하고 우리의 목표는 행복 그 자체에 있다 (제14장 참조).

3. 모든 것은 이미 알고 있다

대부분의 사람들은 행복연구에 커다란 몸체가 있다는 것을 알지 못한다. 그리고 그들이 이런 사실에 대해 들었을 때 항상 깊은 인상을 받지는 않았다. 그들은 '분명하지'라고 말해 왔다. 연구를 수행하는 사람들에게는 틀림없이 분명하지 않은 이런 연구가 수행되기 이전보다 연구가 수행되어서 이런 결과가 발견되었을 때 이것은 보다 더 분명해진다. 완전하게 해결되지 않은 문제를 목록으로 만들어 봄으로써 이 주제를 강의할 때 필자는 때때로 이런 반응을 회피하고자 하였다. 물론, 여러 '분명한' 이론들은 잘못되었음이 드러났다. 틀림없이 어떤 연구들은 아주 놀랄 만한 것이 못 된다. 예를 들면, 실업자가 되거나 이혼하는 것은 사람을 불행하게 한다는 것 등이다. 다른 한편으로 우리는 개개인이 누구며, 이런 경험으로 불행해지지 않는다는 것을 자세하게 알지 못한다. 사실 어떤 사람들은 더 행복한 경우가 있다. 그러나 대부분의 사람들에게 있어 아주 놀랄 만한 다른 결과들도 있다. 예를 들면, 다음과 같다.

- 전체적으로 돈이 사람을 행복하게 하지는 않는다.
- 복권 당첨이 많은 사람을 행복하게 하지는 않는다.
- 행복은 부분적으로 타고난 것이다.
- 행복한 사람이 더 오래 산다.
- 교회에 가는 사람들이 행복하다.
- 아이를 갖는 것은 전반적으로 행복에 효과가 없다(그것은 가족생활의 순환 단계에 의존한다).
- 노인들은 젊은 사람보다 더 행복하다.
- TV 멜로드라마 시청은 유익하다.

사람들이 자신들을 행복하게 하거나 불행하게 한다고 생각하는 것에 대한 연구가 있다. 그것들은 종종 틀린다. 예를 들면, 미국 학생들은 그들이 중서부에 있을 때보다 캘리포니아에 살 때 더 행복하다고 생각한다. 그러나 차이는 없다. 교수는 그들이 만약 종신재직권을 갖게 되면 더 행복하리라 생각한다. 그러나 차이는 없다. 군인은 어려운 낙하산 훈련을 수행하는 것에서 더 두려움을 느끼며, 치과 환자는 실제로 일어난 것보다 좀 더 아프다고 생각한다. 사람들은 돈이 행복의 중요한 요인이 아니라고 말한다. 이 말 자체는 맞는 말이지만 그들의 행동은 돈을 아주 중요하게 생각한다는 것을 암시한다 (Loewenstein & Schkade, 1999).

필자는 여전히 해결되지 않은 많은 논쟁점들을 언급하고 있다. 여기에는 어떤 국가는 다른 국가보다 더 행복한지, 정확히 돈이 행복에 얼마만큼의 효과를 가지는지와 같은 완전히 경험적 문제를 포함하고 있다. 그리고 기쁨을 일으키는 생리학적 과정과 외향성이 왜 행복하게 하는지를 정확하게 설명하는 것 같은 좀 더 이론적인 논쟁점들도 있다. 그리고 어떤 훈련 프로그램이 행복을 가장 잘 고양시키는지와 같은 응용문제들도 있다.

4. 영감에 근거한, 경험적이지 않은 행복이론

더 이상의 연구는 필요하지 않으며, 행복에 대해 모두 알고 있다고 생각하는 몇몇 집단이 있다. 예를 들면, 어떤 종교적인 행동을 하는 사람들이다. 이슬람교도들은 생명의 비밀은 자신들의 성서에서 찾을 수 있다고 생각하고 있으며, 심리학에서의 연구는 불필요하다고 생각한다. 왜냐하면 행복은 코란에 모두 있다고 생각하기 때문이다. 만약, 이것이 진실이라면 종교적인 사람들은 비종교인보다 더 행복하다는 결론에 이르게 된다. 우리가 앞으로 살펴보겠지만 다른 원인들은 더 커다란 효과가 있다.

또 다른 집단은 자기 수양서의 저자들이며, 이들은 『The Power of Positive Thinking』(1953)을 저술한 Norman Vincent Peale의 전통에 따르는

사람들이다. 그리고 'How to be Happy'라는 일반적인 제목으로 된 여러 저서들이다. 이들 저서들은 이전에 기술된 어떠한 연구 기획도 사용하고 있지 않으며, 일종의 영감에 근거한 상식들을 사용하고 있다. 그들은 사람들이 자신을 나타내고, 자신을 받아들이며, 긍정적으로 생각할 것을 충고하며, 이런 충고들은 때때로 사람을 사랑하고 그들을 용서하는 것 같은 어떤 종교적인 요소들로 되어 있다. 최근의 저서를 보면 Holden의 『Happiness Now』(1998)와 Lindenfeld의 『Emotional Confidence』(1997) 같은 것들이 있다. 이러한 저서들의 부족한 부분은 그 내용이 진실이거나 그것을 읽는 것이 사람에게 어떤 좋은 영향을 주었는지에 관한 증거들이다. 우리는 종종 분명해 보이는 것들이 잘못된 것으로 드러나고, 많은 문제들이 여전히 해결되지 않고 있기 때문에 이미 상식적으로 아주 빈약한 설명이라는 것을 알고 있다. 그리고 중요한 요소는 긍정적으로 생각하는 것이 정말로 행복의 한 부분이지만 그것이 완전히 의지력으로 획득될 수 있는지에 대해서는 불확실하다. 이 저서들은 이상하고 증명할 수 없는 주장들로 가득 차 있다. 즉, "당신은 항상 전적으로 행복합니다. 당신의 유일한 문제는 이것에 대해 항상 알아차리지 못한다는 것입니다." 그리고 "행복해지기 위해 온 마음으로 헌신을 하는 것은 강력한 약물입니다."와 같은 것이다(Holden, 1998: 160-170). 어떤 점에서 경험적인 가정으로서 이런 것들을 생각하는 것은 실수를 하는 것이다. 이것들은 영감에 근거한 진술들로, 자신의 삶에 대해 독자가 느끼는 방식을 변화시키려는 의도를 가지고 있다. 그러나 이 경우에 어떠한 자기 수양서가 옳은 것인지, 아니면 최고인지에 대해 결정할 수 있는 방법이 없다.

5. 행복연구의 역사

행복 분야는 상당히 최근에 나타났기 때문에 비교적 짧은 역사를 가지고 있다. 1960년대 미국 조사 기관은 행복과 만족감에 대한 질문조사를 시작하였다. 이것은 몇 안 되는 초기의 고전들이 되었다. 즉, 23,875명의 응답자로 된 국제적 조사로서, Cantril(1965)의 『The Pattern of Human Concerns』와 NORC 조사를 사용한 Bradburn(1969)의 『The Structure of Psychological Well-Being』 그리고 미시간 대학교의 『Survey Research Center』에서 조사한 Campbell과 Converse, Rogers(1976)의 『The Quality of American Life』 등이 있다. 또 1967년에 Wilson은 『Psychological Bulletin』에서 행복 문헌에 대한 고찰을 출판하였으며, 1984년에 Diener도 같은 것을 출판하였고, 1999년 이것을 다시 개정하였다(Diener et al.). Gallup과 MORI 그리고 다른 조사 기관은 후속 조사를 수행하고 있다. 이것은 단지 미국에서만 수행된 것은 아니다. 즉, 유럽에서는 유로지수(Eurobarometer)가 공동 시장(Common Market) 국가를 대상으로 조사되었다.

논문집 『Social Indicators Research』가 1974년에 시작되어, 행복에 대한 많은 자료가 출판되었다. 즉, 『Personality and Individual Differences』는 행복에서의 개인차에 대한 관심이 증대되어 많은 논문들을 출판하였다. 『The Journal of Personality and Social Psychology』 와 같은 심리학 논문집 또한 행복에 대한 논문을 출판하기 시작하였다. 1999년에 『Journal of Happiness Research』를 Veenhoven이 편집하여, 출간하였다. 1994년에 Veenhoven은 3권으로 된 커다란 『Correlates of Happiness』를 출판하였으며, 이것은 전 세계를 대상으로 630개의 주요 조사를 분석하고 있다. Kahneman과 Diener, Schwarz는 방대한 저서 『Foundations of Hedonic Psychology』(1999)를 편집하였다. 이것은 행복연구에 대한 대부분의 현장연구에 중요한 범주를 연구하고 있는 프린스턴 학회에 근거하고 있다.

필자는 이 책의 초판을 편집하면서 많은 것을 발견하였으며, 그 이래로 더 많은 것들을 포함시켰다. 이 분야는 놀랄 만한 기세로 성장하였으며, 많은 분량의 연구와 지식을 자료화하고, 행복연구학회와 일반 심리학학회에서 출판된 자료를 상당 부분 인용하고 있다. 그러나 일반심리학 분야에는 그다지 많은 영향을 주고 있지 않다. 예를 들면, 아직은 심리학 교재에서도 한 장을 차지하지 못하고 있는 실정이다.

6. 행복연구에서의 실질적인 적용

다른 접근방법들이 할 수 없는, 행복에 대한 모든 지식들로 무엇을 할 수 있는가?

1 개인의 행복 증진

생활방식에서의 변화나 몇 가지 종류의 치료의 이점에 대한 후속 연구들이 있다. 이러한 후속 연구들은 아주 중요하다. 왜냐하면 많은 형태의 심리치료가 결국 효과를 나타내지 못하는 것으로 밝혀졌기 때문이다. 즐거운 활동치료와 몇 가지 인지적 치료는 행복에 직접 전달되며 효과적인 것으로 밝혀졌다. 사회적 기술 훈련은 우울증에 성공적인 것 이외에 또 다른 목적이 있다. 이것은 사회적 관계성을 증진시키는 것을 통해 정상인에게도 유사한 결과를 가지고 있다. 운동을 증가시키는 것과 같은 변화된 여가활동은 또한 우울한 사람과 정상적인 사람에게 작동한다는 것이 발견되었다. 특히, 여가는 우리 자신의 통제하에 있으며 행복을 증진시키기 위해서 조작할 수도 있다.

2 공동체의 행복 증진

행복은 단지 개인적인 문제가 아니라 공동체의 소유물이기도 하다. 이것은 특히 집단주의 사회에서 이상적인 것이다. 즉, 공동체의 안녕감은 여가와 사회적 응집력같이 부분적으로 연합 설비의 기능이 있다. 작업 조직의 경우에 그것의 크기와(작을수록 더 낫다) 형태(위계적이지 않을수록 더 낫다) 그리고 의사결정에 참여하는 정도가 중요하다. 우리가 정확하게 돈의 효과가 무엇인지를 밝혀낼 때, 그것은 경제적 문제와 관련해서 정부에 조언을 할 수 있게 한다.

③ 국제 연구기관

이들은 다른 국가에서의 삶의 질에 관심을 가진다. 우선 그들은 단지 경제적인 방법만 고려하고 있으며, 건강과 교육, 다른 객관적인 측정을 고려할 수 있다. 또한, 주관적 안녕감도 중요하다. 그러나 이것은 객관적인 지수와 아주 밀접하게 관련되어 있지는 않다. 그러므로 주관적 안녕감은 설명될 필요가 있다. 만약, 어떤 국가가 아주 낮은 행복감 수준을 가지고 있다면, 이들 연구기관의 관심의 대상이 될 수 있다. 그러나 이를 비교하는 것은 그리 쉽지 않다. 어떤 행복은 다른 국가에서는 다른 형태를 갖기도 하며, 또한 질문에 응답하는 방식이 다를 수 있다.

제2장

행복은
어떻게 측정되는가

1. 행복이란 무엇인가

우리가 살펴보았듯이 사람들은 이 말을 완벽하게 이해하고 있는 듯하며, 정적 정서와 생활에서의 만족에 대해 꽤 분명한 생각을 가지고 있다. 많은 조사연구에서는 그들이 얼마나 행복한지를 단순하게 응답자들에게 질문하고 있다. 여기에서 우리는 '사회적 지수'라고 기술하는 수입, 건강 등에 대한 객관적 측정에 대해서보다는 안녕감의 주관적인 측면인 '주관적 안녕감(subjective well-being: SWB)'의 측정에 우선적으로 관심을 가지고 있다.

행복에 대한 많은 자료들은 사회적 조사에서 제공되며, 광범위한 응답자를 대상으로 하기도 한다. 많은 질문을 하는 것은 비경제적이기 때문에 종종 '당신은 얼마나 행복합니까?' 또는 '전반적인 삶에서 얼마나 만족감을 느낍니까?'라는 형태의 단일질문으로 구성된다. Andrews와 Withey(1976)는 두 가지 양상, 즉 정서와 만족감을 측정하려는 생각을 가지고, '기쁘다'에서 '끔찍하다'까지의 7점 척도로 구성된 단일항목을 개발하였다. 즉, '전반적으로 자신의 삶에 대해 어떻게 느끼십니까?' 그리고 유명한 연구인 『The Quality of American Life』에서 Campbell 등(1976)은 이 질문에 대해 '현재 전반적으로 자신의 삶에서 당신은 얼마나 만족하십니까?' 라는 표현을 사용하였다.

만족감을 측정하는 또 다른 방법은 〈표 4-2〉에 제시된 생활만족척도(Satisfaction With Life Scale: SWLS)다. 이들 척도를 사용한 연구에서 대부분 사람들의 만족감은 평균 이상이었으며, 모집단에서 만족감은 폭넓게 분포되어 있음을 증명하였다. Diener와 Diener(1996)는 행복, 만족과 주관적 안녕감에 대한 많은 연구들에서 평균적으로 75~80%는 평균 이상의 만족감을 가지고 있음을 발견하였다. 경험표집(간단하게 기술된)을 사용한 Bradstatter(1991)는 그 당시 사람들의 68%가 정적 정서 상태였음을 발견하였다.

Fordyce(1988)는 두 가지 질문으로 구성한 행복척도(Happiness Measure)를 고안하였다. 즉, 첫째 질문은 '일반적으로 당신은 얼마나 행복하거나 불행한 기분을 느끼십니까?' 로, 이 질문은 10점으로 점수화된 '아주 행복한(황홀경, 기쁨에 찬, 환상적인 느낌)' 에서 0점으로 점수화된 '아주 행복하지 않은(아주 우울한, 완전히 맥이 빠진)' 에 이른다. 둘째 질문은 '평균적으로 당신은 그 당시 몇 %나 행복하다는 느낌을 가졌습니까(또는 불행하거나 보통)?' 다. 여기에서 첫째 질문에 대한 점수와 둘째 질문에 대한 점수가 합쳐진다. 즉, 처음의 평균은 6.9점('약간 행복')이었고, 두 번째는 54%였다.

단일항목으로 측정하는 것은 꽤 성공적이었다. 직무만족은 이런 방식으로, 즉 '모든 것들을 고려해 볼 때 당신은 자신의 일을 얼마나 좋아합니까?' 라는 질문으로 측정될 수 있다. 그리고 이 같은 질문은 더 긴 척도와 .67의 높은 상관이 있었다(Wanous, Reichers, & Hudy, 1997).

Fordyce 척도는 더 긴 행복척도와 높은 상관이 있었다. 그러나 단순한 단일항목 측정에는 문제점들이 있다. 그중 한 가지는 너무 명확하다는 것이며, 더구나 응답자 편향의 영향을 받을 수 있다는 것이다. 심리학자들은 '당신은 흑인을 좋아합니까? 와 같은 항목을 인종적 태도로 측정하지는 않는다. 즉, 그들은 덜 직접적인 항목을 사용한다. 우리는 단일 행복 항목을 사용한 국가 간 조사가 몇 가지 이상한 결과를 일으킨다는 것을 나중에 살펴볼 것이다. 두 번째 난점은 심리학자들이 한 변인(變因)이 어떤 내적 타당성을 가지고 있는지,

즉 많은 상관 요소로 구성되어 있는지를 알고 싶어 하기 때문에 제기된다. 이 것은 지능검사의 질문들처럼 표집될 수 있는 영역 중에 더 긴 항목이나 측정 요소들을 점검해 본다는 것을 의미한다.

다양한 주관적 안녕감(SWB)의 측정으로 많은 연구가 수행되었으며, 다른 모든 방법은 서로 간에 상관을 이루며 단일 요인을 산출한다는 것이 발견되 었다. 예를 들면, Compton 등(1996)은 338명의 학생과 성인에게 행복과 정신 건강에 대한 일련의 질문들을 실시하였고, 〈표 2-1〉에 제시된 것들을 포함한 명확한 제1부하량 요인을 얻었다. 이들 측정에 대해서 나중에 더 토의할 것이 다. 가장 높은 부하량은 Fordyce의 행복측정(Happiness Measure)이었으며, 다 음으로는 Diener의 생활만족척도(SWLS)와 Bradburn의 정서균형척도(Affect Balance, 정적 정서에 부적 정서를 뺀 것)였다. 즉, 모두 잘 알려지고 광범위하게 사용되는 측정치로 나타났다. 여기서 가장 높은 상관은 일반적인 행복에 대 한 측정이었고, 두 번째로 높은 것은 생활만족이었으며, 세 번째는 정서적 균 형이었다. 다른 연구들에서도 동일한 결과가 발견되었다. 행복은 경험의 기 본적인 차원이었으며, 성격 특질만큼 중요한 것이었다. 행복의 정서적 부분 에서 우리는 보통 사람들의 현재, 그 당시의 기분 이상의 것을 알고자 한다. 예를 들면, 우리는 그들의 일상적인 기분과 그들이 '지금' 보다는 '최근 몇 주 간의 느낌' 이 어떠했는지를 알고자 한다.

가장 광범위하게 사용되는 만족감에 대한 측정은 Diener와 동료들이 만든

〈표 2-1〉 Compton의 행복 요인의 부하량

행복(Fordyce)	.84
생활만족도(Diener)	.83
정서적 균형(Bradburn)	.74
삶의 질(Flanagan)	.69
낙천주의(LOT)	.69
심리적 안녕감(Fordyce)	.60
자아존중감(Rosenberg)	.51

※출처: Compton et al. (1996).

생활만족척도며, 이것은 제4장에서 토의한 것이다. 옥스퍼드행복검사(Oxford Happiness Inventory: OHI, Argyle et al., 1989)는 전반적인 행복을 측정할 수 있도록 설계되었다. 다음은 우울증에 대한 잘 알려진 측정방법인 벡우울증검사(Beck Depression Inventory: BDI)에 대한 설계인데, 몇 가지 동일한 항목을 사용해서 역채점되었다. 여기에는 동일한 사지선다형으로 되어 있는 다른 것들이 추가되어 있다. 29개의 항목이 있으며, 최종 개정안은 〈표 2-2〉에 제시되어 있다. 옥스퍼드행복검사는 옥스퍼드에서 수행된 연구의 대부분에서 사용되었으며, 벡우울증검사보다 더 높은 검사-재검사(test-retest) 신뢰도를 가진 것으로 밝혀졌다. 또한, 옥스퍼드행복검사는 친구들이 평가한 결과와 상관이 있음이 발견되었으며, 성격 차원, 스트레스, 사회적 지지와 관계를 예측하였다. 이것은 중국과 이스라엘에서 번안판이 출시되었다.

Joseph과 Lewis(1998)는 일반적인 우울-행복(Depression-Happiness)척도를 개발하였다. 이것은 옥스퍼드행복검사와는 .54의 상관이 있었으며, 벡우울증검사와는 -.75의 상관을 가진 것으로 밝혀졌다. 이 결과는 우울과 강한 부정적인 상관을 가진 것으로 나타나, 단일 행복 차원이 있다는 것에 대해 확증을 갖게 해 준다.

1 행복은 몇 가지 구성요소로 되어 있는가

우리는 단지 행복이 다소 분리된 인지적·정서적 부분을 가질 수 있다는 것을 확인하였다. 이것은 만족감이나 다른 기쁨과 의기양양한 정도에 대해 물어봄으로써 얻어질 수 있다. Andrews와 McKennell(1980)은 영국과 미국 표집에 23개의 주관적 안녕감 측정방법을 사용하였다. 여기서 그들은 분명한 정서적·인지적 요인을 발견하였으며, 행복 측정은 정서적 요인과 좀 더 상관이 있다는 것을 발견하였다. 정서적·인지적 요인은 물론 상관(단지 $r = .50$ 정도의 상관)은 있으나, 어떤 경우는 Suh 등(1997)이 43개국에서 전부 56,661명의 피험자에서 얻은 자료보다 더 낮았다. 정서적 균형과 만족감 간의 평균 상관은 .41이었다. 그러나 이것은 영국과 미국에서와 같이 $r = .50$이나 그 이상으로, 개인주의로 평가된 국가에서는 더 높았다. 그러나 집단주의 국가에서 아래에 개인의 행복에 대한 일련의 진술문이 있습니다. 각각의 문항에 있는 네 개의 진술문을 읽고, 각 문항에 대해 오늘을 포함해서 지난주에 당신이 느꼈던 것을 가장 잘 기술한 항목 하나를 선택하십시오. 당신이 표시하려는 진술문 번호에 원을 그리십시오.

01.　　a　나는 행복을 느끼지 못했다.
　　　　b　나는 약간 행복했다.
　　　　c　나는 아주 행복했다.
　　　　d　나는 믿을 수 없을 만큼 행복했다.

02.　　a　나는 미래에 대해 특별히 낙천적이지 않다.
　　　　b　나는 미래에 대해 낙천적이라고 느낀다.
　　　　c　나는 일어날 일에 대해 상당히 기대하고 있다고 느낀다.
　　　　d　나는 미래가 희망과 밝은 전망으로 넘쳐나고 있다고 느낀다.

03.　　a　나는 나의 삶의 어떤 것에 대해서도 만족하지 않는다.
　　　　b　나는 나의 삶의 몇 가지 부분에는 만족한다.
　　　　c　나는 나의 삶의 많은 것들에 만족한다.
　　　　d　나는 나의 삶의 모든 것들에 완벽하게 만족하고 있다.

04.　　a　나는 내 삶을 특별하게 통제하고 있지 못하다고 느낀다.
　　　　b　나는 내 삶을 적어도 부분적으로나마 통제하고 있다고 느낀다.
　　　　c　나는 대부분의 삶을 통제하고 있다고 느낀다.
　　　　d　나는 내 삶의 모든 부분에 대해 완전하게 통제하고 있다고 느낀다.

05.　　a　나는 삶이 특별하게 가치가 있다고 느끼지 않는다.
　　　　b　나는 삶이 가치 있다고 느낀다.
　　　　c　나는 삶이 아주 가치 있다고 느낀다.
　　　　d　나는 삶이 가치 있는 것으로 넘쳐난다고 느낀다.

06.　　a　나는 내가 하는 방식에 대해 특별하게 즐거움을 느끼지 않는다.
　　　　b　나는 내가 하는 방식을 즐긴다.
　　　　c　나는 내가 하는 방식을 많이 즐긴다.
　　　　d　나는 내가 하는 방식에 대해 매우 즐거움을 느낀다.

07.　　a　나는 결코 사건에 좋은 영향을 미치고 있지 않다.
　　　　b　나는 때때로 사건에 좋은 영향을 미친다.

c   나는 자주 사건에 좋은 영향을 미친다.

d   나는 항상 사건에 좋은 영향을 미친다.

08.   a   나는 그럭저럭 살아간다.

       b   삶은 좋은 것이다.

       c   삶은 아주 좋은 것이다.

       d   나는 삶을 사랑한다.

09.   a   나는 진정으로 다른 사람들에게 관심을 가지고 있지 않다.

       b   나는 다른 사람들에게 약간의 관심을 가지고 있다.

       c   나는 다른 사람들에게 아주 관심이 많다.

       d   나는 다른 사람들에게 강한 관심을 가지고 있다.

10.   a   나는 쉽게 의사결정을 하지 못한다.

       b   나는 약간 쉽게 어떤 결정을 할 수 있다.

       c   나는 쉽게 좋은 의사결정을 할 수 있다.

       d   나는 아주 쉽게 모든 의사결정을 할 수 있다.

11.   a   나는 어떤 것을 시작하기가 어렵다는 것을 발견한다.

       b   나는 어떤 것을 시작하는 것이 약간 쉽다는 것을 발견한다.

       c   나는 어떤 것을 시작하는 것이 쉽다는 것을 발견한다.

       d   나는 어떤 것을 할 수 있다고 느낀다.

12.   a   나는 일어났을 때 드물게 잘 쉬었다는 느낌이 든다.

       b   나는 일어났을 때 가끔 잘 쉬었다고 느낀다.

       c   나는 일어났을 때 대체로 잘 쉬었다고 느낀다.

       d   나는 일어났을 때 항상 잘 쉬었다고 느낀다.

13.   a   나는 힘이 넘친다고 느끼지 않는다.

       b   나는 약간 힘이 있다고 느낀다.

       c   나는 어느 정도 힘이 있다고 느낀다.

       d   나는 무한한 힘이 있다고 느낀다.

14.   a   나는 어떤 것이 특별한 '광채'를 낸다고 생각하지 않는다.

       b   나는 어떤 것에서 아름다움을 발견한다.

       c   나는 대부분의 것에서 아름다움을 발견한다.

       d   모든 세상이 나에게는 다 아름답게 보인다.

15. a 나는 정신적으로 깨어 있다고 느끼지 않는다.
    b 나는 정신적으로 약간 깨어 있다고 느낀다.
    c 나는 정신적으로 상당히 깨어 있다고 느낀다.
    d 나는 정신적으로 완전히 깨어 있다고 느낀다.

16. a 나는 특별하게 건강하다고 느끼지 않는다.
    b 나는 약간은 건강하다고 느낀다.
    c 나는 건강하다고 느낀다.
    d 나는 어찌할 수 없을 만큼 아주 건강하다고 느낀다.

17. a 나는 다른 사람들에 대해 특별하게 따뜻한 느낌을 가지고 있지 않다.
    b 나는 다른 사람들에 대해 약간은 따뜻한 느낌을 가지고 있다.
    c 나는 다른 사람들에 대해 아주 따뜻한 느낌을 가지고 있다.
    d 나는 모든 사람들을 사랑한다.

18. a 나는 과거에 대해서 특별하게 행복한 기억이 없다.
    b 나는 과거에 대한 약간은 행복한 기억이 있다.
    c 대부분의 과거 사건들은 행복했던 것 같다.
    d 모든 과거 사건은 상당히 행복했다.

19. a 나는 기쁨이나 의기양양한 상태에 있었던 적이 없다.
    b 나는 때때로 기쁨과 의기양양함을 경험한다.
    c 나는 자주 기쁨이나 의기양양함을 경험한다.
    d 나는 항상 기쁨과 의기양양한 상태에 있다.

20. a 내가 하고자 하는 것과 실제 수행하는 것 사이에는 차이가 있다.
    b 나는 내가 원하는 것의 일부만을 수행한다.
    c 나는 내가 원하는 것의 상당 부분을 수행한다.
    d 나는 내가 원하는 모든 것을 수행한다.

21. a 나는 내 시간을 제대로 조직할 수 없다.
    b 나는 내 시간을 비교적 잘 조직한다.
    c 나는 내 시간을 아주 잘 조직한다.
    d 나는 내가 하고자 하는 모든 것을 적합하게 할 수 있다.

22. a 나는 다른 사람들과 즐겁게 지내지 않는다.
    b 나는 때때로 다른 사람들과 즐겁게 지낸다.

	c	나는 자주 다른 사람들과 즐겁게 지낸다.
	d	나는 항상 다른 사람들과 즐겁게 지낸다.
23.	a	나는 항상 다른 사람들에게 즐거운 영향을 미치지 않는다.
	b	나는 때때로 다른 사람들에게 즐거운 영향을 미친다.
	c	나는 자주 다른 사람들에게 즐거운 영향을 미친다.
	d	나는 항상 다른 사람들에게 즐거운 영향을 미친다.
24.	a	나는 내 삶에서 어떤 특별한 의미와 목적을 가지고 있지 않다.
	b	나는 의미와 목적을 가지고 있다.
	c	나는 상당한 의미와 목적을 가지고 있다.
	d	나의 삶은 전체적으로 의미와 목적이 있다.
25.	a	나는 특별하게 개입하고 관여한다는 느낌을 가지고 있지 않다.
	b	나는 때때로 개입하고 관여한다.
	c	나는 자주 개입하고 관여한다.
	d	나는 항상 개입하고 관여한다.
26.	a	나는 세상이 좋은 곳이라고 생각하지 않는다.
	b	나는 세상이 비교적 좋은 곳이라고 생각한다.
	c	나는 세상이 좋은 곳이라고 생각한다.
	d	나는 세상이 아주 멋진 곳이라고 생각한다.
27.	a	나는 거의 웃지 않는다.
	b	나는 비교적 자주 웃는다.
	c	나는 많이 웃는다.
	d	나는 항상 웃으면서 지낸다.
28.	a	나는 내가 매력적이라고 생각하지 않는다.
	b	나는 내가 비교적 매력적이라고 생각한다.
	c	나는 내가 매력적이라고 생각한다.
	d	나는 내가 상당히 매력적이라고 생각한다.
29.	a	나는 어떤 것이 즐겁다는 것을 발견하지 못한다.
	b	나는 어떤 것이 즐겁다는 것을 발견한다.
	c	나는 대부분의 것이 즐겁다는 것을 발견한다.
	d	나는 모든 것에서 즐겁다.

※출처: Hills & Argyle(1998b).

는 r=.20보다 낮았다. 그 이유는 집단주의 문화에서 보고된 만족감은 개인뿐
아니라 다른 사람들의 상태에 의존한 것으로 볼 수 있다. 그래서 행복은 서로
부분적으로 독립적인, 적어도 두 가지 요소를 가진 것이라고 말할 수 있다.

앞에서 설명한 Fordyce 측정은 단지 정서에 대한 측정이며, Kammann과
Flett의 정서지수(Affectometer, 1983)도 오로지 정서에 대한 것이다. 반면에
Diener 등의 생활만족척도(SWLS, 1985)는 만족감에 대한 것이다. 다른 정서
측정은 [그림 2-1]에 제시된 Andrews와 Withey의 '안면측정'이다. 이것은
'전반적인 삶'에 대한 질문에는 유용하지만 반응형태는 정서적 항목에 두고
있다.

그러나 정서적 항목은 다시 더 나눌 필요가 있다. 왜냐하면 긍정적인 기분
은 부정적인 기분의 반대가 아니라는 것이 밝혀졌기 때문이다. Bradburn
(1969)은 사람들에게 지난 몇 주간에 긍정적 기분과 부정적 기분을 경험했던
시간의 퍼센트를 물었다. 그 질문의 일부가 여기 제시되어 있다.

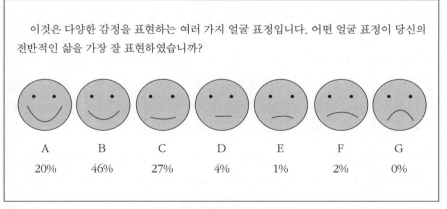

[그림 2-1] 얼굴과 느낌(Andrews & Withey, 1976)

> 지난 몇 주 동안 당신은 _____ 기분을 느꼈습니까?
> 예를 들면, 어떤 것을 달성했을 때 가지는 즐거움이라든지
> 모든 것이 자신의 길로 가고 있다는 것이라든지
> 우울하거나 아주 불행하다든지
> 다른 사람들에게서 아주 고립되었거나 멀리 있다는 느낌이었습니까?

이것의 주요 결과는 이들 두 가지 차원이 거의 전적으로 서로 독립적이라는 것이다. 이 논쟁은 상당 부분 토론되고 조사되었다. 간단한 대답은 정적 정서(PA)와 부적 정서(NA)는 약 $r=-.43$의 상관이 있다는 것이다(Tellegen et al., 1988). 우리는 다음 장에서 이것을 더 살펴볼 것이다.

부적 정서는 심리적으로 괴로운 영역들로 짜여져 있는데, 이는 아이젱크성격검사(Eysenck Neuroticism scale)와 벡우울증검사에서처럼 몇몇 광범위하게 사용되는 측정치가 있기 때문이다. Andrews와 Withey(1976)는 그들의 만족감 측정치가 정적 그리고 부적 정서 두 개 모두의 측정치와 완전히 독립적이라는 것을 발견하였다. 우리가 처음에 이들 세 가지가 서로 상관된다는 것을 살펴보았지만, 이것은 행복이 세 가지 주요 부분, 즉 만족감과 정적·부적 정서를 가지고 있다는 결론에 대한 광범위한 일치를 나타내고 있다. 행복은 다른 방식으로 나뉠 수 있다. 그러나 이것이 지금까지 연구자들이 가장 자주 사용하는 방식이다.

특히, 정서를 나누는 또 다른 방식은 그것들의 강도나 깊이, 빈도를 측정하는 것이다. 둘 다 전반적인 정서에 영향을 미치지만 빈도가 좀 더 중요하다는 것이 발견되었다. 우리는 긍정적 생활사건의 효과를 고려하여 이 주제를 다시 살펴볼 것이고, 또한 강렬한 정서도 살펴볼 것이다.

부적 정서 또한 다시 나뉠 필요가 있다. Headey와 Wearing(1992)은 대규모의 호주 연구에서 우울(벡우울증검사)과 불안(Spielberger 척도)은 $r=.50$의 상관이 있었으며, 부적 정서나 괴로움에 대한 두 가지 주요 형태는 부분적으로 독립적이라는 것을 발견하였다. 이들 연구자들은 또한 Bradburn의 부적 정서와 일반적인 건강 질문지(General Health Questionnaire: GHQ)를 사용하였고, 부적 정서와 괴로움에 대한 네 가지 측정은 모두 상관되었다는 것을 발견하

였다. 그러나 .36과 .50 사이로 아주 높지는 않았다. 따라서 이것은 부적인 정서의 구성요소를 분리하는 것에 대한 한 가지 사례가 되며, 다른 부적인 정서를 각각 평가하는 것이 바람직할 수 있다. 만약, 우울과 불안, 이 두 가지가 사용된다면 행복은 네 가지 구성요소를 갖게 된다. Headey와 Wearing이 발견한 이들 네 가지 구성요소 간의 관계가 [그림 2-2]에 제시되어 있다.

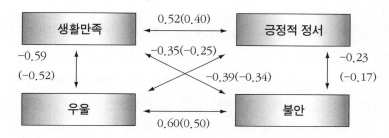

[그림 2-2] 안녕감과 심리적 괴로움에 대한 하위 차원 간의 '실제' 상관 측정치
(Headey & Wearing, 1992: 45) 관찰된 상관을 줄이는 데 사용된 신뢰도 측정치는 다음과 같다.: 생활만족 0.92, 긍정적 정서 0.64, 우울 0.82, 불안 0.85

Lucas와 Diener, Suh(1996)는 생활만족에 대한 다른 측정치들은 분명한 요인들로 형성되어 있고, 서로 함께 강한 상관이 있다는 것을 밝혔다. 그것들은 정적 정서의 측정치와 분리되었으며, 부적 정서 요인과 낙천주의, 자기존중감 측정치와도 분리되었음을 밝히고 있다.

그러면 낙천주의와 자기존중감이 행복의 한 요인인가? 아니면 삶의 목적인가? 삶과 자기존중감에 목적을 둔 낙천주의를 제대로 측정하기 위해 만들어진 척도(Life Orientation Scale)가 있다. 이것은 긍정적 사고와 느낌의 일부로 간주될 수 있다. 만약, 그렇다면 우리는 행복에 대해 좀 더 간단한 정의를 내릴 수 있으며, 이들 변인은 행복의 원인 중의 하나라고 말할 수 있다. 이것이 대부분의 연구자가 발전시키고 있는 것들이다. 한편, Ryff(1989)는 다른 접근방법을 취하고 있으며, 6개의 요인으로 된 심리적 안녕감에 대한 측정방법을 개발하였다.

- 자기 수용
- 긍정적 대인관계
- 자율성
- 환경에 대한 통제력
- 삶의 목표
- 개인의 성장

이들 6개의 요인은 또한 그것들 간의 상관이 비록 상당히 낮을지라도 단일한 최상의 요인을 형성하고 있다. 그것들은 다른 변인과 다소 다른 상관성을 가지고 있으며, 우리는 그것들 중 몇 가지는 이 책의 뒷부분에서 접하게 될 것이다.

행복과 정신건강 간에 어떤 관계가 있는가? 정신건강은 단일 요인의 견지에서 평가될 수 있다. 마치 Eysenck의 신경증 요인(Neuroticism Factor; Eysenck, 1976)처럼 일반적인 건강 질문지(Goldberg, 1978)는 광범위하게 사용되는 것이다. 일반적인 건강질문지의 간단한 형태는 〈표 2-3〉에 제시되어 있

〈표 2-3〉 **일반적인 건강 질문지**(GHQ, 12항목의 개정판)

당신은 최근에
*1. 당신이 하고자 하는 것이 무엇이든 집중할 수 있었습니까?
2. 걱정으로 잠을 이루지 못하였습니까?
*3. 어떤 것에서 유용한 부분을 수행하고 있다고 느끼셨습니까?
*4. 어떤 것에 대해 의사결정을 할 수 있다고 느끼셨습니까?
5. 항상 긴장하다고 느꼈습니까?
6. 당신은 당신의 어려움을 극복할 수 있다고 느끼셨습니까?
*7. 당신의 정상적인 매일의 활동들을 즐길 수 있었습니까?
*8. 당신의 문제에 직면할 수 있었습니까?
9. 불행하거나 우울한 느낌이 들었습니까?
10. 자신에 대한 신뢰감을 잃었습니까?
11. 자신을 무가치한 사람으로 생각하셨습니까?
*12. 모든 것을 고려해 볼 때 합리적으로 행복하다고 느끼셨습니까?

※출처: Goldberg(1972).
※주: * 이 항목들은 역채점되는 것들이며, 0점은 강한 일치를 의미함.

다. 〈표 2-1〉에서 보았듯이 우리는 안녕감과 정신건강의 단일 요인이 발견될 수 있다는 것을 살펴보았다. 그리고 우리는 정적 정서와 부적 정서가 다소 독립적이라는 것을 살펴보았다. 이것으로 인해 괴로움, 부적 정서, 우울이나 불안은 주관적 안녕감의 한 가지 요소인 것처럼 여기게 된다.

여기서 신체적 건강은 다른 문제다. 이것은 주관적 안녕감의 원인이기도 하고 결과이기도 하며, 좀 더 폭넓은 개념인 삶의 질의 일부로 간주된다. 개인이 느끼는 주관적인 건강은 주관적 안녕감의 또 다른 문제지만 신체적 건강과는 그렇게 밀접하게 관련되어 있지는 않다. 즉, 후자는 최근 영국을 대상으로 한 연구에서 SF-36척도로 측정되었으며, 개인의 활동성이 어떻게 손상되었는지에 대해 자세하게 질문하고 있다(Jenkinson & McGee, 1998).

② 이들 측정치는 얼마나 좋은가
심리검사를 평가하는 데는 몇 가지 방법이 있다.

① 내적 일치도, 즉 항목들이 서로 상관되어 있는가
우리는 함께 상관되어 있는 구성 성분과 더불어 거기에는 측정할 만한 변인이 있다는 것을 알고 있어야 하며, 검사에 의해 성공적으로 표집되었는지를 알아야 한다. 이것은 보통 Cronbach α로 평가된다. 대부분의 검사, 예를 들면 Diener의 생활만족척도(.84)와 옥스퍼드행복검사(.85)는 높은 점수를 보였다. 그리고 이것들은 모든 항목들이 거의 동일하게 되어 있으며, 편협한 척도는 아니다.

② 척도가 시간 경과에 있어서도 안정성이 있는가
대부분의 검사는 비교적 안정성이 있었다. 우리는 옥스퍼드행복검사가 6개월에 걸쳐 .67로, 이와 아주 유사한 벡우울증검사보다 좀 더 안정성이 있는 것을 확인하였다. 그리고 Headey와 Wearing(1992)은 6년 동안 .50에서 .60의 수준의 안정성을 보였음을 발견하였다. 그러나 점수들은 또한 변화에 민감하며, 현재의 안녕감의 예언치인 과거의 안녕감뿐 아니라 현재의 혼란에도 민감하다(Chamberlain & Zika, 1992).

③ 이들 검사는 과연 타당한가 그리고 그 점수는 더 좋거나 좀 더 직접적인 행복 측정방법과 일치하는가

두 가지 종류의 타당성이 사용될 수 있다. 옥스퍼드행복검사, 즐겁고-끔찍한(Delighted-Terrible, D-T) 척도 그리고 다른 척도에 대해서 다른 사람에 의한 보고와 피험자에 의한 평가 간에 약 .50에서 .60의 상관이 있었다. 예를 들면, 1,500명의 은퇴자를 대상으로 한 Lepper(1998)는 중요한 다른 사람에 의한 행복감의 평가가 다음과 같이 상관이 있었음을 발견하였다.

- 행복감 .59, .54 (두 개의 표집이 있었다.)
- 정적 정서 .45, .43
- 정서적 균형 .53
- 만족감 .53, .51

그들은 또한 한 주에 걸쳐 매일 매일의 기분에 대한 보고에서도 상관이 있었으며, D-T척도에서 .66으로 약간 높았다. Sandvik과 Diener, Seidlitz(1993)는 주관적 안녕감에 대한 네 개의 자기보고 측정치와 친구, 가족에 의한 비자기보고 측정 그리고 매일 매일의 기분 보고, 문자로 된 면접과 인지적 측정을 비교하였다. 비록 친구와 가족의 보고가 단지 .44로 일치했더라도 한 가지 형태의 측정과 다른 것의 평균 상관은 .73이었다. 이것은 아주 놀랄 만한 것이지만 완벽한 것이라고는 할 수 없다.

또 다른 종류의 타당도는 한 검사가 다른 변인과의 기대된 상관성 형태를 산출하는 것으로 측정될 수 있다. 여기에서는 약간 놀랄 만한 것이 있음을 발견하였다. 즉, 주관적 안녕감 측정은 기대되었던 객관적 만족감의 측정치와 낮은 관련이 있었다. 특히, 수입과의 관련성은 아주 약하다. 비록 서구에서 사람들이 40년 전보다 네 배나 수입이 더 늘었지만 그들의 주관적 안녕감은 여전히 변화되지 않았다. 그리고 미국의 아주 부유한 사람의 37%는 행복에서 평균 이하의 점수를 보였다(Diener & Suh, 1997). 이런 약한 관계성에 대한 설

명은, 만족감과 다른 주관적 안녕감의 측면은 단지 그들 세계의 객관적인 상
태에 의존할 뿐 아니라 사람들의 기대와 다른 인지적 과정에 의존한다는 것
이다. 환언하면 그것은 '마음속에' 있다는 것이다. 그럼에도 불구하고 주관
적 안녕감은 완전히 주관적이지 않으며, 정신의 실제 상태와 실제적인 얼굴
표정 그리고 다양한 종류의 실제적 행동에 상응한다는 점에서 현실적 상태
며, 사실상 '객관적'이라고 할 수 있다(Diener & Suh, 1997a).

④ 편향으로 점수가 영향을 받을 수 있는가

한 가지 편향은 순간적인 기분의 영향에 기인할 수 있다. Schwarz와
Strack(1991)은 만약 햇빛이 비치거나 자신이 응원하는 축구 팀이 이겼을 경
우, 개인은 비교적 높은 행복과 생활만족을 보고한다는 것을 발견하였다. 이
런 효과는 응답자에게 지금이 아니라 과거 몇 주간 그들이 어떻게 느꼈는지
를 기술하라고 질문함으로써 그리고 비일상적인 기분을 피하여 응답하게 함
으로써 줄일 수 있다.

또한, 응답자가 연구자나 자신의 이익을 위해서 자신을 정말로 실제 상태
보다 더 행복한 것으로 응답할 수 있는 위험성이 있다. 예를 들면, 9점 척도에
서 6점이나 7점으로 기록함으로써 대부분의 사람들은 그들이 평균 이상으로
행복하다고 응답한다는 것이다(Andrews & Withey, 1976). 그러나 영국에서 대
부분의 사람들은, 비록 그들 중 절반이 이혼할지라도 아주 행복한 결혼생활
을 하고 있다고 말한다. 그리고 생활만족은 자기 속임의 측정치와 상관되어
있음이 발견되었다(Hagedorn, 1996). 다른 한편, 사회적으로 용인된 응답을
하는 편향성을 가진 사회적 바람직성 효과는 없었다(Vella & White, 1997). 이
것은 앞에서 설명된 정적 편향과 어떻게 조화를 이루는가? 아마도 모든 사람
들은 정적 편향을 가지고 있을 것이다. 아니면, 모든 사람들은 평균보다 더 행
복하다고 느낄 것이다. 즉, 그들이 행복하다고 말하면 우리는 그들이 행복한
것으로 결론을 지어야만 한다. 그리고 국제적인 비교와 관련하여 심각한 문
제가 제기될 수 있으며, 우리는 지금 그쪽으로 방향을 전환할 것이다.

⑤ 척도를 다른 모집단에 사용할 수 있는가

한 국가나 문화가 다른 국가나 문화보다 더 행복한지에 대한 질문은 실질적이고 이론적인 관심을 끈다. 그러나 이 문제를 해결하기 위해서는 하나 이상의 문화에서 보다 더 타당한 측정치가 필요하다. 우리는 이미 동양의 집단주의 문화가 우리에게 한 가지 문제를 야기한다는 것을 제시하였다. 왜냐하면 만족감 보고는 개인뿐 아니라 집단의 지각된 안녕감에 근거하고 있기 때문이다. 특히, 수입, 교육, 건강과 같은 객관적인 사회적 지수에서 커다란 차이를 반영하는 것이 때때로 실패했던 것과 같이 우리는 주관적 측정이 어떤 문제가 되는 결과를 야기하는지 살펴볼 것이다. 유로지수에서 만족감 점수가 아주 낮은 프랑스와 이탈리아에서와 같이 몇 가지 다른 아주 의심스러운 결과가 있다. 즉, 그들 중 '일반적으로 자신의 삶에 아주 만족' 한다고 답한 10%는, 덴마크의 55%와 네덜란드의 45%와 비교된다(Inglehart & Rabier, 1986). 이것은 나중에 행복에서의 커다란 국가 차이라기보다는 부적 느낌에 대한 허용과 정적 느낌의 바람직성에 대한 다른 문화적 규범 때문이라고 주장하게 된다. 결론은 덜 직접적인 측정방법을 사용하기 때문이라는 것이다.

⑥ 행복에 대한 더 나은 측정방법이 있는가

있을 수 있다. 그러나 사람들에게 질문을 해서 비교하는 것은 불편하고 비경제적인 것 같다. 많이 사용될 수 있는 유일한 방법은 '경험표집' 이다. 여기서 개인은 일련의 시기에 자신들의 기분을 보고한다. 그리고 점수를 평균하는 것이다. Brandstatter(1991)는 30일간 매일 4시간 동안, 각각 6번 이내에 무선적인 시간 계획을 주어서 피험자가 응답하게 하였고, 전체적으로 180개가 보고되었다. Larson(1978)은 수많은 무선적인 시간에 피험자들을 찾아서 그들의 기분을 질문하였다. 이후에는 어떤 시기에 울리도록 프로그램된 스톱워치가 사용되었다. 우리는 얼마나 많은 측정이 필요한지 또는 그것을 얻는 가장 좋은 방법이 무엇인지를 알 수 있는 방법들에 대한 충분한 경험이 없다. 그러나 그들은 매력적일 정도의 안면 타당도를 이용하고 있다. 이런 방법들은 또한 자기보고며, 경험에 더 가까이 가게 하고, 경험을 기억하고 통합하는 것에 대한 요구를 줄여 준다. 기분을 표집하는 또 다른 방법은 수많은 무선적인 시기에 얼굴 표정과 목소리 톤에 대한 측정치를 얻는 것이다. 이것 또한 매력적이지만 다소 실용적이지 못한 부분이 있다.

또 다른 방법은 오히려 몇몇 친구들로 된 커다란 표집을 얻어, 친구에게 평가 대상의 사람에 대해 평가하게 하는 것이다. 이것은 앞에 기술된 자기보고 편향을 피하고 있지만, 그들의 평가가 피험자와의 그들의 관계성을 반영할 수 있다는 새로운 문제를 일으킨다. 이 방법은 상당히 가능성이 많지만 경제적이지 못하며 널리 사용되지 않고 있다.

마지막으로 세로토닌과 기분을 조절하는 다른 화학물질 또는 좋은 기분이 위치하고 있는 부위, 즉 왼쪽 전두엽의 활동성에 대한 생리학적 측정치를 얻는 것이다. 비록, 행복을 정확하게 측정하지 못할지라도 이와 같은 측정방법은 개발되고 있는 중이다.

2. 사회적 지수

사람들에게 질문을 해서 행복을 측정하는 데에는 분명히 몇 가지 문제가 있다. 대안은 객관적인 사회적 지수를 사용하는 것이다. 이것은 평균 수입, 교육 연수, 수명 같은 지수를 사용함으로써 대부분 도시나 국가를 비교하는 데 자주 사용된다. 이 방법은 또한 안녕감에서 역사적인 변화를 연구하는 데에도 사용될 수 있다.

이런 접근의 주요 어려움은 어떤 지수 항목을 객관적 사회 지수에 포함시킬 것인지를 결정하는 것이다. 영국 정부는 1999년에 수입, 교육, 실업 같은 유사성이 있는 것에 조류의 수와 강 오염을 포함한 13개의 사회적 지수를 감시하고 활성화시킬 것이라고 발표하였다. 새의 수가 사람을 행복하게 하는가? 아니면 어떤 다른 삶의 방식이 더 중요한가? 우리는 주관적인 측정치로 다시 이런 것들의 효과를 살펴보아야 한다. 그래서 만약 조류의 다양성이 사람을 행복하게 하지 않는다면 우리는 그것들을 제외하면 된다. 또 다른 문제는 동일한 지수가 다른 장소에서 다르게 측정될 수 있다는 것이다. 그리고 날씨의 경우에 기온이 중요한지 기온의 범위가 더 중요한지를 어떻게 결정하는가?

우리는 이 책의 내용에서 돈과 다른 객관적인 몇 가지 요인들의 효과를 살펴볼 것이며, 국가적인 차이에 대한 연구에서 객관적 지수의 사용에 대해 제12장에서 다시 한 번 살펴볼 것이다. 국가들뿐 아니라 개인에게도 객관적 지수(그들의 수입, 교육 등)를 사용하는 것이 가능하다. 이 접근은 그들이 어떻게 느끼는지를 사람들에게 물어보는 것이 아니라 그들이 무엇을 할 수 있는지, 그들이 삶을 얼마나 잘 영위하고 있는지를 알아봄으로써 건강에 대한 관점에서 삶의 질을 평가하는 데 사용할 수 있다(Jenkinson & McGee, 1998). 환자들의 안녕감에 대한 다른 접근은 그들이 얼마나 성공적으로 신체적 · 심리적 · 사회적 · 경제적으로 기능할 수 있을지를 평가하는 것이다(Raphael et al., 1996).

● 객관적 지수와 주관적 지수

객관적 지수와 주관적 지수는 모두 유용하다. 객관적 지수의 주요 단점은 우리가 무엇을 선택해야 할지를 알지 못한다는 것이며, 다른 국가 간에 동등한 측정방법을 찾아내기 어렵다는 것이다. 그리고 주관적 측정의 주요 단점은 기대와 적응의 효과와 같은 인지적 편향에 의해 그들이 영향을 받을 수 있다는 것이며, 그래서 우리는 점수를 얼마만큼 믿어야 할지를 알지 못한다는 것이다. Diener와 Suh(1997a)는 그것들이 어떤 방식에서는 함께 사용될 수 있다고 제시하였으며, 두 자료 세트가 있어야 한다는 것을 분명히 하고 있다. 40개국에서 주관적 안녕감을 비교한 연구에서 삶의 질 지수(Quality of Life Index)는 주관적 안녕감과 .57의 상관이 있었다. 이것은 상당한 불일치가 있는 것이다. 즉, 오스트리아와 나이지리아는 동일한 수준의 주관적 만족감을 가지고 있다. 그러나 오스트리아는 삶의 질에서 71점이었으며, 나이지리아는 30점이었다. 그러므로 만약 우리가 여기서 사람들의 삶을 증진시키고자 한다면 우리는 주관적 행복점수를 무시하는 것이 더 낫다. 스칸디나비아 국가는 항상 주관적 측정치에서 점수가 높으며, 객관적 측정에서도 기대했던 것보다 더 높다. 그러나 젊은 사람들과 노인들 그리고 남성과 여성, 다른 성격을 비교함에 있어 유사한 문제를 발견할 수 있다.

3. 연구방법

① 사회조사법

이것은 행복을 연구할 때 맨 처음 사용하게 되는 방법이며, 많은 양의 조사연구가 지금도 수행되고 있다. 이들 중 몇몇은 아주 대규모, 즉 어떤 경우에 160,000명의 응답자로 된 것도 있다. 이것은 어떤 훌륭한 통계적 분석이 만들어질 수 있다는 것을 의미한다. 이 연구는 우선 개인이 행복한지 아니면 행복하지 않은지에 대한 퍼센트에 관심을 가진다. 그 다음 자기보고된 행복, 예를 들면, 나이, 결혼 여부, 취업 유무 등과 같은 다른 변인들의 통계적 관계성을 연구하는 많은 조사방법이 있다. 즉, Campbell 등(1976)의 연구는 영향력이 있었던 초기의 사례들이다. 그 다음 이들 변인의 일부가 서로 상관이 있는지, 그래서 한 가지가 다른 것의 영향을 실제로 반영하는지를 이해하는 것이다. 중다회귀방법은 다른 변인의 독립적 영향을 알아보려는 사회학자들에게 인기가 있다. 우리는 초기에 630개의 연구를 참조하였고, 많은 것들이 이 방법을 사용하고 있었으며, Veenhoven(1994)이 다시 이 방법을 연구하고 있었다. 예를 들면, 수입, 교육 그리고 유사한 변인들을 고려할 경우 인종은 주관적 안녕감에 거의 효과가 없었다는 것이 밝혀졌다.

안녕감의 원인에 대한 이론을 검증하기 위해서는 다른 정교한 설계방법들이 필요하다. 예를 들면, Clark와 Oswald(1996)는 수입에 대한 만족감이 실제적 수입과 관련이 없다는 것을 발견하였다. 그러나 그들의 나이, 교육, 직업 등을 근거로 보면 만족감은 적게 기대하는 사람들에게 더 효과가 크다. 그들을 즐겁게 하는 것은 그들이 기대했던 것보다 더 잘 수행할 때, 그들이 과거에 했던 것보다 더 잘 수행할 때, 다른 사람들보다 더 잘 수행할 때다. 이러한 것들이 연구되는 것은 추후의 문제이기도 하다.

그러나 이것은 진정한 인과성의 방향을 나타내지는 않는다. 사람들이 결혼했기 때문에 행복해질 가능성보다 행복한 사람이 결혼할 가능성이 더 높다. 어떤 경우에는 문제가 없을 수 있다. 예를 들면, 나이는 단지 원인이지 결과는 아니다. 그러나 다른 변인에서는 종종 의심스러운 부분이 있다. 그리고 어떤 시점에서 단일 자료의 수집에서 발견하지 못하였던 것들이 있다. 그 경우에 우리는 장기간 설계와 실험 설계로 그 변인을 밝혀야 할 것이다.

② 장기간 설계법

이들 대부분은 동일한 개인이 어떤 시기에 몇 달이나 몇 년의 간격을 두고, 두 번 검사하는 '패널연구' 의 형태를 취한다. 처음의 안녕감에서 두 번째 안녕감을 예언하는 중다회귀방법이 수행될 가능성이 있다. 그리고 결혼, 취업, 성격 같은 가능한 인과적 변인을 예측할 것이다. Banks와 Jackson(1982)은 실업자가 되는 것이 정신건강에 나쁠 수 있는지 아니면 허약한 정신건강을 가진 사람이 직업을 갖지 못할 가능성이 있는지에 대한 문제를 다루었다. 그들은 학교를 떠나기 전과 후에 2년과 4년 간격으로 일반적인 건강 질문지를 수백 명의 졸업생들에게 실시하였다. 두 번에 걸친 그들의 점수가 〈표 7-5〉에 제시되어 있다. 직업을 갖지 않은 이들은 일반적인 건강 질문지 점수가 증가하였다. 즉, 그들의 정신건강은 더 악화되었다는 뜻이다. 인과성은 두 방향 모두에 있었으나 실업-정신건강의 방향에서 더 강한 상관이 나타났다.

정신건강 분야에서 사용되는 절차는 '고(高)위험' 집단의 사용이다. 예를 들면, 우울 위험성이 높은 집단 같은 경우다. 행복 분야에서 이것에 가장 가까운 것은 모험성이 높은 결혼 집단 같은, 사랑에 실패한 사람들에 대한 연구다. 그들은 사랑이 정신건강의 중요한 자원이라는 것을 보여 주었다.

③ 실험법

이것은 원인이 무엇인지를 알아보는, 전통적으로 선호되는 방법이지만 이 분야에서는 거의 사용되지 않는다. 주로 사용하는 것은 '기분 유도' 실험이다. 예를 들면, 즐거운 음악을 연구하거나 흥미 있는 비디오를 보여 줌으로써 피험자의 기분을 고양시킨다. 피험자는 이 방법으로 실험실에서 행복해질 수 있다는 것이 발견되었다. 그러나 효과는 10분에서 15분 정도로 보통 짧은 시간만 지속되었다. 이런 실험은 많이 행해졌는데, 이는 제13장에서 고찰될 것이다.

실험실 실험에는 두 가지 커다란 장점이 있다. 인과성의 방향이 명확하다는 것과 많은 변인들을 통제할 수 있다는 것이다. 이것은 만들어진 예측을 통해 다소 복잡한 이론을 검증하는 것을 가능하게 한다. 이러한 실험실 연구의 주요 약점은 연구가 인공적일 수 있고, 계획적으로 축소되어 실제보다 더 취약한 개정판을 사용할 가능성이 있다는 것이다. 그럼에도 불구하고 윤리위원의 요구에 의해서 꽤 정적인 정서 상태가 만들어질 수 있다. 그리고 이런 점들에 대해 부적인 정서의 생성에 대한 것보다는 반대가 덜하다.

④ 성격 특질과의 상관

이 분야에서 중요한 논쟁은 행복에 대한 성격의 영향력이다. 문제는 특질이 행복에 기여하는지, 얼마나 기여하는지에 대한 것이다. 예를 들면, 외향성은 많은 연구에서 높은 상관을 가지며, 때때로 .50만큼 높은 것임이 발견되었다. 연령과 성별과 같은 변인들은 일정하게 유지하는 것이 바람직하다. 외향성과 같은 특질은 부분적으로 타고난, 아주 안정적인 것으로 알려져 있으며, 생리적 근거를 가지고 있는 것으로 알려져 있기 때문에 그것은 행복의 원인이며 그 역 또한 마찬가지인 것으로 가정되어 왔다. 그러나 행복은 부분적으로 타고나고 안정된 것이며, 안정된 생리적 근거를 가질 수 있다. 어떤 연구에서 외향성은 종속변인으로 행동하는 것으로 밝혀졌으며, 즐거운 사회적 경험과 높은 수준의 안녕감으로 증가될 수 있다는 것이 밝혀졌다(Headey, Holstrom, & Wearing, 1984). 그래서 인과성의 방향에 대한 논쟁은 분명하게 잘라 말할 수 없다. 처음에 성격 특질은 주관적 안녕감과 상관 있다는 것이 잘 알려지지 않았으나, 많은 연구가 진행된 지금은 이들 간에 상관이 있는 것으로 보고 있다.

4. 행동에서 안녕감의 효과

인과성의 다른 방향은 행복의 효과와 관련되어 있으며, 행복의 원인을 알아보기 위해 사용된 것과 동일한 설계법으로 연구될 수 있다. 피험자에게 좋은 혹은 중성적인 것 아니면 나쁜 기분을 가하고, 그들의 수행의 어떤 측면이 영향을 받았는지를 알아보기 위해 실험실 실험이 수행될 수 있다. 예를 들면, 어떤 것은 많은 변인을 일정하게 유지하고 행복한 사람이 더 오랫동안 살아가는가를 알아보기 위해 대규모의 조사법이 수행될 수 있다. 우리는 제14장에서 행복, 심지어 좋은 기분조차도 건강, 수명, 정신건강, 사회성, 도움성과 이타행동에 대해 영향력 있는 효과를 가지고 있다는 것을 알게 될 것이다. 좋은 기분은 사고에 영향을 미친다. 그러나 그것들은 좀 더 창조적인 것에 도움이 되지만 복잡한 사고에 대해서는 큰 도움이 되지 못한다.

5. 맺으면서

행복은 경험에 대한 단일 요인인 것으로 밝혀졌다. 그러나 적어도 부분적으로는 세 개의 독립적인 요인들로 구성되었다. 즉, 생활만족, 정적 정서, 부적 정서다. 이 세 가지는 단일질문으로 측정될 수 있다. 그러나 더 긴 척도를 사용하는 경우에도 이점이 있다.

이것들은 높은 내적 일관성을 갖는다는 점, 시간에 걸쳐 안정적이라는 점, 다른 측정치보다 타당하다는 점에서 좋은 측정치라 할 수 있다. 그러나 그것들은 순간적인 기분 같은 어떤 편향의 영향을 받기도 하며, 국가 간의 비교는 사실보다 행복을 많거나 적게 드러내는 지역적인 관습의 영향을 받는다.

안녕감을 평가하는 대안적인 방법은 사회적 지수에 의한 것이다. 그러나 사용할 지수를 결정하는 것은 어렵다. 즉, 객관적 측정치와 주관적 측정치 간에 어느 정도의 불일치성이 있을 수 있다.

사회조사는 '고위험' 연구와 같이 장기간 설계법, 실험법, 성격 특질과의 상관과 더불어 광범위하게 사용되는 방법이며, 실험은 긍정적인 기분의 효과를 연구하는 데 중요한 방법이다.

제3장

기쁨과 긍정적 감정

우리가 앞 장에서 보았듯이 기쁨을 경험하는 것은 사람들이 행복을 정의하는 가장 보편적인 방법 중의 하나다. 연구자들은 기쁨이 행복의 세 가지 주요 요소 중의 하나라는 것을 발견하였다. 즉, 생활만족, 부적인 정서의 결여와 더불어 기쁨은 행복의 감정적인 측면(만족감은 인지적 측면임)이다. 우리는 긍정적인 감정들이 얼마나 많은지, 어떻게 그것을 경험하는지, 얼굴과 목소리, 그것들을 각성하는 상황과 활동성을 알아보고자 한다. 이것은 우리에게 행복연구의 중요한 방법으로써 실험실에서의 기분 유도를 시도하게 한다. 또한, 두뇌의 내부에서 일어나고 있는 것과 관련된 두뇌 영역과 신경전달물질 그리고 어떤 약물이 긍정적인 기분을 고양시키는 것에 대한 생리적 과정을 이해하게 한다.

1. 정적 정서의 경험

사람들은 많은 부정적인 기분(분노, 불안, 우울 등)을 가지고 있다. 반면에 보통 '기쁨'으로 기술되는 긍정적인 기분도 가지고 있다. 필자는 비교적 영속적인 감정의 상태로 기분을 다루려고 한다. 긍정적인 기분과 감정들은 유쾌함, 기분 전환, 자기 신뢰와 같은 느낌들로 구성되었다는 것이 여러 연구에서 발견되었으며, 한 연구에서는 이런 긍정적인 기분과 감정들이 높은 수준의 기쁨, 약간 높은 수준의 관심과 약간의 놀라움으로 구성되었다고 주장하였다 (Izard, 1977). 기쁨-우울의 차원은 〈표 3-1〉에 제시된, Wessman과 Ricks(1966)의 척도로 측정될 수 있다.

〈표 3-1〉 **기쁨-우울 척도**

당신은 오늘 얼마나 의기양양하거나 우울합니까? 혹은 행복하거나 불행합니까?
10 완전히 의기양양하다. '날뛸 정도의 기쁨과 원대한 희열'
9 아주 의기양양하고 썩 좋은 기분. '커다란 즐거움과 유쾌함'
8 의기양양과 좋은 기분
7 아주 좋고 즐거운 느낌
6 꽤 좋다는 느낌. '좋음'
5 약간 침울한 느낌. '그럭저럭'
4 다소 우울한 기분. '우울함'
3 우울하고 아주 침울한 느낌. '확실히 우울함'
2 굉장히 우울함. 지독하고 비참한 느낌. '아주 심함'
1 절대적인 우울과 암흑. 완전하게 가라앉은 느낌. '모든 것이 어둡고 무가치함'

※ 출처: Wessman & Ricks(1996).
※주: 미국 학생들에 대한 이 척도에서 평균점수는 남성은 6.0이고 여성은 6.14였다. 그러나 매일의 변수가 꽤 있었다. 정수와 음수는 매일의 척도 점수의 거의 반 정도 있었다.

그러나 정적인 정서에는 여러 가지 다른 다양성이 있으며, 이는 기본적인 생리적 상태를 동반하는 인지적인 측면에 기인하고 있다. 그중 한 가지는 일시적으로 유쾌한 흥분 상태인 '들뜸'이다. Ruch(1993)는 19개 항목의 유쾌함 척도를 만들었다. 아주 강렬한 기쁨의 또 다른 종류는 위험한 스포츠를 할 때 경험할 수 있다. 위험한 스포츠를 시도하는 사람들은 흥분을 열망하는 '감각 추구자' 경향이 있다. 어떤 사람들은 휴식이나 흥분으로 인해 안전한 상태가 되었을 때, 긍정적인 기분이 되는 경우도 있다(Zuckerman, 1979). 이것과 반대되는 것은 TV를 시청할 때와 같은 이완된 긍정적인 기분이다. 즉, Kubey와 Csikszentmihalyi(1990)는 이것이 즐거운 상태지만 너무 이완되어 있어 시청자들은 단지 깨어 있고, 때때로 잠들어 버리기까지 한다는 것을 발견하였다. 거기에는 '강렬함'과는 다른, 기쁨의 '깊이'가 있다. Csikszentmihalyi(1975)는 사람들이 과제를 수행할 수 있을 만큼의 충분한 기술을 가지고 그것에 도전하거나 열심히 할 때를 심오한 만족감을 주는 '몰입'이나 열중의 상태라고 기술하였다. Argyle와 Crossland(1987)는 피험자들에게 느낌의 유사성에 근거하여 많은 활동성에서 긍정적인 감정을 묶으라고 하였다. 네 개의 차원이 이 방법으로 발견되었으며, 그중의 하나인 깊은 차원의 감정은 강력한 음악이나 다른 사람들과의 친밀한 관계 그리고 자연에 대한 기쁨에 의해서 일어났다. Waterman(1993)은 '정말로 살아 있는 느낌', '정말로 현재의 나'와 같은 항목으로 된 차원을 발견하였으나 이것은 즐거움에 대한 측정과는 다소 거리가 있다. 몇몇 다른 연구자들은 Maslow(1968)의 '절정 경험'과 같은 긍정적 감정과 유사한 측면을 밝혀냈다. 이런 절정 경험의 특성은 다음과 같다.

- 열중, 집중된 주의
- 권력에 대한 자각
- 강력한 기쁨, 가치 그리고 의미
- 자발성, 힘들이지 않음
- 통합감과 정체감(Privette, 1983)

이들 정적인 정서의 다른 다양성은 두 가지 차원에 놓일 수 있다. [그림 3-1]은 Russell(1980)이 감정 단어들의 다차원적 척도에서 발견한 두 가지 차원을 설명하고 있다. 수평 차원은 행복-슬픔이고, 수직 차원은 각성이나 긴장, 흥분에서 이완이나 졸림으로 되어 있다. 번지점프는 위 오른쪽이고 TV 시청하기는 오른쪽 아래다. 단일 행복-슬픔이나 긍정적·부정적 감정 차원을 사용하는 것은 긍정적이고 부정적인 감정이 서로 독립적이라는 생각과 갈등을 일으킨다. 이 주제는 상당한 논쟁거리다. Diener와 동료들은 긍정적·부정적인 감정 간의 역관계는 감정이 강할 때 그리고 좀 더 짧은 시간에 사용될 때라는 것을 발견하였다(예컨대, Diener & Larsen, 1984). Russell과 Carroll(1999)은 그들 간에 강한 부적인 관계가 있고, 그래서 그들이 단일 차원으로 간주된다고 결론지었다.

수평적이거나 강렬함 차원에 관심이 있는 많은 연구자들이 있으며, 그것은 강한 긍정적인 기분과 강한 부정적인 기분 양쪽을 모두 기술하고 있다. Larsen과 Diener(1987)는 40개 항목 척도로 된 정서강도측정법(Affect Intensity Measure: AIM)을 구성하였으며, 성격의 안정된 측정방법으로 수행된다는 것을 발견하였다. 그러나 이 척도는 단지 강렬함에 대해서뿐만 아니라 긍정적 기분의 빈도와 관련되는 항목을 포함하고 있다는 이유로 비판을 받았다. Bachorowsky와 Braaten(1994)은 감정강도척도(Emotional Intensity Scale: EIS)라는 다른 척도를 만들었으며, 그것은 빈도가 아니라 강렬함을 측정하는 것이며, 긍정적ㆍ부정적 강렬함에 대한 척도다. 긍정적인 강도척도는 외향성과

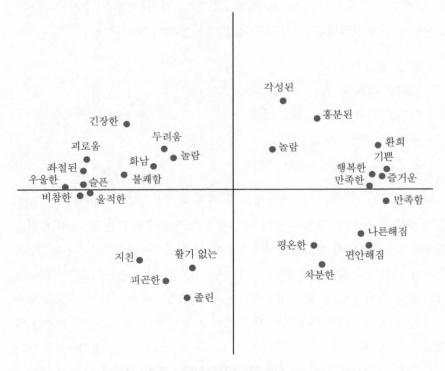

[그림 3-1] 정서의 두 가지 차원(Russell, 1980)

상관(.41)이 있었으며, 부정적인 강도척도는 신경증적 경향성과 상관이 있었다(.64).

대안적 해결은 45개 단계로 된 이전 요인에 대한 회전을 나타내는, 정적 정서(PA)와 부적 정서(NA)를 사용하는 것이며, 이것은 정적 그리고 부적 정서를 강렬함과 결합시키는 것이다. 정적 정서는 외향성과 상관이 있었으며, 부적 정서는 신경증과 상관이 있었다(Thayer, 1989). 또한, Gray(1972)는 이전의 것에 대한 45개의 단계가 있는 두 개의 차원을 확증하였다. 그는 적어도 평가에서 두 개의 중성적인 체계가 있다는 것을 주장하였다. 하나는 접근행동과 긍정적 감정을 생성하는 것이고, 다른 하나는 회피행동과 불안을 산출하는 것이다. 즉, 행동활동체계(behavioral activation system: BAS)는 보상에 대해 각성과 민감성을 산출하고, 행동억제체계(behavioral inhibitory system: BIS)는 처벌에 대한 민감성을 산출한다. 이 두 개의 체계는 두뇌의 다른 부분의 활동성과 관련되는 것으로 밝혀졌다. 즉, 좌반구에서의 접근과 보상, 우반구에서의 움츠러듦, 처벌과 관련이 있다는 것이다(Davidson, 1993). Carver와 White(1994)는 이들 두 체계에 대한 척도를 개발하였다. 행동활동체계척도에서 높은 점수를 얻은 사람들은 좀 더 행복했다. 외향성 점수는 행동활동체계에서 신경증은 행동억제체계에서 높았다. 정신병 환자는 행동억제체계척도에서 점수가 낮았다. 이 2차원적 공간에서 그간의 연구들은 서로 일치하는 것으로 나타났다. 그러나 두 가지 다른 방식으로 나타날 수도 있다.

이들 두 감정이 행복과 어떻게 관련되는가? Larsen과 Diener(1987)는 정서강도측정법을 사용해서 매일 피험자가 긍정적 기분을 얼마나 느끼는지에 대해 보고했다. 일련의 연구에서 빈도가 행복과는 .50의 상관이 있었으며, 강도에서는 .25의 상관이 있다고 보고하였다(Diener et al., 1991). 이 집단은 '극도의 정적 정서'가 단지 하루의 2.6% 정도로 보고되었기 때문에 더 중요하다고 주장하였다. 그들은 또한 긍정적 사건이 부정적 사건보다 종종 선행되며, 비교를 통해서 다른 것에 대한 만족감의 수준을 낮추는 극도의 긍정적 경험과 같은 부정적 결과가 있음을 확인했다. 그러나 적당한 정도의 강렬한 경험의 효과는 하루 종일 남아 있을 수 있다(Lewinsohn & Graf, 1973). 그리고 격

럴한 운동의 효과가 다음 날까지 영향을 미친다는 것을 발견하였다(Argyle, 1996).

또한, 긍정적(또는 부정적) 사건의 영향을 확대하는 것이 가능하다. 긍정적 사건에 대해 다른 사람들에게 말하고 생각하는 것 양자 모두가 긍정적 기분을 일으킨다는 것이 발견되었다(Argyle & Martin, 1991). 그리고 Langston (1994)은 사람들이 긍정적인 사건에 대해 다른 사람에게 말하고, 그들을 축하하거나 그것들에 대해 단지 생각함으로써 긍정적 사건을 얼마나 이용하는지를 보여 주었으며, 이렇게 하는 것은 정적 정서와 생활만족을 증가시켰다.

2. 정적 정서의 표현

감정은 얼굴로, 목소리의 높낮이로 그리고 신체의 다른 부분을 통해서 다른 방식으로 표현된다. 여기서는 감정의 생리적 상태를 이해하고, 그것들이 표현되는 방식, 감정이 무엇인지에 대한 중요한 설명을 하고자 한다. 왜 감정은 이런 표현적인 요소를 필요로 하는가?

① 감정들 중 몇 가지는 어떤 것을 의사소통하려는 경향이 아니라 직접적인 생리적 반응을 가지고 있다. 예를 들면, 더러운 어떤 것을 먹거나 냄새 맡았을 때 구역질이 나거나 졸리거나 흥분되는 상태 같은 것이다.

② 몇 가지 표현 신호는 사회적 신호로서 진화의 과정에서 발전된 것이며, 지금은 동물과 사람이 자동적으로 보내는 것들이다. 몇 가지 신호에 대한 진화론적 역사를 추적해 보면, 예를 들면 그것은 동물들이 노여움이나 우세함, 굴복의 상태를 의사소통 하는 데 적응적이라는 것을 알 수 있다. 그러나 불안이나 우울의 상태를 보여 줌으로써 얻는 이점이 무엇인지는 알기 어렵다. 일본 문화와 같이 어떤 문화는 그것들이 감추어진다. 심지어 최초의 표현이 자발적일지라도, 그 후에 그것을 감추려는 시도를 깊이 생각해 볼 수 있다.

③ 다른 감정적 표현은 분명히 사회적 신호며, 신중하게 보낸다. 만약, 그것들을 볼 만한 사람이 거기에 없다면 보내지 않는다는 것이다. 그러나 이들 신호는 자발적인 것과 몇 가지 방식에서 다를 수 있다. 사실 그것들은 자발적인 기쁨이나 정서의 미소는 [그림 3-2]에서 볼 수 있는 것처럼 눈과 얼굴 윗부분의 영역의 활동성이 포함된, 'Duchenne 미소'의 형태를 취하는 것으로 알려져 있다. 사람들

[그림 3-2] Duchenne 미소
(Ekman & Friesen, 1975)

이 단지 행복한 척할 때 웃는 표정의 얼굴 윗부분은 종종 행복한 표정을 짓지 못한다.

감정이 각성될 때 사건의 순서는 다음과 같다.

① 보통 몇몇 외적인 사건은 두뇌의 어떤 내적인 상태를 야기하며, 감정을 각성시킨다. 내적인 상태는 마치 어린아이의 기억처럼 이 감정을 각성시킬 수 있다.
② 이것은 근육을 통제하고 감정적 표현을 야기하는 얼굴 신경과 다른 신경을 활성화시킨다. 다른 근육은 또한 심장박동과 피부 전도성에도 영향을 미친다. 그러나 이는 보이는 부분이 아니다.
③ 보이는 실제 표현은 인지적 과정에서 통제를 가하는 다른 근육들에 의해 수정된다.
④ 예를 들면, 얼굴에서 두뇌로 피드백되며, 획득된 감정 표현에 영향을 미치게 된다.

감정이 가장 잘 표현되는 곳은 얼굴로, 많은 감정들을 표현할 수 있다. 그러나 대부분의 문화에서 단지 7가지 감정에 대해서만 사람들은 확신을 가지고

변별할 수 있다. 바로 이것들 중의 하나가 행복이다. Izad(1997)에 따르면, 적어도 우리가 볼 수 있는 사람의 마음속에서부터 나타나는 얼굴 표정의 차원을 연구하는 것이 가능하다. 다른 연구들은 기쁨-불쾌 차원과 강도 차원에 동의하고 있으며(Ekman, 1982), 그것은 감정 경험에서 발견되는 차원과 일치하고 있다.

비록, 웃음이 다른 긍정적·사회적 신호를 의미할지라도 행복하다는 얼굴 신호는 역시 웃음이다. 얼굴 표정은 피부를 움직이는 얼굴의 근육으로 조성된다. 예를 들면, 미소를 지을 때 입의 구석으로 끌어올려지는 광대뼈와 눈살을 찌푸릴 때 함께 눈썹이 올려지는 추미근 같은 것이다. 이런 근육들은 얼굴의 주요 근육에 다섯 개의 주요 가지(branch)를 가지고 있는 얼굴 근육에 의해 활성화되는 것이다. 그것은 뇌간에 있는 뇌교에서 방사하고 있으며, 시상하부와 편도체에 의해 통제된다. 그러나 어떤 사람이 얼굴 표정을 통제하거나 꾸민 태도를 취한다면 다른 경로가 사용되며, 충동은 운동 피질에서 나온다. 전자의 경로는 진화에서 결과한 타고난 과정에서 나오며, 후자는 문화에서 학습한 사회적 결과에서 나온다.

타고난 얼굴 표정이 있다는 것에는 다음과 같은 몇 가지 증거가 있다.

첫째, 유사한 표정이 인간이 아닌 영장류에서도 발견된다는 것이다. 미소 짓는 것에 상응하는 '놀이얼굴' 이 여기에 해당한다.

둘째, 2개월쯤 된 아기에게서 미소가 나타나며, 또한 이 나이에 재인이 될 수 있다. 즉, 분리되어 양육된 원숭이는 행복 대 분노를 재인할 수 있다.

셋째, 미소와 다른 기본적 감정은 연구되고 있는 모든 문화에서 발견되며, 모든 문화에서 행복에 대한 신호로 간주된다. 각각은 타고난 것이고, 두뇌 속에 복잡한 선으로 만들어진 구조로 되어 있는 제한된 수의, 약 7개의 기본적 정서가 있다는 것을 점점 광범위하게 받아들이고 있다(Ekman, 1982).

얼굴 표정은 진화하는 동안에 나타났다고 믿는다. 예를 들면, 분노하는 얼굴은 치아를 적게 보여 주는 것이며, 미소는 덮여 있는 치아가 드러나는 얼굴이다. 이러한 것들은 모두 가치 있는 신호를 전달한다.

다양한 경우에 나타나는 얼굴 표정의 '표출 규칙'을 보여 주는 얼굴 표정에 대한 사회학습적인 측면의 연구들이 있다. Friesen(1972)은 일본인과 미국인 피험자는 시누스 샘을 수술하는 영화를 보았을 때 메스껍게 느낀다는 것을 발견하였다. 그러나 단지 미국인만 나중에 그것에 대해 면접을 하였을 때 메스꺼움을 느꼈고 일본인은 미소를 지었다. 즉, 일본에서는 공공연하게 부정적인 얼굴을 보이지 않는 것에 대한 규칙이 있다. 아동들에 대한 연구에서는, 예를 들면 과분한 선물을 주었을 때 기뻐하는 모습을 보이는 것과 같이 어린이들이 정확한 얼굴 표현을 산출한다는 것을 어떻게 학습하는지에 대해 보여 주었다(Saarni, 1979). 이러한 얼굴 표정에 대한 통제가 항상 성공하는 것은 아니며, 진짜 느낌에 대한 '누출'이 있을 수 있다. 그러나 우리는 자신의 얼굴을 아주 잘 통제하도록 관리하여 거의 누출이 일어나지 않는다. 표현 규칙은 얼굴에 나타나든 아니든 통제되고, 새로운 표현 방식을 사용한다.

그래서 얼굴 표정은 부분적으로 사람들이 무엇을 느끼는지를 표현한다. 그리고 부분적으로는 그들이 느끼는 것을 다른 사람들이 생각하기를 원한다. 이것은 '얼굴 피드백' 현상을 통해 느끼는 감정에 영향을 미치고 피드백된다. 이와 관련하여 피험자가 다양한 방식으로 자신의 얼굴을 조정하는 것과 주어진 기분을 어떻게 처리하는지를 물어보는 일련의 실험들이 수행되었다. 웃는 것과 찡그리는 것은 상응하는 기분을 증대시킨다. 그리고 이것은 특별한 얼굴 근육을 찌푸리도록 사람들에게 요구함으로써 수행될 수 있으며, 이는 타고난 정서적 체계가 많다는 이론을 확증해 준다(Camras et al., 1993).

얼굴 표정은 감정을 표현할 수 있다. 그러나 그것의 진정한 목적은 다른 사람들과 의사소통을 하고자 하는 것이다. Kraut와 Johnston(1979)은 볼링장에서 단지 몇몇 사람만이 장난삼아 웃고, 많은 사람들은 그들이 볼링핀을 명중시켰을 때는 42%, 그렇지 못했을 때는 28%가 그들의 동료들에게 미소를 짓는다고 하였다. 사람들의 얼굴 표정은, 예컨대 TV를 시청할 때와 같이 혼자 있을 때도 일어난다. 그러나 그때의 표정은 아주 약하다. Friesen(1972)의 메스꺼운 영화 실험은 이런 사례를 말해 준다. Fridlund(1991)는 상상의 친구에게 그러한 표정을 지을 수 있다고 하였다. 그는 사람들이 만약 어떤 누군가가 바라보고 있다면, 그리고 또한 누군가가 옆방에서 그것을 보고 있다고 믿는다면, 영화를 보고 더 재미있게 웃는다는 것을 발견하였다. 그들의 광대뼈와 추미근은 사회적 상황의 이미지를 형성함으로써 활성화되었다. 감정에 대한 얼굴 표정은 타고난 시스템의 일부가 될 수 있다. 그러나 활성화가 되고 안 되고는 사회적 상황에 의존한다.

목소리에서의 감정 표현도 얼굴 표정에서의 감정 표현과 비슷하다. 동물들은 짖거나 꿀꿀거리거나 비명을 지르면서 그러한 행동을 한다. 그리고 인간도 때때로 이러한 행동을 한다. 그러나 어떤 단어가 표현되느냐에 따라 목소리의 음조에 의해 좀 더 많은 영향을 받는다. 얼굴에서 발견되는 동일한 범위의 감정은 목소리에서도 표현된다. 그러나 크기가 다른 많은 목소리는 구분될 수 있다. 얼굴 근육이 얼굴을 통제하는 반면, 목구멍과 입 근육은 목소리를 통제한다. 말에 대한 효과는 물리적으로 측정될 수 있다. 예를 들면, 공포를 느낄 때 음조는 상당히 증가한다. Scherer와 Oshinsky(1977)는 전자음 합성기 기계에서 상당한 종류의 목소리를 생성하고, 이를 평가자들에게 해독하게 함으로써 다른 감정에 사용되는 목소리를 연구하였다. 기쁨과 의기양양함은 상승하는 음조로 속도가 빨라졌으며, 약간 강하고 약간 빠르게 그리고 부드럽게 변하면서 음조가 변화되었다. 반면 다른 것은 단일 음질을 가진 것으로 발견되었으며, 이는 분노가 거친 음조였던 것과는 대조되었다. 우울은 약간 낮은 음조로 표현되었으며, 음조의 범위는 약간의 억양이 있었고, 속도가 느렸으며, 조금 강렬하였다.

목소리로 감정을 의사소통하는 것의 정확성은 얼굴에 대한 것과 유사하다. Davitz(1964)는 다른 화자의 23~50%의 범위는 14가지 종류의 감정을 산출한다는 것을 밝혀냈다. 분노와 기쁨은 해독하기 쉽다. 이들 목소리는 목에 있는 근육으로 만들어진다. 더구나 거친 목소리와 순수한 목소리 같은 목소리 음질의 특성은 언어 분광 사진기에 기록할 수 있다. 그리고 즐거운 느낌은 입과 목에 열기와 이완을 일으키며, 메스꺼움은 음질에서의 직접 효과와 더불어 닫힌 입과 코에서 일어난다(Scherer, 1986). 이런 발성법은 진화론으로 그 기원을 추적해 볼 수 있다. 즉, 꼬리 없는 원숭이와 꼬리 있는 원숭이는 13가지의 다른 신호를 사용한다.

목소리는 얼굴보다는 더 누출되기 쉬우며 잘 통제되지 않는다. 어떤 사람이 정말로 느끼는 것을 알아낼 때 그들의 얼굴을 관찰하는 것보다 목소리를 듣는 것이 더 빠르다. 이런 경향은 남성이 더 강하다. 반면에 여성은 얼굴을 바라보며 다른 사람들이 그들에게 원하는 것이 무엇인지에 대한 정보를 얻는다. 그래서 여성은 '공손한 해석자'로 불린다(Rosenthal & DePaulo, 1979). 이것은 남성의 하위문화는 여성의 하위문화보다 좀 더 경쟁적이고 덜 신뢰할 수 있기 때문이라고 할 수 있다.

신체 또한 감정을 표현한다. 그러나 감정을 표현하는 주요한 것은 각성-이완이며, 그것은 또한 다른 사람들에 대해 우세하고 복종적인 태도를 표현한다. 그러나 기쁨에 상응하는 특별한 신체 자세는 없다. 유사한 몸짓은 불안, 적개심 그리고 몇 가지 다른 감정과 태도의 신호일 수 있으나, 명백하게 기쁨을 나타내는 몸짓은 없는 것 같다(Argyle, 1988).

3. 긍정적 감정의 각성

기쁨의 원인을 연구하는 몇 가지 방식이 있다. 그중 한 가지 방법은 최근 기쁜 감정을 느꼈을 때를 묻고, 무엇 때문에 그러했는지를 물어보는 조사연구다. Scherer 등(1986)은 유럽의 다섯 국가에서 학생표집으로 기쁨에 대해 연구하였다. 가장 보편적으로 그들은 친구와의 관계(36%), 성공 경험(16%) 그리고 먹고, 마시고, 성행동에 대한 기본적인 신체적 즐거움(9%)으로 응답하였다. 우리는 제13장에서 긍정적 감정의 원인에 대한 다른 몇 가지 조사를 보고할 것이다.

또 다른 방법은 다른 생활사건과 전반적인 행복감 간의 관계성을 연구하는 것이다. 친구와의 접촉 빈도와 성행동의 빈도는 행복과 강한 관련이 있는 것으로 나타났다(Veenhoven, 1994). 또 우리는 어떤 방법이 긍정적인 기분을 성공적으로 만드는지를 알아보기 위해 '기분 유출' 실험을 살펴볼 수 있다. 가장 좋은 것은 운동, 음악 그리고 '성공(즉, 실험실 과제에서)'을 하게 하는 것이다. 우리는 제13장에서 이러한 연구들에 대해 기술할 것이며, 또한 행복치료의 방법으로 긍정적 생활사건의 수를 증가시키는 것에 대해 토론할 것이다.

이런 다른 종류의 연구 결과를 모으는 것은 기쁨의 가장 보편적인 자원 목록의 수집을 용이하게 한다. 그것들은 다음과 같다.

- 먹는 것
- 사회적 활동과 성행동
- 운동과 스포츠
- 술과 여러 약물
- 성공과 사회적 승인
- 유능함의 사용
- 음악 및 다른 예술 활동과 종교
- 날씨와 환경
- 휴식과 이완

이것들은 단지 기쁨을 일으키는 유일한 것이 아니라 가장 보편적인 것이다. 그리고 종종 즐거운 사건은 이것 중 하나 이상이 포함되어 있다. 예를 들면, 춤추는 것은 음악과 운동과 친구와의 사회적 상호작용을 포함하고 있다. 팀을 이루어 경기를 하는 것은 운동, 성공 그리고 승리를 포함하고 있다.

앞의 목록들은 이론상으로는 아주 흥미 있는 것이다. 여기서 기쁨은 흥분이나 스트레스를 경감시키는 원인이 된다는 이론이 제안될 수 있다. 목록의 제일 마지막은 이것에 맞추어져 있다. 생물학적 욕구의 만족은 목록의 맨 처음에 있는 것으로 기쁨의 유일한 근원이 된다. 사실상 이들 근원의 몇 가지는 어떤 알려진 욕구에 대한 만족과는 관련되어 있지 않다. 기쁨의 가장 보편적인 근원은 어느 정도까지는 다른 사람들, 특히 친구나 연인과 관련되어 있다. 우리는 이 점에 대해 간단하게 살펴보고, 기쁨의 다른 원인을 살펴볼 것이다. 그 밖에는 다른 장에서 좀 더 자세하게 다룰 것이다.

1 먹는 것

우리는 기쁨의 가장 보편적인 근원의 하나가 먹는 것이라고 보고 있다. 그것은 생물학적 욕구에 근거한 것이다. 만약, 먹는 것이 즐겁지 않다면 사람들은 먹는 것을 지겨워할 것이다. 먹는 것으로 인한 기쁨은 정성들여 요리를 하는 것으로 커질 수 있으며, 이런 행동은 미각세포를 자극하고, 보통 식사를 하는 사회적 식사시간을 자극한다.

2 사회적 활동과 성행동

사회적 활동과 성행동은 긍정적 감정의 가장 보편적인 근원이다. 왜 그런가? 긍정적으로 다른 사람들에게 반응하는 것은 웃는다는 것을 의미하며, 다른 긍정적인 사회적 신호를 준다는 것을 의미한다. 이것은 다른 사람을 보상해 주며, 관계성을 강하게 해 준다. 역으로 다른 사람들은 미소와 다른 신호로 응하며, 진정한 도움과 협조로 응답한다. 긍정적 기분과 사회성은 밀접하게 관련된다. 유아는 성인을 바라보고 미소 짓는 타고난 능력이 있으며, 성인이 그들을 돌봐 주게끔 용기를 북돋운다(Tomkins, 1962). 유사한 사회적 신호는 성관계와 더 나은 보상과 생물학적 이점이 되게 한다. 우리는 제6장에서 이것에 대해 더 토의할 것이다. 그리고 제5장에서는 긍정적 감정의 근원으로서 유머에 대해 토의할 것이다. 유머는 또한 단순한 사회적 현상이다. 예를 들면, 유머는 사람들 사이의 긴장을 제거하는 공유된 감정의 경험이다.

3 운동과 스포츠

이것은 실험 조건하에서 긍정적 기분을 유출하는 가장 쉽고 가장 강력한 방법이며, 다른 연구방법에서도 나타날 수 있다. 이것의 효과는 명확하다. 운동은 때때로 '반억제효과'로 기술되기도 한다(Thayer, 1989). 운동은 사실상 우울증 환자의 치료에 사용된다. 그 효과는 부분적으로 엔도르핀을 방출시키는 운동의 생리학적 효과에 기인하며, 신체가 자기 스스로 수행하는 행복감, 권력과 통제의 느낌을 생성한다(Browne & Mahoney, 1984). 운동에는 사회적 측면이 있다. 왜냐하면 운동은 보통 동반자나 경쟁자로서 다른 사람들과의 동료관계에서 수행되기 때문이다. 그러나 어떤 경우에 친밀한 상호작용을 포함하며, 때로는 신체 접촉을 포함한다. 그것은 또한 승리할 때뿐 아니라 합리적인 수준에서 수행을 완수함으로써 자아존중감에 영향을 미친다. 사회적 생활과 운동은 여가의 형태며, 우리는 제8장에서 행복의 자원으로 여가에 대해 토의할 것이다.

④ 술과 여러 약물

약물은 두뇌 속 신경전달물질의 활성화를 통해 부정적 기분을 경감시키고 긍정적 기분을 유도한다. 술과 프로잭(Prozac)은 유사한 사례로 들 수 있다. 우리는 이 장의 뒷부분에서 그 밖의 여러 약물의 작용에 대해 기술할 것이다.

⑤ 성공과 사회적 승인

우리가 제2장에서 살펴보았듯이 자아존중감은 행복과 밀접한 관계가 있으며, 몇몇 조사에서 밝혀진 바와 같이 성공은 기쁨의 가장 보편적인 근원의 하나였다. 성공과 사회적 승인은 우리에게 아주 중요하다. 자아존중감은 한편으로는 다른 사람의 반응에 의존하며, 또 다른 한편으로는 성공적인 수행에 의존한다. 그러나 복권에 당첨되는 것 같은 종류의 '성공'은 덜 효과적이다. 제9장에서 고찰하겠지만, 다른 사람에 대한 부정적 반응은 수치심 같은 강한 부적 정서를 일으키며, 자기 이미지에 손상을 주게 된다. Izard(1977)는 수치심은 공동체에 적합성과 봉사를 증진하는 데 중요한 기능을 한다고 보았다.

⑥ 유능함의 사용

직무만족은 부분적으로 유능함의 사용에 의존하며 재인과 성취에 의존한다. 이것은 단지 받았던 보상에 대해서뿐 아니라 유능하게 작업을 수행하는 것에서 오는 '생래적 만족감'에 대해서도 그러하다. 이것은 스포츠와 다른 종류의 여가에서도 동일하게 적용된다. 사람들은 수영, 스키 그리고 기술이 포함되는 운동을 통한 여가와 같은 활동들을 즐긴다. 이것은 주어진 도전에서 필요한 유능함이 파생된다는 만족감에 대한 Csikszentmihalyi의 견해와 일치한다. 그러나 사람들은 도전하기에 좀 더 충분한 것 이상의 기술이 있는 상황을 더 좋아하며, 그들은 TV 시청 같은 도전적이지 않은 활동에 많은 시간을 소비한다는 것을 발견하였다(Argyle, 1996). 우리는 제7장에서 이것을 다룰 것이다.

7 음악 및 다른 예술 활동과 종교

실험실에서 긍정적 기분을 유도하는 가장 쉬운 방법 중의 하나는 하이든의 트럼펫 협주곡 같은 유쾌한 음악을 연주하는 것이다. 이것은 어떤 생리적 욕구를 만족시키지 않으며, 음악을 듣는 것은 많은 생존의 가치를 가지는 것도 아니다. 음악이 수행하는 것의 일부는 인간의 목소리를 자극하는 것이며, 다른 감정적 상태에서 사람의 목소리로 만들 수 있는 것이다. 좋은 기분 상태에 있는 개인은 특별한 방식으로 말한다. 예를 들면, 그들은 높아진 음조, 순수한 음색, 부드러운 음조로 말한다. 반면에 우울한 사람은 말을 할 때, 음조와 속도, 강렬함 그리고 음조의 범위가 낮아진다. 제8장에서 기술하겠지만, 음악은 다른 방식으로 이러한 것을 만들어 낸다. 음악은 보통 연주자와 청중의 집단이 있는 사회적 행사에서 만들어진다. 그것은 강렬함과 깊은 감정을 일으킨다. 종교는 유사한 감정적 상태를 만들며, 좋은 책을 읽는 것에서 오는 커다란 기쁨도 있을 수 있다. Kubovy(1999)는 '정신의 즐거움'으로 음악, 유머 그리고 호기심 만족을 제시하였다.

8 날씨와 환경

사람들은 해가 비칠 때, 따뜻할 때 그러나 너무 덥지 않을 때, 습도가 낮을 때 기분이 더 좋다고 느낀다(Cunningham, 1979). 햇볕은 우리에게 중요하다. 이런 이유로 해는 원시종교에서 숭배되었다. 햇볕의 부족은 사람을 우울하게 만든다. 햇볕에 못지않게 비 또한 중요하다. 왜냐하면 농작물에 물을 주기 때문이다. 그래서 사람들은 비를 내려 달라고 기원하게 된다. 그러나 이상하게도 비가 오면 우리는 별로 기분이 좋지 않다. 아마도 이러한 많은 이익에도 불구하고 즉각적인 이익이 없기 때문인 것 같다. 기후에 대해서는 상당한 정도의 적응이 있는 듯하다. 왜냐하면 좀 더 혜택을 받은 기후에 살고 있는 사람들이 더 행복하다는 증거는 없기 때문이다. 그러나 어떤 반대의 경우가 있을 경우(제12장을 참조), 아주 덥거나 추운 기후의 경우에 몇 가지 예외가 있으며, 스칸디나비아의 국가는 어두운 겨울 동안에 계절적 정동장애(Seasonal Affective Disorder)가 좀 더 많기는 하다.

사람들은 또한 시골, 야생 그리고 산과 같은 자연에서 좀 더 강한 긍정적인 느낌을 가진다. 반면, 미국인들은 주립공원의 '황무지'를 좋아한다. 심지어 황무지에 대한 비디오를 보는 것은 혈압을 낮추었으며, 어떤 실험에서는 다른 이완 신호를 일으켰다(Ulrich et al., 1991). 환경심리학 연구에 의하면 사람들이 초목, 물, 조망이 있는 곳을 가장 높이 평가하고, 인공적인 것보다 자연적인 것을 선호하는 것으로 나타났다. 이러한 선호는 진화론적 기원이 있는 것 같다(Altman & Wohlwill, 1983).

⑨ 휴식과 이완

우리는 기쁨이 높은 수준의 강도뿐 아니라 낮은 수준의 강도도 있을 수 있다고 본다. 여가 연구에서 보면 낮은 강도의 여가는 아주 인기 있다는 것을 보여 준다. TV 시청이 가장 분명한 예다. 사람들은 평균 하루에 3시간 이상 TV를 시청한다. 이는 수면과 일하는 것 다음으로 많은 시간이 할애되는 부분이다. TV를 시청할 때의 정신상태는 '깨어 있고 잠드는 것 사이의 어딘가에' 있는 깊은 이완의 형태가 되는 것으로 밝혀졌다(Kubey & Csikszentmihalyi, 1990). 비록, 모험과 흥분을 추구하는 사람들도 있지만 휴일에 가장 하고 싶어 하는 것 중의 하나는 '태양 아래서의 휴식' 이다(Pearce, 1982).

4. 긍정적 감정과 두뇌의 중추

두뇌에 '쾌락 중추' 가 있는가? Olds(1958)는 쥐 두뇌의 어떤 부위에 전극을 끼워 넣으면, 쥐는 여러 시간 동안, 한 시간에 1,000번 정도 서서 막대기를 누른다는 것을 발견하였다. 이것은 쥐의 이 부위의 자극이 많은 보상을 준다는 것을 의미한다. 이 실험은 전반적인 연구 분야로 넓혀졌다. Rolls(1999)는 원숭이를 대상으로 많은 연구를 하였다. 그는 자기자극(self-stimulation)이 보상적 유발을 하는 수많은 영역을 발견하였다. 그것들의 일부는 음식으로 활성화되는 신경들이었다. Sem-Jacobsen(1976)은 82명의 피험자에게서 2,639개의 신경 영역에 전기적인 자극을 주었고, 그 영역의 일부는 즐거운 냄새를 맡거나 맛을 환기시키는, 즉 음식과 관련된 것이었으며, 몇 가지 경우는 성적 반응을 유발하거나 긍정적 기분을 유발한다는 것을 발견하였다. 이 연구에서 발견된 것은 여러 다른 기분은 각각 다른 신경 영역에서 생성된다는 것이다. 즉, 안녕감과 이완감, 즐거움과 미소, 웃음과 좀 더 많은 자극을 원하는 것 등이다.

몇 가지 다른 두뇌의 영역이 관여하는 것을 살펴보면 다음과 같다.

① 시상하부는 원숭이에게서 자기자극을 보상하는 주요 영역이며, 그것은 음식 보상과 연합된 신경이 포함되어 있다.
② 편도체는 자극과 학습된 강화 간의 연결이 있는 곳이다. 이것은 시상과 신피질 그리고 해마로 들어가고 자율신경계로 나오는 신경의 중심에 있다. 그것은 감각의 입력에 대한 정서적 의미를 작동시키기 때문에 두뇌에 대한 '정서적 계산기'로 기술될 수 있다. 이것은 긍정적 보상과 연합되어 있는 자극이나 활동성으로 기쁨의 원인이 된다(Ledoux, 1993).
③ 전두엽피질은 정서의 표현에 관여한다. Davidson(1993)은 왼쪽 전두엽 피질이 사람들이 행복한 기분일 때이거나 환심을 사려할 때 활성화된다는 것을 발견하였다. 어린아이가 오른손을 들어올리는 것이 그 예다. 오른쪽 피질은 우울할 때, 그리고 다른 부정적 감정과 움츠러들 때 활성화된다. 이 연구는 EEG연구와 손상연구로 주로 수행되었다.

5. 신경전달물질과 긍정적 감정을 위한 약물

두뇌의 다른 부분은 뉴런들 간의 시냅스 세트로 연결되어 있다. 예를 들면, 시각적 감각을 대표하는 영역은 인지적 과정 영역과 연결되어 있으며, 그것은 역으로 행동을 통제하는 운동 영역과 관련되어 있다. 이들 시냅스가 정보를 전달할 것인지 전달하지 않을 것인지는 신경전달물질의 활동에 의해서 결정된다. 이 화학물질의 방출은 편도체 같은 중뇌 영역에서 연결된 신경에 의해 통제되며, 두뇌의 다른 부분에서 시냅스 뉴런을 활성화시키거나 억제시킨다. 적어도 50개(2004년까지는 200여 개로 알려져 있음.-역자 주)의 다른 신경전달물질이 현재 알려져 있다(Bradford, 1987). 그리고 몇 가지의 신경전달물질은 어떤 두뇌 영역의 활성에 영향을 미치고, 이는 긍정적인 감정을 일으킨다.

세로토닌(Serotonin)은 긍정적 기분을 위한 것으로 신경전달물질 가운데 가장 중요한 것이다. 이것은 경계, 긍정적 기분, 사회성을 유도하며, 우울에 대항한다. 그러나 만약 너무 많으면 조증을 일으킨다. 이것은 시상하부 영역에서 자극되어 두뇌 중심으로 방출된다. 우울증이 있는 사람들과 자살하는 환자들은 세로토닌의 수준이 낮으며, 높은 지위에 있는 사람과 동물은 세로토닌의 수준이 높다. 이러한 세로토닌은 유도 약물에 의해 증가될 수 있다.

도파민(Dopamine)은 전기적인 자기자극 실험에서 중요한 것으로 발견되었으며, 보상체계의 일부를 이룬다. Rolls(1999)는 도파민이 편도체와 전두엽피질 간의 연결을 활성화하고, 자극과 강화를 연결시키며, 보상을 통제한다고 보았다. 도파민은 정상적으로 음식과 성 그리고 음식 보상을 위한 일에 의해 정상적으로 분비된다. 이것은 우울한 환자에게서는 수준이 낮으며, 프로잭(Prozac)과 같은 항우울제로 활성화시킬 수 있다.

엔도르핀(Endorphins)은 고통을 줄여 주는 아편 같은 것으로 도취감을 일으킨다. 이것은 사람들이 장거리 달리기와 다른 격렬한 운동에 왜 매력을 느끼는지를 설명해 준다. Bortz 등(1981)은 가장 높은 엔도르핀이 캘리포니아에서 100마일의 산을 오르내리며 달린 34명의 마라톤 선수집단에서 기록되었다는 것을 발견하였다. 이 선수들은 모르핀 같은 '경주자의 절정감'의 속성 때문에 중독될 수 있으며, 이런 절정감은 충분한 보상을 준다. 또한, 그들은 달릴 때 베이거나 상처가 나는 등의 부상이나 손상에 대해 알아차리지 못하게 된다(Steinberg & Sykes, 1985).

이외 여러 가지의 신경전달물질이 있는데 그것들 중 일부는 긍정적인 기분에 아주 중요하다. 감마아미노부티르산(GABA)은 일반적인 억제제며, 이것의 활동은 바르비투르산염(Barbitu-rates)과 발륨(Valium) 같은 소량의 정신안정제로 증대된다. 노르아드레날린(Nor-adrenaline)은 각성에 관여하고, 정적 정서와 아주 밀접하게 연합되어 있으며, 암페타민(amphetamine)에 의해 증대된다.

알코올(Alcohol) 같은 몇몇 약물은 오랜 역사를 가지고 있다. 이것은 오래전에 발견된 것이며, 긍정적 감정을 유발하고, 부정적 감정을 억제한다. 그리고 메스칼린(mescaline) 같은 것은 비교적 최근에 발견된 것이다. 이것은 멕시코 인디언에 의해 알려진 것으로 종교적 경험에 사용된다. 마약 성분의 약물은 신경전달물질의 활동을 방출하거나, 차단하거나, 활성화시키는 효과를 가지고 있다. 그외 다른 것들은 약리학자들이 발견한 것이며, 정신질환이나 다른 부정적 경험의 근원을 경감시키는 데 사용된다.

알코올은 대부분의 신경전달물질의 방출을 줄임으로써 중추신경계의 '진정제'로 작용한다. 적은 양으로는 신경전달물질인 감마아미노부티르산(GABA)의 활동을 증진시킨다. 그리고 불안을 줄어들게 한다. 이것은 억제를 약간 줄어들게 하고, 사회적 친밀감을 증가시키며, 좀 더 즐겁게 하고 성적이게 한다. Larson 등(1984)이 사용한 척도, 즉 행복, 사회성, 흥분, 자유 등에 따르면 알코올이 긍정적 감정을 일으킨다고 한다.

프로잭(Prozac)은 몇 가지 항우울제 중 하나며, 이것은 긍정적 기분과 행복감을 일으키고, 우울을 줄여 준다. 이것은 세로토닌의 효과를 증진시키는 것을 통해 유발되며, 간접적으로 엔도르핀과 도파민에 영향을 준다. 알려진 바에 의하면 장기간 복용 시 효과가 나쁘지 않으며, 내성이 없다. 우리는 나중에 프로잭의 효과에 대한 연구를 토의할 것이다.

벤제드린(benzedrine)과 흥분제인 암페타민(Amphetamines)은 도파민과 노르

아드레날린을 방출한다. 이것은 흥분제로 작용하며, 중추신경계의 일반적인 각성을 일으키고, 식욕을 감퇴시키며 좀 더 민첩하게 한다. 커피와 니코틴 또한 이들과 다른 신경전달물질을 경유하여 중추신경계를 각성시키는 작용을 한다.

발륨 같은 트랭퀼라이저(Tranquillisers, 진정제)는 신경전달물질인 감마아미노부티르산의 작용을 증진시킨다. 이것은 중추신경계를 억제하기 때문에 좀 더 조용해지고, 덜 긴장하며, 불안을 덜 느끼게 한다. 또한, 불안으로 고통받는 사람들에게 긍정적인 기분을 갖게 한다.

모든 마약 성분의 약물들은(의약품과는 달리) 기쁨을 주거나 고통을 줄여 주는 데 광범위하게 사용된다. 그러나 이것들은 '중독의 약물'로 불리며, 많은 문제를 야기시킨다. 즉, 이런 약물은 탐닉과 때때로 그것에 대한 비용을 지불해야 하기 때문에 범죄의 삶에 빠지게 할 수 있다. 코카인(Cocaine)과 헤로인은 안녕감, 유쾌한 기분, 에너지와 평화에 대한 강력한 긍정적 효과를 일으킬 수 있다. 그러나 나중에 우울이나 불안, 구토와 피로함 같은 불쾌한 신체 증상을 일으킬 수 있다. 코카인은 에너지와 다른 긍정적 느낌을 주고, 배고픔과 피로를 줄여 주지만, 금단현상 때문에 습관화된다. 코카인 중독은 24시간 동안 15분마다 약물을 투여해야만 한다. 만약, 그들이 그렇게 할 수 없다면 그것은 또 다른 문제를 야기시킨다.

LSD, 엑스터시, 실로시빈 그리고 메스칼린 같은 환각제(Hallucinogens)는 우쭐함과 만족감을 일으킨다. 또한, 환각을 일으키며 현실 검증력을 저하시킨다. 어떤 사람들은 종교적 경험을 하고, 다른 사람들은 공포와 혼미감을 경험한다. 이 약물들은 세로토닌과 도파민 체계와 상호작용함으로써 이런 작용을 한다. 마리화나(Marijuana)는 행복감, 불안, 피로 그리고 일반적인 안녕감을 포함하는 복잡한 효과를 가진다. Larson 등(1984)은 이것이 정적인 정서는 아니어도 자유와 흥분에 대한 강한 느낌을 일으키는 것을 발견하였다.

엑스터시(Ecstasy, MDMA)는 '오락 약물'의 예로 즐거운 경험을 일으키는 경향이 있다. 사실상 이것은 환각이나 불안감 없이 긍정적 기분을 일으킨다. 그러나 나중에 비개별화, 신체 통제력 결여 그리고 불면증 같은 불쾌하고 불안한 효과를 일으킨다(Vollenwieder et al., 1998).

이들 약물의 일부는 또한 썩 바람직하지 않은 장기간의 효과를 가지고 있다. 알코올과 니코틴의 효과는 잘 알려져 있다. 코카인, 헤로인, LSD 같은 다른 것들 중 일부는 더 치명적이며 두뇌 손상, 사고 그리고 사망에까지 이르게 할 수 있다. 그러나 이것들이 왜 그렇게 중독적인가? 중독은 약물에 대한 적응이 있을 때 오게 된다. 그러므로 동일한 혜택을 누리기 위해서는 점점 더 많은 양이 필요하게 된다. 중독에 대한 한 가지 이론은 이들 약물이 너무 많은 즐거움과 보상을 주며, 그래서 좀 더 큰 즐거움을 일으킨다는 것이다. 그러나 일으키는 즐거움의 양과 그만두었을 때의 어려움 간에는 거의 관계가 없다. 담배는 헤로인처럼 적은 정도의 즐거움을 준다. 반면, 암페타민은 두려움을 일으킬 수 있다.

6. 긍정적 감정의 이유

감정이론은 분노나 공포 같은 부정적인 감정에 근거하고 있다. 부정적 감정에 대한 일반적인 해석은 싸움이나 비행이 어떤 방향성을 갖는 것처럼 특별한 활동 경향이 생기고 동기화된다는 것이다. 이런 이론들은 긍정적 감정에는 전혀 적합하지 않다. 왜냐하면 긍정적 감정은 특별하지 않으며, 새로운 작용이 필요하지 않기 때문이다. 그러면 도대체 이런 긍정적 감정의 이유는 무엇인가? Fredrickson(1998)은 몇 가지 긍정적 감정들을 검토한 후 이 문제를 해결하기 위해 흥미 있는 결과를 제안하였다. 그녀는 기쁨은 행복의 일부며, 놀이와 장난을 하게 하고, 신체적·사회적·지적인 기술을 발달하게 한다고 주장하였다. 관심은 탐험과 지식을 증가시킨다. 만족감은 어떤 것도 하지 않는다는 것과 연결되지만, 또한 세상과 하나라는 느낌과 자아와 세상에 대한 좀 더 통합된 느낌과 연결되어 있다. 사랑은 물론 사회적 유대를 강하게 한다. 각각의 경우에 생물학적 이점은 신체적·지적·사회적 자원을 만든다는 것이다.

긍정적 감정으로 해결되고 있는 인간의 조상이 직면한 적응의 문제는 개인이 생존을 위해 자원을 언제 어떻게 만들었는가에 관한 것이다. 해답은 놀거나, 탐험하거나, 맛을 내고, 통합함으로써 만족스러운 순간에 자원이 만들어진 것이다.
(Fredrickson, 1998: 313)

자원을 만드는 것보다는 긍정적인 감정으로 인한 이점이 좀 더 많다. 긍정적인 감정은 생물학으로 가치 있는 활동이 수행될 때 주어지는 보상에 대한 주관적인 측면이다. 가장 분명한 예를 보면, 성과 먹는 것은 삶에 필수적이다. 더구나 그것들은 즐거움을 준다. 사회성은 그것이 협동과 상호 도움을 주기 때문에 생물학적으로 가치 있는 것이며, 또한 즐거운 것이다. 분노를 표현하는 것은 다른 동물과 싸우는 데에 유용하다. 그러나 왜 긍정적인 감정의 표현이 있는가? 긍정적인 감정이라는 신호는 사회성에 대한 신호와 같은 것이다. 이것은 아마도 행복과 외향성이 아주 밀접하게 관련되어 있는 이유이기도 하며, 사회적 관계가 행복의 주요한 근원이 되는 이유이기도 하다.

우리는 나중에(제14장) 이 문제를 다시 살펴볼 것이며, 거기에서 우리는 행복과 기쁨의 효과를 알아볼 것이다. 이것은 행복이 무엇인지에 대한 단서를 제공한다. 주요 효과의 하나는 다른 사람들에게서 친구를 찾고, 여가활동에서의 유쾌한 사회성과 다른 사람을 도와주려는 사회성이라고 할 수 있다. 긍정적인 기분에는 다른 효과가 있다. 즉, 건강, 정신건강, 일(특히, 도움이 되고 협조적인), 창조적인 사고, 사회성과 이타행동의 효과가 있다. 이것은 우리가 긍정적인 감정과 행복의 존재에 대해 좀 더 많은 이해를 하게 해 준다.

7. 맺으면서

우리는 비록 흥분과 깊은 긍정적 감정 같은 몇 가지 다른 밀접하게 관련되는 긍정적 상태가 있음에도 불구하고, 주요 긍정적인 감정이 기쁨이라는 것을 살펴보았다. 감정은 부정에서 긍정과 강렬함의 두 가지 차원에 따라 다양하다. 이들 차원은 경험과 얼굴 표정 모두에서 발견되며, 목소리와 음색에서는 다소 덜 분명하게 발견된다. 감정에 대한 얼굴 표정은 부분적으로는 타고난 것이며, 부분적으로는 표현 규칙에 의해 통제된다. 긍정적인 감정은 사회적 활동과 운동과 다른 방식으로 각성되며, 그들 중 몇 가지는 잘 알려진 욕구와 관련되지 않는다. 이들 긍정적 생활사건과 긍정적 활동은 긍정적 기분을 생성한다. 그리고 만약 그것들이 충분히 자주 일어난다면 행복하게 된다.

감정은 시상하부와 편도체와 피질에서의 활동으로 생성된다. 그리고 세로토닌, 도파민 같은 신경전달물질에 의해서 생성되며, 프로잭과 같은 다양한 약물에 의해 증가될 수 있다. 그중 일부는 긍정적인, 다양한 범위의 감정적인 경험을 일으킨다. 어떤 약물은 작동함으로써 두뇌 속에서 정상적으로 생성되는 것들에 대한 생화학적 지름길을 만들기 때문에 기쁨을 일으킨다. 예를 들면, 모르핀은 격렬한 신체적 운동을 함으로써 나오는 엔도르핀 같은 것이다.

긍정적 감정의 존재 이유는 그것이 사회적 유대를 확립하는 데 일종의 사회성을 일으킨다는 것이다. 즉, 단조롭고 싫증난 시기는 다른 자원을 만드는 데 사용된다. 긍정적인 경험은 생물학적으로 가치 있는 활동을 강화한다. 그리고 긍정적인 상태는 건강과 정신건강, 일 그리고 창의성에 잠재적인 효과를 가지고 있다.

제4장

만족감

우리는 만족감이 행복의 주요 요소 중의 하나라는 것을 제2장에서 살펴보았다. 기쁨은 정서적 부분이며, 만족감은 인지적 부분이다. 즉, 이것은 얼마나 잘하고 있는가와 잘 진행되고 있는가에 대한 반성적 평가, 판단을 말하는 것이다. 조사연구에서 우리는 '전반적인 삶'이나 직업, 결혼, 건강 같은 특정 영역에서의 만족감에 대해 질문할 수 있다.

만족감을 정확하게 측정하는 것은 상당히 의심스럽고, 때로 그것은 개인의 삶의 객관적인 측면과 정확하게 상관되지 않는다. 예를 들면, 수입은 만족감과 아주 절대적인 상관성을 가지지 않는다는 것이다. 제9장에서 살펴보겠지만, 적어도 수입에 대한 만족에서도 그러하다. 이것은 정부가 국민을 더 살기좋게 하려는 것이 실수라는 것을 의미하는 것인가? 아니면 만족감을 측정하는 것에 어떤 중요한 잘못이 있다는 것인가? 또한, 국제적 비교에서도 어려움이 있으며, 어떤 국가는 보고된 만족감이 놀랄 만큼 낮게 나온다. 제12장에서 우리는 이런 차이가 얼마나 진실한지 토의할 것이다. 이 장에서 우리는 객관적인 요인들이 만족감에 얼마나 영향을 미치는지 살펴볼 것이며, 몇 가지 잠재적인 효과가 있는지를 알게 될 것이다.

그래서 우리는 질문의 다른 측면을 생각해 보려고 한다. 즉, 마음속으로 얼마나 만족해 하고 있는지, 사람들이 어떤 것에 대해 생각할 때 어디에 의존하는지에 대해 알아보려 한다. 만족감의 판단은 과거나 다른 사람들과의 비교에 어느 정도 의존한다. 사람들은 또한 '적응'(순간적인 정서적 상태와 물건에 대해 단순히 익숙해지는 것)의 영향을 받으며, 사건을 바라보는 다른 방식에도 영향을 받는다. 사람들이 자신이 얼마나 만족하는지에 대해 스스로를 속이기 때문에 만족감은 부분적으로 환상에 의존한다. 그렇지 않다면 만족감은 사람들 자신이 설정한 목표에 의존하는가? 단지 목표가 만족감의 출처가 될 수도 있다. 다른 한편 목표를 획득하지 못하는 것은 불만족의 출처가 될 수 있다. 이들 효과의 일부는 회피하기 위한 판단상의 오류로 나타날 수 있으며, 만족감에 대한 진실한 판단의 출처로 나타날 수도 있다. 만약, 이런 일이 일어난다면 만족감은 높아질 것이고, 개인의 실제 상황을 변화시킬 것이다. 예를 들면, 그들이 치료 기간 동안 상황을 바라보는 방식이 변화할 것이다.

초기의 만족감에 대한 측정은 〈표 4-1〉에 제시된 Campbell 등(1976)이 사용한 질문지였다. 이것은 대부분의 사람들이 만족감에서 평균 이상으로 자신이 잘 살고 있다고 보고하였다. Cummins(1998)는 세계의 여러 지역에서 그리고 여러 영역에서 세계적인 만족감에 대한 많은 연구들을 고찰하였고, 그 결과 대부분의 연구들은 척도상의 상위 70%에서 평균 수준의 만족감을 보인다고 하였다. 또한, Diener와 Diener(1996)는 불만족스럽다고 기대하는 다양한 집단을 포함해서 사람들의 삶에서 보고된 평균 이상의 만족감을 가지는 이러한 경향에 대해 토의하였다. 그 결과 그들은 사람들이 긍정적인 경험을 가지는 방향으로 동기화된다고 결론지었다.

〈표 4-1〉 초기의 생활만족 측정치

당신은 현재 전반적으로 당신의 삶에 얼마나 만족하십니까?						
아주 불만족함			중간			아주 만족함
1	2	3	4	5	6	7
0.9%	2.1%	3.7%	11.3%	20.7%	39.6%	21.7%

※ 출처: Campbell et al.(1976).

〈표 4-2〉 생활만족척도

항 목	항목 전체 상관
1. 대부분의 방식에서 나의 삶은 나의 이상에 가깝다.	.75
2. 내 삶의 조건은 훌륭하다.	.69
3. 나는 내 삶에 만족한다.	.75
4. 지금까지 나는 삶에서 원하는 중요한 것을 얻었다.	.67
5. 만약 내가 삶을 더 산다 해도 나는 거의 어떤 것도 변하지 않을 것이다.	.57

※ 출처: Diener et al.(1985).
※ 주: n=176.

만족감에 대한 단일항목 측정이 얼마나 적절한지에 대해서는 논란이 있다. 제12장에서 우리는 만족감에서 놀랄 만한 국제적인 차이가 부분적으로는 문화적인 관습에 기인할 수 있음을 제시하였으며, 단일한 추상적인 질문은 그러한 왜곡에 처해 있다는 것을 제시할 것이다. 좀 더 구체적인 항목으로 된 긴 척도가 만족감 측정의 더 나은 측정치임이 드러났다. Diener 등(1985)은 광범위하게 사용되는 생활만족척도(SWLS)를 만들었다(〈표 4-2〉). 이것은 7점 척도를 사용하였으며, 비록 학생들에게서는 67%였음에도 불구하고, 획득된 평균 점수는 56점이었다(Cummins, 1998).

또한, 다른 영역에서도 만족감을 측정하는 척도가 있으며, 각 영역의 많은 목록이 다른 연구들에서 사용된다. 이 목록은 Headey와 Wearing(1992)이 오스트레일리아에서의 조사연구에서 사용한 것으로 〈표 4-3〉에 제시되어 있다. 이것은 또한 전반적인 생활만족도로, 이들 영역에서의 만족에 대한 상관관계를 보여 준다. 이 7개의 영역은 전반적인 생활만족도의 80%를 설명하고 있다. Campbell 등(1976)이 앞에서 거론했던 『Quality of American Life』 연구에서도 이와 유사한 목록을 사용하였으며, 각 영역 사이에는 유사한 부하량이 발견되었다.

Alfonso 등(1996)은 각각 여덟 개의 영역에서 다섯 개의 항목을 사용하여서 확장된 생활만족척도(Extended Satisfaction With Life Scale: ESWLS)를 만들었다. 각 영역과 미국 학생표집에서의 전반적인 생활만족도와의 상관은 〈표 4-

4)에 제시되어 있다.

또 다른 방법은 사람들에게 그들이 삶에서 가장 행복한 만족감의 자원이 무엇이라고 생각하는지를 물어보는 것이다. Hall(1976)은 영국 국민을 표집으로 하여 이 방법을 수행하였다. 이중 가장 자주 거론되는 영역은 다음과 같다.

- 가족과 가정생활
- 돈과 물가
- 생활기준
- 사회적 가치와 기준
- 사회적 관계

〈표 4-3〉 안녕감과 심리적 괴로움에 대한 영역 만족의 관계

영역 만족	생활만족 지수	정적 정서	분노	우울
여가	.42	.28	-.29	-.29
결혼	.39	.17	-.29	-.32
직업	.38	.26	-.27	-.36
생활수준	.38	.20	-.18	-.26
우정관계	.37	.19	-.15	-.12
성생활	.34	.17	-.19	-.33
건강	.25	.11	-.23	-.14

※ 출처: Headey & Wearing,(1992).

〈표 4-4〉 생활만족 영역

사회적	.62
성	.43
자아	.63
가족	.41
관계성	.39
직업	.38
신체적	.35
학교(예, 대학교)	.28

※ 출처: Alfonso et al.(1996).

- 주택
- 건강
- 일

다행스럽게 이 목록과 다른 목록 간에는 많은 공통점이 있었으며, 주요 주제는 이 책의 각 장들에서 드러날 것이다.

사람들은 '상향식' 과정으로 알려져 있는, 모든 다른 영역 만족도에 대해 고려함으로써 자신의 전체적이거나 전반적인 만족도를 결정하는가? 아니면 거꾸로 '하향식' 과정인, 전반적인 만족도가 각 영역의 만족도에 영향을 미치는가? 그것도 아니면 인과성이 양방향으로 일어나는가? 이 문제에 대한 답을 구하려는 여러 가지 시도가 있었는데, 대부분은 통계적인 모델링이었다. Marrard 등(1997)은 32개 국가에서 11개 영역의 조사를 사용하였고, 그들 중 29개에서 양방향이라는 결론을 내렸으며, 다른 3개에서 하향식이라는 것을 발견하였다. 비록 그것은 일관성 있는 방식이 아님에도 불구하고 영역에 따라 다양한 결과가 나타났다. 그러나 순수한 상향식 효과가 없었으며, 통계적 모델링을 사용한 이들 연구는 인과성에 대한 아주 강력한 증거가 되지 못했다. 왜냐하면 자료가 모두 상관이 있었기 때문이고, 각각의 연구에서 같은 시간에 수집되었기 때문이다. 인과성에 대한 좀 더 확신적인 증거를 찾기 위해서는 장기간의 연구가 필요하다. '유사 실험' 설계를 통해 결혼을 하는 것이 행복감을 증가시키는지, 아닌지에 대한 것을 알아볼 수 있다.

Headey와 Wearing(1992)은 동일한 표집에 대한 다섯 번의 반복 조사로 된, 장기간의 연구를 수행하였다. 그들이 발견한 것은 그들의 연구가 다른 연구와는 결과가 다르다는 것인데, 부부만족도와 전반적인 만족도는 서로 영향을 미친다는 것이었다. 즉, 전반적인 만족도는 직무만족도, 부부만족도, 여가만족도에도 영향을 미친다는 것이다(즉, 전부 하향식임을 알 수 있다).

제10장은 행복에 영향을 미치는 요인으로서의 성격에 대한 것이며, 사실상 하향식 과정에 대한 분석이다. 다른 장들 중 몇 개 ─직업, 여가 등─는 특별한 영역에 대한 것이며, 상향식 과정임을 고찰하였다. 이런 논쟁들의 특징은

사람들이 자신들의 만족감을 판단하는 방법에 대한 것이다. 각 영역에 대한 점검 과정에 의해서 이것들이 결정되는가 아니면 정서적 상태 같은 어떤 중추적 과정에 의해 결정되는 것인가? Schwarz와 Strack(1991)은 때로 사람들은 일반적인 만족감에 대한 판단을 위해서 자신의 우세한 정서적 상태를 사용한다고 주장하였다. 왜냐하면 이것은 개인적으로 모든 영역을 평가하는 것보다 쉽기 때문이다. 다른 한편으로 특정 영역에서 그들과 그들의 일부에 대한 자세한 만족도의 평가가 있다. 이것은 다른 사람들이나 과거의 삶, 비교의 기준을 쉽게 이용할 수 있는지의 여부에 의존한다. 만족감에 대한 정보로서 최근의 긍정적 사건에 대한 '동화'가 있을 수 있다.

1. 만족감에서 객관적 요인의 중요성

안녕감에 대한 많은 연구들은 객관적 요인들도 중요하지만 정서와 인지 과정뿐 아니라 성격에서의 개인차가 좀 더 중요하다고 결론짓는다(Diener et al., 1999; Schwarz & Strack, 1991). 이런 관점은 특히 두 가지 결과에 의해 지지받고 있다. 하나는 분명히 수입과 만족감 간에 아주 낮은 상관이 있다는 것이며, 다른 하나는 높은 수준의 만족감과 심각한 손상을 입은 사람들의 행복감에 대한 것이다. 우리는 지금 이것들과 객관적 만족감의 다른 영역을 살펴볼 것이다.

1 돈

Diener와 Oishi는 19개국 150,000명의 피험자로 된 세계 가치관 조사연구를 사용하여 수입의 효과를 보고하였다. 수입만족도와 수입의 평균 상관은 .25였으며, 생활만족도와의 평균 상관은 .13이었다. 이것은 보통 발견되는 수치다. 만족도와 객관적 지수의 상관은 일반적인 상관에서의 결과보다 더 강하다. 행복에서 수입의 효과는 수입이 적을수록 더 강력한 영향을 끼치는 것으로 나타났다. 유사하게 생활만족도와 수입 간의 관계는 가난한 나라에서 더 강했으며, 이것은 아마도 돈이 음식, 주거 그리고 다른 기본적인 요구에 우선적이기 때문일 것이다.

평균 생활만족도와 28개국 각각의 평균 수입 간의 상관은 .62였으며, 다른 연구에서는 .59의 상관이 나왔다. 이처럼 국제적인 비교가 수입에서 더 강한 영향을 나타내는 이유는 국내 연구에서는 개인차의 영향이 아주 강하기 때문이다. 그러나 이것은 국가 간 연구에서는 제거되었다. 돈의 결과와 더불어 건강과 교육시설과 같은 공공 재산은 개인 재산보다 행복에 더 커다란 영향을 미쳤다. 우리는 돈이 정말로 행복에 영향을 미치며, .13의 상관이라는 것이 상당히 과소평가되었다고 결론짓는다.

복권 당첨의 영향, 기대와 비교의 영향에서처럼 돈의 영향에 대해서는 다른 흥미 있는 연구물들이 있다. 이것들은 제9장에서 더 논의할 것이다.

② 건 강

Okun 등(1984)은 메타분석을 수행하였고, 행복이 .32로 건강과 상관이 있음을 발견하였다. 이것은 건강에 대해 주관적 측정이 사용되었을 때 더 높았다. 주관적 건강은 거의 생활만족의 일부였다. 그리고 주관적 건강은 신체적 건강과 같지 않았다. 신경증은 주관적으로 건강하지 못한 것을 과장한 반면, 고혈압인 사람이나 콜레스테롤이 높은 사람은 그들이 실제보다 더 좋다고 생각할 수 있다. 행복과 특별한 질병 간에는 관련성이 있다. 특히, 활동성이 제한된다면 더욱 그러하다(Veenhoven, 1994). 환자가 다른 환자보다 더 좋은 느낌을 갖게 하는 질병도 있다. 인과성의 방향은 어떠한가? Headey와 Wearing (1992)은 오스트레일리아에서의 장기간 연구에서 전반적인 만족감과 건강만족감 간의 관계는 거짓이며, 각각은 신경증 간의 관계에 좌우된다는 것을 발견하였다. 행복한 사람은 덜 신경증적이고 신경증적인 사람은 그들의 건강에 대해 덜 만족했다. 그러나 Feist 등(1995)은 또 다른 장기간의 연구에서 양방향성임을 발견하였다. Health(1995)는 특히 나이 든 사람들의 안녕감에는 건강이 중요하다고 하였다. 건강은 항상 그들의 행복감이나 만족감의 주요한 예측 변인으로 드러났으며, 건강이 정말로 행복감의 원인인 것처럼 보고 있다.

행복이 건강에 영향을 미칠 수 있는 한 가지 과정은 면역체계를 활성화시키는 좋은 기분을 통해서다. 주관적 건강에 대한 행복감의 효과는 삶과 자아를 다르게 바라보는 것 같은 인지적 과정에서 기인한 것 같다.

③ 일과 고용

이 주제는 제7장에서 좀 더 충분하게 토의될 것이다. 실직은 현대사회에서 불행감의 중요한 원인이 된다. 이것은 우울, 자살, 질병, 무감정, 낮은 자아존중감 그리고 낮은 만족감과 불행감의 모든 측면을 야기하고, 그 효과는 상당히 강하다. Inglehart(1990)는 일을 가지고 있는 수공업 노동자의 78%가 삶에 만족한다는 것과 비교해서, 유럽에서는 실업자의 61%가 자신의 삶에 만족하고 있음을 발견하였다. 실업의 영향은 원인이 있다. 예를 들면, 공장 폐쇄와 같은 즉각적인 충격으로 나타날 수 있다. 그리고 그 영향은 수입과 같은 다른 변인들이 통제되었을 경우에도 계속된다.

직무만족은 생활만족과 꽤 강한 상관이 있다. 이것은 Tait 등(1989)에 의한 메타분석에서 .44임이 나타났다. 인과성의 방향을 알아보려는 시도에서는 이 두 가지 모두에서 작동하고 있다는 것이 발견되었다. 그러나 직업만족에서의 생활만족의 효과는 그 역보다 더 컸다(Diener et al., 1999). 특히, 다른 직업 간의 직업만족에서 커다란 차이가 있었다. 한 연구에서, 만약 동일한 직업을 다시 선택하겠는가를 물었을 때, 수학자의 91%와 법률가의 82%는 그럴 거라고 대답하였으며, 비숙련 강철 노동자의 경우에는 16%만이 그럴 것이라고 대답하였다. 직업만족은 또한 공동작업자와 다른 사회적 요인과의 관계성에 의해 강하게 영향을 받는다. 제7장에서 기술되겠지만, 직업만족과 생활만족에서 객관적인 직업의 특성들의 영향은 의심의 여지가 없다.

④ 사회적 관계성

이것은 행복을 야기시키는 가장 큰 원인들 중의 하나며, 그중에서도 결혼은 가장 영향력 있는 관계성이다. Inglehart(1990)는 유럽에서 독신 여성의 75%와 비교해서, 결혼한 여성의 81%가 자신의 삶이 만족스럽거나 아주 만족스럽다고 말하였다. 사별이나 이혼의 효과는 좀 더 두드러졌다. 미망인의 66% 그리고 이혼하거나 별거 중인 여성의 57%가 만족한다고 하였다. 남성에 대한 효과는 약간 적었다. Stroebe와 Stroebe(1987)는 미망인의 42%가 벡우울 증검사에서 경중에서 중증의 범위에 있었으며, 결혼한 여성은 10%만이 그러하다는 것을 발견하였다. 이혼한 사람과 이들 동거자의 행복에서 문화적인 변인이 있음에도 불구하고 다른 문화에서도 이와 유사한 결과가 나타났다.

수입에 대한 통제 이후에도 이것의 효과는 적용된다. 그리고 이 경우에 인과성의 방향은 꽤 분명하다. '고위험' 연구, 즉 결혼의 위기에 있는 것으로 가정된 20대 초반의 사람들에 대한 후속 연구가 있었다. 미망인이 되는 것은 홀아비가 되는 것보다 불행의 원인이 된다는 것이 가정될 수 있다. 이혼에 대해서는 그렇게 분명하지 않다.

비록, 적었음에도 불구하고, 친구와 가족관계 같은 다른 관계성에서 행복에 대한 유사한 이점이 있었다. 이것들은 제6장에서 논의할 것이다.

5 여 가

우리는 몇몇 연구에서 어떤 다른 영역에서보다 여가만족도가 전체 만족도와 좀 더 높은 상관이 있다는 것을 〈표 4-3〉에서 보았다. 비록, 수입과 그 나머지에 대해 통제되었다면 약 .20으로 떨어졌을지라도 .40의 상관이 있었다. 실제 여가의 효과에 대한 연구가 이루어졌으며, 어떤 경우에는 실험실과 장기간 설계연구에서도 인과성이 나타났다. 예를 들면, 실험은 사람들이 규칙적인 운동을 할 것을 설득하는 것으로 수행되었다. 이들은 그것이 불안과 우울을 줄이고, 자아존중감을 증가시켰으며, 증진된 신체 이미지를 유발하였다는 것을 발견하였다(Argyle, 1996).

몇몇 다른 종류의 여가 또한 긍정적 효과, 예를 들면 사교모임, 자발적 활동 그리고 음악 같은 효과를 가지는 것으로 밝혀졌다. 그러나 TV 시청하기는 때때로 생활만족과 부정적 관계로 나타났다. 아마도 TV 시청을 즐기는 시청자는 어떤 다른 것을 더 하지 않기 때문일 것이다. 우리는 제8장에서 여가에 대해 더 논의할 것이다.

6 주 택

이것은 심리학자들이 통상적으로 관심을 갖고 연구하는 변인이 아니다. 그러나 몇 가지 흥미 있는 점이 있다. 우리는 주택이 가장 자주 거론되는 영역의 하나라는 것을 알고 있다(Hall, 1976). 주거는 보통 '생활기준'의 일부로 보인다. 몇 가지 연구는 주택의 어떤 특별한 양상이 주택 안정에 기여하는지를 발견하였다. Hall의 영국 연구에서 고정된 욕조나 샤워실을 가지고 있지 않은 사람들은 목욕에 대해 아주 만족스러워 하지 않았다. 그러나 전반적인 주택만족에 대해서는 상당히 작은 효과를 가지고 있었다(〈표 4-5〉). 심지어 생활만족에는 아주 적은 효과만 있었다. Campbell 등(1976)도 이와 유사한 방식으로 사용하였는데, 미국에서는 주택만족이 일인당 방의 수, 방의 크기 그리고 난방장치와 같은 변인에 의존한다는 것이다.

주택만족은 전체적인 생활만족에 기여하며, 전형적으로 .30의 상관을 갖고 있으나(Andrews & Withey, 1976), 우리가 토의했던 다른 변인들보다는 더 적다고 할 수 있다.

〈표 4-5〉 욕실에 대한 만족도

	전반적 주거만족	욕실에 대한 만족
고정된 욕조나 샤워기가 없음	5.5	2.2
공동 욕실	7.3	6.9
개인 욕실	8.0	8.7

※ 출처: Hall(1976).

7 교 육

이것은 미미한 효과를 미치는 또 다른 변인이다. 그러나 이것은 만족감의 다른 원인들과 관련되기 때문에 교육 시간에 대해 관심을 가지게 된다. 많은 연구들은 교육의 긍정적 효과를 나타내고 있으며, 이는 받았던 교육 연수나 획득한 학위로 정의된다. Okun 등(1984)은 메타분석에서 발견된 것처럼 미국에서 안녕감과의 전형적인 상관은 .13이었다. 교육은 미국과 영국에서는 높은 수입과 높은 지위의 직업을 갖게 한다.

교육의 효과는 오스트리아, 한국, 멕시코, 유고슬라비아, 필리핀 그리고 나이지리아에서 아주 강하다. 이들 국가가 공통적으로 갖고 있는 것들이 분명하지는 않지만, 어떤 점에 있어서 교육은 그곳 사람들에게 좀 더 많은 것을 하게 하는 것 같다.

8 만족감에 대한 객관적 출처에 대한 결론

필자는 만족감에서 돈과 삶의 다른 조건에 대한 잠재적인 효과가 있다는 것을 알아보았다고 생각한다. 그러나 다른 한편으로는 관계성이 항상 아주 강했던 것은 아니다. Diener와 Suh(1997a)에 의하면, 오스트리아가 객관적인 사회적 지수의 조합에서 71점이었으며(수입, 건강 등), 나이지리아는 30점이었다. 그러나 생활만족도 점수는 단지 2점 정도의 차이만 있었다. Adams (1977)는 미국 흑인에 대한 객관적 지수는 1980년과 1992년 사이에 감소하였다는 것을 발견하였다. 그러나 비록 행복에서는 조금 낮았지만, 생활만족도는 오히려 더 높았다. 분명하게 객관적 만족감은 만족감의 유일한 원인이 아니다. 우리는 여기서 다른 원인들을 살펴볼 것이다.

2. 사회적 비교의 효과

사회적 비교이론은 사람들이 자신이나 자신의 삶의 양상을 다른 사람들과 비교함으로써 평가한다는 것을 말한다. 이것은 만족도 연구의 몇 가지 다른 혼란스러운 양상을 설명하는 데 사용되기도 한다. 예를 들면, 국민의 수입이 증가함에 따라 만족도가 증가하지 않는다는 사실은 아마도 모든 사람들의 수입이 증가하는 것은 아니기 때문일 것이다. Will(1981)은 사람들은 자신의 주관적 안녕감이 운이 좋지 않은 다른 사람들과 비교함으로써 증가할 수 있다는 가설과 하향 비교는 주관적 안녕감의 감소로 환기된다는 가설을 지지하는 많은 다양한 결과를 모아서 정리하였다. 또한, 그는 일반적으로 사람들이 상향 비교를 하지만 낮은 자아존중감을 가진 사람들은 좀 더 하향 비교를 하는 경향이 있다고 결론 내렸다. 최근 실험은 이들 몇 가지 생각을 확증하고 있다. Strack 등(1990)은 신장 투석 기계를 사용하는 장애를 가진 사람의 친구가 되는 것은 실제 피험자의 안녕감을 증가시킨다는 것을 발견하였다. 또, Strack 등(1985)은 만약 피험자가 현재 긍정적 사건에 대해 생각하라는 요구를 받는다면 자신의 주관적 안녕감이 증가한다는 것을 발견하였다. 그러나 과거의 긍정적 사건을 생각하라고 한다면 주관적 안녕감은 감소한다. 즉, 반대가 된다는 의미다. 부정적 사건에 대해서는 반대의 결과가 나타났다. 행복한 사람과 불행한 사람은 다른 비교를 한다. Lyubomirsky와 Ross(1997)는 기대했던 방향으로, 불행한 사람은 그들이 했던 철자바꾸기 과제에서 더 잘하거나 더 못한 동료에 의해 자기 평가가 영향을 받는다는 것을 발견하였다. 그러나 행복한 사람은 더 잘하는 동료에 의해 영향을 덜 받았으며, 비록 자기 평가가 증가하지 않더라도 좀 더 긍정적인 기분과 더 큰 자기 확신감을 일으켰다. 이것은 미래에 대한 조망이 증가하도록 자극을 한 동료 때문일 것이라고 추측할 수 있다. 동료들은 더 행복한 느낌을 유발한다.

그러나 실생활에서 사회적 비교이론을 확증하려는 시도가 항상 성공한 것은 아니다. Diener와 Fujita(1997)는 많은 그러한 연구를 수행하였다. 한 연구에서 만약 피험자가 좀 더 매력적이거나 매력적이지 않거나 또는 학업수행을 더 잘하거나 그렇지 못한 룸메이트가 있다면, 이것은 그들의 영역에서의 만족에 영향을 미치지 않았다. 대신에 그들은 자신들의 자원에 근거한 비교를 위해 목표를 선택하였다. 또 다른 연구에서 피험자는 부유한 지역이나 가난한 지역에 살고 있는, 같은 수입을 가진 사람들에 대한 주관적 안녕감에는 효과가 없다는 것을 발견하였다. 국가의 평균 안녕감 연구에서는 비교이론이 예측했던 것처럼 부정적인 것이 아니라 이웃 국가의 경제적인 번영과 긍정적으로 상관이 있었다(Diener, Diener & Diener, 1995). Wright(1985)는 만족감에서 자기 평가된 건강의 효과가 있다는 것을 발견하였다. 그러나 이것은 다른 사람의 건강과의 비교에서는 영향을 받지 않았다.

연구 결과에 의하면, 사람들이 비교를 위해 자신의 목표를 선택한다는 것이다. 예를 들면, 안녕감이 높은 개인은 다른 사람들과 좀 더 우세한 비교를 한다는 것이다(Gilbert & Trower, 1990). 비교 과정에서는 다른 추론이 개입할 수 있다. 예를 들면, Buunk 등(1990)은 상향 비교로는 자신의 건강에 대해서는 좀 더 행복감을 느끼거나 덜 느끼게 하며, 희망이나 시기심을 느낀다는 것을 발견할 수 있다. 외부 상황에 의해 부과된 비교는 만족감에 일관성 있는 효과를 가지지 않다는 것이 드러났다. 비교 대상의 선택은 관련된 다른 사람들의 최적의 접근성에 의해서만 결정되는 것이 아니라 융통성이 있는 과정이다(Wood et al., 1985). 이것에 대해서는 두 가지 예외가 있다. 하나는 학교나 대학 같은 다소 친밀한 공동체 안에 있는 사람들에게는 학업에서의 성취다. 여기에서는 비교 기준의 증거가 압도적이다(Diener & Fujita, 1997). 두 번째는 직업에서의 임금이다. 이것은 강력한 무역단체 활동의 목적이며, 노동자는 정확하게 다른 노동자가 얼마나 받고 있는지를 알고자 한다. 만약, 그들이 덜 받고 있다고 생각한다면, 그들은 파업을 하기도 하며, 심지어는 공장을 문 닫게 할 수도 있다. 사실상 사람들은 종종 이런 비교를 하기도 한다. Ross 등(1986)은 사람들의 89%는 가정에서 만족감을 판단할 때 인접한 집단의 구성원들과 비교하며, 직장에서는 만족감에 대해 82%, 전반적인 삶에 대한 만족감에서는 61%만이 비교를 하였다. 이것은 인접 집단이 낯선 사람들로 구성되어 있기 때문이다.

사회적 비교에 대한 또 다른 입장은 중다불일치이론(Multiple Discrepancy Theory: MDT)이다. Michalos(1985)는 만족이 성취와 열망 간의 (작은) 불일치의 산물이며, 종종 다른 사람과의 비교의 견지에서 정의된다고 하였다. 이 이론에 따르면, 높은 열망은 만족에 위협이 된다. '목표성취 차이'는 사실상 만족감과 상관되어 있다. 그러나 목표에 대한 어떤 고려도 없는 성취도 만족감과 상관되어 있다. 몇몇 연구들은 목표성취 차이와 만족감에 대한 예측을 비교하며, 이것을 성취나 단지 '자원'에 대한 예측과 비교한다. 때로는 중다불일치이론이 더 나을 수 있으며, 때로 그것은 차이가 없을 수도 있다. 그러나 목표성취의 차이는 만족감의 부산물이지 그 반대는 아니다. Headey와 Veenhoven(1989)은 오스트레일리아의 빅토리아 주 위원회 연구에서 얻은 자료에서 "생활만족도는 목표성취에서의 차이에 기인하며 그 반대가 아니다."

라는 것을 발견하였다. Campbell 등(1976)은 나이에 따라 만족감이 증가하는 것에 대한 설명을 하기 위해 이 이론을 사용하였다. 목표성취 차이는 시간이 지남에 따라 점차 작아진다.

목표성취 차이에 따르면, 열망이 높을수록 만족감은 낮아지게 된다. 그러나 다른 연구자들에 따르면, 적어도 목표를 가지는 것은 안녕감에 긍정적인 영향을 미친다. 그러나 우리가 제10장에서 살펴보겠지만, 사람들은 적절한 목표를 가져야만 한다.

3. 적 응

이것은 심리학에서 익숙한 개념이다. 만약, 누군가가 2와 6온스 사이의 무게를 가진 많은 물건의 무게를 판단하라는 질문을 받는다면, 1파운드의 무게는 '무거운 것'처럼 여긴다. 반면, 3~6파운드의 물건을 들어올린다면, '가벼운 것'처럼 여긴다. 우리는 어떤 범위의 자극을 사용하는 데 익숙하다. 이것은 만족감에 적응하게 되면, 우리가 어떤 수준의 만족감의 자원을 사용하는 데 익숙해지며, 그것을 정상적인 것으로 간주하게 된다. 사지마비와 다른 환자들에 대한 연구는 이 이론을 지지한다. 필자는 11명의 쌍마비 환자와 18명의 사지마비 환자에 대한 Brickman 등(1978)의 영향력 있는 연구를 초기에 거론하였다. 환자들의 현재 행복은 2.96으로 3.82인 정상인의 통제집단보다 의미 있게 낮았다. 그리고 매일의 활동성에 대한 유쾌함에서도 유사한 차이가 있었다. Schulz와 Decker(1985)는 100명의 유사 환자가 사고 이후 20년이 지난 후에 일반적인 모집단보다 덜 행복했음을 발견하였다(〈표 4-6〉 참조).

Kuause와 Sternberg(1997)는 또한 척추를 다친 환자들을 연구하였으며, 다른 변인들을 일정하게 유지하였을 때, 시간이 지남에 따라 일반적인 만족감이 증가함을 발견하였다. 불구가 된 사람들은 태어날 때나 어릴 때 부상을 당한 사람들보다 덜 만족해했으며 적응하는 데 더 오랜 시간이 걸렸다(Mehnert et al., 1990). 제10장에서 나타난 바와 같이, 비록 나이든 사람들이 덜 유복하

⟨표 4-6⟩ 쌍마비와 사지마비 환자의 행복감

	환자	일반 모집단
주관적 안녕감	10.76(n=100)	12~13
우울	9.74	9.25
긍정적 기분	4.04	3.77(1은 긍정적)
현재 행복	2.96(n=29)	3.82(n=88)
과거 행복	4.41	3.32

※출처: Brickman et al.(1978); Schulz & Decker(1985).

고, 건강이 더 안 좋고, 사회적으로 고립되었음에도 불구하고 삶에 대한 만족이 평균적으로 젊은 사람들 못지않았다. 만약, 어떤 다른 것이 있는 경우에는 그들이 더 만족한 것으로 나타났다. 이것은 적응 때문일 것이다.

복권에 당첨된 사람들에 대한 연구는 적응이론을 지지하고 있는데, 이는 복권 당첨자가 통제집단보다 더 행복하지 않기 때문으로 보인다. 여러 가지 재난을 겪은 사람들은 익숙해지는 데 오랜 시간이 걸린다. 미망인에 적응하는 것은 여러 해가 걸릴 것이다. 적응이론에는 몇 가지 추가적인 문제가 있다. 장애인을 포함한, 최대 70% 정도의 대부분의 사람들이 척도에서 중간 점수 이상에 있었다. 그러나 가장 흥미 있는 것은 부정적인 사건에 적응하는 능력이다. 사람들은 어떻게 적응하는가? 답은 사람들이 자신의 삶에 다르게 대처하거나, 정리하거나, 단순하게 사건을 다르게 바라보게 된다는 것이며, 우리는 이것에 대해 간단하게 설명해 보려고 한다.

어떤 사람들은 우울하며, 여러 해 동안 계속해서 우울해한다. 그들은 적응하지 못한 것이다. 그리고 만족과 불만족의 원인이 되는 객관적인 사건들은 적응에 대한 어떤 신호 없이 계속해서 적응이 되지 않는다. 즉, 먹는 것, 성행동, 사회적 관계, 여가 그리고 일 등에서 적응이 되지 않는 것이다.

적응은 비록 전부는 아닐지라도 삶에서의 어떤 부정적인 변화에 대해 일어나는 것 같다. 그러나 적응하는 것이 만족감의 주요 원인에 대한 지속적인 이점을 없애지는 못한다.

4. 만족감에서 감정적 상태의 효과

많은 상세한 비교를 하는 것보다 좀 더 쉽기 때문에 우리는 전반적인 만족감에 대한 판단이 정서적 상태에 기초하고 있는 것으로 보는, Schwarz와 Strack(1999)의 모델을 토론하였다. 우리는 제2장에서 감정과 만족감이 약 .50의 상관이 있다는 것을 보았다. Schwarz와 Strack 등(1999)은 만족감과 일반적인 안녕감이 비가 올 때보다 태양이 비칠 때, 자신이 응원하는 축구팀이 승리할 때 그리고 피험자가 쾌적한 방에서 검사할 때 더 높게 나타난다는 것을 발견하였다(〈표 4-7〉 참조).

그렇다면 왜 즉각적인 정서 상태가 일반적인 만족감에 영향을 미치는가? 가장 그럴 듯한 이유는 사람들이 자신들의 안녕감의 증거로서 정서적 상태를 사용하기 때문이다. Schwarz와 Clore(1983)는 해가 난 날과 비가 오는 날에 피험자에게 전화를 했다. 그들은 해가 비치는 날에 기분이 좋은 상태였으며, 전반적으로 자신의 삶에 더 만족하였다. 그러나 만약 그들에게 날씨에 주의를 기울이게 하면, 날씨는 그들의 기분에 영향을 미치지 않았으며 날씨의 안녕감에 대한 효과가 제거되었다. 피험자에게는 더 이상 증거로서 날씨-유도 기분을 사용하지 않았다. 다른 실험에서는 정서적인 상태가 일반적인 안녕감에

〈표 4-7〉 생활만족과 기후, 축구 그리고 방들

쾌적한 방	9.4
쾌적하지 않은 방	8.1
자신이 응원하는 축구팀의 승리	+2.5
자신이 응원하는 축구팀의 패배	−2.8
해 뜬 날	7.4
비 오는 날	5.0

※ 출처: Schwarz & Clore(1983), Schwarz et al.(1987).

영향을 준다는 것을 발견하였으며, Schwarz와 Strack이 예측했던 것처럼 특별한 영역에서는 영향을 미치지 않았다(Keltner et al., 1993).

5. 만족감에서 인지적 요인

우리는 제6장에서 '밝은 면만을 보는', '낙천적인' 사람이 있다는 것을 보게 될 것이다. 그들은 행복하며, 낙천적이며, 사건을 유쾌한 측면에서 바라보며, 다른 사람에 대해 좀 더 긍정적인 관점을 가지고 있으며, 긍정적인 사건을 좀 더 많이 회상하며, 자유연상을 좀 더 좋아한다(Matlin & Gawron, 1979). 그러나 어떻게 당신은 밝은 면만 바라보는가? 만약, 우리가 답을 알고 있다면, 사람들이 삶의 실제 조건을 변화하려는 어려움 없이, 아마도 다른 방식으로 생각함으로써 좀 더 행복해질 것이다. 우리는 하향 비교를 하는 것은 사람들이 더 좋은 기분이 되게 한다는 것을 알고 있으며, 실험실 과제에서 신체장애가 있는 사람이나 아주 안 좋거나 유능하지 못한 실험 협조자를 통해 이 문제를 수행할 수 있다. 그러나 우리는 행복한 사람들이 자신을 더 나아지게 할 희망을 가지기 때문에 자신의 기분이 좀 더 성공적인 협조자에 의해 고양될 수 있다는 것 또한 알고 있다.

비록, 그 결과가 시간 척도에 의존할지라도 단지 긍정적인 사건에 대해 생각하는 것만으로 사람을 더 즐겁게 한다. Strack 등(1985)은 피험자에게 현재나 최근에 즐거운 사건에 대해 생각하라고 요구하는 것으로 주관적 안녕감에서 긍정적인 효과를 가질 수 있다는 것을 발견하였다. 그러나 과거 사건에 대해서는 부정적인 사건에 대한 생각에서 안녕감에 더 큰 효과가 있었다(〈표 4-8〉). 과거 사건은 비교의 기준이 되곤 한다. 반면, 현재 사건은 안녕감의 증거로 사용된다. 이들 연구자는 당신이 이들 사건에 대해 어떻게 생각하는지에 의존한다는 것을 발견하였다. 주관적 안녕감에 대한 효과는, 만약 피험자가 사건에 대해 길고 생생한 설명을 듣는 경우와 그것이 어떻게 일어났는지를 설명하게 하였을 경우 더 커졌다.

〈표 4-8〉 주관적 안녕감: 사건의 가(價)와 시간 조망의 영향

	사건의 가(價)	
	긍정적	부정적
시간 조망		
현재	8.9	7.1
과거	7.5	8.5

※주: 행복과 만족감 질문의 평균 점수며, 범위는 1에서 11까지다. 높은 점수일수록 더 높은 안녕감을 나타낸다. Strack et al.(1985, 실험 1)에서 개정됨.

사람들이 사건의 원인을 귀인하는 방법 또한 중요하다. 우울한 사람들은 자신에게 나쁜 사건을 설명하는 특징적인 방식을 가지고 있다는 것은 오래전부터 알려져 왔다. 그들은 자신이 결점을 가지고 있다고 생각한다. 예를 들면, 내적으로 원인을 돌리고, 다시 일어날 것으로 여기고, 다른 방식으로 생각한다. 귀인 방식이 얼마나 우울을 일으키는지, 그 반대인지에 대해서는 확인되지 않았다. 그러나 Fincham과 Bradbury(1993)는 배우자의 행동에 대해 유사한 귀인을 하는 것이 결혼 성공을 예측하는 변인임을 발견하였다. 다른 배우자의 불완전한 성격을 나쁘게 비난하는 방식은 성공적이지 못하다. 그리고 귀인치료는 우울증 환자들에게 사용된다. 그들은 나쁘게 하는 모든 것에 대해서는 자신을 비난하지 않도록 설득하는 것이 중요하고, 행복한 사람은 이러한 방식으로 자신을 비난하지 않는다는 증거를 발견하였다. 반대로 그들은 자신들에게 일어난 좋은 것들에 대해 책임이 있는 것으로 생각하였다(Argyle et al., 1989).

내적인 통제는 우리가 제6장에서 기술할 것이지만, 만족감과 상관이 있는 성격 변인이다. 그것은 사람들이 일어난 일을 통제할 수 있다는 신념이다. 이것은 스트레스 사건으로 질병이 생기지 않는 사람의 '강인성(hardiness)'의 주요 구성성분이다(Kobasa, 1982). 내적 통제가 높은 사람은 스트레스 사건을 도전으로 해석하며, 그것을 잘 대처할 수 있다고 생각한다. 우리는 행복한 사람들이 실험실 과제에서 실험 보조자에게 패했을 때 기분이 상하지 않는다는 것을 알고 있다. 이 경우 그들은 더 나아지기 위한 유인가로 보았다. Higgins

등(1997)은 통제할 수 없는 건강문제를 경험한 사람들은 관련되지 않은 다른 문제에 대해서도 다시 재발할 것으로 예측하고 있음을 발견하였다. 그러나 건강문제를 통제할 수 있다고 생각한 피험자는 재발할 것으로 예측하지 않았다. Oettingen(1992)은 체중 감소에 대한 두 가지 사고방식을 비교하였다. 지나치게 살찐 여성은 자신이 얼마나 많은 체중이 빠질지에 대해 낙관적인 기대를 가졌을 때는 성공적이었으나, 체중 감소에 대해 환상을 가지고 있는 사람들에게서는 성공적이지 않았다.

긍정적 사고의 또 다른 형태는 유머거나 아니면 유머러스한 인생관이다. 이것은 사건의 다른 측면, 즉 사건의 재미있는 측면을 본다는 것을 의미하며, 그들은 나쁜 사건을 중요하지 않은 것으로 여기고, 그래서 나쁜 사건은 덜 위협적이게 된다.

우리는 다음 장에서 유머에 대해 다룰 것이다. 그리고 제11장에서는 행복과 안녕감에 대한 종교적 효과를 검토할 것이다. 이들 결과의 몇 가지는 사건을 다르게 바라보는 것에 기인하고 있다. 건강은 건강을 다르게 정의함으로써 종교적인 치료로 고양될 수 있다. 신체적인 건강 그 이상을 포함한다. 다른 문제는 '종교적인 대처'의 다양한 형태인데, 종교적 맥락에서 사건을 해석할 때 사람들은 신이 우리를 보살펴 준다고 믿는다.

6. 긍정적 환상

Taylor와 Brown(1988)은 많은 사람들이 자신에 대해 긍정적인 환상을 가지고 있고, 특히 그들이 비현실적으로 높은 자기평가, 과장된 통제의 지각 그리고 비현실적으로 낙관적이라는 이론을 주장하였다. 이것들은 모두 주관적 안녕감을 고양시키는 것으로 기대된다. 긍정적 자기평가는 대부분의 연구 관심을 끌었다. 우리가 이미 알고 있듯이 사람들은 긍정적으로 가치 있는 특질에 대해서는 다른 사람들이나 '보통 사람들'보다 높게 자신을 평가한다. 또한, 평균적인 사람 이상으로 자신의 친구를 평가한다. 그리고 높은 자아존중감을 가진 사람은 이 모든 것을 좀 더 많이 한다(예컨대, Brown, 1986; Compton, 1992). 이들 자기평가의 일부는 비현실적이다. 예를 들면, 85% 이상은 자신들이 평균 직업보다 더 나으며, 평균 운전자보다 더 운전을 잘한다고 생각한다. 환상은 또한 사랑 영역에서 분명하게 기능한다.

건강 분야에서 Harris와 Middleton(1994)은 지각된 건강 위협은 전형적 학생이나 아는 사람보다 자신에게 더 적을 것이라고 여긴다고 하였다. Robinson과 Ryff(1999)는 자기기만은 구체적인 정보가 결여되어 있을 때 일어난다고 추측하였다. 그들은 미래의 행복(7.53)은 현재(6.33)나 과거의 행복(6.21)보다 더 높은 것으로 보았다.

보통의 이론은 사건에 대한 정확한 지각이 더 좋다는 것이며, 왜곡된 지각으로 고통받는 정신질환자가 있다는 것이다. 반대로 긍정적인 지각은 이익이 될 것이라는 점이 또한 입증되었다. Boyd-Wilson 등(2000)은 209명의 학생들에게서 아주 높은 주관적 안녕감을 가진 사람들은 자아실현 같은 자신의 긍정적 특징에 대해 좀 더 긍정적인 환상을 가지고 있다는 것을 발견하였으며, 그 점에서 그들은 자신을 다른 학생들보다 더 좋게 평가하였다. Murray와 Holmes(1997)는 배우자의 구성원들은 자신의 이상적 배우자와 실제 배우자가 유사한 것으로 보았을 때, 일 년 후 그들의 관계성에서 성공적인 상태를 예측할 수 있음을 발견하였다. 이것은 상호 간의 신뢰감의 도약으로 보인다. 이런 이점의 이유는 사람들이 자신과 자신의 배우자에 대해 좋은 느낌을 가지게 할 수 있다는 것이며, 그들에게 도전에 부딪히는 것에 대한 관여와 신뢰를 준다는 것이다. '우울증적 현실주의'에 대한 이론이 있다. Pacini 등(1998)은 우울한 사람들은 실험실 과제에서 통제집단보다 좀 더 현실적인 선택을 한다는 것을 발견하였다. 그러나 실생활에서의 결정에서는 그렇지 않았다. 행복한 집단일수록 더 자기 현혹적이 되었다.

환상과 정확한 지각에 대한 압력을 잘 정리하는 또 다른 방법은 Tayor와 Gollwitzer(1995)의 연구였다. 그들은 과제를 계획하거나 결정할 때, 사람들은 현실적인 신중함을 선택하지만 그것을 수행할 때 낙천적이고 긍정적인 태도를 선택한다. 이것은 긍정적인 사고가 사람을 동기화하는 데 이익이 된다는 생각을 지지하고 있다. 그러나 때로 실제 상황에서는 심사숙고할 필요가 있다.

기억 연구는 또한 행복한 사건이 더 잘 기억되며, 특히 행복한 사람에게 더 그러하다는 것을 발견하였다(Matlin & Gawron, 1979). 이것은 우리가 느꼈던 기분 상태에서 일어났던 사건을 더 잘 기억하기 때문이며, 그래서 행복한 기분 속에서 사람들은 종종 더 행복했던 일에 대해 더 잘 기억한다. 그러나 Seidlitz 등(1997)은 긍정적 생활사건에 대한 더 나은 기억이 이와 유사한 기분에 대한 사건으로 회상된다기보다는 이들 사건에 대한 부호화에 기인한다는 것을 발견하였다.

7. 맺으면서

전반적이거나 분리된 영역에서 삶에 대한 만족감은 자기보고척도로 측정될 수 있으며, 대부분의 사람들은 50%가 아니라 최고 70%가 자신을 평균 이상이라고 간주한다. 어떤 영역이 전반적인 생활 영역에 영향을 미치는지 아니면 그 반대인지는 분명하지 않으나 인과성의 두 가지 방향이 대부분의 영역에서 발견되고 있다.

객관적인 요인들은 만족감의 중요한 요인이다. 즉, 수입, 건강, 취업 그리고 직장, 사회적 관계, 여가, 주택과 교육 등은 모두 잠재적인 인과적 효과를 가지고 있음이 발견되었다.

하향 비교는 종종 만족감을 증가시키며, 상향 비교는 감소시킨다. 그러나 비교는 보통 임금과 학문적인 기준의 경우를 제외하고는 외적으로는 부과되지 않는다. 게다가 사람들은 어떤 비교를 해야 할지를 선택하며, 아주 만족한 사람들은 상향 비교에서 만족감을 얻는다.

좋고 나쁜 사건에 대한 어떤 적응이 있다. 그러나 어떤 사람들은 결코 나쁜 사건에 적응할 수 없으며 그리고 정상적인 만족감의 자원에서 계속해서 만족해한다.

일반적인 만족감은 정서적 상태의 영향을 받으며, 그것은 정보의 자원으로 다룰 수 있다. 만족감은 또한 귀인과 지각된 통제와 과거 사건에 대해 사람들이 생각하는 방식 같은 인지적 요인에 의해서도 영향을 받을 수 있다.

만족한 사람들이 자신과 친구 그리고 배우자를 평균 이상으로 평가한다는 점에 있어서 긍정적인 환상이 있으며, 비록 현실적인 심사숙고가 바람직함에도 불구하고 낙천적인 사고는 행동을 동기화한다.

제5장

유머와 웃음

　유머는 어울리지 않는 말이나 행동을 하거나 기대하지 않은 우스꽝스러운 상황을 초래할 때 만들어지는 긍정적인 마음의 상태라고 할 수 있다. 이것은 몇 가지 다른 이유로 일어나며, 이로 인해 사람들은 웃게 된다. 재미있는 것을 발견하는 것은 특별한 종류의 기쁨이며, 그래서 행복에 있어 중요하다. 또한, 삶의 아주 보편적인 양상이 된다. 이것은 하루에 18번 정도 일어나며, 대부분 다른 사람이 있는 상황에서는 자발적인 반응으로 나타난다(Martin & Kuiper, 1999). 유머는 이 책에서 중요하다. 왜냐하면 사람들을 기분 좋게 하거나 좋은 기분의 결과이기 때문이다. 또한, 행복에 중요한 영향을 미치기 때문이다. 우리는 제13장에서 유머가 긍정적인 기분 유도의 기본적인 방법 중의 하나라는 것을 다시 언급하게 될 것이다. TV와 라디오 프로그램의 상당 부분은 사람들을 웃게 하기 위해 정성을 들이고 있다. 이것은 마치 행복하게 되거나 아니면 긍정적 기분이 되는 것이 모든 사람들이 바라는 것처럼 여기게 한다. 그리고 대중매체는 이것을 성취하는 데 광범위하게 사용된다. 유머에 의해, 이것들이 무엇에 대한 것이든 간에, TV 프로그램은 웃기고 즐겁게 하는 것이어야 한다(Argyle, 1996).

　유머에는 몇 가지 양상이 있다. 유머의 진가를 인정하고, 유머를 창조하고,

문제에 대처하기 위해 유머를 사용하는 것 등은 모두 몇 가지 검사로 측정된다(Freiheit et al., 1998). 그리고 모든 것은 '좋은 유머감각'을 가지는 것의 일부분이다. '좋은 유머감각(GSOH)'은 종종 마음이 외로운 파트너를 필요로 한다. 그리고 여러 종류의 농담(joke)이 있다. 그러나 유머와 농담을 분류하는 일관된 규칙은 없다. 예를 들면, 유머에는 인종 농담, 성적 농담, 희롱, 터무니없는 농담, 재담 그리고 다른 언어적 농담, 익살극 등이 있다.

몇몇 연구들은 유머와 행복 간의 분명한 관계를 발견하였다. 행복한 사람들은 좀 더 많이 웃고, 유머감각이 뛰어나다. Ruch와 Carrell(1998)은 263명의 미국인과 151명의 독일 성인을 조사해서, 유쾌 검사와 Ruch의 유머감각척도 간에 .80 이상의 아주 높은 상관이 있음을 발견했다. 이 검사는 사람들이 즐거운 것들을 어느 정도 발견하는지를 측정하고 있다. 다른 유머 측정법 또한 안녕감, 특히 유머 대처(Freiheit et al., 1998)와 유머를 만드는 능력 간에 상관이 있음을 발견하였다.

외향성과 사회적 기술이 뛰어난 사람들은 많이 웃었으며 즐거워하였다. 우리는 제10장에서 외향성과 행복 간에 강한 상관이 있음을 보게 될 것이다. 외향적인 사람이 좀 더 많이 웃는다는 것은 익숙하다(보고된 웃는 빈도는 외향성 척도의 일부다). 외향성과 좋은 사회적 기술을 가진 다른 사람들은 행복하다고 결론을 내릴 수 있는데, 이는 그들의 즐거운 사회적 관계 때문이다. 우리는 지금 친밀한 관계가 유머에 상당히 도움이 되며, 외향성의 사람들이 더 나은 유머감각을 가진다는 것을 알아보려 한다.

유머는 긍정적 기분을 유도하곤 한다. 이것은 종종 즐거운 영화(Peter Sellars: 영화흥행사-역자주, John Cleese: 영국의 유명한 코메디언-역자주)의 한 장면을 사용한 실험실 상황에서 일으킬 수 있다. 즐거운 영화를 일상적인 방식으로 시청할 때 긍정적 기분, 보통 강한 긍정적 기분을 유도한다는 것에 대해서는 의문이 제기되지 않는다. Houston 등(1998)은 노인 가정에서 웃음을 유발하는 노래 부르기가 분노와 우울의 수준을 감소시켰다고 보고하였다.

1. 유머의 기원

① 동물의 유머

여기서 우리가 주로 관심을 갖는 점은 유머가 선천적이라는 것에 대한 근거가 있는가이며, 몇 가지 생물적인 이점이 전달된다는 것이다. 고양이, 개 그리고 많은 다른 동물들은, 특히 어린 동물들은 놀이를 하는데, 이것은 통상적으로 사회적 활동이다. 이러한 놀이의 기능이 나중에 싸움과 같은 중요한 기술의 훈련으로 이어진다는 견해는 보편적으로 받아들인다. 놀이는 종종 침팬지의 '놀이얼굴' 같은 사회적 신호를 동반하며, 이것은 사냥이나 공격하는 것을 심각하게 받아들이지 않는다는 것을 나타낸다. 그러나 인간과 많이 접촉하는 원숭이는 이것을 심각하게 받아들이며, 유머 같은 좀 더 중요한 것이 보일 수 있는 신호 언어를 학습하게 된다. Washoe는 간지럼, 따라다니기, 까꿍놀이에 대해 '즐거움'을 표현하는 신호를 사용한다. 그녀는 머리빗을 칫솔로 사용하였다. 그녀는 Roger의 어깨 위에 올라타고 있을 때 그에게 오줌을 누는 것이 아주 즐겁다는 것을 배웠다. Koko는 또한 농담을 하였다. 그녀는 일반적으로 입에 엄지손가락을 갖다 대는 술 마시는 신호 대신에 자신의 귀에 엄지손가락을 갖다 대었다. 이처럼 그녀는 일련의 잘못된 신호를 함으로써 실험자를 놀리는 것을 좋아했다. 그녀는 인간의 존재를 보았고, 분명하게 긍정적인 반응을 살폈다(McGhee, 1979). 청년기의 침팬지는 또한 서로를 놀리는 것을 좋아했다(Van Hooff et al., 1972).

동물들도 웃는가? Van Hooff(1972)는 인간이 아닌 영장류의 얼굴 표정을 연구하였으며, 미소와 웃음에 대해 두 가지 가능한 신호가 있다고 결론 내렸다. 그가 생각하기에 미소는 소리 없이 치아를 드러내거나 얼굴을 찡그리는 것에서 생기며, 웃음은 이완된 입을 벌린 얼굴에서 일어난다. 그는 이후에 이것을 놀이얼굴로 불렀다. 입을 벌린 얼굴은 빠른 단음의 숨쉬기를 동반하며, 그것은 나중에 인간의 웃음으로 진화되었다는 것이다.

두 가지 얼굴의 사회적 상황은 꽤 다르다. 치아를 가리지 않은 얼굴은 진정에 대한 신호로 사용되며, 종종 다른 동물은 이것을 공격성으로 사용한다. 입을 벌린 얼굴은 놀이의 신호로 사용되며, 이것은 파트너를 향해 주고받는다. 그러나 치아를 가리지 않은 얼굴의 의미는 좀 더 하등한 영장류에서 좀 더 진화된 영장류로 변화되었다. 하등한 종에게서는 비록 그것이 관계적 행동과 유대를 이끌지라도, 전적으로 진정과 복종에 대한 것이었다. 그러나 침팬지에게서는 좀 더 다정하게 이를 드러내는 놀이가 있으며, 동일한 것이 인간에게서도 나타난다. 인간에게 미소와 웃음은 친밀하게 관련되어 있으며 상호 교환할 수 있는 것이다(Preuschoft & Van Hooff, 1977; Van Hooff, 1972).

② 아이의 유머와 웃음

여기서 관심의 대상은 초기의 유머가 어린이에게서 어떻게 나타났는가, 그것은 어떤 형태를 취하는가, 그리고 그것이 어떻게 발달하고 어린이의 발달에 어떤 영향을 미치는가다.

어린이는 아주 초기, 생애 첫 주에 미소를 짓는다. 그들은 우선 어머니의 얼굴이나 목소리 그리고 간지럼에 대해, 또 다른 촉각적 자극이나 까꿍놀이에 반응한다. 그리고 4개월 즈음에 웃기 시작하며, 12개월 즈음에는 아이의 우윳병을 들고 엄마가 우유를 마시는 것 같은 어울리지 않는 사건에 대해서도 웃는다. 이렇게 아주 어린 나이에도 모순은 웃음을 일으키는 것 같다. 그러나 아이의 웃음은 단지 안정된 상황에서 놀이에 대한 신호가 있을 때 나타나며, 그렇지 않은 이상한 사건은 아이에게 위협적인 것으로 여겨진다는 것이 발견되었다.

어린이는 약 18개월부터는 공상놀이를 하며, 자신의 과장, 불합리 그리고 부적합을 구성할 수 있다. 가장놀이는 종종 사회적이며 즐거움의 근원이 된다. Garvey(1977)는 다음과 같은 예를 제시하고 있다(〈표 5-1〉).

나이가 들게 됨에 따라 어린이는 좀 더 재미있는 농담을 시도하게 되며 6~7세 이후에는 여러 의미를 즐길 줄 알게 된다. 이는 그들이 Piaget의 '구체적 조작기의 사고' 단계에 도달하기 때문이다. 만약, 어린이 스스로 그것을 해결해야 한다면, 제2의 다른 의미를 풀어야 하는 농담이 좀 더 즐겁다는 것

〈표 5-1〉 가장놀이

소녀(4:9) (편지 쓰기)	소녀(4:7) (듣기)
사랑하는 Poop 삼촌, 저에게 구운 미트볼과 닭 상자 몇 개……그리고 약간의 도구를 주실 수 있나요. 서명을 함…… Fingernail 아줌마. (미소를 지으며 상대를 바라본다.)	
	바보야. (웃는다) 야, 네가 Fingernail 아줌마냐?
그래, 내가 Fingernail 아줌마야. (크고, 위엄 있는 목소리로)	
	Poop, Fingernail 아줌마(낄낄거리며 웃는다.)

※ 출처: Garvey(1977).

을 알게 된다. 이것은 유머러스한 맥락에서 좀 더 일어나는 것 같다(Rothbart, 1976; Schultz, 1976). 약 7세가 되면 그들은 다음을 이해할 수 있게 된다.

왜 노인은 침실 장롱 앞을 발끝으로 지나가는가?
왜냐하면 노인은 수면제를 깨우고 싶지 않기 때문이다(수면제가 있는 곳이 침실 장롱 안이다).

그들은 또한 이 시기에 불합리한 농담을 이해할 수 있게 된다. 예를 들면,

뚱뚱한 Ethel은 간이식당에 앉아 과일 케이크를 통째로 주문했다.
"4조각으로 자를까요 아니면 8조각으로 자를까요?"라고 웨이터가 물었다.
"4조각으로요." Ethel이 대답했다. "지금 다이어트 중이거든요."

어린이의 유머에는 어린 시기부터 강한 사회적 요소가 있다. 아이는 3세경에도 이미 농담을 하고자 하고 다른 사람과 유머를 공유하려 한다. 그들은 웃기려는 강한 바람이 있다. 이것은 공유된 웃음이 즐거울 수 있으며, 또한 내집단 구성원들을 만들 수 있기 때문인 것 같다. Foot와 Chapman(1976)은 만약 7세의 다른 아이가 있다면, 특히 다른 아이가 같은 농담으로 웃는다면 그리고 그들이 서로 좋아할 경우 이로 인해 좀 더 웃는다는 것을 발견하였다. 만약,

그들이 가깝게 앉아 있다면, 그리고 서로를 자주 바라본다면 좀 더 많이 웃는 다. 마치 공유된 웃음은 친밀성의 형태인 것처럼 8세에서 10세의 아이들은 수 수께끼에 몰두해 있으며, 언어적인 이중 의미에 근거한 농담을 즐긴다. 예를 들면,

> "조용히! 법정에서는 질서(order)를 지키시오."
> "햄과 치즈를 넣은 호밀빵 주세요, 판사님." (order를 주문하는 것으로 받아들
> 임-order의 이중 의미)   (Schultz & Horibe, 1974)

지금까지 기술된 대부분의 유머는 어떤 더 이상의 동기적인 근거 없이 모 순에 근거하고 있다. 대부분의 유머는 성적이거나 공격적이거나 적대적인 요 소를 포함하고 있다. 어린이에게서 나타나는 이러한 유머는 우선 프로이트의 '항문기'에 해당하는 세면실 농담이며, 아마도 부모들이 이것을 금기시하는 주제라는 것을 이해하기 때문이다. 웃음은 일종의 정화기능을 한다. 초등학 교에서 이것은 금기의 또 다른 주제인 성차에 대한 관심으로 대치된다. 공격 적 유머는 다른 사람을 희생시켜서 놀리거나 농담하는 것이고, 일반적으로 일종의 공격이나 싸움대장으로 간주된다. 이것은 놀리는 사람들에게는 즐거 운 일이지만, 예를 들면 살찐 것에 대해 놀림을 당하는 사람들에게는 아주 괴 로운 것이 될 수 있다. Scambler 등(1998)은 8세에서 11세 사이의 아이들이 유 머에 대해 가장 효과적으로 반응하며, 그들 중 적어도 한 사람은 적대적이라 고 한다. 그러나 놀림의 본성은 나이가 들면서 변화한다. 놀이와 온화함이 있 는, 놀리는 행동은 청소년에게서도 보고되었는데(Warm, 1997), 우리는 이것 이 긍정적일 수 있으며, 사실상 성인에게서는 애정 어린 것으로 간주될 수 있 다는 것을 나중에 살펴볼 것이다.

즐거워지고자 하는 사회적 기술은 어디에서 오는 것일까? McGhee(1979)는 장기간 연구에서 유머감각이 있는 어린이들은 약 3세까지 어머니와 친밀한 관계를 형성했으나, 그 이후 어떤 시기에 어머니가 거의 애정을 보여 주지 않 았다는 것을 발견하였다. 이는 유머가 어려움이나 스트레스 상황에 대처하는 데 도움을 줄 수 있다는 것을 입증하는 것이다. 6세경에는 성 차이가 나타났

으며, 소년은 소녀보다 좀 더 농담과 놀림을 많이 하였다.

③ 유머와 두뇌

유머는 특정 두뇌 영영의 기능에 의존한다. Shammi와 Stuss(1999)는 21명의 두뇌 손상 환자들과 몇몇 정상 통제집단을 연구하였다. 환자들은 만약 오른쪽 전두엽의 일부에 손상을 입었다면 절적한 유머를 할 수 없다. 오른쪽 전두엽은 두뇌에 들어오는 정보를 통합하고 해석하는 부분이며, 자기 지각이 일어나는 곳이기 때문이다. 또한, 어떤 약물은 유머에 영향을 미친다. Fitzgerald 등(1999)은 도파민뿐 아니라 세로토닌을 포함하고 있는 올란자핀(Olanzapine)은 정신분열증 환자의 과도한 웃음을 억제한다는 것을 발견하였다. 다른 얼굴 표정처럼 웃음은 부분적으로는 전두엽에 의존하며, 부분적으로는 좀 더 중심 영역에 의존한다(Rolls, 1999).

④ 유머와 웃음의 진화

우리는 원숭이가 어떤 방식으로든 인간의 유머와 웃음과 유사한 종류의 유머와 웃음을 가지고 있다는 것을 알고 있으며, 아주 어린 어린이도 유머를 즐기며, 유머는 두뇌의 특정 부분에 제한되어 있다는 것을 알고 있다. 이 모두는 유머가 선천적인 근거를 가지고 있을 가능성을 암시한다. 만약 그렇다면, 이것은 어떤 생물학적 기능을 가지기 때문에 진화되어야만 하며, 몇 가지 진화론적 이점이 주어져야 한다. 만약 그렇다면 이것은 무엇을 의미하는가? 유머와 웃음은 관련된 사람들이 어리석은 행동을 즐기는 사회적 놀이에서 파생되는 것 같다. McGhee(1979)는 원숭이들은, 만약 그들이 몇 가지 언어적 기술을 획득한다면, 그래서 그들이 상징체계를 작동할 수 있게 된다면 유머의 가치를 인정한다고 생각하였다. 우리는 몇 가지 예를 살펴볼 것이다. 한편, 이러한 교육을 받지 않은 원숭이는 놀이에 관여하며, 놀이얼굴로 신호를 보내고, 웃음으로 이끌 가능성이 있는 시끄러운 소리로 행동할 것이다. 인간의 유머의 중요한 특징은 부조화며, 우리는 언어적 부조화가 있는 농담이 약 6~7세가 되어서야 가치를 인정하게 된다는 것을 알고 있다. 다른 한편, 아주 어린 나이에 불합리한 환상놀이에서와 같은 많은 어린이 유머가 있다.

기본적으로 유머는 사회적 현상이며, 우리는 공유된 정적 정서와 부적 정서의 방출 결과로 사회적 유대를 유지한다는 것을 알고 있다. 아마도 이것은 유머의 진정한 기능이 될 것이다. 해결되어야 할 가장 중요한 부조화는 어머니와 어린 아이 그리고 남성과 여성, 상사와 부하 간처럼 사회적 차이에 기인하는 것이다. 어떤 점에 있어서는 이것들을 유머러스하게 바라봄으로써 해결될 수 있으며, 그래서 즐거움의 원천은 갈등적이지 않게 된다. 우리는 다음 부분에서 유머의 이런 사회적 혜택을 탐색해 볼 것이다.

2. 유머의 심리

① 기본 모델

유머를 연구하는 대부분의 심리학자는 사람들을 즐겁게 만드는 사건의 중심적인 특징은 모순이라고 결론을 내린다. 모순은 유머러스하게 되는 것에 필수적이다. 모순은 기대하거나 정상적으로 일어나는 것과 실제로 일어난 것 사이에 있을 수 있다(Chapman & Foot, 1976, 제1장 ~제4장). 어린 아이의 우윳병의 우유를 마시는 어머니에 대해 아이는 즐겁다는 것을 발견한다. 어떤 주제에 어림잡아 얻은 일련의 중요성을 부여하고, 그 이외의 것보다 훨씬 덜 중요하거나 더 중요한 것을 끼워 넣는 것은 우스꽝스러운 것이 되어 버린다. 언어적 농담에서는 사건의 두 번째 해석이 제공된다. 모순은 완전한 비논리성에 근거할 수 있다. 그녀가 다이어트 중이기 때문에 8조각이 아니라 4조각으로 케이크를 자르기를 원하는 사람에 대한 농담에서처럼 많은 심리학자들은 두 번째 '동기적' 요소 또한 필요하다는 것을 인정하고 있다. Wyer와 Collins(1992)는 또 하나의, 기대하지 않았던 사건이나 어떤 방법에서는 기술된 사람이나 사건의 중요성이나 가치를 감소시키는 이야기의 일부로서 이것을 조작하였다. 그러나 두 가지 해석은 여전히 마음에 두고 있으며, 모순을 자아내고 있다.

몇 가지 종류의 유머는 손상된 지위와 조합되어 있는 모순의 예로써 보일 수 있다. 인종적 농담은 목표집단이 어리석다는 것을 가정하고 있다. 인종적 농담을 들었을 때 그것을 믿지 않고 받아들이는 사람, 즉 어리석은 인종적 농담의 이면에 놓여 있는, 그 인종에 대한 부정적인 생각을 즉각적으로 이해하고 받아들이는 사람들을 변화시키기 위해서는 어느 정도의 사람들이 필요하다. 이러한 '우월성' 유머는 외집단을 희생해서 내집단의 자기존중감을 상승시킬 수 있다. Laurel과 Hardy(무성영화 말기에서 유성영화 초기에 걸쳐 활약한 미국 희극영화의 명콤비—역자 주) 등의 익살은 불합리의 전형을 보여 준다. 예를 들면, 참여자들이 나무블록으로 머리를 맞는 것으로 인해 분명하게 해를 입지는 않는다는 것을 보여 준다(Wyer & Collins, 1992).

많은 유머는 성에 관한 것이며 그리고 이것은 유머의 가정에 아주 잘 부합한다. 예를 들면, "나체주의자 캠프에 당신이 방문했던 것은 어땠습니까(How was your visit to the nudist camp)?", "좋았어요, 처음 3일은 아주 어려웠어요(Ok, the first three days were the hardest)." 그리고 "당신은 그녀의 옷을 봤나요(Did you see her dress)?" "아뇨, 그녀는 나에게 허락하지 않았습니다(No, she wouldn't let me)." 두 가지 농담은 고전적인 'double entendre'인 단순한 이중 언어의 의미에 근거하고 있으며, 이것은 다소 의미가 명확하지 않은 두 번째가 더 노골적이라고 할 수 있다. 여기에 더 나은 것이 하나 있다.

> 나이든 부인은 애완 원숭이 두 마리를 키우고 있다. 원숭이가 죽었을 때 그녀는 원숭이(택시로)를 박제사에게 가져갔다. 그녀는 "애완 원숭이 두 마리를 박제할 수 있나요?" "물론 그렇게 할 수 있지요. 부인, 원숭이가 오르는 자세(성행동의 자세)의 표본형태로 해 드릴까요?" "천만에요, 손만 잡고 있는 것으로요."
>
> (An old lady had two pet monkeys. They died, and she took tem (in a taxi) to the taxidermist. She said "Please can you stuff my two pet monkeys?" "Certainly Madam; would you like them mounted?" "No thank you, just holding hands.")

유머에 대한 프로이트이론(1905/1960)은 성적 농담을 다르게 설명한다. 이 같은 유머를 그는 상징적 형태로, 억압된 성과 공격적인 충동에 대한 방출구를 제공한다고 보고 있다. 동기화에 대한 실험은 농담과 다른 형태의 환상이 충동을 각성하고, 또한 억압이 알코올에 의해 약하게 되었을 때 좀 더 즐겁다는 것을 발견하였다(예컨대, Clark & Sensibar, 1955). 이것은 때때로 유머에 대한 '정화' 이론으로 알려져 있다. 그러나 이것은 모순적인 특성에 많이 의존하고 있다는 것을 알아야 한다.

프로이트는 또한 이런 동기화에 대한 상징적 방출구를 제공함으로써 유머에서 공격성의 표현이 어떤 방식으로 작동하는지에 대해 생각했다. 이것은 다른 사람을 희생해서 유머를 하는 대리적 우월이론과 같은 것으로 얘기되고 있다. 익살 유머는 또한 비록 바보 같은 짓과 불합리로 분류될지라도 상징적 공격과 관련해서 해석될 수 있다. 끝으로 프로이트는 항문기 유머를 거론하였으며, 이것은 우리가 보았던 어린 아이에게서 아주 인기 있는 것이었다. 예를 들면, "왜 방귀가 냄새가 나지?", "귀머거리를 위해서지."(Wyer & Collins, 1992)

사람들이 웃는 데는 보편적으로 두 가지 요소가 존재하는 것 같다. 모순과 앞에서 기술된 동기화다. 불일치성과 더불어 단지 그들은 농담이 놀랍고 웃음을 자아낸다는 것을 발견할 수 있다. 그리고 그들이 웃기 위해서는 몇 가지 동기화가 필요하다(McGhee, 1979).

부조화는 우월성이나 감소이론에 더해서, 비록 모든 종류는 아님에도 불구하고 많은 유머의 형태를 다루고 있다. 유머를 찾는 또 다른 방법은 심각한 행동에 반대되는 즐거운 행동을 하는 것이다. 이것은 어린 시절의 유머의 기원과 일치한다. 간지럼 태움, 까꿍놀이, 추격놀이, 과장과 흉내를 사용한 불합리한 상상놀이, 이것은 또한 일종의 바보 유머와 같은 성인 유머와 일치한다. 다른 유머가 생각으로 놀이를 하는 것처럼 이것은 말로 노는 것이다. 이것은 또한 유머의 사회적 양상과 일치한다. 놀이는 단지 사회적 활동일 뿐이다.

② 유머의 개인차

우리는 유머를 가장 잘 즐기는 사람들을 바라보는 것에서 유머의 심리에 대해 좀 더 많이 배울 수 있다. 독일에서 Ruch와 동료는 이 분야에서 가장 활

동적이다. 그는 세 가지 다른 종류, 즉 모순, 무의미함 그리고 성으로 되어 있
는 유머감각을 측정하는 '3WD검사'를 개발하였으며, 사람이 농담과 만화를
생각하는 것이 얼마나 즐거운지 그리고 얼마나 혐오적인지를 평가하고 있다
(Ruch, 1998). 몇몇 유럽 국가의 장기간 연구에서 그들은 성격의 많은 부분이
유머의 가치를 인정하는 것과 상관이 있음을 발견하였다. 외향성은 비록 항
상 그렇지는 않지만 3WD검사에서 상관이 있는 것으로 발견되었으며, 성적
농담처럼 외향성이 가장 큰 경우 상관이 있었다. 한 연구에서 외향적인 사람
들은 많이 웃는 것으로 나타났다(Ruch, 1998). 446명의 미국 학생들을 대상으
로 한 연구에서 Bell 등(1986)은 유머의 시작은 극단성과 자기관찰(self-
monitoring)로 예측되며, 이것들은 모두 사회적 기술의 지수가 될 수 있다는
것을 발견하였다. 독일과 미국 학생들에게서 감각 추구자는 농담을 좀 더 즐
기며, 웃음 또한 더 즐긴다는 것을 발견하였다(Deckers & Ruch, 1992). 보수적
인 태도와 모호함에 대한 참을 수 없음은 전체적인 유머 점수에 관련되어 있
으며, 특히 부조화를 즐기는 것에 대해서도 그러하다. 그러나 이러한 차원이
높은 사람들은 무의미한 농담을 좋아하지 않는다. 이것은 아마도 그것들이
해결될 수 없기 때문일 것이다. 현실적인 사람들은 성적인 농담을 좋아하며,
관대한 사람들은 무의미한 농담을 선호한다.

우리는 이들 연구들에서 다른 종류의 사람들에게 호소할 수 있는 한 종류
이상의 유머가 있다는 것을 알 수 있다. 유머의 사회적 측면은 외향성과 감각
추구와의 상관에서 드러나며, 유머의 시작과 사회적 기술 간의 상관에서도
나타난다. 모순은 대부분은 완고하고 참을 수 없는 사람들이 즐기는 것이며,
자신의 긴장을 배출하는 방법으로 비쳐질 수 있다.

다른 측정방법을 사용한, Kuiper와 Martin(1998)은 상황유머반응질문지
(Situational Humor Response Questionnaire)에서 높은 점수의 사람들은 외향성
과 자아존중감에서 더 높으며, 신경증과 우울에서 더 낮다는 것을 반복해서
발견하였다. 이들 연구자들은 유머대처(Coping Humor)에 또 다른 척도를 사
용해서, 그것이 유사한 상관을 가지며 스트레스를 완충하는 훌륭한 예언치였
음을 확인하였다(Martin, 1996).

③ 유머의 사회적 측면

유머에 대한 고전적인 이론은 이미 기술된 것처럼 유머의 사회적 측면을 다루는 것에 실패하였다. 유머가 왜 행복과 스트레스 감소에 대한 상당량의 긍정적 효과를 가지고 있는지에 대한 이유를 이들 이론들에서 알아내는 것은 어렵다. 그리고 성과 공격성에 대한 모순과 우월성이나 상징적 표현이 어떤 진화론적 이점을 주는지에 대한 이유를 알아보는 것 또한 어렵다. 그러나 유머의 사회적 측면은 이 모든 것들을 명확하게 해 준다.

우리는 2세나 3세의 어린 아동들이 그들의 유머를 공유하고자 하며, 다른 사람이나 부모를 즐겁게 하려고 한다는 것을 알고 있다. Chapman과 Foot (1976)은 7세된 어린이들을 통해 유머가 전염성이 있다는 것을 발견하였다. 그들은 유머가 공유될 때 좀 더 웃었으며, 그들이 자신의 친구가 좋아할 때, 그리고 친구들과 가깝게 앉아 있을 때, 서로 많이 바라볼 때 좀 더 많이 웃었다. 이들 연구자들은 웃음은 웃음, 바라봄 그리고 가까움 같은 사회적 친밀감의 신호로 작용한다고 결론지었다. 그러나 Argyle와 Dean의 친밀함이론에서 기대했던 것처럼 웃음이 대안적인 신호로 작용하는 것은 아니다. 그러기보다는 오히려 이들 모든 신호로 인해 친밀함이 증가하였음을 나타내는 것이다. Lorenz(1963)는 웃음은 "참여자들 간에 강한 동료애를 그리고 외집단에 대한 연합된 공격성을 야기한다."고 생각하였다(Lorenz, 1963: 253). 침팬지 얼굴놀이에서처럼 웃음은 놀이와 공격성의 부재를 나타내는 사회적 신호다.

유머는 또한 젊은 사람들에게 서로에 대해서 좀 더 매력적이게 만들어 준다. Lundy 등(1998)은 가상의 화자 사진에 연결된 자기비난(self-deprecating) 유머는 좀 더 매력적인 사진일 때, 그 사람을 좀 더 바람직한 사람으로 만들었다. 이것은 너무 완벽한 것으로 만들어 줌으로써 이러한 유머가 매력적인 사람에 대한 '어두운 면을 밝게 하기' 때문이라는 증거가 된다.

유머는 강하게 공유된 정서, 즉 정적 정서를 제공해 주며, 이것은 사회적 유대에 대한 강력한 자원이 된다. 그래서 만약 어떤 사람이 어떤 집단에 유머를 제공한다면, 전반적인 집단의 사회적 응집력이 증가될 수 있다. 유머는 또한 공유된 정서에 의해, 집단 안에서 금기시하는 주제와 갈등을 다루는 밝은 마음과 간접적인 방식을 사용해서 집단 내에서의 긴장을 해결해 줄 수 있다 (Emerson, 1969). 그러나 만약 유머가 외집단에 대한 실패와 내집단 내에서의 상대적 우월성에 대한 것이라면, 이것은 특히 내집단 응집성을 높여 줄 수 있다. 이것은 그들의 사기를 높여 주기 위해서 미국 유대인과 흑인 같은 소수 집단 구성원들 간의 인종적 유머의 근거가 될 수 있다는 것이다(Martineau, 1972).

농담하는 관계는 유머의 사회적 측면의 또 다른 예를 제공한다. Radcliffe-Brown(1940: 195)은 농담하는 관계를 '다른 사람들을 괴롭히거나 즐겁게 하기 위해, 역으로는 성내지 말아야 하는 것이 관습적으로 허용되고 어떤 경우에는 요구되는' 관계로 정의하였다. 그는 농담하는 관계는 아프리카와 아시아에서 그리고 선사시대 사회에서 꽤 보편적이었다는 것을 발견하였다. 농담하는 관계는 보통 인척, 고종(이종)사촌, 조부, 잠재적 결혼 배우자 같은 친족 간에 형성된다. 농담은 꽤 강하고, 보통은 무례함, 괴롭힘, 희롱, 소란스러운 놀이, 외설스러운 행위로 구성된다. Radcliffe-Brown과 동료들은 이런 관계성의 해석은 서로 유대관계를 유지하나, 이해의 갈등 또한 유지하는 관계에서 공격성의 해롭지 않은 기대와 결속감의 유지를 허용한다고 주장하였다.

단지 기술된 관계성은 모든 사람들이 따라야 하는 선사시대의 사회적 구조의 일부다. 그럼에도 불구하고 유사한 사람들 간의 또 다른 종류의 농담하는 관계가 있다. 산업사회에서는 유머의 일반적인 형태는 농담하는 관계의 예로서 기술된 어떤 민족적 하위문화와 작업공간에서 발견된다. 비록, 그들이 개인적으로, 자발적인 종류임에도 불구하고 그러하다. 예를 들면, 이전에 기술된 것처럼 감독 상황에서 부하를 훈련하기 위한 결정적인 비평을 할 때 유머를 사용하는 것이 보편적이다.

우리는 놀림이 어린아이에게서는 보편적이며, 전체적으로 공격적이라는 것을 알고 있다. 그러나 보통 성인에게는 좀 더 긍정적이다. Keltner 등(1998)은 미국의 남학생 사교모임에서 규범을 위반하는 것 같은, 즐거움을 위한 하나의 방법으로 놀림을 많이 이용하는 것을 발견하였고, 이것은 정적 정서와 Duchenne 미소(예: 눈을 좁히고, 눈의 모서리를 주름지게 하는 순수한 미소)를 짓게 하였다. 특히, 서로 간에 놀릴 때 그러하였다. 놀림은 연애유희의 주된 방식 중의 하나다. Keltner 등은 낭만적인 연인들에게서 놀림은 연애유희를 증가시키고 긍정적인 감정을 일으킨다고 하였다. Argyle와 Henderson(1985)은 사람들이 자신의 친구들을 놀리는 것은 우정관계에서 널리 인정된 한 가지 규범이라고 하였다.

이들 유머의 사회적 기능에 맞는 부조화의 해결점은 어디에 있는가? 부분적으로 유머를 평가하는 것은 유대감의 원천이 되며, 대인간 긴장의 감소가 있다는 것이다. 사람들 간에 많은 사회적 상황을 다루기 위해서는 또 다른 모순이 있다. 지위, 성 등에서의 차이에 기인한 유머는 다른 방식으로 살펴봄으로써 그들을 진정시키고, 해롭지 않게 해 줌으로써 이들 간의 차이에서 어떤 역할을 수행하게 한다. 어머니가 아이의 우윳병을 들고 우유를 마시는 시늉을 하는 것은 둘 사이의 지위에서의 차이를 받아들이고 웃게 한다.

3. 유머와 스트레스

1 스트레스에 대처하기

유머는 또한 스트레스를 덜 위협적이고, 덜 해로운 것으로 만듦으로써 완충 역할을 한다. Martin과 Lefcourt(1983)는 어떤 상황에 대처할 때 유머를 사용하는 것을 보고하는 유머대처척도(humour coping scale)를 개발하였다. 여기에서 높은 점수를 받은 사람들은 스트레스를 주는 영화에서 덜 당황했으며, 나중의 연구에서 더 나은 유머대처 점수를 받은 사람들은 찬물에 손을 적시는 스트레스 반응에서 혈압이 더 낮았다(Lefcourt et al., 1997). Kuiper 등(1992)은 정적 정서와 부적 정서에서 실생활사건의 영향을 연구하였다. 그들은 많이 웃는 사람들은 정적인 정서에서 어떠한 감소도 나타내지 않았으며, 웃는 남성들이 많은 스트레스가 있는 생활사건에 대해 긍정적 감정을 증가시켰다는 것을 발견하였다. 날카로운 유머감각을 가진 사람은 부적인 생활사건 이후에 기분이 더 나아졌다는 사실은 주목할 만한 것이다. 여기서는 유머가

작동하는 방식이 사람들을 '밝은 측면을 바라보게' 만든다는 것을 가정하게
한다. 특히, 사람들은 유머러스하고, 더구나 스트레스를 덜 주는 대안적인 방
법을 통해서 사건들을 다른 측면에서 바라볼 수 있게 한다는 것이다.
Lyubomirsky와 Tucker(1998)는 행복한 사람은 불행한 사람보다 실제적 사건
과 가상적 사건 모두에서 좀 더 긍정적 방식으로 동일한 사건을 바라본다는
사실을 발견하였다.

청소년기는 많은 사람들에게 스트레스가 되는 시기다. Plancherel과
Bolognini(1995)는 276명의 13세 청소년들을 대상으로 연구한 결과 유머를 생
성해 내는 청소년들이 덜 우울하고, 덜 불안스러워하며, 3년 후까지도 더 잘
잔다는 것을 발견하였다. 가장 스트레스를 주는 사건 중 하나는 사별이었으
며, 이것은 즐거운 것이 아니었다(연구자는 이 장을 쓰기 직전에 사별하였다). 그
럼에도 불구하고 Keltner와 Bonanno(1997)는 기본적인 면접에서 Duchenne
미소의 양과 관련하여 사별이 미치는 영향을 연구하였다. 좀 더 많이 웃는 사
람들은 화를 덜 냈고, 덜 괴로워했고, 정적인 정서가 강하였고, 부적인 정서가
더 약했으며, 더 나은 사회적 관계를 가졌다. 이는 죽은 사람에 대한 양가적
감정이 덜하다는 것이 포함된다. 이들 연구자들은 자동적으로 측정되는 감정
과 언어적으로 측정되는 감정 간의 혼란스러움이라는 측정치를 사용하여, 더
많이 웃고, 괴로움을 덜 경험하는 사람들과 더 깊은 인간관계를 가졌던 사람
들이 더 커다란 혼란스러움을 경험하는데, 이런 혼란스러움이 그들로 하여금
부적 정서보다는 정적 정서를 경험하게 한다는 것을 발견하였다.

작업집단에서 유머는 종사하고 있는 사람들의 긴장과 좌절을 반영한다. 이
와 같은 난폭하고, 때때로 음란한, 종종 무의미하고 소란스러운 장난 그리고
농담은 실질적인 이점을 제공할 수 있다. Roy(1959)는 아주 지루한 일에 종사
하고 있는 작은 집단의 노동자들의 활동을 기술하였다. 매일 어떤 시기에 어
떤 사람은 다른 사람의 바나나를 훔쳐 먹는다. 이것은 '바나나 시간'으로 알
려져 있다. 또 다른 시간에 그들 중 한 명은 창문을 열고, 그래서 통풍과 소란
을 야기한다. 매 시간마다 어떤 아주 어리석은 일이 일어난다. 그러나 어떤 사
람은 "만약 그것이 농담이나 바보스럽지 않다면, 당신은 미칠 것이다."고 말

했다. 이러한 유머의 이점은, 첫째 직무만족을 높여 주고, 둘째 사회적 관계를 증진시키며, 셋째 역으로 좀 더 많은 협력과 생산성으로 이어진다(Argyle, 1989).

사회학자들은 유머의 내용들이 사회적 스트레스를 대처하는 데 얼마나 도움이 되는지 그리고 그들이 사회 시스템의 특징과 어떻게 관련이 있는지를 알고 있다. Douglas(1968)는 농담은 사회구조에 의해 생성되고 도전하며 사회구조 내부의 긴장들에 대한 상징적 표현을 하게 한다고 주장하였다. 우리는 농담하는 관계가, 예를 들면 원시사회에서 계모에 대한 적개심을 다루는 것에서 어떻게 도움이 되는지를 알아보았다. 우리는 민족 농담이 다른 인종과 국가 집단 간의 적개심을 다루는 데 어떻게 도움이 되는지를 살펴볼 것이다. 작업 조직은 또한 스트레스를 생성하며, 그것들과 관련된 유머 형태를 생성한다. Mulkay(1988)는 이것을 더 취해서 두 가지 과정의 방식, 즉 진지함과 유머러스한 것이 있음을 제안하였다. 진지한 방식은 위계적, 서열적인 사회적 세계에 대한 한 가지 관점이 있다는 것을 가정하고 있다. 유머러스한 방식은 정반대의 다른 관점이 있음을 가정하고 있으며, 진지한 세상의 관점에 도전하며, 반박과 모순을 즐긴다. 그러나 유머러스한 방식은 진지한 것을 파괴하지 않는다. 그러기보다는 오히려 상징적으로 표현되도록 긴장을 허용함으로써 유지되고 있다. 이것은 어릿광대와 코미디언들이 사용하는 방법이며, 다음 장에서 보게 될 것이다.

Mulkay는 그의 'Brady의 술집(bar)'에 대한 연구에서 이런 생각을 설명하였다. 여기서 문제는 바텐더가 웨이트리스보다 더 높은 지위에 있으면서 웨이트리스가 시키는 대로 하며, 심지어 다른 사람의 요구에 대해 보살펴 주는 여성의 역할을 억지로 한다는 것이다. 그들이 직접적으로 관여되어 있는 유머는 이들의 관심을 표현한다. 직업적 유머는 유사한 방식으로 사회적 스트레스를 반영하고 있다. Collinson(1988)은 이러한 유머의 내용은 통제되는 것에 대한 저항과 지루한 일에 대한 것들이며, 노동자계층의 남성성에 대해서 공유된 가치를 유지하게 하는 것이며, 자신의 역할을 다하지 못하게 되는 일탈을 통제하기 위한 것이라고 하였다. Haldaway(1983)는 경찰유머를 기술하였다. 이것은 경찰이 팀의 결속을 기술하는 사건과 자동차 추격에 대한 이야기를 말하는 것과 더불어, 용의자를 어떻게 다루는가에 대한 공식적인 규칙과 그들이 실제로 해야 하는 것을 찾아내는 방식 간의 모순을 표현하고 있다.

② 어릿광대, 코미디언 그리고 위트

역사를 통틀어 어릿광대, 촌뜨기, 익살꾼 그리고 다른 코미디언들이 발견된다. 아주 초기에 즐거움의 원천으로 보였던 희생양은 난쟁이나 심신장애자였다. Shakespeare가 기술한 어릿광대는 나중에 왕실의 앞마당과 귀족 가문과 관련되었다. 이들은 무례하고, 놀리고, 짓궂은 장난을 할 수 있는 자유가 있었다. 비록, 지나치다면 처벌을 받기는 했지만, 이들의 농담으로 된 상당한 양의 농담 책이 있었다. 이들의 농담은 오늘날의 농담과 상당히 유사하다. 즉, 성적 농담, 항문기 농담 그리고 비웃음거리가 되는 집단 외부의 어떤 사람을 희생하는 농담들에서 유사하다. 또한, 이들의 유머는 지위 차이와 그 사회에서의 다른 긴장의 출처들과 관련되어 있다. 나중에는 이상 행동의 기질이 있는 사람들로 구성된 '일탈조직'이 구성되었다(Welsford, 1961). 종교적인 압력의 결과로 1500년대에는 비록 과거에 성직자와 왕자가 즐겁게 참가했음에도 불구하고, 궁정 어릿광대가 줄어들게 되었다(Bremmer & Roodenburg, 1997).

러시아에서 그들의 신분은 시인이거나 예언가였으며, 왕처럼 신의 질서에 속하는 것으로 보였다. 그리스와 로마에서는 사교적인 어릿광대들은 파티에 모습을 보이는 전문 연예인이었으며, 음식을 제공받는 대신에 곡예사, 마술사 그리고 무녀와 함께 파티에 참가하였다.

Pollio와 Edgerly(1976)는 미국 코미디언에 대해 연구하였다. 이들은 피험자에게 코미디언을 기술하는 6개의 형용사를 제시하라고 하였다. 그 결과 기대하지 않았던 살찐, 못생긴, 꼴사나운, 어리석은, 섬뜩한, 인색한 그리고 볼품없는 것 같은 부정적인 표현들이 나타났다. 분명하게 코미디언의 역할은 아주 부정적인 것이었다. 그들은 종종 유대인, 흑인, 아일랜드 인들이나 이탈리아 인으로 기술된다. 사실상, 많은 미국인 코미디언들은 그러한 민족적 배경에서 나타나게 되었으며, 이들은 자신의 유머에 이것을 이용하였다. 이들은 거주민들에게서 발견되는 민족적 유머의 풍부한 배경을 그릴 수 있었다.우리는 나중에 이것에 대해 기술할 것이다.

우리는 유머를 시작하는 많은 어린이들이 생애 초기에 거부의 시기를 경험한다는 것을 알고 있다. 코미디언들과의 면접연구는 또한 이들의 일부가 아주 안 좋은 가족적 배경에서 나왔다는 것을 발견하였으며, 유머는 이러한 고통을 완화시키는 데 사용되었다. 유머를 생산함에 있어 활동적인 어린이들은 또한 독단적이고 신체적·언어적으로 공격적이라는 것이 발견되었다. 이것은 대치된 공격성으로 유머에 대한 프로이트의 개념의 예가 될 수 있다.

우리는 좋은 유머감각을 가진 사람들이 좀 더 외향적인 경향이 있으며, 좀 더 나은 사회적 기술을 가지며, 다른 사람들보다 좀 더 행복한 경향이 있다는 것을 살펴보았다. 코미디언들은 높은 유머기술을 가지고 있으나, 한편으로는 많은 사람들이 우울증이나 다른 질병으로 정신병원을 찾아야만 한다는 것은 널리 알려진 사실이다. 그러나 이와 관련하여 잘 알려지지 않은 해석이 있다. 즉, 코미디언들이 커다란 기분 변화가 있거나, 조울증적일 수 있으며, 다소 기분 상태가 고양되었을 때 아주 익살맞을 수 있다는 것이다. 우리는 제14장에서 강한 긍정적 기분일 때 사람들이 좀 더 창조성을 표현하게 된다는 것을 살펴볼 것이다. 예를 들면, 사람들은 단지 유머를 산출하기 위해 좀 더 멀리 있는 사상들을 연합한다고 할 수 있다.

오늘날 어릿광대에 상응하는 것은 TV쇼가 될 것이며, 특히 시추에이션 코미디인 '시트콤'이 될 것이다. 거기에서 유머는 상황과 인물의 희극적 배역에 의해 창조된다. 이들은 종종 다음과 같은 사회적 긴장에 관한 주제를 다루기도 한다. 즉, 인종관계(예컨대, '죽음이 우리를 갈라놓을 때까지' - 이는 분명하게 다른 인종끼리 사랑해서, 도피해서 스캔들을 만드는 인종주의자들이 하는 말이다. '저런, 어쩌나' - 자애로운 아시아 내 집단유머), 사회계층('좋은 삶'의 일부-부유한 사람들이 찾는 것이 좋은 삶이라는 것을 비꿈.- 역자 주), 노인들('무덤에 한 발을 놓다.'), 낮은 직무만족('Reginald Perrin의 흥망'), TV 뉴스가 어떻게 기계적으로 제작되는가('drop the dead donkey', 사건을 조작해서 죽은 정치가를 역사속으로 떠미는 것- 역자 주) 등이다. 그러나 이들 중 몇몇은 'monty python's 비행 서커스'(monty python은 일탈집단의 종류임, 사회에 반발하는 것을 표현하기 위해 이상한 의복이나 행동을 보이면서 서커스를 함.- 역자 주)에서처럼 사회적 스트레스에 대한 많은 언급 없이 불합리함을 연기하기도 한다.

③ 인종유머

"백열전구(자기 민족과 관련된 농담을 들었을 때 그것을 믿지 않고 받아들이는 사람들- 역자 주) 하나 바꾸기 위해 몇 명의 아일랜드 인들이(영국 사람들이 무시했던 사람들- 역자 주) 필요한가?"라는 고전적인 농담은 다양한 집단들의 고정관념에 대해서 다루는 많은 아류 농담을 갖고 있다. "심리학자는 몇 명이 필요할까?" 답은 "한 명, 그러나 전구가 바뀌고 싶어 해야만 한다."이다. 이것은 아마도 심리학자들의 단순한 생각을 놀리는 것이다. 스코틀랜드 인들은 비열하며, 프랑스 인들은 호색적이고, 아일랜드 인들은 어리석다와 같은 믿음에 의존하는 많은 민족적 농담들도 있다.

상당히 많은 유머는 다른 사회집단을 유머의 희생 대상으로 삼고 있다. 그 희생 대상은 특히 흑인과 유대인 같은 다른 인종의 집단과 아일랜드와 폴란드 같은 다른 국가 집단이다. 이러한 유머는 외집단의 어리석음 같은 일종의 단점을 주장하는 것으로 인한 '우월감' 패턴을 가진다. 유머는 문제가 있는 집단에 대한 어리석음, 비열함 같은 고정관념의 존재에 의존하고 있으며, 가정된 특성에 대한 불합리한 가정에 근거하고 있다. 인종유머는 모순의 원칙 하에 구성되어 있다. 예를 들면, 다음의 반아일랜드 인들의 농담에서처럼 단지 다른 집단이 어리석고 부정직하다고 말하는 것이 모두 즐거운 것은 아니며, 불합리함을 첨가하면서 사람들은 그 유머를 더 즐거워한다.

O'Riley는 무장 강도로 인해 재판중에 있었다. 배심원이 나타나서 발표했다.
"무죄."
"멋지군요." O'Riley가 말했다.
"내가 돈을 가져도 된다는 의미인가요?"

La Fave 등(1976)은 일련의 실험을 통해 가장 즐거운 것을 찾게 하는 다양한 농담의 형태가 있다는 것을 발견하였다. 수많은 농담 실험을 통해 피험자가 자신의 집단을 존중할 때나 동일시할 때 그리고 그들이 소속되지 않거나 동일시하지 않는 집단을 깔볼 때 좀 더 즐겁다는 것이다. Zillman과 Cantor (1976)는 이것을 확장하였다. 깔보는 행위자에 대한 부정적인 입장이 더 클수록 그리고 유머의 출처에 대한 태도가 긍정적일수록 좀 더 큰 환희가 있을 것이라고 하였다. 이러한 생각은 이후 집단 간 행동에 대한 '사회정체감이론' 으로 구체화되었다. 이것은 외집단에 대한 변별은 자기 이미지의 일부 집단 구성원에 근거하며, 자아존중감을 고양시킴을 강화한다는 것을 말한다 (Brown, 1995). 개척자들을 깔보는 농담을 자세하게 이야기하도록 요구받은 피험자는 깔보지 않는 농담보다 그 집단에 대해 좀 더 부정적인 태도를 보였다(Mail et al., 1997).

어떤 인종유머는 미국에서의 흑인 같은 소수집단 구성원들을 향하고 있다. 이것은 대리적 우월감 이상의 것을 포함할 수 있다. 흑인 고정관념에 대한 내용은 흑인은 게으르고, 어리석고, 정직하지 않으며, 상당히 성적이라는 것이다. 이러한 생각을 사용하는 농담은 적대적 태도를 간접적으로 표현하는 방식이 될 수 있다. 이것은 공격에 대한 상징적 표현에 대한 프로이트의 생각과 관련될 수 있다.

어떤 인종유머는 소수집단의 구성원에 의해 시작되는데, 예를 들면 유대인이 유대인에 대한 농담을 하는 경우다. 이러한 유머의 기능은 소수집단 구성원들 간의 사회적 응집력을 세운다는 것으로 광범위하게 믿어지고 있다. Middleton(1959)은 비록 반백인 농담을 백인이 하는 것보다 더 즐거워함에도 불구하고, 흑인 미국인은 반흑인 농담을 백인들이 흑인에 대해 하는 것만큼 재미있어 한다는 것을 발견하였다. 그러나 우리가 앞에서 보았듯이 내집단을 희생하는 농담은 보통 높이 평가되지 않는다. 노예제도 이전부터 미국 흑인 유머에 대해 연구자들은 그것이 견딜 수 없는 상황을 어느 정도 견디게 하는 방법이었으며, 분노와 적개심이 공공연히 표현되는 것을 허용하는 방법이었다고 결론지었다(Goldman, 1960). 이런 몇 가지 유머는 긴장을 줄이고, 공격성의 표현을 허용할 뿐만 아니라 사회를 비판하고, 높아지는 흑인의 자존심을 표현하는 것으로 보일 수 있다(Boskin, 1966). 그러나 모순 같은 유머의 구성 인자가 없으면 그것은 유머가 아니다. Apte(1985)는 다음과 같이 이야기하였다.

> 영국에 주둔한 남부군 장교가 공식 만찬에서 흑인 옆자리에 앉았다. 식사가 끝날 무렵까지 그는 완전히 흑인을 무시했으며, "내 생각에 당신들은 당신네들의 수박(고향을 상징)을 그리워하는 것 같군." 이라고 말하였다. 그때 그 흑인은 만찬의 주빈이며, 유명한 옥스퍼드 학자로 소개되었고, 멋진 연설을 하였다. 그가 자리로 되돌아 왔을 때 빈정대며 그 장교에게 말했다. "그렇지요, rastus(rasta-아프리카 복귀를 주장하는 것 - 역자 주)는 그들의 수박을 그리워해야 마땅하지요."   (p. 125)

Bourhis 등(1977)은 웨일스 사람들은 반웨일스 농담을 좋아하지 않는다는 것을 발견하였다. 그들은 반영국 농담을 좋아하였다. 그러나 만약 그렇지 않다면, 너무 명백하게 이들은 다른 집단에 대한 뻔한 적개심을 표현하였다. 다른 집단을 희생하는 농담은 사실상 인종적이거나 다른 편견에 대한 표현이다. 물론 이것은 광범위하다. 그러나 정치적으로는 정확하지 않으며, 그러한 농담에 웃을 것이라고 가정할 수 없다.

유대인에 의해서 그리고 유대인에 대해서 시작된 유머인, 유대인 유머는 몇 가지 특별한 특징이 있다. 이들의 유머는 보통 고정관념에 근거하고 있다. 예를 들면, 돈과 사회적 지위와 관계되는, 그리고 정교한 음식 규칙과 관련되는 뻔한 모순과 논리적인 부정을 종종 사용한다. 예를 들면,

> 나이든 유대인은 임종을 앞두고 가톨릭으로 개종한다. 그의 친구들이 항의할 때, 그는 "유대인 중의 하나로 죽는 것보다 가톨릭 중의 하나로 죽는 것이 더 나아." 라고 말한다.

유대인 유머의 또 다른 특징은 '자기혐오' 라고 할 수 있다. 만약, 이것이 사실이라면 유대인의 입장에 대한 모호성과 더불어 외부 공동체에 의해 일어나는 부정적인 고정관념을 받아들이는 것에 근거한 것이라 할 수 있다. 부분적

으로는 그것에 수반하는 희생 때문에 유대인이 되기를 원치 않는다는 것이다 (Rosenberg & Shapiro, 1958). 유대인이라는 것으로 인한 스트레스로 상당히 많은 유대인 유머가 있다는 것을 부언할 수 있으며, 이것은 상당수의 유대인 희극배우가 있게 하였다.

걸프전 기간 동안 이스라엘 사람들은 다르게 사물을 바라보고, 공격성을 표현하고, 사회적 유대를 강화하고, 유머러스한 감각을 만드는 것을 통해서 불안을 억제하는 유머를 즐김으로써 그들의 신경과민을 가라앉혔다(Nevo, 1994).

4. 유머와 사회적 기술

우리는 더 나은 사회적 기술을 가진 사람들이 더 나은 사회적 관계를 유지하기 때문에 더 행복하다는 것을 제10장에서 살펴볼 것이다. 여기서는 유머가 사회적 기술에 기여할 수 있는 방법을 살펴볼 것이다.

1 사회적 기술의 확립

한 명 또는 그 이상의 다른 사람들과 관계를 형성하고 그 관계를 유지하기 위해서는 사회적 기술이 필요하다. 대부분의 경우 성, 연령, 사회적 지위, 직업, 태도 등에서 차이가 있고, 이들은 다른 견해와 흥미를 가지고 있다. Mulkay(1988)는 유머러스의 형태는 한 가지 관점 그 이상이 있고, 어떤 것을 바라보는 한 가지 이상의 시각을 인지할 수 있으며, 두 관점 모두를 받아들이는 것이 유머의 기본이라고 주장하였다. 유머는 갈등을 일으키는 관점에서 일어나는 긴장을 제거할 수 있다. Graham(1995)은 한 쌍의 모르는 사람들에게 30분 동안 얘기할 것을 요구하였다. 강한 유머감각은 둘 사이의 사회적 거리를 줄어들게 하였다.

우리는 함께 웃음으로써 공유된 가치를 표현하거나, 외집단을 거부함으로써 유머가 사회적 응집력을 어떻게 높이는가를 보아 왔다. 농담을 하는 것 같은 유머러스한 행동은 다른 사람을 농담의 자원으로서 더 좋아하게 만들며,

사실상 서로를 좋아하게 만든다(Mettee et al., 1971). 우정관계의 규칙은 농담하는 것과 괴롭히는 것의 바람직성을 포함하고 있다는 것은 놀랄 만한 일이 아니다(Argyle & Handerson, 1985). 그러나 결혼관계에서 만약 남편이 아내의 스트레스 사건을 다루는 데 유머를 사용한다면 결혼관계를 유지할 가능성이 더 적을 것이다. 즉, 이것은 그 문제해결을 회피하는 것이다(Cohan & Bradbury, 1997).

유머는 유머 이상으로, 다양한 방식으로 관계성을 더 좋게 조율할 수 있다(Kane et al., 1977). 유머는 무엇이 노출되든 간에 책임지지 않으려는 것을 암시하는 상태에서 사람들이 조심스럽게 자기노출을 하게 한다. 그들은 가벼운 마음으로 다른 사람들에 대한 정보를 탐색한다. 그리고 만약 이들이 가짜인지 아닌지 의심을 한다면, 그들은 다른 사람들의 자기 제시에 이의를 제기할 수 있다(Davis & Farina, 1970).

예를 들면, 성적인 관심은 성적 관심의 정도를 증가시키는 성적 농담을 함으로써 의사소통이 이루어질 수 있다. Davis와 Farina(1970)는 성적 농담을 생각하는 젊은 남성은 매력적인 여성에게 말해야 할 때 좀 더 즐거웠으며, 그들이 성적 농담을 얼마나 즐겁다고 생각하는지를 발견하였다. 성적 관심은 또한 웃음으로 의사소통할 수 있다. Grammer(1990)는 젊은 사람들이 신체적 포즈와 더불어 웃음으로써 성적 관심을 나타낸다는 것을 발견하였다.

2 지도력

지도자는 부하와 친한 사이로 지내는 반면에 부하의 행동을 지도하고 통제할 필요가 있다. 이것은 상의와 설득 같은 사회적 기술과 유머를 사용함으로써 사회적 기술로 성취될 수 있다. 유머는 앞에서 기술된 권력과 지위의 차이에 기인한 긴장을 제거할 수 있다. 지각하고, 느리고, 어수선한 등의 특성을 가진 부하를 훈련시킬 수 있으며, 또한 그렇게 하기 위한 친밀한 사회적 기술이 된다(Martineau, 1972). 전통적인 군인 병사의 말은 이렇다. 즉, "다음 번에 면도칼에 좀 더 가깝게 서시오." 이 관계에서 기본적인 적대감이 의사소통을 하기 위한 긍정적이고 유머러스한 측면으로 억제되어 표현되었다. Decker와

Rotondo(1999)는 상사가, 특히 여성 상사가 좋은 유머감각을 가지고 있는 것으로 평가될 때 직무만족이 더 높았다는 사실을 발견하였다.

③ 정신과 의사와 심리치료사

집단치료를 포함한 심리치료에서 유머를 사용하는 것의 이점은 종종 책에서 인용되고 있다. 유머는 긴장을 줄여 주고, 정적 정서를 높여 주며, 집단의 응집력을 높여 주는 것에 대해 유리한 점이 있다. 유머는 민감한 주제에 대한 정보를 토의하고 드러내는 것에서 저항과 난처함을 줄이는 데 도움을 줄 수 있다. 그리고 무엇보다도 환자가 즐거운 측면을 볼 수 있도록, 또 다른 것이 있음을 알게 되고, 자신들의 문제를 바라보는 데 있어서 덜 위협이 되도록 도와줄 수 있다. 치료사는 어떤 모델로 행동함으로써 이런 접근을 조장할 수 있다(Bolck et al., 1983). 정신과 의사는 유머 사용에 대한 훈련을 받을 것을 권장하고 있다(Saper, 1990). 유머는 난처함을 줄이고 다른 불안을 줄이기 위해 의약 분야에서도 또한 활용될 수 있다.

④ 공적인 연설

유머는 가르치거나 설득하기 위한 공적인 연설에서도 종종 사용된다. 동일한 연설이 유머가 있고 없는 것에서, 그리고 다른 종류의 유머가 주어지는 많은 실험들이 수행되었다. 결과는 분명하다. 즉, 유머가 사용될 때 화자를 좀 더 좋아하게 되고, 연설은 좀 더 흥미있어지고, 청중은 기분이 좋아진다. 교사가 유머를 사용한다면 학생들은 교사를 좀 더 좋아하게 될 것이다. Avner 등 (1986)은 다양한 종류의 유머를 사용하는 것은 좀 더 인기를 얻을 수 있다는 것을 발견하였다. 좋은 기분이 유머에 의해 만들어지는 것처럼 다른 연구에서 메시지 수용자는 그 자원을 좋아하고 좀 더 좋은 기분이 되었을 때 좀 더 태도 변화가 잘 되었다(Petty & Wegener, 1998). 설득과 교수에 대한 여러 실험들에서 이러한 것이 발견되었으나 부정적인 결과도 있었다. 유머는 직무에 대해서는 적절하지만, 풍자와 관련된 어릿광대나 비꼬는 것에서는 적절하지 않았다.

분명한 것은 유머감각, 특히 유머를 시작하는 능력은 몇 가지 사회적 기술에 유용하다. 유머를 배울 수 있는가? Nevo 등(1998)은 모델링과 강화와 다른 방법을 사용해서 유머를 가르치는 20시간을 설정하였다. 101명의 이스라엘 여성 교사를 대상으로 실시한 것에서는 비록 미미한 효과에도 불구하고 긍정적이었다.

5. 맺으면서

유머는 수많은 방법에서 행복의 중요한 자원이다. 유머는 부분적으로는 천부적인 것이며, 영장류에게서 전조가 있으며, 어린아이들은 즐거워하며 유머를 만들어 낸다. 이러한 유머는 두뇌의 어떤 부분에 의해 통제되기도 한다. 만약, 유머가 생물학적 이점이 주어진다면 사회적 유대를 증가시키기 위한 권력을 가지게 될 것이다.

많은 유머는 부조화에 근거하고 있으며, 보통 대리적 우월함, 성이나 공격성과 조합이 되어 있다. 대부분 유머의 핵심은 사건이나 이야기의 두 가지 해석을 즐기는 것이며, 여기서 이차적으로 나온, 예측하지 못했던 유머가 일차적인 것보다 가치가 덜하다. 다시 말해 좀 더 노골적이다.

웃음은 정적 정서의 표현이다. 그러나 유머는 기분과 행복에서 인과적 효과를 가질 수 있다. 유머는 가장 보편적인 것의 하나며, 기분 유도의 가장 효과적인 형태의 하나다. 그리고 즐거운 측면을 바라보게 되는 것은 스트레스 사건들을 덜 위협적이게 해 줌으로써 그것으로 인한 효과를 줄여 준다. 유머는 또한 사회에서의 갈등과 관련되는 사회적 스트레스를 줄여 주며, 사물을 바라보는 또 다른 방법을 제시하고, 긴장을 제거해 준다. 농담하는 관계는 가족 갈등을 대처해 주며, 민족 관련 유머는 인종 갈등을 표현한다. 어릿광대와 코미디언은 사회적 스트레스에 민감하며, 현대적인 의미로는 TV 시트콤이 이러한 역할을 한다.

유머는 사회적 유대의 출처며, 사회적 현상이며, 사회적인 기술의 일부며,

개인이 긴장을 제거할 수 있게 해 주고, 응집력을 증가시킨다. 그리고 사회적 보상을 일으키고, 협상관계에서 미묘한 방식을 사용하게 한다. 또한, 긍정적 관계를 유지하며, 부하를 훈련시킨다.

제6장

사회적 관계

　사회적 관계는 행복과 안녕감의 다른 부분들에 강력한 효과를 가지고 있으며, 아마도 가장 커다란 단일 원인일 것이다. 이것의 효과를 측정하는 한 가지 방식은 다른 변인들이 일정하게 유지되는 상태에서 상관을 보는 회귀계수로 구할 수 있다. Campbell 등(1976)이 수행한, 미국인들의 삶의 질(Quality of American Life)의 지수가 〈표 6-1〉에 제시되어 있다. 첫째 칸은 각 영역이 얼마나 중요하게 평가되었는가를 나타내며, 1은 가장 높은 것을 의미한다. 그리고 두 번째 칸은 전반적인 만족도에서 각 영역의 독립적 효과를 나타낸 것이다.

　비록, 이것이 다양한 다른 연령의 집단임에도 불구하고, 우리는 가장 전반적인 효과를 가진 것은 결혼과 가족생활이며, 다음으로는 우정관계라는 것을 확증하는 또 다른 연구를 살펴볼 것이다. 또한, 우리는 이들 관계성의 몇 가지를 살펴볼 것이며, 관계성의 전반적인 효과를 통합하고, 그들이 어떻게 연관되어 있는지를 고찰할 것이다.

⟨표 6-1⟩ 일상생활에서 만족감의 출처

	평균적인 중요성 평가	회귀계수
가족생활	1.46	.41
결혼	1.44	.36
재정 상태	2.94	.33
주거	2.10	.30
직장	2.19	.27
우정관계	2.08	.26
건강	1.37	.22
여가활동	2.79	.21

※ 출처: Campbell et al. (1976).

1. 우정관계

① 정적인 정서

친구와 함께 있는 것은 기쁨의 주요 원천이다. 우리는 제3장에서 이것이 유럽 학생들이 거론한 가장 보편적인 자원이라는 것을 살펴보았다. Larson(1990)은 피험자를 무선적인 시기에 불러내서, 그들의 기분을 보고하게 하는

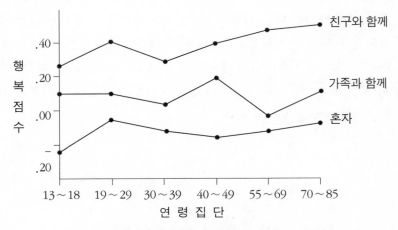

[그림 6-1] 다른 동료와의 정적인 정서(Larson, 1990)

실험을 수행하였다. [그림 6-1]에 나타난 바와 같이, 그들은 친구와 함께 있을 때 가장 긍정적인 기분이었으며, 다음은 가족과 함께 있을 때, 그리고 혼자 있을 때였다. 이들 친구들 중의 일부는 이성 친구였다. 친구와 함께 있는 것의 이로운 점은 20대에 있는 사람들에서뿐 아니라 나이든 사람들에게서도 가장 높았다. 성적으로는 관여되어 있는 것 같지 않았다.

친구와 함께 있는 것의 이점은 부분적으로는 그들이 즐거워하는 것을 함께 할 수 있기 때문인 것 같다. 그들은 공동으로 여가에 참여한다. Argyle와 Furnham(1982)은 사람들이 다른 사람들과 함께 하는 것보다 친구와 함께 하는 것에는 춤추기, 테니스, 술 마시기, 개인적인 대화 그리고 산책하기와 같은 것이 있다고 하였다. 이것은 사소한 활동인 것 같음에도 불구하고 많은 즐거움을 야기할 수 있으며, 지지적인 관계의 일부가 될 수 있다. Argyle와 Lu(1990)는 37개의 여가활동의 즐거움을 연구하였으며, 〈표 6-2〉에 나타난 것처럼 몇 가지 요인이 있음을 발견하고, 그것의 요인을 분석하였다. 어떤 요인에서 한 가지 활동을 하는 사람들은 또한 다른 활동을 하는 것을 좋아하였다. 팀과 모임에 대한 소속인 요인 3과 파티와 춤추러 가는 것인 요인 4는 행복과 연합되어 있다. 생각하건대 이것은 그들이 산출하는 정적인 정서 때문인 것으로 여겨진다.

우리는 즐거움을 야기하는 사회적 이유가 무엇인지에 정확하게 초점을 맞추고자 한다. 하나는 비언어적 신호, 특히 미소와 다정스런 목소리를 받는 것이다. Kraut와 Johnston(1979)은 볼링장에서, 사람들은 볼링핀을 치든 그렇지 않든 간에 자신의 친구들에게 종종 미소를 보내지만, 볼링핀을 보고는 거의 웃지 않는다고 하였다. 아이들은 아주 어린 시기에 미소 짓는 얼굴과 다정스런 목소리에 긍정적으로 반응하며, 미소로 답한다. 이것은 행복을 인정받기 위한 첫 번째 정서가 된다(Ekman, 1982). 전체적으로 격리된 상태에서 양육된 어린 원숭이들은 2개월에 다정스럽고 위협적인 얼굴을 변별하기 시작하며, 그래서 이런 능력은 상당 부분 타고난 것이라고 할 수 있다(Sackett, 1966).

친구들은 다른 방식으로도 보상을 한다. 그러나 만약 우리가 또 다른 사람에 대해 깊이 배려하려고 한다면, 우리는 자기 자신에 대한 보상을 추구하는

〈표 6-2〉 '즐거움' 척도에서의 요인 분석

항 목	1	2	3	4
22 집에서 어슬렁거리기	0.73			
32 옷 만들기/뜨게질하기	0.69			
1 친구와 수다 떨기	−0.68			
27 잡지 읽기	0.67			
28 정원 손질	0.62			
7 카드 게임	0.55			
16 추리소설 읽기	0.54			
31 혼자서 만들기(DIY)	0.52			
21 운동	0.47			
23 친구에게 글쓰기	0.46			
26 신문 읽기	0.45			
30 운전하기	−0.39			
14 TV 시청	0.30			
36 사교모임		−0.43		
35 혼자 산책하기		0.70		
15 소설 읽기		0.68		
4 시골길 걷기		0.66		
18 음악(고전, 재즈)		0.65		
17 논픽션 읽기		0.54		
34 잠자기		0.45		
9 가족과의 조용한 저녁		0.44		
37 긴 목욕		0.42		
3 술집			0.66	
2 시끄러운 파티			0.65	
29 여행하기			0.64	
5 새로운 사람 만나기			0.59	
20 춤추기			0.56	
19 팝음악			0.55	
10 토론			0.38	
13 멜로드라마 보기			0.33	
12 다른 운동				0.65
11 팀 운동				0.62
24 영화와 비디오				0.54
25 극장				0.51
8 농담/즐거운 이야기				0.51
33 일광욕				0.48
6 파티놀이				0.38
신뢰도 계수	0.82	0.74	0.70	0.64
설명 변량	15.80	10.70	8.70	5.90

※ 출처: Argyle & Lu(1990).

것뿐 아니라 그들의 복지에 대해서도 관심을 가질 것이다. Dunn(1988)은 간호학교 어린이들이 종종 도움을 주거나 공유한다는 것을 발견하였다. 그들은 이것이 친구와 함께 하는 단순히 즐거운 사회적 행동의 일부라고 하였다. 친밀한 관계에서 어른들은 자신의 보상보다는 다른 욕구에 좀 더 주의를 기울인다는 것이 발견되었다. 이것은 '공동' 관계라고 불리는 것이다(Clark & Reis, 1988). 이타행동에 대한 실험에서, 괴로워하는 다른 사람을 위해 어떤 것을 하려는 것은 정적 정서의 출처가 된다는 것을 발견하였다(Batson, 1987). 사교성은 협조적이 되는 것을 포함하고 있으며, 자기 자신뿐 아니라 다른 사람의 배려에 대한 것을 고려하고 있다. 외향성의 사람들은 내향성의 사람들보다 더 협조적이다. 우리는 외향적인 사람이 보통 행복하다는 것을 알고 있다. Lu와 Argyle(1992a)는 협력성척도를 제작하였으며, 이것은 행복의 예언치며, 외향성의 행복을 부분적으로 설명한다는 것을 발견하였다. 다른 연구에서 Lu와 Argyle(1992b)는 외향성의 사람은 내향성의 사람들보다 다른 사람에 대해 좀 더 사회적인 지지를 준다는 것을 발견하였다. 여성과 젊은 사람들은 좀 더 지지를 받는다. 우리는 또한 사회적 지지를 주고받는 과정에서 상호 희생이 있을 수 있음을 발견하였다. 지지를 받는 것은 죄의식과 불안, 의존성과 관련이 있으며, 지지를 주는 것은 짐스러움과 좌절을 받는 느낌과 연합이 되어 있었다.

② 행복감

많은 연구들은 친구에 대한 만족에서 인구통계학적인 통제를 한 후에, 행복과 생활만족과 .30에서 .40 이상의 수준에서 상관이 있다는 것을 발견하였다. 비록 낮을지라도 친구의 수와 친밀한 친구의 수, 그들이 만나는 빈도, 전화 거는 빈도, 방문과 모임과도 유사한 상관이 있었다(Veenhoven, 1994). Costa 등(1985)은 우정관계의 질적 그리고 양적 요인을 발견하였으며, 이것은 행복과 .29의 상관이 있었다. Berry와 Willingham(1997)은 이방인과 함께 있는 사람들을 포함해서, 정적 정서가 높은 사람은 갈등이 적었고, 좀 더 즐거운 관계를 가졌음을 발견하였다. 이것은 부분적으로 비언어적 의사소통을 다르게 사용하기 때문이다. 행복은 친구들과의 즐거운 접촉의 빈도를 통해 친구 간에 일어날 수 있다. 우정관계는 청소년기에 아주 중요하다. 청소년들은 친구들과 하루에 많은 시간을 보내며, 만약 그들이 할 수 있다면 전화로 좀 더 많은 시간을 보낸다.

우리는 친구가 행복을 산출하는 조건에 대해 살펴볼 것이다. 우정관계의 주요 출처의 하나는 보상성이며, 친구는 보상을 준다. 이것은 정적 정서와 만족을 일으킨다. 우리는 관계성에서 세 가지 중요한 만족감의 종류, 즉 도구적 보상, 정서적 지지 그리고 동료애 등이 있다는 것을 살펴볼 것이다. 우리는 친구가 우리에게 긍정적인 비언어적 신호를 어떻게 보내는지를 살펴볼 것이다. 그들은 또한 동의하고, 칭찬하며, 용기를 북돋우며, 관심을 보임으로써 언어적으로 보상할 수 있다. 그들은 선물을 주고, 음식과 술을 제공하고, 충고와 정보를 줌으로써 실제적으로 도움을 줄 수도 있다. 그들은 재미있게 하고 즐겁게 함으로써 동료애로서 보상을 주고, 상당히 즐겁다는 신호인 웃음을 짓게 하고, 함께 테니스 경기를 하든가 우리가 할 수 없거나 혼자서 해야 하는 다른 것들을 함께 할 수 있게 해 준다.

친밀한 친구는 행복의 특별한 자원이다. Weiss(1973)는 고독감을 회피하기 위해서 사람들은 단순하게 친밀한 관계를 필요로 하며, 또한 관계망을 필요로 한다고 하였다. 친밀한 관계를 형성하기 위해서는 좀 더 많은 자기노출을 해야 한다. 그렇지 않다면 사람들은 외롭게 될 것이다. Wheeler 등(1983)은 많은 친구를 가지고 그들과 많은 시간을 보내는 많은 학생들은 그들의 실제 관심보다는 비개인적인 주제, 예를 들면 스포츠와 팝음악 같은 것에 대해 말하기 때문에 여전히 외롭다고 하였다. 친밀한 친구는 태도와 신념뿐 아니라 흥미에서도 꽤 유사한 것 같다. 우리를 좋아하고 우리 자신의 관점을 공유하는 것은 우리의 자아존중감을 상승시킨다.

우정관계망 또한 중요하다. 사회적 관계망은 내집단을 형성하며, 이것은 정체감과 자아존중감을 유지하고, 도움과 사회적 지지를 제공하는 것에서 중요한 것이다. 우리는 친구가 없을 때 친구에 대해 신뢰하고 옹호하는 '세 번째 모임 규칙' 같은 것을 깨뜨리는 것으로 우정관계가 자주 상실될 수 있다는 것을 발견하였다(Argyle & Henderson, 1985).

우정관계와 그것의 이점에는 성 차이가 있다. 여성의 우정관계는 자기노출과 정서와 사회적 지지가 좀 더 개입되어 있으며 더 친밀하다. 남성은 스포츠와 음주 같은 활동을 함께 한다. 친밀한 관계성은 여성에게 좀 더 중요하며, 남성에게는 사회적 관계망이 더 중요하다. 남성은 아주 쉽게 모임을 형성하며, 직업과 여가에서 아주 폭넓은 접촉을 가진다. 여성은 남성과 여성 친구 둘 모두에서 좀 더 보상을 받으며, 외롭지 않기 위한 최고의 예언치는 여성과의 접촉 빈도였다. 남성과 보내는 시간은 차이가 없다(Wheeler et al., 1983).

우정을 즐기는 것에도 성격에 따른 차이가 있다. 우리는 제10장에서 외향성이 행복의 가장 중요한 자원의 하나라는 것을 살펴볼 것이다. 외향성은 비언어적 의사소통의 다른 방식이다. 외향성을 가진 사람은 좀 더 미소 지으며, 다른 사람을 좀 더 바라보며, 그들 스스로 좀 더 가깝게 지내며, 그들의 목소리는 좀 더 크고 높은 음조다. 외향성의 사람들이 더 행복한 이유의 하나는 그들이 좀 더 즐거운 것을 하기 때문이다. 이런 것들은 사회적인 특성을 갖고 있는 것들이다. 〈표 6-2〉의 요인들에 나타난 것처럼 외향성을 가진 사람들은 함께 팀과 모임을 결성하고 파티를 하고 춤추러 간다. 이러한 요인은 외향성인 사람들을 좀 더 행복하게 만들기 위한 것이다(Argyle & Lu, 1990).

외향성은 특별한 사회적 기술을 가지고 있으며, 사람들이 좀 더 단정적이고 좀 더 협조적이며, 그들의 관계성을 더 잘 다룰 수 있게 한다(Argyle & Lu, 1990). Thorne(1987)는 함께 위치한 한 쌍의 외향성인 사람들에게 질문을 해 봄으로써 동의하고, 칭찬을 함으로써 아주 어렵게 서로를 알기 위해서 노력했다는 것을 확인하였다. 필자는 이 연구를 모사하였다. 내향성의 사람들은 전반적으로 조용한 상태에서 종종 함께 앉아 있었다. 외향성의 사회적 기술을 가진 사람들은 좀 더 친구가 많았고, 그들과의 교제를 즐기는 것 같았다. 외로운 사람들은 보상이 없으며, 적대적이며, 염세적이며, 수줍고, 덜 단정적이며, 자기중심적이며, 다른 사람들에게 관심이 적었다(Jones, 1985).

③ 정신건강과 신체적 건강

친구의 사회적 지지는 두 종류의 건강에 영향을 미친다. Reis와 Franks (1994)는 33세 이상인 846명의 사람들을 대상으로 연구하였는데, 불안과 우울, 주관적 건강과 의사 방문 횟수가 친밀함과 사회적 지지 모두에 관련이 있다는 것을 발견하였다. 그러나 사회적 지지는 중요한 예언치가 되었다. 실제적인 도움, 집단 소속감, 긍정적인 평가 그리고 특별한 유대를 가지는 것으로 구성되었다.

그러나 다른 연구자들은 '정서적 지지'가 소용 없다는 것에 대해 연구하였다. Nolen-Hoeksema(1991)는 피험자에게 질문을 하였다. '당신이 우울하다는 기분이 들 때는 언제입니까?' 여성들은 이 문제에 대해 곰곰이 생각하거나 자신의 친구들과 건전한 불평을 한다고 종종 말했다. 그러나 이것은 더 오랫동안 우울증의 지속과 상관이 있었다. 짧은 기간의 우울증은 마음의 혼란을 가져오는 활동들과 상관이 있었다. 남성은 좀 더 성공적인 몇 가지 신체적 활동에 좀 더 관여하는 것 같다. 몇몇 연구들은 필요로 하는 것이 문제의 친밀한 토론이라기보다는 실질적 도움의 형태인 사회적 지지, 배려해 줄 누군가의 유용성 그리고 동료애라는 것을 발견하였다. Ross와 Mirowsky(1989)는 사회적 지지가 우울을 낮추지만, 문제에 대한 친밀한 대화는 문제를 해결하기보다는 문제나 불평에 대해서 더 많은 말을 하는 것을 의미하기 때문에 더 나쁘게 만든다고 하였다. 도움과 문제해결은 사건을 통제할 수 있는 지각을 증가시켰다. 통제의 개념은 또한 기혼이며, 부자이거나 교육을 받은 여성이 우울해지지 않는 이유에 대해 설명하고 있다. 다른 한편, 우리는 나중에 자기노출이 건강에 좋은 것이며, 정서적 지지가 결혼에 도움이 되는 것 같다고 보는 연구들을 살펴볼 것이다.

정신건강에 대한 이러한 이점은 우울의 보편적인 원인인 고독감을 예방하는 데 부분적으로 영향을 미친다. 우정관계망을 통한 사회적 지지는 Bolger와 Eckenrode(1992)가 시험 기간 동안의 학생들에게서 발견했던 것처럼 불안에 대한 스트레스의 영향을 완화시킬 수 있다고 하였다. Reis와 Franks의 사회적 지지의 구성요소의 하나인, 긍정적인 평가는 자아존중감을 높게 해 준다. 즐겹게 하는 사회적 상호작용은 긍정적인 보탬이 되는 방향으로 나아갈 수 있다. Kuiper와 Martin(1998)은 웃음의 빈도는 부적 정서에 있는 부정적 생활사건의 효과를 완화시킨다는 것을 발견하였다. 사물의 즐거운 측면을 바라보는 것은 그것들을 덜 위협적이게 만든다.

우정은, 예를 들면 결혼보다 사망률이나 신체건강과 같은 다른 측정에 대한 영향을 적게 준다. 그러나 만약 우정의 친밀함이나 밀접함을 설명할 수 있다면, 건강에서의 효과가 발견될 것이다. Reis 등(1984)은 여학생들에게서 의사를 찾아가는 방문 빈도는 즐거움, 친밀함, 자기노출, 그들의 관계에 대한 만족과 관련있다고 하였다. Eder(1990)는 9개의 유럽 국가에서 11~15세 사이의 어린이들에 대한 연구를 보고하였다. 그들 모두에게서 보고된 질병, 외롭거나 불행하다는 느낌 그리고 그들이 집단에 소속되어 있지 않다는 느낌 간에 분명한 상관이 있었다. 오스트리아에서 이들 외로운 어린이는 덜 위협적이었다. 소녀와 나이든 어린이들은 덜 행복했으며, 사회적으로 통합이 덜 되었고, 좀 더 많이 아팠다.

2. 사랑과 결혼

1 정적인 정서

우리가 제3장에서 살펴본 것처럼 사랑에 빠지는 것은 보통 강력한 정적 정서의 출처로 평가되었다. Fehr(1988)는 사람들에게 사랑의 특징적인 모습이 무엇인지를 목록화하라고 요구하였고, 행복감, 흥분, 애정, 만족, 웃음 등이 제시되었다. 그들이 결혼했을 때 대부분의 사람들은 사랑에 빠져 있었으며, 한 연구에서는 47%가 사랑에 '깊이 빠져' 있었다(Whyte, 1990)고 하였다. 기쁨의 이러한 강렬함은 우리가 살펴본 것처럼 시간이 지남에 따라 감소하였으나 여전히 결혼에서는 많은 기쁨이 있었다. 이것은 보상적인 상호작용의 빈도와 강렬함에 의존하고 있다. 또한, 결혼에는 많은 갈등이 있다. 이것은 기묘하게도 두 상태가 나란히 나아가는 듯하다.

사랑에 의해 일어나는 강렬한 기쁨을 어떻게 해석할 수 있는가? 성으로 인한 강렬한 경험은 그 이유의 일부가 될 수 있다. 이것은 폭넓은 경험, 아주 친밀한 경험의 일부가 될 수 있으며, 역으로 부모와의 초기관계, 성인 애착의 전조와 융합에 대한 갈망에 뿌리를 두고 있다(Hatfield & Rapson, 1996). 두 경우 모두 신체적 친밀감을 통한 커다란 즐거움을 경험할 수 있으며, 입술과 가슴에 대해 보편적으로는 어느 정도의 관심을 갖고 있다. 그리고 Hazan과 Shaver(1987)가 처음 만든, 성인 연인들 간의 애착방식이 그들이 어머니와의 애착방식과 관련되어 있다는 주목할 만한 결과가 있다.

또한, 몇 가지 좀 더 인지적인 과정이 있다. 사랑받고 칭찬받게 되는 것은 자아존중감을 증가시키며, 또한 자기를 확장시키고, 다른 것들은 그것의 일부가 되는 것같이 느낀다. 사랑에 빠진 사람들은 다른 사람에 대한 이상적인 관점을 형성하며, 다른 것들에 이런 이미지가 움직인다. 따라서 이상적 자기 갈등이 적어진다(Campbell et al., 1994; Murray & Holmes, 1997).

② 행복감

많은 연구들은, 결혼한 사람들은 독신이거나 사별하거나 별거하거나 이혼한 사람들보다 평균적으로 더 행복하다는 것을 나타내고 있다. 가장 규모가 큰 연구는 〈표 6-3〉에 나타난 바와 같이, Inglehart(1990)가 유로지수(Eurobarometer) 조사에 대해 분석한 것이다. 이 연구는 유럽연합 국가를 총

〈표 6-3〉 **부부의 상태와 행복**(그들이 만족하거나 아주 만족한다고 말한 퍼센트)

	남 성	여 성
결혼	79	81
동거	73	75
독신	74	75
사별	72	70
이혼	65	66
별거	67	57

※ 출처: Inglehart(1990).
※ 주: n = 163,000.

망라하는 163,000명의 아주 큰 표집으로 주목을 받았다.

분석 결과 다른 조건 간에 생활에 대한 만족도에서 꽤 중요한 차이가 있는 것으로 밝혀졌다. 결혼한 사람들이 동거하는 사람들보다 평균적으로 더 행복한 것은 흥미 있는 것이다. Wood 등(1989)은 93개 연구에 대한 메타분석에서 결혼이 여성들에게 행복과 만족에 대해 이점이 더 많다는 것을 발견하였다. Inglehart의 연구에서 미망인은 별거했거나 이혼한 사람들보다 행복했다. 이 것은 미망인이 되는 것은 일어날 수 있는 일 중 아주 나쁜 일이라고 가정될 수 있으나, 분명하게 그렇지는 않았다. 행복에서 결혼의 이점은 다른 문화에서 도 발견되었다. Stack과 Eshleman(1998)은 17개의 선진국 가운데 16개 국가에 서 이러한 결과가 나타났다. 14개 국가에서는 결혼이 동거 효과의 3.4배와 같 을 정도로 많았다는 것을 발견하였으며, 그 효과는 부분적으로 경제적 만족 감과 결혼에 대한 지각된 건강상의 이익에 있다.

몇몇 미국 연구에서는 주관적 안녕감에 대한 결혼의 이점이 시간이 지남에 따라 감소한다는 것을 발견하였다(Haring-Hidore et al., 1985). 그러나 이것은 결혼하지 않은 사람들의 대부분은 이런 관계에서 실제적 이익이 있고, 결혼 한 사람들의 대부분은 한 번이나 그 이상의 이혼으로 고통받고 있기 때문일 수 있다. 몇몇 유럽의 연구들이 우울증 예방에서 결혼의 이점이 실제적으로 증가하였다는 것을 발견하였다. 그리고 동거의 효과는 이런 관계에 대한 문 화적 태도에 많이 의존하였다.

결혼의 질은 중요하다. Russell과 Wells(1994)는 1,207명의 영국 부부에게서 행복의 예측치를 연구하였고, 가장 강한 예측치는 결혼의 질이라고 하였다. 외향성과 신경증적 경향성은 결혼의 질에 대한 영향을 매개로 하여 행복에 영향을 미쳤다. Berry와 Willingham(1977)은 행복한 사람들은 좀 더 낭만적이 며, 다른 친밀한 관계를 가진다는 것을 발견하였으며, 그들이 좀 더 긍정적인 비언어적 의사소통을 사용하며, 갈등을 건설적으로 대처하기 때문이라고 하 였다. 그들은 더 나은 사회적 기술을 가지고 있었다.

결혼이 사람을 어떻게 행복하게 하는가? 사랑에 빠진 사람에게 긍정적 영향 을 주는 몇 가지 요인들은 결혼에서, 특히 초기 몇 년 동안에 일어난다. Argyle

와 Frunham(1983)은 관계성에서의 만족에는 세 가지 요인이 있으며, 그중에 결혼이 가장 높은 점수라는 것을 발견하였다. 첫 번째 만족 요인은 수단적 만족이었다. 결혼은 재정적 만족이 있을 때 그리고 다른 사람들이 몇 가지 가사를 할 때 가장 행복했다(Noor, 1997). 둘째로, 정서적 만족이다. 사회적 지지, 친밀함 그리고 성은 행복한 결혼의 모든 중요한 예언치다. 여기에는 이타적 요인이 있으며, 또한 다른 사람들의 행복과 건강은 결혼에서의 행복감의 예언치가 된다(Stull, 1988). 셋째, 비록 우정관계에서 경험할 수 있는 것만큼은 못할지라도 여가활동을 함께 함으로써 친구와 비슷한 정도로 경험하는 동료애가 있다.

③ 정신건강

결혼한 사람들은 결혼하지 않은 다른 종류의 사람보다 평균적으로 더 나은 정신건강을 가지고 있었다. Cochrane(1988)은 영국에서 결혼한 사람들과 그 외의 사람들의 정신병원 입원 비율을 보고하였다(〈표 6-4〉). 이혼한 사람은 결혼한 사람의 입원 비율의 5.5배인 것으로 나타났다. Gove(1972)는 비록 여성들에게서 미혼과 그렇지 않은 사람 간의 차이는 약했으나, 미국 남성들에게서는 비슷하였음을 발견하였다. 그러나 이들 효과는 결혼에 의해서 일어난 것인지 아니면 우울한 사람들과 다른 사람들이 결혼을 하지 않거나 결혼관계를 유지하지 않는다는 것인가? Horwitz 등(1996)은 그들이 25세일 때 시작해서, 7년 동안의 추적연구를 통하여 829명의 남성과 여성에 대한 유사 실험연구를 수행하였다. 그들은 우울증과 알코올중독이 감소를 나타냈던 결혼한 사람들을 독신들과 비교하였다. 그 결과는 여성들에게서는 기혼과 독신 간의

〈표 6-4〉 **정신병원 입원과 부부의 상태**(England, 1981)

결혼의 상태	10만 명당 정신병원 입원
독신	770
결혼	260
사별	980
이혼	1,437

※ 출처: Cochrane(1988).

차이가 약했다. 이것은 아마도 초기에 우울했던 여성들은 결혼을 하지 않았기 때문인 것 같다.

우리는 행복에서 결혼의 효과는 적어도 미국에서는 감소하고 있다고 말하였다. 그러나 네덜란드와 스칸디나비아에서는 우울과 자살을 회피하기 위한 결혼의 이점과 장수에 대한 결혼의 이점이 최근 여러 해 동안 증가하고 있다 (Mastekaasa, 1993).

사별은 틀림없이 정신건강에 영향을 미친다. 고독감뿐 아니라 우울과 자살에도 급격한 증가를 보인다. 우울은 보편적인 것이며, 어떤 사람들은 임상적 수준에 도달하기도 한다. 2~4년 후에 대부분은 회복되며, 여성은 남성보다 좀 더 빠르다. 사별은 남성에게 좀 더 효과가 있는데, 이는 아마도 남성이 자신의 배우자 이외에는 사회적 지지를 하는 다른 사람들이 아주 적기 때문일 것이다. 우울은 젊고 그리고 배우자의 사망이 예기치 않았을 때의 미망인에게서는 좀 더 보편적으로 나타난다. 또한, 정신병적 혼란의 수준이 증가되며, 이것의 주요 형태는 여성에게는 우울증, 남성에게는 알코올중독이다. 만약, 사회적 지지의 대안적인 자원이 있다면 사별로 인한 우울증이나 알코올중독의 영향은 적어질 것이다(Stroebe & Stroebe, 1987).

정신건강에 대한 결혼의 이점은 관계성의 양에 의존하고 있다. Brown과 Harris(1978)의 고전적인 연구에서, 스트레스를 주는 생활사건은, 만약 그들이 '당신이 당신 자신과 당신의 문제에 대해 얘기해 줄 사람'인 절친한 친구로서 행동할 배우자가 없다면, 여성에게는 우울증을 일으킬 수 있다고 하였다. 그러나 우리가 처음에 살펴본 것처럼 친밀함은 서로 도와주는 것과 동료애와 같은 다른 종류의 사회적 지지의 결과가 될 수 있다는 것이다. 부부만족과 우울(부부만족의 결핍)은 밀접하게 관련되어 있으며, 장기간 연구에서 발견된 것처럼 양방향에서 인과성이 있다(Fincham et al., 1997).

Paykel 등(1980)은 남편과의 관계의 질은 임신 동안의 우울을 예방하지만, 실질적인 도움에서 효과가 없었다. Umberson 등(1996)은 미국에서의 광범위한 장기간 연구에서 스트레스는, 예를 들면 청소년기 아이들이 있는 사람들에게는 우울증을 일으킬 수 있으며, 특히 여성에게는 그러하다는 것을 발견하였다. 그러나 이것은 사회적 통합과 배우자의 지지에 의해 완화될 수 있으며, 우울과 알코올중독을 약화시킬 수 있다.

④ 건 강

사랑에 빠지는 것은 건강에 좋다. Smit와 Hoklund(1988)는 사랑에 빠진 덴마크 학생들은 사랑에 빠지지 않은 사람들보다 백혈구 세포 수가 더 높아졌으며, 목이 아픈 것, 추위, 술 마신 이후의 영향이 적어졌다고 하였다. 〈표 6-5〉는 다른 부부 상태에 있는 미국의 백인 남성 성인의 사망률을 보여 주고 있

〈표 6-5〉 **부부의 상태와 사망률: 남성**

사망의 원인	백인 남성의 사망률			
	결혼	독신	미망인	이혼
관상동맥 질환과 다른 심근(심장) 변성	176	237	275	362
자동차 사고	35	54	142	128
호흡기관 계통의 암	28	32	43	65
소화기관 계통의 암	27	38	39	48
혈관 손상(발작)	24	42	46	58
자살	17	32	92	73
림프암과 혈액암	12	13	11	16
간경변증	11	31	48	79
류머티즘 열(심장)	10	14	21	19
고혈압성 심장질환	8	16	16	20
폐렴	6	31	25	44
당뇨병	6	13	12	17
타살	4	7	16	30
만성적인 신장염(신장)	4	7	7	7
우연한 추락	4	12	11	23
결핵(모든 종류의 결핵)	3	17	18	30
전립선암	3	3	3	4
화재나 폭발사고	2	6	18	16
매독	1	2	2	4

※ 출처: Carter & Glick(1970), p. 345.

다. 이들은 1959~1961년에 걸쳐 100,000명당 사망률을 나타낸다. 그래서 176명의 결혼한 남성 사망은 이혼한 362명의 사람과 비교되었다. 또한, 부부 상태에 따른 사망률의 결과는 여성에서보다 남성에게서 더 뚜렷이 나타났다.

사별로 잃어버리게 되는 사랑과 결혼에서의 이점은 무엇인가? Reis와 Franks(1994)는 건강이 친밀함과 사회적 지지의 다른 양상과 관련된다고 하였다. 일련의 연구는 사회적 지지, 특히 정서적 지지가 강력한 생물학적 효과를 가지는 것으로 확인되었다. Ushino 등(1996)은 81개의 연구에 대한 메타분석을 수행하여 사회적 지지에 대한 세 가지 광범위하게 확증된 효과를 발견하였다.

① 심장혈관체계에서 스트레스는 혈압에 더 적은 영향을 미치고, 이것은 심장질환의 위협을 감소시킨다는 것을 설명해 준다.
② 교감신경계를 각성시키고 다양한 신체 스트레스를 야기하는 스트레스를 받을 때 에피네피린이 방출됨으로써 내분비체계에서 스트레스가 미치는 영향이 적어진다.
③ 면역체계상 가장 강력한 효과는 정서적 지지와 가족의 지지에서 온다.

Ushino 등(1996: 521)은 "비록 건강 관련 행동, 스트레스 사건 그리고 우울이 분명하게 자신의 입장에 있는 생리학적 과정에 영향을 미침에도 불구하고, 사회적 지지가 생리학적 기능에 영향을 미치는 중요한 통로에 대해서는 그 관계가 분명하게 나타나지 않는다."고 하였다. 이들 효과는 나이든 사람들에게 더 컸으며, 사회적 지지는 이 점에 있어, 심지어 생물적 노화를 줄일 수도 있었다.

사별은 주목할 만큼 단기간에 건강을 악화시키며, 한 연구에서는 사례의 28%나 되었다. 그리고 이들 단기간의 효과는 만약 우울이 통제된다면, 사라질 수 있다는 것이 발견되었다. 이것은 우울이 질환의 즉각적인 원인이라는 것이다. 급격한 사망률의 증가는, 특히 남성에게서 그리고 사별 후 6개월 이내였다. 이것은 Lynch(1977)가 제안했던 것처럼 '상실된 마음' 때문인가? 미망인 사망의 가장 보편적인 원인은 사실상 심장질환이며, 그리고 처음 6개월에 이 원인으로 인한 사망률의 커다란 증가가 있었다(Young et al., 1963). 그리고 남성에게서 살인, 간경변증, 자살 그리고 사고로 인한 사망에서도 또한 커다란 증가가 있었다. 상실된 마음은 사별의 중요한 이론의 하나로 남아 있으며, 무기력감, 우울, 살고자 하는 의욕의 상실을 잘 설명해 주고 있다(Stroebe & Stroebe, 1987).

결혼에서의 사회적 지지가 건강에 좋은 또 다른 방식은 결혼한 사람들이 흡연과 음주 같은 행동을 적게 하고, 식이요법을 하며, 의사의 처방에 따라 행동하며, 부분적으로 그들은 서로를 보살피기 때문에 더 '건강한 행동'을 하게 된다는 것이다. 음주를 줄이는 것은 간경변증의 위험을 줄여 주며, 흡연을 줄이는 것은 폐암의 위험을 줄여 주며, 좀 더 운동을 하고 적은 스트레스를 받는 것은 심장 쇠약의 기회를 줄여 준다. 이들 효과는 면역체계 활동성에 영향을 받지 않는다(Umberson, 1987). 그리고 우리가 이미 살펴본 것처럼 Ushino 등은 이것들이 질병의 중요한 원인은 아니라고 하였다.

어떤 현상에 대해 단순하게 말하는 것은 좋은 것이며, 부부들은 이런 대화를 많이 한다. Pennebaker(1989)는 외상성 사건을 경험하고, 그것을 테이프에 녹음하기 위해 상황에 노출한 사람들은 이후 6개월 동안 의사의 방문 횟수가 적어졌다는 것을 발견하였다. 이것은 또한 자살이나 사고로 인한 배우자의 사망으로 미망인이 된 사람들에게도 수행되었다.

3. 가 족

① 정적인 정서

가족에는 많은 기쁨이 있다. 대부분의 부모는 아이들에게 이익이 되는 '격려와 즐거움'을 주며, 심지어 '정서'를 좀 더 거론하기도 한다(Hoffman & Manis, 1982). 아이들과 부모는 많이 웃는다. 물론, 부적인 정서도 가족들에게 있으며, 많은 시간 긍정적이거나 부정적인 감정이 있을 수 있다. 초기 엄마와 아이의 관계는 생물적으로 특히 친밀하고, 프로이트이론에 따르면 그것은 일종의 원초적인 은총으로 보인다.

2 행복감

자기 부모의 행복감에 대해 아이들이 가지는 전반적인 효과는 없다 (Veenhoven, 1994). 그러나 그 효과는 가족 생활주기에서의 단계에 따라 다양 하다. [그림 6-2]에서 보는 것처럼 미국과 영국에서의 연구에서, 부부만족은 시간이 지남에 따라 감소한다는 것이 발견되었다. 부부의 행복감에 대해서는 두 가지 나쁜 시기가 있음을 주목해야 하는데, 아주 어린아이가 있을 때와 그 리고 아이들이 청소년일 때다. '빈 둥지'의 시기는 중요한 시기며, 둥지에 남 아 있는 사람과 좋은 접촉을 하게끔 한다. 오스트레일리아 연구에서 Feeney 등(1994)은 이런 패턴은 단지 여성에게서만 나타나며, 남성에게서는 그렇지 않았다고 하였다.

아이들은 몇 가지 이점의 중요한 출처며, 〈표 6-6〉에 이것이 제시되어 있 다. 연구자들은 부모가 정서, 즐거움, 도움, 응급상황에서 아이들에게서 나중 에 경제적 도움을 받을 수 있는 가치가 있다는 것을 발견하였다. 이점이 있을 때, 가장 커다란 만족을 주는 것은 엄마와 딸의 관계였다. 이들이 서로에게 맞

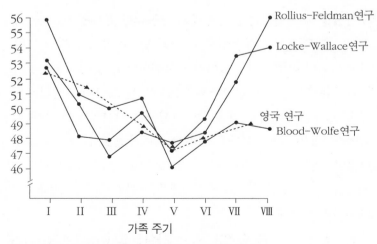

[그림 6-2] 가족 생활주기 단계에 따른 부부만족도의 평균 점수(Walker, 1977)

〈표 6-6〉 아이들에 대한 점수(표집의 퍼센트)

	여성		남성	
	부모	비부모	부모	비부모
아이들의 이점				
기초적인 집단 유대와 정서	66	64	60	52
자극과 즐거움	61	41	55	35
자아의 확장	36	34	32	32
성인의 입장과 사회적 동일시	23	14	20	7
성취감, 수행능력 그리고 창조성	11	14	9	21
도덕성	7	6	6	2
경제적 유용성	5	8	8	10
아들/딸에게서 기대하는 도움				
자녀들이 직장을 갖게 되었을 때				
급여의 일부를 부모에게 주기	28/28	18/18		
가족의 위급상황시 돈을 주기	72/72	65/63		
나이가 들었을 때 재정적으로 지원하기	11/10	9/9		
가정에 보탬되기	86/92	88/91		

※ 출처: Hoffman & Manis(1982).

추어졌을 때 둘에게는 높은 수준의 행복감이 형성된다(Givin & Furman, 1996). 그러나 부모 역할과 부부만족 둘 간의 만족감은 상호적인 원인이 있으며, 엄마뿐 아니라 아버지에게도 이것은 사실이다(Roger & White, 1996).

가족에서의 사랑과 친밀함은 어느 정도는 최근의 현상이다. 1400년과 1600년 사이에 영국에서는 가족적인 사생활이 거의 없었으며, 중요한 것은 생존이었다. 대부분의 아이들은 어려서 사망하였으며, 무시되었고, 거친 훈련을 받았다. 여성은 남편에게 종속되었으며, 동료애를 가질 만한 시간이 없었다(Stone, 1977). 노동자계층 가족들에게는 이런 것들이 19세기 말까지 조금도 나아지지 않았다.

친구만큼 자주 볼 수 있는 것은 아니었으나 성장한 친족들은, 예를 들면 돈, 숙박, 질병 그리고 법률상의 어려움 같은 것을 해결해 줄 수 있는 아주 큰 자원이었다. 이것은 영국에서는 특히 노동자계층 가족들의 경우며, 아마도 그들이 서로 근처에 살고 있기 때문이며, 지리적으로 좀 더 이동 가능성이 높은 중간 계층보다 노동자계층의 사람들끼리 좀 더 빈번한 접촉을 하기 때문이다(Willmott, 1987). 이것은 그들이 익숙하게 봐 왔고, 그리고 이들 유전자의 복지를 보살피기 원하기 때문에 친족에게 자신의 유전자를 인지하는 '이기적 유전자' 과정 때문일 것이다. 이것은 또한, 어린 시절에는 초기의 유대관계 때문이기도 하며, 나중의 삶에서 좋아하는 사촌이 어린 시절의 놀이친구였던 사람들을 찾음으로써 지지를 받고 있다(Adams, 1968). 형제자매와의 관계는 복잡하며, 많은 경쟁, 과도한 성취 그리고 성공뿐만 아니라 강한 긍정적인 느낌이 있을 수 있다(Ross & Milgram, 1982). 여성은 친족과 좀 더 많이 개입되어 있으며, 특히 자매-자매 간, 그리고 엄마-딸이 관련되어 있는 것처럼 친족관계를 함께 유지하는 여성-여성 간의 유대가 있다. 가정에서 여성들은 어린아이에 대해서뿐 아니라 남편에 대해서도 대부분의 사회적 지지를 제공한다(Vanfollsen, 1981). 이것은 고전적인 여성의 역할이다. 그것이 유전적으로 얼마나 멀리 있는지, 그리고 여성의 사회화가 되는 방식에 어느 정도 기인한 것인지에 대해서는 알려지지 않았다.

어린아이들은 그들이 부모와 잘 지낼 때 더 행복하다. 그들이 잘 지내지 않는다면, 심지어 더욱 나빠지게 된다면, 아이들은 비행소년이 되거나 공격적이고, 불복종적이 되고, 우울과 불안 그리고 유뇨증에 걸리게 될 가능성이 높다(Emery, 1982).

3 정신건강

우리는 [그림 6-2]에서 어린아이가 두 단계에서, 즉 그들이 아이였을 때와 청소년이었을 때, 그들이 부모에게 스트레스의 원인이 될 수 있음을 살펴보았다. Umberson(1997)은 청소년기 아이가 있는 것은 정상적으로 그들이 어머니에게는 스트레스의 출처일 수 있으며, 그것은 부분적으로 배우자의 지지로 상쇄될 수 있다. 다른 한편, 아이가 있는 부부가 더 오랫동안 살아가고, 그래서 마치 아이를 가지는 것이 건강에 유익한 것이 될 수 있는 것처럼 여겨진다

(Kobrin & Hendershot, 1977). 우리가 건강과 정신건강에서 전반적인 사회적 지지의 효과를 살펴볼 때, 그 효과는 아이와 남편과 직업을 가진 여성에게서 더 크게 나타났다(Kandel et al., 1985). Lu(1997)는 타이완에서 191명의 성인을 연구하였다. 그녀가 다른 변인들을 일정하게 유지한 결과 가족에서의 지각된 상호관계는 낮은 수준의 부적 정서와 관련되었다. 아버지는 이혼했을 때, 특히 그들이 자신의 아이들과 별거하였을 때 좀 더 우울해하였다(Shapiro & Lambert, 1999).

최근 연구는 부모의 이혼과 별거는 아이들에게 정신적 충격이 크지 않다는 것이다. Morrison과 Cherlin(1995)은 1,123명의 아이들을 2년에 걸쳐서 추적하였다. 연구자들은 부모의 이혼이나 별거가 소녀가 성인이 되었을 때 부부관계의 해소에 영향을 주지 못했음을 발견하였으며, 소년의 경우, 부모의 이혼이나 별거는 경제적 어려움과 하류계층으로 전락하는 것에 부분적으로 영향을 주었음을 발견하였다. 이것은 미국 연구였으며 최근 영국 연구에서는 소녀에게도 어느 정도의 영향이 있음이 발견되었다.

애완동물은 어떤 방식에서는 가족의 일부다. 애완동물이 있거나 없는 사람들에 대한 연구들은, 애완동물을 가진 사람들은 우울하지 않았으며, 불안 수준도 낮았으며, 심장질환의 위협도 낮았다. 즉, 콜레스테롤과 혈압이 낮았다는 것을 발견하였다. 이것은 부분적으로 산책을 하면서 개와 함께 하게 되는 운동에 기인하기도 하지만 또한 친밀에서 오는 효과일 수도 있다(Garrity & Stallones, 1998). 건강에 대한 이점은 인상적이다. Headey(1999)는 개가 없는 사람들은 19%가 약물치료를 받고 있는 반면, 개가 있는 사람들은 11%만이 약물치료를 받고 있음을 발견하였다. 또한, 애완동물 소유자는 의사를 적게 방문하였다.

4. 관계성의 일반적인 효과

여기에서 우리는 다른 관계성들의 보편적인 효과를 살펴볼 것이며, 또한 어떤 것이 가장 중요하고 왜 그러한지를 살펴볼 것이다.

① 정적인 정서

우리는 학생들과 다른 젊은 사람들에 대한 연구에서 기쁨이 사랑에 빠지거나 친구와 시간을 보내는 것에서 가장 일반적 원인이 된다는 것을 살펴보았다. 다른 연령 집단에서는 부모와 아이들 모두에서, 아이들과의 상호작용에서 많은 기쁨이 있었다. 이런 모든 기쁨을 경험하는 상황은 놀이나 여가의 상황이 될 것이며, 그러한 관계성을 추구하고 즐기는 것은 중요한 활동이 된다. 이것은 부분적으로 여가활동의 즐거운 특성에 있다고 해석되지만, 비언어적 신호의 교환으로 해석되기도 한다. 이런 비언어적 신호들은 그렇게 하기 위해 배우고자 하는 욕구 없이 긍정적으로 인식하고 반응하는 것이다. 동시에 일어나는 친밀하고 협조적인 상호작용의 경험은, 즉 친밀한 것으로 경험이 되며, 많은 보상을 주는 것으로 여기게 된다. 어머니와 아이가 그렇게 하며, 연인들이 그렇게 하며, 그리고 두 경우에서 또한 신체적 친밀함이 나타난다. 비행 연습생의 신체적 동시성의 수준을 증가시키는 실험이 수행되었다. 이것은 긍정적 기분과 매력 둘 다를 증가시킨다는 것이다. 좀 더 인지적 수준에서 사랑받고, 자기존중감이 올라가는 것은 좋은 것이다.

② 행복감

Argyle와 Furnham(1983)은 다른 관계에서 만족감의 출처를 연구하였고, 세 가지 분명한 요인을 발견하였다. 즉, [그림 6-3]에 나타난 바와 같이, 만족감의 요인은 도구적 도움, 정서적 지지 그리고 동료애다. 배우자는 처음 두 가지 요인에 있어서 가장 커다란 만족감을 주는 자원이었으나, 동료애에서의 친구보다 약간 앞섰다. 직업 관계와 이웃은 만족감의 출처로는 아주 약했다. 이들 세 가지 요인들은 관계가 왜 만족감의 출처가 되는지 그들이 왜 사람들을 행복하게 하는지에 대한 설명을 제공해 준다.

이들 이점은 사회적 욕구 만족의 견지에서 설명될 수 있다. McClelland(1987)는 투사검사로 입회의 욕구를 평가하였으며, 이 욕구가 가장 강한 사람

들은 두뇌에서 보상체계의 중심에 있는 것으로 알려져 있는 신경전달물질인
도파민의 수준이 높았다는 것을 발견하였다. 그들은 또한 좀 더 활동적인 면
역체계를 가지고 있었으며, 친구·연합모임으로 시간을 보냈으며, 경쟁과 갈
등을 회피하였다. 또 다른 사회적 욕구는 친밀감에 대한 것이었다. 이것이 강
한 사람들은 협조적이고 사랑하는 것으로 발견되었으며, 자기노출이 높았으
며 체면에 민감하였다(McAdams, 1988). 그러한 욕구에 대한 만족과 생활만족
간에 .60에서 .70에 이르는 높은 상관이 발견되었다(Prager & Buhrmester,
1998). 관계성에서 살펴볼 또 다른 방법은 우리가 우리의 목적을 달성하게 해
줄 수 있고 보존되어야 하는 재산인 돈이나 좋은 모습 같은 '자원'으로 그들
을 보는 것이다(Hobfoll, 1989).

다른 관계성의 중요성은 생활단계에 따라 다양하다. 어린아이에게 가장 중
요한 것은 부모며, 다음은 친구, 사랑과 결혼이다. 그리고 삶의 후반에서 친구
가 다시 중요하게 된다. 남학생과 여학생 모두 친구는 중요한 사회적 지지와
행복감의 중요 출처가 된다(Cooper et al., 1992). 성인의 다른 단계에서의 삶의
행복감의 원인은 타이완에서 Lu와 Lin(1998)이 연구하였다.

새로 결혼한 사람들에게서 부부관계는 가장 중요하다. 그리고 나중 단계에

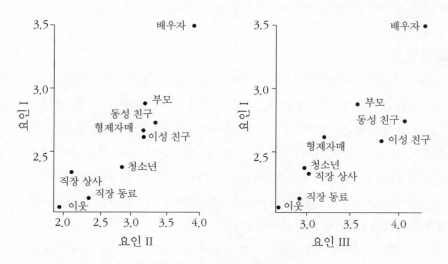

[그림 6-3] 만족감 차원에 그려져 있는 관계성(Argyle & Furnham, 1983)

서 노동자와 자식의(부모의) 역할은 좀 더 중요하다. 각 단계에서 여성은 어머니로서, 보상으로서, 친밀한 친구로서 그리고 아내로서 중요하다. Hall과 Nelson(1996)은 환자들의 표집에서 안녕감이 그들의 관계망 속에서 사회적 지지를 제공하는 여성의 비율에 좌우된다고 하였다.

관계성에 대한 부정적 측면도 있다. Argyle와 Furnham(1983)은 배우자가 만족감뿐 아니라 갈등의 커다란 출처라는 것을 발견하였다. 그러나 행복하기 위해서(건강뿐 아니라) 결혼의 분명한 전반적인 이점은 대개의 사람들에게서 만족감이 갈등을 넘어선다는 것이다. 많은 사람들이 관계를 끊어 버리기 때문에 이것이 모든 사람들에게서 작용하는 것은 아니다.

③ 정신건강

관계가 정신적으로 어떻게 더 건강하게 할 수 있는가? 여기에는 몇 가지 과정이 있는 것 같다. 비록, 수입의 감소가 이혼한 여성과 그들의 아이들에게 중요함에도 불구하고, 물질적인 도움은 많은 효과를 가지고 있지 않다. 그러나 사회적 지지는 훨씬 더 중요하다. 그러면 정확하게 사회적 지지란 무엇인가? 그것은 '사람들이 보살핌을 받는다고 느끼고, 존중된다고 느끼거나 아니면 다른 사람들과 친밀하게 관여되어 있다는 지각' 으로 정의된다(Reis, 1984: 29). 혹은 사회적 관계망으로 사회적 통합의 견지에서 살펴볼 수 있다. 두 가지 해석이 확증되고 있으며, Henderson 등(1980)은 건강에서 스트레스의 효과는 여성에게서 정서적 유대를 통해 좀 더 줄일 수 있으며, 남성에게서는 사회적 통합을 통해 줄일 수 있다는 것을 발견하였다. 우리는 우울의 중요한 출처인 고독감에 두 가지 종류가 있다는 것을 알고 있다. 사람들은 친밀한 애착을 필요로 하고 또한 친구와의 관계망을 필요로 한다.

많은 연구들은 사회적 지지의 '완충' 효과를 발견하고 있으며, 이것은 사람들이 스트레스를 받고 있을 때 사람들을 도와줄 수 있다. 사회적 지지는 명백한 도움을 줌으로써 기능하며, 이것은 그들이 자신의 문제를 대처할 수 있다는 느낌을 준다. 또한, 자아존중감을 회복할 수 있다는 것을 느끼게 해 준다. 이것은 즐거운 동료애를 통해 좀 더 긍정적인 기분을 야기할 수 있으며, 사회적 통합이나 애착을 통해 도움이 될 수도 있다. Williams 등(1981)은 전반적인 애착상황과 유대는 모든 스트레스 수준에서 더 나은 정신건강과 연합되어 있다고 하였다. 다른 사람들에게 관심과 자아를 넘어서는 관심을 가지고 있는 사람들은 스트레스의 영향을 덜 받는다. 그들은 자신의 문제에 대처하기 위해서 좀 더 능동적인 시도를 한다(Crandall, 1984). 우리는 친구에 기인하는 행복을 토의할 때, 다른 사람들에 대한 관심의 이점과 유사한 효과를 토의하였다.

④ 건 강

사회적 관계는 건강과 사망률에 강력한 효과를 가지고 있다. Berkman과 Syme(1979)은 9년 동안 캘리포니아에서 7,000명을 추적하여, 다양한 자원에서 오는 그들의 지지적인 사회적 관계망의 힘을 평가하였다. 이것은 수명을 예측하였다. 예를 들면, 50대의 남성에게서 약한 관계망을 가진 사람들의 30.8%가 사망하였던 반면에 강한 관계망을 가진 사람은 9.6%가 사망한 것과 비교되었다([그림 6-4]). 이 연구를 검증하는 많은 추후 연구들이 있었다. Schwarzer와 Leppin(1988)은 55개의 연구에 대한 메타분석에서 건강에서 사회적 지지의 효과가 가장 컸다는 것을 발견하였다.

- 여성에게서
- 가족과 친구의 지지를 받은 사람들에게서
- 정서적 지지를 받은 사람들에게서
- 스트레스를 경험하고 있는 사람들에게서

이러한 지지는 암, 관절염, 임신 기간의 합병증 그리고 우리가 본 것처럼 심장발작에 영향을 미칠 수 있다는 것이다. 사회적 관계가 어떻게 건강에 영향을 미치는가? 우리는 처음에 친밀한 관계가 더 나은 건강 행동을 하게 하는 방법과 부분적으로는 서로를 보살피는 가족 구성원에 기인한다는 것을 살펴보았다. 우리는 또한 심장혈관, 내분비계 그리고 면역체계의 활동을 어떻게 생성하는지를 살펴보았다. 이것은 특히 결혼의 영향이 가장 크다. 그러나 단지 기분이 좋을 때만 면역체계에 에너지를 준다(Stone et al., 1987).

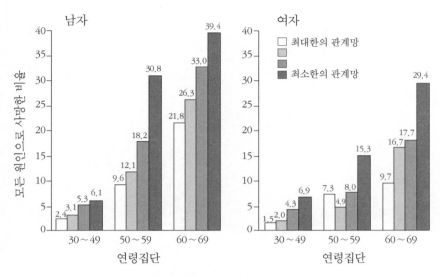

[그림 6-4] 사회적 관계망과 사망률(Berkman & Syme, 1979)

5. 맺으면서

사회적 관계는 안녕감의 모든 부분들에 영향을 미친다. 우정관계는 강한 긍정적 기분, 행복, 건강, 정신건강을 촉진시키며 고독감을 예방한다. 사랑에 빠지는 것은 커다란 기쁨과 자기존중감에 이르게 한다. 결혼은 행복과 건강과 정신건강에 강한 효과가 있지만 사별은 아주 괴로운 것이다. 가족생활은 행복의 출처지만 어떤 시기에는 스트레스가 된다.

이런 결과에 대한 일반적인 해석은, 정적 정서는 즐거운 활동에서는 동료애로, 긍정적인 비언어적 신호의 교환으로, 스트레스를 완화시키는 친밀한 관계에서는 정신적인 건강으로, 생물적인 체계의 감정 활동에서는 건강으로, 더 나은 건강 행동에 의해 일어날 수 있다는 것이다. 외향성의 사람들과 좋은 사회적 기술을 가진 사람들은 사회적 관계성에서 가장 이익을 본다. 사회적 지지는 이들 몇 가지 효과에서 중심 역할을 하지만, 주는 사람과 받는 사람 모두에게 비용을 초래하며, 심사숙고에 의해서라기보다는 정서적 지지나 동료애 문제해결의 형태를 취한다.

제7장
직업과 직무만족

1. 직무만족

① 범위와 측정

오늘날 직업 세계에서 대부분의 남성은 만약 그들이 할 수만 있다면 일자리를 구하며, 여성의 경우에도 직업을 가진 비율이 증가하고 있다. 영국 여성의 70%가 직업이 있으며, 그들은 노동 세력의 48%를 구성하고 있다. 유럽과 미국에서는 여성의 직업률은 다소 낮다(Warr, 1999). 직업은 삶의 중요한 일부다. 얼마나 많이 사람들이 그것을 즐기는가? 우선, 우리는 직무만족을 어떻게 측정해야 하는가?

많은 연구들은 직무만족을 Hoppock의 유명한 질문인 '다음의 진술문 중에서 당신이 직업을 얼마나 좋아하는지를 가장 잘 설명하고 있는 것을 하나 선택하시오'와 같은 단일질문을 사용해서 측정하고 있다. '나는 아주 싫어한다'에서 '나는 아주 좋아한다'에 이르는 7가지의 선택이 있다. 더 길고 좀 더 자세한 측정도 있으며, Wanous 등(1997)은 이것을 어떻게 비교하는지에 대한 메타분석을 수행하였다. 그 결과 단일항목 측정과 더 긴 척도 간의 .63의 평균 상관을 발견하였다. 우리는 제12장에서 단일항목 측정이 국제 비교에 잘 적용될 수 있는지를 살펴볼 것이다.

9개의 유럽 국가에서 7,000명의 노동자를 대상으로 한 조사에서, Clark (1998a)는 42%가 '높은 직무만족'을 가진 것으로 보고하였다. 다른 한편, 지루하며 흥미가 없고 사회에 도움이 되지 않는다는 점에서 보면, 37%는 자신들의 수입이 낮았으며, 자신들이 하찮은 직업을 가지고 있다고 생각하였다. 필자는 이 장에서 이런 광범위한 조사를 언급하려 한다.

2,264명이 참가한 「Inner American 연구」에서 Veorff 등(1981)은 그 질문에 대한 몇 가지 대안적 응답을 제시하였다. "당신의 직업에 대해 깊이 생각하십시오. 당신은 직업에 얼마나 만족하십니까, 아니면 불만족하십니까?" 그리고 다음과 같은 응답 분포를 제시하였다.

	남성	여성
아주 만족	27	29
만족	47	42
중성적	5	4
양가적(몇 가지에서는 좋아하고, 나머지는 싫어함)	12	14
불만족	1	1

직무만족의 정도에 대해 얻을 수 있는 또 다른 방법은 만약 경제적 측면에서 직업을 가질 필요가 없다면, 그들이 일을 할 것인지를 물어보는 것이다. 영국에서의 응답은 〈표 7-1〉에 나타나 있다.

30~40%의 사람들은 자신의 직업을 정말로 좋아하는 것처럼 보였으며, 이와 유사한 퍼센트의 집단이 만족하였으나 덜 열광적이었으며, 직업을 변화시키고자 하였다. 또 25~30%는 자신의 직업을 정말로 즐거워하지 않은 것으로 나타났다. 사람들은 같은 직업을 다시 선택하겠는가에 대해 질문을 받았다. 이것은 직업이 높은 만족을 주는지 그렇지 않은지를 나타낸다.

중요한 연구에 대해, 직무만족의 다른 영역에서 표본을 추출하기 위해서 심리학자들은 한 가지 이상의 항목으로 된 것들을 좋아한다. 몇 가지 더 긴 척

〈표 7-1〉 재정적으로 불필요할지라도 일을 하려고 하는 사람들

	남성(%)	여성(%)
일하면서 현재 직장에 머문다.	31	34
일을 하지만 이직을 시도한다.	35	29
일을 그만두고 나중에 일한다.	10	12
결코 일하지 않는다.	15	18
모르겠다.	9	7

※ 출처: Warr(1982).

도들이 있으며, 그중 가장 광범위하게 사용되는 것은 Smith 등(1969)이 고안한 직무기술지수(Job Descriptive Index)다. 이 척도는 다음의 영역에서 만족을 평가하는 72개의 항목으로 되어 있다.

- 직업 그 자체
- 급여
- 승진의 기회
- 현재 직업에서의 감독의 질
- 동료와의 관계

각 항목에 대해 응답자들은 3개의 단어나 구로 자신의 기분을 가장 잘 기술하고 있는 것을 선택하였다. 예를 들면, '현재 직업에서의 만족'에서, '일상의 일, 만족하거나 좋음' 등에서 선택을 하는 것이다. 첫 번째 하위척도는 때때로 '생래적' 직무만족으로 알려져 있는, 실제 직업에 대한 만족에 대한 것이며, 다른 두 가지는 급여와 승진에 대한 것이다. 이들 두 가지 측면은 '외재적' 만족이다. 그리고 직업에 대한 사회적 측면 두 가지는 감독과 동료에 대한 것이다.

② 직무만족이 생활만족의 원인이 되는가

사람들은 대부분 하루에 7~8시간 이상을 직장에서 보내기 때문에 직업에

대한 만족과 전반적인 삶에 대한 만족은 관련이 있는 것 같다. 사실상 Tait 등 (1989)이 한 메타분석에 따르면 .44의 평균 상관이 있었다. 이들 상관의 크기는 다양하였으며, 남성에게서 더 높았다. 그리고 나이든 노동자, 자신의 일에 많이 개입된 사람들, 수입이 많은 사람들, 교육 수준이 높은 사람들과 자영업자들에게 높았다(Warr, 1999). 이들 모두는 직업이 중요한 사람들이었다.

만약, 직무만족과 일반적인 만족이나 다른 영역에서의 만족과 관련이 있다면 그것은 어떤 것인가? 통계적 모델을 사용한, 장기간 연구는 직무만족과 생활만족이 서로 영향을 주는 것으로 발견되었으나 더 강한 효과는 직무만족에서 생활만족이라기보다는 그 반대였음이 발견되었다(Heady & Wearing, 1992; Judge & Watanabe, 1993).

직업에 대한 만족과 생활의 다른 영역에서의 만족 간의 관계에 대한 한 가지 이론은 '과잉 가설'이다. 때때로 가족과의 만족이 직무만족에 영향을 미치고, 그 반대로 직무만족이 가족과의 만족에 영향을 미친다. 과잉이론은, 예를 들면 두 가지 사이에 관계가 없다거나 또는 직업만족이 낮을 때 가족생활이 더 좋다는 것을 예측하는 상보적인 다른 대안보다는 더 낫다고 할 수 있다. 또 다른 가능성은 직장을 갖는 것과 갖지 않는 것은 우정관계, 지위 그리고 성격처럼 공통점이 많고 그래서 두 가지가 전체로서의 생활만족에 밀접하게 관련되어 있다는 것이다(Near et al., 1980). 이것은 관계성의 하향식 측면이다. 그러나 직업에 대한 만족이 전반적인 만족에 어느 정도 영향을 미친다는 상향식 측면도 있다.

③ 직무만족의 원인

① 급여

직무만족에서 급여의 효과는 행복에서 수입의 효과에 대한 광범위한 논쟁을 반영한다. 이것은 제9장에서 토의될 것이다. 급여와 직무만족 간의 전반적인 상관은 전형적으로 .15에서 .17로 낮았다. 그러므로 급여는 직무만족의 중요한 원인이 아니라고 할 수 있다. 유럽의 노동자에게서 급여는 직장에서의

좋은 관계와 직무보다 직무만족에 있어 훨씬 더 약한 예언치라고 할 수 있다
(Clark, 1998a). 그러나 작업조직의 구성원들은 종종 그들의 급여와 다른 구성
원들의 급여를 비교하며, 만약 그들이 다른 사람이 벌 것으로 생각했던 것보
다 좀 더 많이 벌고 있다면 아주 기뻐한다. 그러나 자신과 유사한 일을 하는
노동자보다 적게 벌 때, 그들은 공평함에 대해 많은 생각을 하였다. 한 미국
연구에서 12,000달러 이상 버는 감독자는 49,000달러보다 적게 버는 회사 대
표보다 좀 더 만족했음을 발견하였다(Lawler & Porter, 1963). 우리는 제9장에
서 유사한 일을 하는 노동자나 그들의 임금이 공정하지 않다고 생각하는 노
동자보다 급여를 더 적게 받는 노동자가 급여만족과 직업만족에 있어 더 낮
음을 살펴볼 것이다.

돈은 직업 선택에서 비교적 사소한 요인이며, 능력, 이익 그리고 가치에 상
당히 의존하고 있다. 그리고 자원봉사 일을 하는 사람들처럼 돈을 벌기 위해
일할 필요가 없다고 보는 몇몇 사람들도 있다. 이 사람들은 종종 노동자보다
자신의 일을 훨씬 더 즐긴다(Furnham & Arygly, 1998).

비록, 급여가 직무만족과 직업 선택의 아주 사소한 요인임에도 불구하고,
노동자, 무역 연합, 정부 그리고 정치가는 이것을 중요한 것으로 생각한다. 이
들이 급여 수준의 중요성을 과장하는 것은 실수를 하는 것처럼 여겨지나 급
여의 차이와 급여에서의 변화는 아주 중요한 문제다.

② 직업의 본질

얼마나 많은 사람들이 직업을 즐기는가에 대해서는 직업 간에 커다란 차이
가 있다. 한 가지 지수는 그들이 동일한 일을 다시 갖게 될 가능성을 보여 주
는 숫자다. Blauner(1960)는 수학자의 91%에서 숙련되지 않은 제철 노동자의
16%에 이르기까지 같은 직업을 다시 택할 비율이 다양하다는 것을 발견하였
다(〈표 7-2〉).

〈표 7-2〉 같은 직업을 다시 선택할 것이라고 한 노동자의 비율(%)

수학자	91
법률가	83
언론인	82
숙련된 인쇄업자	52
숙련된 자동차 노동자	41
숙련된 제철 노동자	41
방직 노동자	31
숙련되지 않은 자동차 노동자	21
숙련되지 않은 제철 노동자	16

※ 출처: Blauner(1960).

아주 바람직하거나 아니면 바람직하지 않게 하는 직업들은 정확하게 어떤 것들인가? 명백한 특징은 직업 지위며, 이것은 급여, 작업 조건 그리고 사용되는 실제적 기술 같은 많은 요인을 포함하고 있다. 그러나 직업 지위에 대한 메타분석은 직무만족과 .18로, 다소 약한 전반적인 상관이 발견되었다(Haring et al., 1984). Noor(1995)는 직무 과부하는 비서에게는 덜 행복하고 좀 더 스트레스를 준다고 하였으나 전문여성에게는 그렇지 않았다. 직업에서의 지위는 이런 스트레스의 영향을 완화시키는 효과가 있었다.

Hackman과 Oldham(1976)은 경험한 직무에 대해 무의미하다고 생각하는 정도에 의존한다고 보았으며, 이것은 자율성과 피드백으로 조합된 기술 다양성, 과업 동일시 그리고 과업 중요성의 조합으로 측정될 수 있다고 하였다. 특히, 도전하고 흥미를 가진 직업을 갖고자 하는, 높은 '성장욕구 강도'를 가진 노동자에게서 그러하였다. 200개의 연구에서 직무만족은 직무 특성과 상관이 있는 것으로 드러났다(각각 약 r = .30). 만약, 이들을 동일한 노동자로 평가한다면, 특히 이들이 성장욕구 강도가 높다면, 만약 누군가가 직무 특성을 평가한다면 그 관계는 훨씬 더 약해질 것이며, 이들 특성에 대한 객관적 조작 또한 다소 약한 효과를 가질 것이다(Spector, 1997).

직무에 대해 잘 알려진 또 다른 이론은 만족이 직무 요구와 통제의 조합에 의존한다는 Karasek(1979)의 모델이다. 직무만족은 높은 요구와 낮은 통제가 가장 적게 되는 것을 예측하고 있다. Van der Doef와 Maes(1999)는 이 논쟁에 대해 63개의 연구에 대한 메타분석을 보고하였다. 그들의 높은 요구와 낮은 통제의 조합은 낮은 직무만족, 낮은 주관적 안녕감 그리고 괴롭힘을 예측하는 것과 관련되었다. 그러나 어떤 연구에서는 단지 요구의 효과를 줄이기 위한 완충제로서 통제가 작동하였다. 하지만, 장기간의 연구와 여성에 대한 연구에서는 그렇지 않았다. 또한, 높은 사회적 지지는 줄어든 긴장과 상관이 있었으나 대부분의 장기간의 연구에서는 그렇지 않았다.

Warr(1999)는 앞에서 거론된 것들을 포함하여 안녕감을 일으키는 것으로 10가지의 직무 양상을 목록화하였다. 그의 이론 중 특이한 부분은 안녕감과 관계성의 일부가 곡선으로 되어 있다는 것이다. 몇 가지는 비타민 C와 E 같은 것인데, 이것은 많은 양은 좋지 않지만 어느 정도까지는 건강을 증진시킨다. 급여와 일의 물리적 조건은 이와 같을 수 있다. 다른 것들은 비타민 A와 D 같으며, 이것은 최적의 약물로 너무 많은 경우에는 우리에게 해롭다. 통제에 대한 기회, 기술 사용, 직무 요구, 다양성, 환경적 투명도 그리고 대인 간의 접촉 기회의 직무 양상이 이와 같다. DeJonge와 Schaufeli(1998)는 안녕감에 영향을 미치는 이들 패턴 몇 가지에 대해 지지를 하였다.

이런 다양성은 사람들이 처음의 조립 라인과 대량생산 방법에 왜 그렇게 많이 반감을 가지고 있는지에 대한 이유를 설명하는 몇 가지 방식이 된다. 개인적 통제나 기술의 다양성은 거의 없다. 부가하면 작업은 어떤 경우에는 3초가 걸리는, 아주 짧은 작업 단위가 반복되고 아주 단조롭다(Argyle, 1989). 다른 산업 작업은 몇 가지 방식에서 육체적으로 스트레스가 된다. 광부, 제철 노동자, 유전 굴착 장치에 있는 사람들, 잠수부 등의 사람들은 위험하고 더럽고 시끄럽고 덥고 육체적인 것을 요구하며, 해로운 일을 한다. 이들은 모든 안녕감의 양상에 영향을 미친다. 그러나 이런 지루하거나 위험스런 많은 일들은 사라지고 있으며, 기계에 의해 이루어진다. 이렇듯 현대사회에서는 직업의 본질이 빠르게 변하고 있다.

Gallie 등(1998)은 영국에서 직업의 본질에서의 변화를 연구하였고, 모든 수준에서 숙련된 기술이 점차 요구되고 있으며, 앞선 기술을 좀 더 많이 사용하는 것으로 연결된다. 그리고 좀 더 많은 노동자가 사회적 기술을 필요로 한다고 결론지었다. 직업은 또한 좀 더 불안정해졌으며, 남성에게서 더 그러하다. 미국에서는 노동자의 5%가 임시직이며, 이 수치는 빠르게 증가하고 있다. 이들의 직업만족은 정규직 사람들이나 자발적인 임시직의 사람들보다 훨씬 낮았다(Krause et al., 1995).

새로운 기술은 직무만족에 부정적 효과를 미친다. Korunka 등(1995)은 컴퓨터의 도입은 지금은 지루한 낮은 기술 수준의 사람들에게 직무만족을 줄어들게 했으나, 만약 그들이 변화에 참여한다면, 높은 수준의 사람들에게는 만족감을 높여 주었다.

많은 사무직 노동자들은 은행 같은 조직의 지역 부처에서 '주문 센타'로 이동하게 되고, 거기서 그들은 컴퓨터 화면을 바라보게 된다. 이것은 컴퓨터화에 의해 가능하며, 돈을 저축하지만 지루하고 거의 자율적이지 않으며, 사회적 접촉을 상당히 줄어들게 할 수 있다(Gallie et al., 1998).

③ 직업의 사회적 양상

유럽의 노동자에게 직장에서 관리자와 동료가 '좋은 관계'를 가지는 것은 직무만족의 강한 예언치다. 이들 관계는 69% 정도가 그들의 관계를 좋은 것으로 보았다.

조립 라인이나 아주 시끄러운 공장에서 일하는 노동자는 거의 서로 말을 하지 않는다. 반면에 배의 승무원이나 공장 같은 작은 팀 구성원들은 친밀한 집단을 형성할 수 있다. 직무만족은 응집력 있는 집단의 노동자, 예를 들면 협동과 친밀한 근접성이 형성될 때 더욱 크다. 직무만족은 인기 있는 사람들에게서 훨씬 더 크며(한 연구에서는 r = .82), 노동자 집단이 작을 때, 그리고 상호작용할 기회가 있을 때 크다. 우리는 종종 직장에서 친구들 간의 많은 게임과 농담, 험담을 한다는 것을 발견하였다. 〈표 7-3〉은 보다 친밀한 작업동료들이 좀 더 자주하는 대인관계 활동을 나타내고 있다.

수많은 연구들에 의하면, 이런 종류의 것들이 직무만족을 증가시키며, 또한 좀 더 협조적이게 만든다. 게다가 상호 도움과 생산성을 증가시킨다. 직무

〈표 7-3〉 네 가지 종류의 작업 동료와의 사회적 상호작용

활 동	각각의 작업 범주 중 높은 비율이 발생하는 것에 대한 평가*			
	사람 A	사람 B	사람 C	사람 D
① 직장에서 서로서로 도와주기	4.5	3	2	1
② 일에 대해 토의하기	5	4	2	1
③ 아무렇지 않게 재잘거리기	5	4	3	1
④ 반론하거나 논쟁하기	1	1	1	1
⑤ 일과 관련해서 어떤 것을 다른 사람들에게 가르 치거나 보여주기	2	2	1	1
⑥ 다른 사람과 농담하기	5	4	2	1
⑦ 동료를 괴롭히기	5	3	2	1
⑧ 개인적인 생활에 대해 토의하기	4.5	1	1	1
⑨ 당신의 느낌이나 감정을 토의하기	2	1	1	1
⑩ 개인적인 충고를 주고받기	4.5	1	1	1
⑪ 커피나 술, 식사를 함께 하기	5	3	3	1
⑫ 직장에서 위원회 작업이나 그와 유사한 토의하기	1	1	1	1

※ 출처: Argyle & Henderson(1985).
※ 주: 1＝거의 없거나 아주 드문, 5＝거의 모든 시간 내내, 4.5＝4+5의 혼란스런 평가

만족과 생산성에서의 긍정적인 효과는 노동자가 시간 소모적 농담과 게임에 관여하고 있을 때 발견된다. 이것은 만약 소규모의 노동자 집단에서 협동이 창조된다면, 사회공학적 체계에 의해 조장될 수 있다(Argyle, 1989). 안녕감은 팀으로 일하는 사람들에게서 더 크며, 특히 협동의 수준이 높고, 그들의 일이 배열될 수 있는 자동화된 작업집단에서 더 크게 나타난다(West et al., 1998). 우리는 이러한 집단에서 사회적 지지가 직무 스트레스를 경감시키는 것을 나중에 보게 될 것이다. 너무 많은 사회적 지지는 불필요하며, 직무만족 수준에서의 효과는 곡선을 이루고 있다.

Herzberg 등(1959)은 감독자가 종종 불만족의 출처라는 것을 발견하였으며, 대부분의 다른 사람들과의 관계에서보다 감독자와의 관계에서 좀 더 갈등이 많이 생긴다는 것을 발견하였다(Argyle & Furnham, 1983). 감독자는 좀 더 많은 일을 요구하거나 공정성이 없어 보이며, 더 많은 급여와 지위와 직무

조건을 즐긴다. 그러나 다른 한편으로 감독자는 더 많은 이점을 제공할 수 있다. 그들은 직장에서 문제를 해결할 힘을 가지고 있으며, 보상과 칭찬, 즐거운 사회적 환경을 제공할 수 있으며, 직무 스트레스 효과를 경감시킨다. 감독자 기술의 주요 차원의 하나는 '배려'다. 이것은 노동자의 직무만족의 강력한 근원이 된다(Fleishman & Harris, 1962).

④ 역할 간의 갈등

역할 갈등은 개인이 다른 사람에게서 다른 압력하에 있을 때 일어난다. 예를 들면, 부하와 작업 감독자 간에, 다른 판매 직원과 소비자 간에, 아니면 의사의 경우에는 환자와 연구 동료 간에 다른 요구가 있을 수 있다. 역할 모호성은 그 역할이 요구하는 것이 불분명할 때다. 200개의 연구에 대한 메타분석에 의하면 직무만족이 역할 갈등(r = −.30)이나 모호(r = −.31)할 때 더 적었다(Jackson & Schuler, 1985). 우리는 이러한 효과가 인과적인지 아니면 있음직한 것인지에 대해서는 알지 못한다.

또 다른 종류의 역할 갈등은 직업과 가족의 요구 간에 있다. 메타분석을 통해 전체적으로 직무만족과 −.27의 상관이 있음을 볼 수 있다. 이것은 이중 경력의 가족들이 있는 사람들에게서 가장 컸으며, 여성─직업과 가족 간의 갈등─에게서 다소 크게 나타났다(Kossek & Ozeki, 1998). Haw(1995)는 일주일에 25시간 이상을 일하는, 어린아이가 있는 젊은 여성들이 가장 괴로워한다는 것을 발견하였다.

④ 직무만족의 개인차

① 나 이

직무만족은 나이에 따라 증가한다는 것이 종종 발견된다. 최근에는 젊은 노동자 또한 만족함으로써 U 모양의 패턴이 있음이 발견되었다. 80개의 변인이 통제하였을 때, 가장 적은 만족감을 가진 연령은 36세였다(Clark et al., 1996). 연령 증가에 따라 직무만족이 커지는 이유는 부분적으로 나이든 노동자는 더 나은 직업을 가지며, 좀 더 많이 받고, 좀 더 생래적인 보상이 있으며, 좀 더 많은 사람들이 직업 위원이 되기 때문이다. 또한, 나이가 들수록 기대를 적게 하거나 자신의 직업 상황에 더 잘 적응하게 된다(Birdi et al., 1995).

② 성 별

많은 미국 연구들은 직무만족에서 남성과 여성 간의 차이가 없음을 발견하였다. 그러나 더 큰 규모의 영국 연구는 남성이 여성보다 좀 더 만족한다는 것을 발견하였다(Clark, 1996). 남성 노동자는 그들이 여성보다 평균적으로 더 나은 직업, 즉 좀 더 많은 급여와 더 높은 직업상의 지위를 갖기 때문에 더 커다란 직무만족을 가지는 것으로 기대된다. 또한, 여성은 직업에 대한 다른 기대를 가지고 있다는 것이다. 예를 들면, 적은 급여를 받기를 기대하는 것 같은 것이다. 그들은 직업에 대한 다른 측면에 대해 만족할 수 있다. Mottaz(1986)는 개인적 통제가 남성에게서는 좀 더 중요하지만 감독자의 지지는 여성에게서 좀 더 중요하다는 것을 발견하였다.

③ 성 격

Staw와 Ross(1985)는 사람들이 직업을 바꾸었을 때 자신의 직업만족도가 약간 변화되었다는 것을 발견하였다. Arvey 등(1994)은 2,200쌍의 쌍생아를 연구하였으며, 직무만족에서의 변화성의 30%는 유전적인 요인으로 설명될 수 있다고 하였다. 우리는 일반적으로 정적인 정서가 외향성과 관련이 있으며, 부적 정서가 신경증과 관련이 있다는 것을 살펴볼 것이다(제10장). 직무만족은 신경증 차원이나 정신병 차원에서 높은 점수를 가진 사람들에게 적게 나타나며, 특히 스트레스를 주는 직업에서 그러하였다. 외향성의 수준은 직업의 본질에 맞아야 할 필요가 있었다(Furnham, 1997).

우리는 개인적 통제가 직업의 바람직한 양상이라는 것을 살펴보았다. 성격 특질로서 내적 통제가 높은 사람들은 높은 직무만족을 가지며, 그 관계는 Spector(1997)가 고안한 직업통제소제척도(Work Locus of Control Scale)에서 강하였다. 또한, 직업에서의 부적 정서의 효과가 통제에서 부적 정서의 효과

를 조정할 수 있다는 것이 발견되었다(Moyle, 1995). 우리는 '성장욕구 강도'
가 사람들이 직무만족을 도전하는지 아닌지를 발견하는 데에 영향을 준다는
것을 처음에 살펴보았다(Loher et al., 1985). 이것은 직무와 개인 간의 적합성
문제로 살펴볼 수 있다. Furnham과 Schaeffer(1984)는 만약 개인의 욕구에 대
한 측면이 직무에서 제공되는 보상의 측면과 맞아떨어지면 좀 더 만족스러워
한다는 것을 발견하였다. 또 다른 예는, 만약 자신의 능력이 직업적 요구와 맞
고, 사회성에 대한 욕구가 자신이 할 수 있는 것과 맞아 떨어진다면 사람들은
좀 더 자신의 직무를 즐길 것이라는 점이다.

5 직무만족의 효과

① 수행력

행복한 노동자가 더 열심히 일하는가? 이것은 당연한 일로 간주되었으며,
많은 사람들이 이것을 연구하였다. 그러나 217개의 연구에 대한 메타분석은
단지 .17의 평균 상관이 발견되었다(Iaffaldane & Muchinsky, 1985). 이것은 수
행력 측정방법이 범위를 줄이고, 평가자 편향으로 인해 과소평가될 수 있다
는 것이다(Spetor, 1997). 일부 연구에서는 관리자와 전문가 같은 높은 기술 수
준에 있는 노동자에게는 더 강한 상관이 있음이 발견되었다(r = .31, 그 외의 경
우는 r = .15). 또한, 일반 시민의 행동에서 직무만족의 효과가 나타나기 때문
에, 만약 비교의 단위가 조직적 단위라면 좀 더 강한 상관관계가 있다(Cheung,
1997). 그리고 만약 상관이 있다면, 인과성의 방향은 어떠한가? 발견될 수 있
는 한 가지 방향은 좋은 수행으로 받는 보상의 결과로 수행력이 좋으면 만족
감이 높을 것이라는 점이다.

② 조직체 속에서의 시민 행동

아마도 직무만족은 사람들이 직장에서 자기 자신을 얼마나 도움이 되고 유
용한 사람으로 만드느냐에 따라 또 다른 영향을 줄 것이다. 이것은 다른 사람
을 도와주고 제안하는 '이타행동'과 시간을 엄수하거나 낭비하지 않는 것처

럼 감시받을 필요 없이 요구되는 일을 하는 '순응' 으로 나눌 수 있다. 직무만족에 대한 연구는 수행행동의 측정수치로서 OCB(Organizational Citizenship Behavior)의 두 가지 양상과 아주 동일한 상관, 즉 .25의 상관이 있음을 발견하였다(Spector, 1997). 인과성의 방향으로서는 두 가지 방식이 있는데, 이것은 상호적이다(Bateman & Organ, 1983).

③ 결근

많은 연구에서 결근이 직무만족과 낮은 상관이 있음이 발견되었다. 예를 들면, Scott와 Taylor(1985)는 114개의 연구에 대한 메타분석에서 단지 −.15의 평균 상관이 있었음을 보고하였다. 이러한 약한 관계는 부분적으로는 결근이 작은 소수 집단에서 일어나기 때문에 매우 편포되어 있을 수 있으며, 아이를 돌보는 것과 같은 직무만족보다 좀 더 중요한 다른 원인이 있을 수도 있다. 어떤 사람이 결근을 할 때는 다소 그들에게 중요한 어떤 장소에 참석하기 때문이다. 결근율은 또한 집단이나 조직이 그것을 얼마나 수용하는지의 정도에 따르는 규범에 상당히 많이 의존한다(Spector, 1997).

④ 노동 이직률

직무만족은 예측 연구에서 나타난 것처럼 노동자가 남아 있을 것인지, 떠날 것인지에 영향을 미치며, 1년 후 즈음에 그만두려는 행동이나 의도를 예측함으로써 발견될 수 있다. 이직과의 평균 상관율은 약 .33이지만, 실업률이 높을 때보다(.23) 실업률이 낮고(.51), 풍부한 다른 일자리가 있을 때 더 커졌다(Carsten & Spector, 1987). 인과적 연쇄는 낮은 직무만족에서 그만두려는 의도를 형성하고, 다른 일자리를 찾거나 결정적으로 떠나는 것으로 나타난다. 떠나려는 노동자의 예측치로서 직무만족은 임금만큼 강한 것이다.

2. 괴로운 상황에서 직업의 효과와 정신건강

전반적으로 직업은 정신건강에 보탬이 되며, 정신적인 건강은 사람들이 일을 시작했을 때 증진되며, 일을 멈추었을 때 잃게 된다. Murphy와 Athanasou (1999)는 16개의 장기간 연구를 재분석하였으며, 정신건강에 대한 전반적인 효과의 크기를 일반적인 건강 질문지(General Health Questionnaire: GHQ)나 유사한 측정치로 평가하였는데, 일을 시작할 때 .54였으며, 일을 그만두었을 때 .36이었다. 그러나 어떤 사람들에게 직업은 스트레스가 되며, 정신질환의 원인이 될 수 있다. 보편적으로 사용되는 측정치는 일반적인 건강 질문지며 (Goldberg, 1978), 이것에 대해서는 앞에서 기술하였다. 직업의 다른 양상은 그것의 다른 부분에 영향을 미친다. 예를 들면, 걷는 직업은 불안에 영향을 미치지만 우울증에는 영향을 미치지 않는다. 직업에서의 스트레스는 또한 신체적 질병의 원인이 되며, 이것은 나중에 토의될 것이다.

직무만족이 일반적인 건강 질문지와 유사한 측정치의 점수와 상관이 있으며, 일반적인 건강 질문지 점수의 예측치라는 것이 종종 발견된다(예컨대, French et al., 1982). 또한, 직무에 따라서 긴장감이 상당히 다르다. Cooper(1985)는 영국에서 많은 직무에서 1~10의 범위에 이르는 긴장감을 얻었으며, 그 결과가 〈표 7-4〉에 있다.

그리고 많은 연구들은 스트레스가 되는 직무 형태를 조사하였다. 몇 가지 중요한 것은 다음과 같다.

- 숙련도의 수준   Kornhauser(1965)는 자동차 노동자 중 반복적이고 반숙련된 작업을 하는 사람들의 18%만이 정신건강이 좋았으며, 이에 비해 사무직 노동자의 65%는 좋은 정신건강 상태를 가지고 있었음을 발견하였다. 많은 다른 연구들에서도 동일한 결과가 발견되었다.
- 직무 과부하   조립부품 라인에서 왔다갔다하며 일하는 육체노동자, 마감일이 있는 전문가나 근무시간 외에 많은 방문자나 일거리가 있는 전문가

〈표 7-4〉 스트레스에 대한 9점 척도로 평가된 직업에 대한 조사

	높 음		낮 음
광부	8.3	박물관 노동자	2.8
경찰관	7.7	보육 간호사	3.3
건설 노동자	7.5	천문학자	3.4
언론인	7.5	목사	3.5
조종사(민간)	7.5	미용 치료사	3.5
광고인	7.3	사서	2.0
치과의사	7.2		
배우	7.2		
정치가	7.0		
의사	6.8		

※ 출처: Cooper, (1985, Feb 24).

는 많은 스트레스가 있으며, 그들의 정신건강은 괴롭게 된다. Haw(1995)는 영국의 여성 공장노동자들은 학령전의 아이들이 있으며, 일주일에 25시간 이상 일하게 될 때, 스트레스를 경험한다는 것을 발견하였다. 그들에게 학령기의 아동이 있을 때에는 일에 대해 좀 더 긍정적인 효과를 가지고 있다. 영국에서 노동시간은 1800년 이래로 지속적으로 떨어졌으나, 노동자들은 1980년대에 실직에 대한 불안의 결과나 더 많은 돈을 벌고자 하는 욕망으로 인해 갑작스런 혼란을 겪기 시작하였다(Gershuny, 1992). 최근의 영국과 유럽의 조사에서는 1990년대 많은 분야에서 작업 휴식을 줄이거나, 부하 직원을 줄이고, 더 빨리 일하라는 압력이나 마감시간을 빡빡하게 하는 형태로 된, '직무강화'의 증거를 발견하였다. 이것은 일반적인 건강 질문지 점수를 더 높게 하였고, 두통과 심장문제를 일으켰다(Burchell, 2000).

• 반복작업   이것은 지루하고, 자율성이 결핍되고, 거의 기술을 사용하지 않고, 사회적 상호작용이 어렵기 때문에 낮은 직무만족뿐 아니라 스트레스의 출처가 된다.

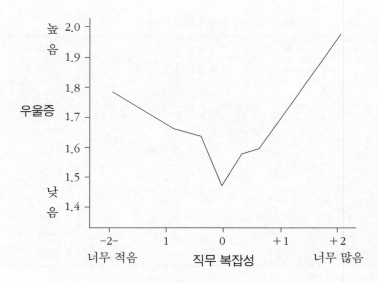

[그림 7-1] 직무 복잡성과 우울증(Caplan et al., 1975)

- 위험 무장세력, 경찰, 광산에 있는 사람들과 시험 조종사들은 틀림없이 위험에 노출되어 있다. 그러나 그들은 종종 그 일을 좋아한다고 말하며, 그들의 가장 어려운 부분은 행정적인 것이라고 한다.
- 환경적 스트레스 더위 그리고 먼지, 소음과 오염, 작업 이동과 수면 부족, 작업의 물리적 측면의 다른 양상들은 스트레스의 모든 출처가 된다.
- 역할 갈등 이것은 앞에서 기술한 것처럼 직무만족을 줄일 뿐 아니라 불안과 우울, 짜증의 원인이 된다(Caplan et al., 1975).

① 성격과 스트레스

직업은 사람들의 직무가 성격이나 재능과 맞지 않는 사람들에게 더 스트레스가 된다. [그림 7-1]은 직업이 너무 어렵거나 너무 쉬우면 우울의 원인이 될 수 있다는 것을 보여 준다.

② 직장에서의 사회적 지지

동료나 직장 상사의 사회적 지지는 직업 스트레스를 경감하는 데 많은 도

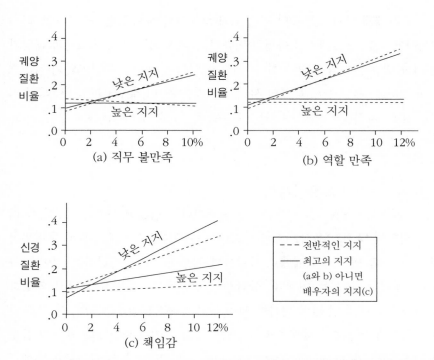

[그림 7-2] 공장노동자 간의 스트레스와 건강 간의 관계성에서의 사회적 지지의 완충 효과
(House, 1981)

움이 되며, 외부의 친구나 가족들의 지지보다 더 도움이 된다. 이것은
House(1981)의 공장노동자에 대한 연구에서 나타났다([그림 7-2]). 우리는 직
무 스트레스를 느끼는 것이 직장에서 적어도 한 명의 친구를 가지고 있는 사
람들에게서 더 적었다는 것을 발견하였다. 친구가 그들에게 하는 것은 실제
적인 도움, 정보적 도움, 사회집단으로의 통합, 수락 그리고 신뢰를 제공해 준
다(Henderson & Argyle, 1985). Dormann과 Zapf(1999)는 감독자의 지지는 작
업동료의 지지보다 우울에서 스트레스의 효과를 줄이는 데 좀 더 효과가 있
다는 것을 발견하였다. 그러나 여기서는 8개월 동안 지속되었다.

③ 소진되기
이것은 메스껍거나 공격적이거나 약물을 남용하고 게다가 다른 보상이 없

는 내담자에게 장기간 노출이 되는 의약 노동자와 사회 노동자들이 특별하게
경험하게 되는 스트레스의 특별한 형태다. 소진되기는 정서적 고갈과 내담자
에 대한 냉담한 느낌을 갖게 한다. 이런 상태의 사람들은 내담자와의 접촉으
로 움츠러들 수 있으며, 동료의 사회적 지지를 좀 더 추구하려 한다. 이런 직
업은 또한 자살률이 높으며, 알코올중독이 될 수 있다(Maslach & Jackson,
1982).

④ 직무 스트레스 줄이기

스트레스를 줄이는 것은 사람들을 바꾸거나 직업을 바꾸거나 노동자를 더
나은 직업에 맞추거나 함으로써 가능해질 수 있다. 스트레스 관리 훈련과정
에 대한 후속 연구에서 때때로 사람들의 직무만족이 증가한다는 것이 나타
났다. 그러나 결근율, 이직율, 상담센터 방문은 더 분명한 효과가 있었다
(Murphy, 1994). 몇몇 미국 회사는 체력 프로그램을 도입하였으며, 그 결과 낮
은 결근율과 노동 이직률뿐 아니라 불안, 우울 그리고 다른 스트레스의 감소
를 발견하였다(Falkenburg, 1987; Melhuish, 1981). 몇몇 후속 연구들은 스웨덴
의 자동차 공장에서처럼 통제와 자율성 그리고 의사결정의 참여로 구성되는
직무를 재설계함으로써 상당량의 고민거리를 줄였다(Murphy, 1994). 또한, 그
직업 분야에 더 적합한 사람을 선발함으로써 선발 절차를 증진시킬 수 있었으
며, 감독자를 훈련에 포함시킴으로써 작업집단을 그대로 유지하면서 사회적
지지를 증진시킬 수 있었다.

3. 직업이 건강에 미치는 효과

직업을 가진 사람들의 건강은 직업을 가지지 않는 사람들의 건강보다 더
낫다. Ross와 Mirowsky(1995)는 1년 동안 2,500명의 사람들을 추적하였으며,
주부를 포함한 모든 다른 집단에서도 그러했지만, 정규직 사람들의 건강은
더 나쁘지 않게 되었다. 급여를 받는다는 것은 정규직 노동자가 건강이 더 나

쁘지 않다는 것의 일부를 설명해 주지만, 전업 대학생(급여가 없는)은 일하는 것만큼 즐거웠다. 몇 가지 역의 인과관계가 있을 수 있는데, 이것은 건강이 좋지 않은 여성은 직장을 거의 갖지 않았다는 점에서 그러하다.

직무만족은 건강, 예를 들면 두통이나 소화불량 같은 가벼운 심신질환 징후와 심장발작과 관절염 같은 가벼운 질환과 수명을 단축시키는 것들과 상관되어 있다. Sales와 House(1971)는 직무만족이 심장발작과 -.83의 상관이 있음을 발견하였다. 다음에서 우리는 건강에서의 실업의 중대한 영향을 살펴볼 것이다.

서로 다른 직업 간에 건강상의 차이는 크게 나타난다. 이 차이의 주요 출처의 하나는 직무에서의 지위다. Marmot 등(1978)은 영국의 공무원 중 가장 낮은 지위에 있는 사람들은 고급 행정 등급에 있는 사람들처럼 치명적인 심장발작률이 3.5배에 달하였다([그림 7-3]). 이것은 부분적으로 흡연, 비만, 신체적 활동의 결여와 같은 건강 행동에서의 차이에 기인한다. 또한, 더 높은 수준의 요인들이 비숙련 직무에서 많은 제한점이 될 수 있다. 이는 적은 '통제', 적은 '자율성' 그리고 경우에 따라서는 낮은 지지 수준이다(Fletcher, 1988). 우리는 의사의 경우와 같이 몇 가지 스트레스를 주는 전문 직업이 있다는 것을 알고 있다. 콜레스테롤과 혈압 수준은 바쁜 시간을 보내는 공항 관제사처럼 회계사와 경영자에게서도 증가한다는 것이 발견되었다. 이것은 다른 사람에 대한 책임이 같은 효과를 가져온다고 할 수 있다(French & Caplan, 1970). 수공노동자에게 영향을 미치는 다른 직무 요인은 먼지(탄광에서), 소음(천을 짜는 창고에는) 그리고 환경적인 스트레스와 오염이 원인이다.

사회적 지지는 경험된 스트레스의 수준을 줄일 수 있거나 면역체계를 활성화할 수 있다. Wickrama 등(1997)은 질적으로 높은 직무에 종사하는 사람들은 건강이 더 좋았으며, 이것은 우리가 토론하였던 양상들과 직업에서의 지위, 사회적 통합, 자율성, 기술의 사용과 적은 요구를 포함하고 있다고 할 수 있다.

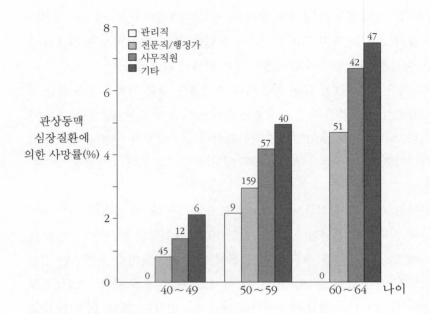

[그림 7-3] 시민 봉사 점수와 연령에 따른 7년 반 동안의 관상동맥 심장질환에 의한 사망률
(그리고 사망자 수)(Marmot et al., 1978)

● 성 격

이것은 직무에 영향을 미친다. A형 성격은 일을 열심히 하고 아주 야망이 있기 때문에 관심을 일으키는 변인이다. 그러나 그들의 각성 수준과 그들 스스로 만들어 내는 스트레스는 콜레스테롤과 혈압을 높여 준다. 그리고 그들은 좀 더 이완된 B형보다 심장발작이 두 배 이상이 된다. 나중의 연구들은 이러한 효과가 있는 A형 성격의 특별한 양상은 그들이 가진 적개심이라는 것을 발견하였다(Matthews, 1988).

건강에 영향을 미치는 성격의 또 다른 측면은 스트레스로 질병이 생기지 않은 사람들에게 주어지는 '강인성(hardiness)'이다. 성격의 몇 가지 양상은 강인성에 대한 기여에서 발견된다. 하나는 건강이 통제될 수 있다는 신념인 내적인 통제다. 또 다른 것은 행복과 연합된 낙천적인 속성이며, 단호함과 자기 확신이다. 이것은 스트레스 사건을 통제할 수 있거나 중요하지 않게 만드

는 낙천주의 때문이거나 면역체계에 미치는 기분의 효과 때문일 수 있다
(Salovey et al., 1991).

직업으로 인한 건강은 여러 가지 방법으로 개선될 수 있다. 영국에서는 작
업의 신체적 조건을 건강안전위원회에서 지속적으로 감시하고 있다. 그러나
이것은 단지 건강 원인의 한 가지 영역에만 적용될 뿐이다. 직무만족은 사회
적 지지에서처럼 정신건강뿐 아니라 건강에도 영향을 미친다.

4. 실직의 효과

현대사회에서 실직과 직업을 잃는 것에 대한 두려움은 불행감의 가장 커다
란 출처 중의 하나이기 때문에 중요한 주제가 된다. 유럽에서 실업의 수준은
지난 10년 동안 6%에서 9% 사이였다. 영국에서는 1986년 13.1%로 절정에 도
달하였으며, 비록 전체적으로 실업률이 4.2%임에도 불구하고, 이것은 어떤
분야에서는 여전히 높았다(2000년 기록). 현대사회는 컴퓨터와 여러 기계들의
도입으로 빠르게 변화하기 때문에 많은 사회학자들은 장기적으로는 일자리
상태가 좋지 않을 것으로 전망하고 있다. 이 주제는 행복에 대한 연구에서 아
주 흥미 있는 것이다. 왜냐하면 연구자들은 사람들이 즐거워하거나 필요한
일자리가 무엇인지 그리고 그들이 일자리를 잃었을 때 얼마나 혼란스러워 하
는지를 우리에게 시사하기 때문이다.

① 행복의 효과
실업의 주요한 효과의 하나는 직업을 잃은 대부분의 사람들이 덜 행복해진
다는 것이다. 미국 조사는 일반 모집단의 30%가 자신을 아주 행복하다고 한
것과 비교해서 실직한 사람들의 10~12%만이 자신을 '아주 행복하다'고 기
술하였다는 것을 발견하였다. 이런 효과는 직장이 문을 닫고 그리고 다른 일
자리를 찾지 못할 때 노동자에게 미치는 영향에서 이미 알고 있다(Warr,
1978). 실업은 긍정적 감정, 생활만족도 그리고 부적인 정서를 포함한 행복의

모든 양상에 영향을 미친다. 실직은 지루하게 하고, 자아존중감을 낮추고, 때로는 화를 내게 하고, 때로는 냉담하게 한다. 자아존중감은 실직한 젊은 사람들과 취업을 하지 못한 사람들에게서는 좀 더 낮으며, 여러 번 직장을 잃은 사람들에게서 좀 더 높다(Goldsmith et al., 1997). 보상적이고 복잡한 일을 가진 사람들에게는 좀 더 심리적인 괴로움이 있다(Reynolds, 1997).

영국의 최근 자료의 분석에 따르면 실직한 사람들의 여가는 더 적은 여가 집단을 구성하였다. 스포츠 활동을 적게 하며, 사회성도 적었으며, 더구나 사회적 지지가 적었다는 점에서 실직한 사람들의 여가가 다른 사람들의 여가와 달랐다는 것이 발견되었다. 그들에게는 좀 더 수동적인 여가가 많았다(근처에 놓여 있는 TV, 라디오). 실업자들은 하루에 거의 5시간으로, 정규직 직업을 가진 사람들의 두 시간 반과 비교되었다(Gershuny, 1994). 벨파스트(북아일랜드의 항구 도시-역자 주)에서 150명의 실업자를 대상으로 한 연구는, 실업자들이 많은 가사를 수행했다는 것을 발견하였다. 또한, 주부처럼 자신의 시간표를 잘 짰으나 사회생활, 운동이나 다른 활동적인 여가를 거의 수행하지 않았다는 것을 발견하였다(Trew & Kilpatrick, 1984).

② 정신건강

실업자들은 좀 더 우울하고 불안한 것으로, 아니면 좋지 않은 정신건강의 신호를 보내는 것으로 종종 알려졌다. 그러나 이것이 실직으로 인해서인가 아니면 그들이 정신적으로 혼란스럽기 때문에 실직한 것인가? 많은 연구들이 이런 논쟁을 조사하기 위해 설계되었으며, 리즈(Leeds)에서 2,000명의 졸업생들을 연구한 Banks와 Jackson(1982)의 연구가 있다. 〈표 7-5〉는 직장을 구한 사람들의 일반적인 건강 질문지(GHQ) 점수가 감소한다는 것을 나타내고 있다. 즉, 그들의 정신건강이 나아지고 있는 반면 실직한 사람들의 정신건강은 다음 2년 동안 점점 더 악화되었다. 그러나 우선 직장을 구하지 못한 사람들이 더 높은 일반적인 건강 질문지 점수를 얻었다는 점에서 역의 인과관계에 대한 증거 또한 발견되었다.

정신건강의 특별한 양상은 실직의 영향을 받는다. 우울증은 실직한 오스트레일리아 사람들에게서는 벡우울증검사(BDI)에서 11로, 직장을 가진 사람들 (5.5)보다 평균적으로 더 높았다(Feather, 1982). Clark 등(1996)은 일반적인 건강 질문지에 의해 측정된 일반적인 정신에서 실직의 효과는 이혼으로 인한 효과보다 더 부정적이었다고 결론지었다. 알코올 소비량의 전체 수준은 크지 않았으나 실직한 사람들 가운데에 '더 중증의 중독자', 즉 일주일에 한 번이나 그 이상, 7잔 이상을 마시는 사람이 더 많았다(44% 대 28%). 자살은 때때로 좀 더 높은 것으로 나타났다. 에든버러(스코틀랜드의 수도-역자 주)에서는 평균보다 8배나 많은 자살 시도가 있었다(Platt, 1986). 그러나 이것이 항상 발견된 것은 아니다.

〈표 7-5〉에 나타난 연구는 직업이 정신건강에 실질적으로 이익이 된다는 것을 보여 주고 있다. Murphy와 Athanasou(1999)는 메타분석을 수행하였으며, 실직하는 것이 .36의 효과 크기로 악화시키게 하는 반면, 일을 시작하는 것은 .54의 효과 크기로 정신건강을 증가시킨다는 것을 발견하였다.

〈표 7-5〉 **일반적인 건강 질문지(GHQ)에서의 실직자들의 효과**(Banks & Jackson, 1982)

	졸업하기 전	졸업한 후 6~15개월	졸업 후 16~23개월
실직자	11.4	13.6	
	11.2		13.4
취업자	10.6	8.4	
	10.5		7.7

③ 건 강

실직자들은 보통 신체적으로 건강하지 못하다. 이것은 부분적으로 몇몇은 직업 유발 심장질환과 폐암 같은 나빠진 건강으로 인해 직업을 포기하기 때문이다. Warr(1984)는 954명의 영국 실직자들을 연구하였으며, 그중 27%가 자신의 직업을 포기한 이래로 건강이 더 나빠졌다고 말하였으며, 11%는 더 좋아졌다고 말하였다. 이는 더 적은 스트레스, 좀 더 많은 긴장 이완과 운동으로 인해서다. 사망률은 1971년 이후 10년 동안 영국에서 36% 더 높아졌다

(Moser et al., 1984). 그리고 33년 정도의 장기간의 실직 효과가 있다는 것이다(Wadsworth et al., 1999). 이런 빈약한 건강에는 가난과 식이요법의 결과, 난방 등 몇 가지 이유가 있다. 즉, 좀 더 많은 음주와 흡연 같은 좋지 않은 건강 행동이 면역체계에 영향을 미치고 심장질환을 증가시킨다는 것이다.

④ 실직은 언제 괴로운가

① 돈

이 요인은 틀림없이 영향을 준다. 실업자들은 네덜란드와 스웨덴의 경우처럼 재정 상태가 좋다면 더 행복을 느낀다(Winefield, 1995). 그러나 실직의 부정적인 영향은 이러한 국가에서 조차 여전히 존재한다. 영국에서는 수입이 실업자들의 일반적인 건강 질문지 점수 감소의 25% 이하로 영향을 미친다는 것이 발견되었다(Clark, 1998b). 다른 한편, Gallie와 Russell(1998)은 실업수당이 높은 스페인, 벨기에 그리고 덴마크와 비교해서, 실업수당이 낮은 영국과 아일랜드 같은 유럽 국가에서 실업으로 인해 좀 더 많은 근심을 한다는 것을 발견하였다.

② 가족의 사회적 지지

이것은 실직에 대처하는 중요한 요인이다. 몇몇 연구들은 여기에서 커다란 결과를 발견하였다. 예를 들면, Cobb와 Kasl(1977)은 공장 폐쇄로 실직한 남성들 중 배우자에게서 좋은 사회적 지지를 받은 사람들의 4%가 관절염에 걸린 반면, 지지도가 낮았던 사람들의 41%가 관절염에 걸렸다는 사실을 발견하였다. 우울증과 주관적 안녕감의 다른 측면에서도 이와 유사한 결과가 나타났다. 이것은 '완충 효과'가 있는 것으로 확인되었다. 예를 들면, 사회적 지지의 효과가 스트레스하에 있는 사람들에게만 발견된다는 것이다(Winefield, 1995).

③ 성 격

실업률은 신경증이 높은 사람들에게서 더 많은 근심을 야기한다(Payne,

1988). 다른 연구들은 내향성과 A형 성격인 사람들이 더 근심이 많다는 것을 발견하였다. 젊지도 않고 늙지도 않은 사람들은 더 많은 근심을 하는데, 이는 아마도 가족에 대한 책임감 때문인 것 같다.

5 실직 이유에 대한 지각

실직은, 만약 일터에 있는 모든 사람들이 일자리를 잃거나 아니면 일반적인 실업의 수준이 높으면 덜 괴로운 것이 된다. Warr(1984)는 영국에서 그러한 조건하의 실직자들에게서 커다란 자아존중감이 있다는 것을 발견하였으며, Turner(1995)는 만약 실직률이 낮다면, 자아존중감의 상실과 재정적 스트레스로 인해 실직자들 간에 좀 더 건강이 안 좋고, 더 우울하다는 것을 발견하였다. 우리는 은퇴한 사람들이 실직한 사람보다 좀 더 행복하다는 것을 간단하게 살펴보았다. 이것은 그들이 다른 방식으로 자신의 상황을 보기 때문일 수 있다. 실직한 사람들은 그들이 실패했으며 거부됐다고 느끼며, 은퇴한 사람들은(또한, 실직한 사람인) 자신이 아주 당연한 휴식을 즐긴다고 느꼈다. 여기서 자아존중감과 사회적 비교는 중요하다. Clark(1998b)는 다른 가족 구성원들이 직업이 있을 때는 비교효과가 일어나 좀 더 근심이 많았는데, 이는 합리적이거나 보편적인 상식적 기대에 반하는 것이라고 할 수 있다.

6 실업자들의 불행감을 경감시키기 위해서 어떤 일을 할 수 있는가

직업이 없는 사람들이 불행하며, 근심이 있고 아프다는 것은 피할 수 없는 것은 아니다. 우선, 주부들이 이 입장에 있으며, 은퇴한 사람들이 그러하며, 이들 두 집단 모두 정신적으로나 신체적으로 건강하다.

그러나 실업에 대한 연구는, 일이 주는 그다지 명확하지 못했던 이점 몇 가지에 대한 주목을 이끌어 냈다. 이 이점들은 다시 배열할 필요가 있으며, 다음과 같은 것을 포함하고 있다.

- 시간을 조정하는 것
- 가족 외의 사회적 접촉을 제공하는 것

• 더 넓은 목적과 목표에 개인을 연결하는 것
• 지위와 정체감을 주는 것
• 증가된 활동 수준을 제공하는 것

(Johoda, 1982; Warr, 1984)

완전고용은 더 이상 가능한 것이 아니며, 그래서 심리학자들은 행복감의 주요 출처를 밝힘으로써 어떤 도움을 줄 수 있을까? 중요한 것은 사람들이 자신의 늘어난 자유 시간을 잘 사용하도록 설득하는 것이다. Winefield 등(1992)은 많은 시간 동안에 아무것도 하지 않거나 TV를 많이 시청하는 사람들은 낮은 자아존중감을 갖고 있었으며, 좀 더 우울하고 무기력하고 무질서한 상태에 있음을 발견하였다. 이것은 '구조화되지 않은 시간'의 형태를 취할 수 있다. 수행하려는 특별한 욕구가 아무것도 없을 때, 실업자들은 자신의 시간을 덜 조직화한다는 것이다(Feather & Bond, 1983). 그리고 이것은 더 낮은 심리적 건강의 원인이 된다는 것이다(Wanberg et al., 1997). 실업자들은 종종 늦게 일어나고 아무것도 하지 않으며, TV를 시청하고, 꾸물거린다. 일부만이 어떤 새로운 여가활동을 수행할 뿐이다. Fryer와 Payne(1984)는 그들이 실직을 한 후 좀 더 행복한 한 집단의 사람들에 대해 기술하고 있다. 그들은 자신이 가진 기술을 사용할 수 있는 지역사회 종합시설이나 자연보호 지역을 달리는 것 같은 어떤 활동을 하는 것을 더 좋게 생각하였으며, 자율성을 가지며, 자신이 유용하다는 것을 발견하였다. 또한, 청년 실업자들에게 스포츠 시설과 훈련이 제공되는 대규모 실험이 영국에서 수행되었다. 이 실험은 스포츠에 대한 청년 실업자들의 관심을 증가시켰으며, 자원봉사활동, 공부 그리고 정치 같은 다른 목적적인 활동을 하게 하였다(Kay, 1987; Glyptis, 1989에서 인용됨).

런던에 있는 국가자원봉사센터(National Centre for Volunteering)는 실업자들에게 자원봉사의 이점을 연구하고 권유할 수 있다. 적어도 젊은 실업자들 가운데 20%는 여러 가지 자원봉사활동을 하였다. 도덕성에서의 즉각적인 효과와 더불어, 그들은 몇 가지 새로운 기술훈련과 자기 확신을 얻었으며, 그들 중 일부는 나중에 자원봉사와 관련된 일에 취업이 되었다(Gay, 1998). 자원봉

사 노동자들은 동일한 일을 하는 유급 노동자와 비교했을 때 더 높은 직무만
족감을 가졌다(Pearce, 1993).

실업자 문제에 대한 한 가지 해결책은, 다른 사람들과의 스포츠와 자원봉
사 같은 건설적인 활동을 포함하는 일종의 올바른 '여가활동' 이다. 이들 활
동은 작업동료와의 접촉뿐 아니라 회사에서의 직장동료와 정상적인 상황에
서 움츠러듦으로써 아주 심각한 손상을 입히는 사회적 접촉의 상실 같은 다
른 문제를 해결해 줄 수 있다.

실업자들이 부딪히는 다른 방식이 있으나 이것들은 심리학 영역 외의 것들
로 다음과 같은 것이 있다.

- 초과근무 금지
- 더 짧은 노동 시간
- 더 짧은 노동 생활
- 좀 더 많은 시간제 직업

5. 은 퇴

직업을 그만두는 또 다른 집단이 있다. 그러나 실업자와는 아주 다른 이유
때문이다. 우리는 그 결과가 아주 다르다는 것을 살펴볼 것이다. 이것은 일과
행복에 대한 우리의 관심에서 중요한 것이다. 사람들은 일이 필요한가? 그들
이 좋아하는 것을 자유롭게 할 수 있을 때 그들은 무엇을 하는가?

1 행 복

평균적으로 은퇴한 사람이 직장에 다니는 사람보다 더 행복하다. Warr와
Payne(1982)는 영국에서 정규직 남성의 23%와 여성의 17%가 아주 행복하다
고 느꼈던 것과 비교해서 은퇴한 남성의 36%와 여성의 35%가 '어제 하루 내
내 아주 행복했다고 느꼈다' 는 것을 발견하였다. Campbell 등(1976)은 미국

에서 은퇴할 나이가 지난 사람들이 주관적 안녕감에서 모집단 평균 표준편차의 상위 1/4이었음을 발견하였다. 이것은 모든 사람에게 해당하는 것은 아니다. 스트레스나 지루한 일을 하는 사람들은 일을 그만두었을 때 행복하였으나, 아주 흥미 있고, 보상을 주고, 돈을 많이 받는 직업을 가진 사람들은 일을 그만두었을 때 덜 기뻐했다. Parker(1982)는 영국에서 은퇴한 사람들의 31%가 직장에 있는 사람들을 31%는 돈을, 11%는 일 그 자체를 그리워했으며, 10%는 쓸모 있다는 느낌을 가졌다는 것을 발견하였다. 이것들은 직무만족의 원인인, 직업의 결정적인 이점 중의 몇 가지다.

② 정신건강

비록 은퇴가 결혼을 하는 것보다는 덜 스트레스가 됨에도 불구하고, 은퇴는 종종 '스트레스 생활사건'으로 분류된다(Holmes & Rahe, 1967). 그리고 대부분의 사람들은 이것에 익숙해지기 위해 몇 달이 필요하다. 미국인 연구에서는 은퇴 이전과 이후의 정신건강은 차이가 없다는 것을 밝혔으며(Kasl, 1980), 은퇴한 사람들은 실업자보다는 정신적으로 건강함을 발견하였다.

③ 건 강

이것은 다른 연구의 논쟁을 제기하였다. 왜냐하면 많은 사람들은 건강이 좋지 않기 때문에 은퇴를 하고, 이들 중 50%는 일찍 은퇴하였다. 그러나 은퇴가 좋지 않은 건강의 원인이 되는가? 이와 관련하여 몇 가지 장기간 연구는 아주 적은 효과가 있음을 발견하였다. 더 나은 직업을 가진 사람에게서 건강상에 약간의 감소가 있었으며, 많은 스트레스와 피로감을 야기하는 힘들고 숙련되지 않은 일을 하는 사람들에게서는 생활 기대에서 건강이 약간 증진되었다는 것이다(Kasl, 1980). 그러나 Ross와 Mirowsky(1995)에 의한 최근 분석은 어떤 이유에서건 직장을 그만두는 것은 그 다음 해에 건강 쇠약을 초래하였음을 확인하였다. 수명은 사람들이 직장을 그만둔 시기에 좌우되는 듯하다. 사람들은 일하는 기간이 길면 길수록 더 오래 산다(Beehr, 1986). 이것은 어느 정도 진실일 수 있다.

4 은퇴가 즐거운 때는 언제인가

① 돈
돈은 사회적 접촉의 상실보다 덜 중요할지라도 이것은 우리가 살펴보고 있는 관심의 대상이다. 그 차이가 크지는 않을지라도 은퇴한 사람들은 대부분 부유하지 않다. 영국에서 1985년에 가장이 일할 때 가족 1인당 지출은 주당 68파운드였으나 가장이 은퇴한 후에는 58파운드였다.

② 활동
우리는 실업자들이 아무것도 하지 않으려는 경향이 있음을 살펴보았다. 은퇴한 사람들을 대상으로 한 캐나다 연구에서 이들은 하루 TV 시청에 65분 이상, 독서에 57분, 가족이나 친구와의 대화에 40분을 소비하는 것으로 나타났다(Elliot & Elliot, 1990). 이들은 더 적은 통제감을 갖는 것으로 나타났는데, 왜냐하면 문제를 덜 해결하고 사회적 상호작용을 더 즐거워했기 때문이다(Ross & Drentea, 1998). 물론 항상 그런 것은 아니다. McGoldrick(1982)은 비록 건강함에도 불구하고 은퇴한, 꽤 부유한 1,800명의 남성에 대한 연구를 보고하였다. 이들은 위험한 취미(37%), 자원봉사(19%), 좀 더 쉽거나 시간제 일(33%), 공동체와의 모임(24%), 더 나은 교육(9%)을 포함한 많은 여가활동을 하고 있었다. 이처럼 은퇴에서의 생활만족도의 중요한 예언치는 사회적 상호작용의 양이며, 익숙한 기술의 다양성임이 발견되었다(O' Brien, 1986).

③ 교육과 사회 계층
중간 계층의 사람들이 좀 더 흥미 있는 일을 포기함에도 불구하고, 그들은 좀 더 많은 자원과 직업을 바꾸는 것에 관심을 갖는다. 몇몇 전문가들은 어떤 부분에서 자신의 일을 계속 수행할 수 있다.

6. 맺으면서

대부분의 사람들은 일을 가지고 있을 때 정신적으로나 신체적으로 더 건강하고 더 행복하다. 직업은 우리에게 중요하다. 직무만족은 몇 가지 요소를 가지고 있으며, 그 자체는 비록 반대의 효과가 더 강함에도 불구하고, 생활만족의 한 가지 원인이 된다. 비록, 직무만족은 크지는 않을지라도 임금으로 증가될 수 있으며, 기술의 유능함, 자율성 그리고 기술의 다양성 같은 특성을 가진 직업으로 인해 증가될 수 있다. 직업의 본질은 변화하고 있으며, 예를 들면 일용직이나 콜센터에서 일하는 사람들에게서는 직업이 덜 만족스럽다. 직업의 사회적 측면은 만족감과 협동을 이끌지만, 역할 갈등은 좋지 않다. 직무만족은 또한 나이와 성격에 따라 다양하다.

직무만족은 작업 속도에 작은 효과를 가지며, 협동과 유용함을 증진시킨다. 또한, 결근과 노동 이직을 감소시킨다.

만약, 직무가 과중하거나 지루한 일이거나 위험하거나 다른 바람직하지 않은 측면이 있다면 직업은 스트레스를 주고 정신건강에 영향을 미친다. 스트레스는 어떤 종류의 성격에는 적게 영향을 미칠 수 있다. 또한, 직업에서 사회적 지지가 있다면 스트레스의 영향은 적을 수 있다. 그리고 신체적 건강에도 영향을 미친다. 예를 들면, 낮은 직무 지위에 있는 사람들과 스트레스를 주는 직무에 있는 사람들은 좀 더 많은 심장발작으로 고통을 받는다.

실업은 불행감과 좋지 않은 정신건강과 신체건강의 중요한 원인이다. 이것은 자원봉사활동이나 스포츠, 좀 더 위험한 여가활동에 열중함으로써 완화될 수 있다. 은퇴한 사람들은 평균적으로 일하고 있는 사람들보다 더 행복했으나 수명은 일을 하고 있는 사람들이 더 길었다.

제8장

여가생활

1. 여가란 무엇이며, 우리는 얼마나 여가를 갖는가

여가는 사람들이 자유 시간에 하는 활동으로 정의될 수 있다. 이는 물질적인 이점을 위해서가 아니라 자신을 위해, 재미와 오락 삼아, 자기 향상을 위해, 자신이 설정한 목표를 위해 하고 싶어 하는 것이기 때문이다. 이것은 자유 시간과 똑같은 개념은 아니다. 예를 들면, 어떤 사람들은 자유 시간이 많으나 그 시간에 무엇을 해야 할지 모르고, 그것을 여가로 간주하지 않는다. 그러나 어쨌든 자유 시간은 여가를 갖기 위해 필요한 것이다.

시간 운영 연구에 의하면 우리는 많은 자유 시간을 가지고 있다. 1992년과 1993년 사이에 영국에서는 일과 여행, 수면, 기본적인 집안일, 육아와 쇼핑을

	주중	주말
남자 직장인	5.0	10.3(매일)
여자 직장인	3.0	8.2
주부	6.6	9.0
은퇴한 사람	11.25	12.65

※출처: Henley Centre(1995).

한 뒤에 남은 자유 시간은 앞과 같았다.

미국인을 대상으로 한 다수의 조사에서 전반적인 여가만족도에 대한 질문을 하였다. '즐겁고-끔찍한 범위'의 정도로 측정한 결과는 다음과 같다.

11%	아주 즐거워함
32.3%	즐거워함
36.5%	대부분 만족함
11.5%	혼란스러움
8.5%	불만족함 (단지 1%만이 '끔찍함')

(Andrews & Withey, 1976)

다른 조사에서는 직장인들은 19% 차이, 주부의 경우는 34% 차이로 여가가 직업보다 더 만족스럽다고 보고하였다. 또, 직업을 가진 남성들의 32%와 직업을 가진 여성들의 36%, 주부의 32%가 여가가 직업과 똑같이 만족스럽다고 하였다(Veroff et al., 1981).

그러나 여가 혹은 여가의 부족이 문제가 되는 집단들도 있다. 여성들은, 특히 직업이 있거나 아이들이 있는 여성들은 남성보다 더 적은 자유 시간을 갖고 있다. 이것은 여성들이 일하고 있을 때조차 대부분의 집안일을 하고 있고, 따라서 어떤 의미에서 자신들의 일이 결코 완료된 상태에 있지 못하기 때문이다.

직업을 가진 사람들은 중류 계층과 거의 똑같은 양의 자유 시간을 가지고 있으나, TV를 보는 것(훨씬 더 많은 양을 즐기는 것) 이외의 거의 모든 종류의 여가에서 아주 적게 나타났다. 이는 일이 더 힘들고, 금전적 여유가 없으며, 여가에 대한 흥미를 얻을 수 있는 기회(예를 들어, 대학 시절)를 거의 가져보지 못했기 때문이다. 실업자들은 직장인들보다 훨씬 더 많은 자유 시간을 가졌으나, 앞 장에서 살펴보았듯이 TV를 보는 것 외에는 거의 모든 종류의 여가에 참여하지 않는다. 그 이유가 경제적인 것에 있다고 보는 것은 부분적인데, 이 것은 많은 보람을 주는 여가들은 돈이 들지 않기 때문이다.

은퇴한 사람들 또한 많은 자유 시간이 있다. 어떤 사람들은 자원봉사활동, 독서와 연구, 취미나 교회 같은 새로운 흥밋거리들로 시작한다. 그러나 대부분은 그렇지 못하며, 활발한 여가가 주는 이점에도 불구하고 행복과 건강을 위한 활동적인 스포츠나 운동은 나이가 들어감에 따라 점차 감소하고 있다 (Argyle, 1996).

석기시대부터 많은 변화가 일어나고 있는 현재에 이르기까지 여가의 양과 성질에 있어서 상당한 역사적인 변화가 있었다. 남성들이 주당 72시간 일을 했던 1830년대부터 주당 36내지 38시간 일을 하는 1980년대 초반까지 평균적인 작업시간은 지속적으로 감소되었다(Gershuny, 1992). 그러나 그 이후부터 평균 작업시간은 계속 증가해 왔다. 제2차 세계대전 이래 일하는 여성들의 수 또한 엄청나게 증가하였다. 여가의 성질에서 가장 큰 최근의 변화는 TV의 도입이다. 이것은 하루에 3~4시간을 차지하는데, 이것은 어떤 형태의 여가보다도 훨씬 더 많은 양이다.

2. 행복과 행복의 다른 측면에 미치는 여가의 영향

1 정적인 정서

많은 연구에서 몇몇 여가활동이 기분을 좋게 만드는 명백한 원인이라는 것을 보여 주고 있다. 우리는 이전에 행복이 여가만족도를 야기할 뿐만 아니라 그 반대도 가능하다는 것을 보았다. 그러나 기분유도실험은 여가가 행복에 미치는 영향에 대한 명백한 예를 보여 준다. 사람들로 하여금 어떤 사건 이전과 이후의 다양한 시간에 스스로의 기분을 나타내는 척도를 정하도록 실험적인 디자인을 짠다. 즐거운 음악, 시험에서의 성공, 동전을 찾는 것, 자신들이 얼마나 행복한지를 말해 주는 주제에 대해 여러 번 질문하는 것, 이 모든 것들은 적어도 10분 내지 15분 정도 그들을 즐겁게 만든다. 그리고 10분 동안의 상쾌한 산책은 적어도 2시간 이상 그리고 격렬한 운동은 다음 날까지 사람들을 즐겁게 해 준다는 것을 곧 알게 될 것이다. 스포츠와 운동의 영향에 대한 많은 연구가 있었으나 이것은 나중에 기술할 것이다.

Lewinsohn과 Graf(1973)의 '즐거운 활동(pleasant activities) 치료법'은 하루가 끝날 때쯤의 피험자의 기분에 영향을 주는 것이 어떤 즐거운 활동이었는지를 찾게 하는 것이다. 결과는 모두 여가활동이었다. 이것과 유사한 형태의 치료법들이 제13장에서 논의될 것이다. 유럽 5개 국가의 학생들을 대상으로 한 조사에서 Scherer 등(1986)은 즐거운 경험의 원인에 대해 질문하였다. 그 결과 가장 많이 말한 것은 친구들과의 관계, 음식, 음료, 성관계와 일의 성취였다. 다른 연구들에서는 스포츠와 게임 그리고 음악과 독서 같은 문화적 활동들 또한 즐거움의 흔한 원인임을 발견할 수 있었다.

또 다른 방법은 '경험표집(experience sampling)'인데, 피험자들을 일정하지 않은 시간대에 호출하여 어떤 활동을 하고 있었으며, 어떤 기분인지를 보고하도록 요구하는 것이다. 이것이 사회적 활동의 영향을 연구하기 위해 주로 사용해 온 방법이다. 이런 모든 작업에서 수많은 여가활동들이 긍정적인 정서에 강력한 영향을 미친다는 것에는 의심의 여지가 없다.

② 행복

여가가 사람들을 행복하게 만들 수 있다면 이것은 상당히 중요하다. 왜냐하면 여가는 인간관계, 직업, 우리의 성격과는 달리 쉽게 변화하고, 우리가 대체로 통제할 수 있기 때문이다. 제7장에서 실업자들이 특별히 어떤 일도 하지 않으면서 많은 시간을 낭비한다는 것과 이것이 불행으로 연결되는 것을 보았다. 여러 연구에서는 TV 시청과 행복 사이의 부정적인 관계를 발견하였다. Mishra(1992)는 인도에서 720명의 은퇴한 사람들을 대상으로 한 조사에서 그들의 이전 직업과 자원봉사집단과 친구들과 연관된 활동들에 참여했던 사람들의 생활만족도가 그런 활동에 참여하지 않았던 사람들보다 더 컸다는 것을 발견하였다. Lu와 Argyle(1994)는 진지하고 열정적인 여가활동을 한 영국 성인들이 그렇지 못한 사람들보다 비록 더 스트레스를 받고 어려움에 처할지라도 더 행복하다는 것을 발견하였다.

그러나 이 연구는 인과적 관계를 증명하지는 못한다. 어떤 연구는 중다회

귀에 의한 모델링과 또 다른 방법을 사용했는데, 여가활동이 생활만족도의 가장 큰 원천이 됨을 발견하였다(예컨대, Balatsky & Diener, 1993). 또한, 한두 개의 실험들이 더 있었는데, 한 달 동안 학생들에게 2개에서 12개의 즐거운 활동들에 참여하도록 요구한 Reich와 Zautra(1981)가 그 예다. 통제집단과 비교했을 때 두 집단 모두 삶의 질과 즐거운 경험이 향상되었다. 여가에 활동적으로 참여하는 것은 실업자들에게 매우 유익하며, 젊은 실업자들을 위한 스포츠 훈련과 시설을 제공하는 현장실험은 매우 긍정적인 결과를 이끌어 냈다(Kay, 1987, 1989년 Glyptis에서 인용됨). 특히, 어떤 종류의 여가는 행복에 긍정적인 영향을 미칠 수 있다는 사실에 의심의 여지가 거의 없어 보였다.

③ 정신건강

Riddick과 Stewart(1994)는 600명의 은퇴한 백인과 흑인 미국 여성을 대상으로 하여 더 많은 여가활동을 한 사람들 가운데 단지 백인들만 정신건강이 더 좋다는 것을 발견하였다. Iso-Ahola와 Park(1996)는 미국의 태권도 집단의 구성원들에게서 여가를 통해 형성된 우정이 신체적 질병을 일으키는 스트레스의 영향을 완화시키고, 여가로 인한 동료관계가 특히 우울증을 야기하는 생활 스트레스를 완충시켜 준다는 것을 발견하였다. 이것은 여가에 실제로 함께 참여하는 것이 우울증을 해결하는 중대한 요소였던 것으로 보인다. 우리는 교회에 참석하는 것에 대해서도 똑같은 결론을 내린다(제11장 참고).

우리는 정신건강에 미치는 여가 스포츠와 사회적 형태로 된 여가의 특별한 영향에 대해 짧게 살펴볼 것이고, 여가의 이 두 가지 측면이 가장 큰 영향을 미친다는 결론을 내릴 것이다.

④ 건 강

물론 스포츠와 운동은 건강과 수명에 엄청난 영향을 미친다. 이것에 대해서는 간단하게 설명할 것이다. 여가집단에서 얻게 될지도 모르는 사회적 지지 또한 제6장에서 살펴본 바와 같이 건강에 영향을 미친다. 운동과 사회적 지지 모두 건강에 미치는 스트레스의 영향을 줄이는 데 완충효과를 지니고 있다.

3. 특별한 형태의 여가에서 오는 이점

필자는 다른 책(Argyle, 1996)에서 10가지의 흔한 여가들을 분류하였다. 이것은 TV 시청, 음악과 라디오, 독서와 연구, 취미, 사회적 생활, 활동적인 스포츠와 운동, 보는 스포츠, 종교, 자원봉사, 휴가와 관광 등이다. 더 있을 수도 있다. 쇼핑과 성관계를 제안할 수도 있다. 여가란 사람들이 자유롭게 선택하고 아마도 즐기는 것을 선택하는 것이기 때문에 이 모든 활동들은 어떤 이점을 얻게 될 것이다. 이번에는 그것들이 정확히 무엇이며, 어떻게 이로움을 주는지에 대해 살펴볼 것이다. 2개의 여가활동은 사회생활과 종교이고, 다른 장에서 다루었으며, 둘 다 긍정적 효과가 뚜렷하다는 것이 발견되었다. 사회생활은 상당히 널리 퍼져 있고, 종교를 포함해 여가가 주는 이점들 중의 일부분이다. 스포츠와 운동처럼 어떤 것들은 광범위하게 연구되었고, 행복에 강한 영향을 미친다는 것이 발견되었다. 어떤 것들은 전혀 연구되지 못하였고, 음악을 듣는 것이 건강에 영향을 주는 것인지 아닌지가 의심스러운 것처럼 어떤 것들은 많은 영향을 줄 것 같지 않다.

① 스포츠와 운동

① 정적인 정서

Thayer(1989)는 10분간의 상쾌한 산책이 2시간 동안 피곤함을 덜어 주고, 더 많은 활력을 주며, 긴장감을 줄여 준다고 하였다. 다른 연구에서는 에어로빅 같은 운동을 한 시간 한 뒤에는 그날 내내, 어떤 경우에는 그 다음 날에도 참여자들이 긴장감과 우울증, 분노, 피곤함이나 혼란스러움을 덜 느끼고, 더 많은 활력을 갖는다는 것을 발견하였다(Maroulakis & Zervas, 1993). 10주 동안 일주일에 네 번씩 하는 운동처럼 규칙적인 운동은 더 지속적으로 그와 같은 긍정적인 상태를 일으켰다. 비록, Steptoe(1998)가 혼자 하는 운동의 영향을 얘기했을지라도, 이런 영향들은 부분적으로는 다른 사람들과의 사회적인 상호관계 때문이다. Hsiao와 Thayer(1998)는 운동을 처음 시작하는 사람들이 건강이나 심미적인 이유로 처음 시작했다고 말하는 반면에, 경험 많은 운동가들은 그것을 즐기며 그것이 그들의 기분을 향상시켜 주기 때문이라고 말한다는 것을 발견하였다.

꾸준한 신체적 운동이 기분에 긍정적인 영향을 미치는 주된 이유는 아마도 지속적인 활동으로 인한, 일종의 도취감인 '경주자의 고원감(runner's high)'을 생산하는 엔도르핀 분비가 증가하기 때문일 것이다. 엔도르핀의 모르핀 같은 속성은, 운동하고 있는 사람들이 왜 상처나 멍이 생기는 당시에 고통을 느끼지 못하는지, 그들이 왜 운동에 중독(그들은 마약으로 야기되는 것과 같은 상태를 강하게 경험한다.)되었는지를 알지 못하는가를 설명해 준다. 이런 긍정적인 기분에 대한 다른 이유들도 있다. 그것은 즐거운 사회적인 관계와 성공적인 성취에서 오는 자기 통달의 만족감이다.

② 행복과 만족

비록, 이것이 얼마나 오래 지속되고 얼마나 자주 충만하게 될지 모르지만, 우리는 규칙적인 운동이 긍정적인 기분을 지속시킨다는 것을 살펴보았다. Hills와 Argyle(1998b)는 스포츠 모임의 회원들이 그렇지 않은 사람들보다 옥스퍼드행복검사(Oxford Happiness Inventory)에서 점수가 더 높았다는 것을 발견하였다. 교회나 성가대에 참석하는 것은 이 연구에서 그런 어떤 영향도 나타내지 않았다(〈표 8-1〉).

〈표 8-1〉 여가활동에 대한 평균 옥스퍼드행복검사(OHI) 점수

	평균 옥스퍼드행복검사 점수		
	참여자	비참여자	t
스포츠	44.0	40.0	-3.58***
TV	41.9	41.4	-1.54
교회	41.8	41.5	-0.23
음악	40.9	41.9	0.79

※ 출처: Hill & Arygle(1998b).
※ 주: *** p〈.001

운동과 스포츠는 자아존중감을 높여 주며, 긍정적인 신체 이미지를 더 크게 갖게 한다. Sonstroem과 Potts(1996)는 스포츠 능력, 신체적인 상태, 매력적인 신체, 힘과 일반적인 신체적 자기 가치, 이 모든 것에 대한 인식이 정적 정서와 부적 정서(정서의 부족)뿐만 아니라 자아존중감을 예측한다는 것을 발견하였다.

운동이 행복에 영향을 주는 주된 이유는 아마도 기분, 즉 엔도르핀에 의해 야기되는 긍정적인 기분, 사교와 성공 그리고 우울증과 긴장감의 감소에 미치는 영향 때문임이 분명하다.

③ 정신건강

Tucker(1990)는 4,032명의 성인을 대상으로 하여 신체가 건강할수록 사람들의 정신건강 상태가 더 낮다는 것을 발견하였다. 하지만 무엇이 무엇을 야기한 것인가? 정신질환에 운동과 더 익숙한 형태의 치료법을 비교한 흥미로운 실험들이 있었다. Klein 등(1985)은 74명의 우울증 환자들을 12주간의 달리기 집단(running group) 치료법이나 명상에 참여하도록 하였다. 그리고 아홉 달 뒤 모두 똑같은 양의 향상을 보였다. 또 다른 연구에서 그들은 달리기와 상담을 결합한 방법이 상담 자체만을 사용한 방법보다 더 효과적이었다는 것을 발견하였다. 이러한 많은 연구들에서는 적어도 심하지 않은 환자일 경우에 운동이 우울증에 좋다는 것, 그 결과가 적어도 1년 동안 지속된다는 것, 이것이 상담이나 심리요법만큼 좋다는 것이 분명히 확인되었다(Biddle & Mutrie, 1991). 운동으로 불안 상태를 치료하는 몇몇 성공적 시도들이 있었으나 그 증거는 그다지 명백하지 않았다.

그로 인해 많은 의사들과 정신학자들이, 비록 그들을 설득하는 문제가 있을지도 모르지만, 특히 자신의 우울증 환자에게 운동을 처방하고 있다. 어떤 고용주는 자신의 직원을 위해 운동 프로그램을 도입하기도 한다. 그 결과 고용인들이 덜 불안해하고, 덜 우울해하며, 덜 긴장한다는 것이 보고되었는데, 특히 운동하는 날에 그러하였다. 그리고 업무 수행도 더 향상되었고, 더 편안해졌는데, A형 타입의 성격에서 불안, 우울과 긴장이 더 낮아졌다는 것을 보여 주었다(Falkenburg, 1987).

이러한 이점을 위해 기력을 소진시키거나 지나치게 활력적인 운동을 할 필요가 있을까? 아마도 그렇지 않을 것이다. Moses 등(1989)은 94명의 지원자들에게 높은 강도(70∼75%의 최대 심장활동)나 적당한 강도의 운동이나 점점 강화되는 운동을 10주 동안 일주일에 3번 하도록 설득하였다. 적당한 에어로빅 운동만이 인지된 대처능력과 행복을 향상시키는 데 성공적이었다. 다른 연구들에서도 똑같은 것이 발견되었다(Biddle & Mutrie, 1991).

무엇이 이런 정신적인 건강의 이점을 설명해 줄 수 있는가? 여러 연구에서 운동이 스트레스에 대한 반응을 감소시킨다는 것을 발견하였다. Crews와 Landers(1987)는 34개의 이런 연구들을 메타분석하였다. 운동이 스트레스에 대한 반응을 감소시키는 이유는 더 건강할수록 스트레스에 대처할 수 있는 생리적인 능력이 생기기 때문이거나 숙달되어 가는 느낌이 사람들로 하여금 자신들이 문제를 해결할 수 있다고 믿게 만들기 때문이다.

④ 건강

운동이 건강에 좋다는 것은 놀라운 것이 아니다. 그 영향은 굉장히 강하다. Paffenbarger 등(1991)은 16년 동안 17,000명의 하버드 대학 졸업생들을 추적하여 운동을 더 많이 한 사람들이 심장마비에 덜 걸렸다는 것을 발견하였다. 하루에 운동을 30분하는 것은 최대의 이점을 얻기에 충분하였으며, 사망률이 31%나 더 적게 나타났다([그림 8-1]).

운동선수였던 사람들은 운동선수가 아닌 사람들보다 더 오래 산다(Shepherd, 1997). 가장 놀라운 것은 운동이 심장마비에 미치는 영향이다. 그러나 암, 고혈압, 비만, 당뇨병, 골다공증, 디스크의 위험성 감소 등을 포함한 많은 다른 것에도 영향을 미친다. 에어로빅이나 수영, 조깅 등의 강습을 받는 것이 심장혈관계에 미치는 영향에 대한 추적연구들이 수 없이 있었다. 직업적인 운동 프로그램들이 더 나은 건강과 체중 감소, 긴장 감소, 결근의 감소, 더 나은 생산력과 분명한 관계가 있었다(Feist & Brannon, 1988). 3,000명의 성인을 대상으로 한 상관연구에서 다양한 종류의 운동에 대한 피험자의 건강을

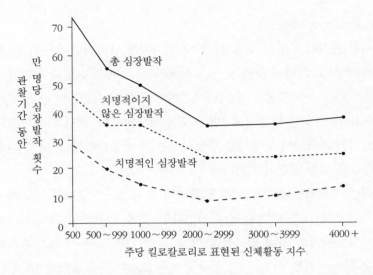

[그림 8-1] 하버드 대학 남성 동창생들을 대상으로 한 6～10년간의 추적조사에서 신체적 활동 지수에 따른, 나이가 반영된 최초의 심장발작률(Paffeabarger et al., 1978)

예측하는 회귀 가중치는 다음과 같다.

- 수영 .24
- 춤   .19
- 조깅 .13
- 산책 .11

(Ransford & Palisi, 1996)

이 관계는 나이든 사람들에게서 훨씬 더 강했다. 수영은 노인들에게는 .41, 젊은 사람들에게는 .16의 상관이 있었다.

운동이 건강을 향상시키는 것은 스트레스의 영향을 완충시키기 때문이다. Kobasa(1982)는 운동을 많이 하는 사람과 내적 통제력과 친근한 성격 요인들이 높은 '강건한' 사람들에게는 스트레스가 질병에 어떤 영향도 주지 못한다는 것을 발견하였다. 또한, 높은 수준의 운동은 면역 시스템의 활동을 강화시켰다(Wannamethee et al., 1993).

2 사교모임과 여가집단

① 즐거움

옥스퍼드 지역의 여가집단에 속한 수백 명의 회원들을 대상으로 한 연구에서 회원들에게 일반적인 모임 뒤 그들의 기분에 등급을 매기도록 하였다. 그 결과는 [그림 8-2]와 같이 나타났다. 가장 큰 즐거움은 춤, 자선활동, 음악, 교회였다. 이것에 대한 설명을 찾기는 어렵지 않다. 각각의 경우는 상당히 즐거운 활동들이었으며, 어떤 것은 음악을 포함하고 있었고, 모든 경우에 있어 친구들과의 상호관계가 있었다. 각 구성요소 자체가 즐거움을 만들어 내며, 그것들의 결합은 즐거움의 효과를 더 확대시킨다.

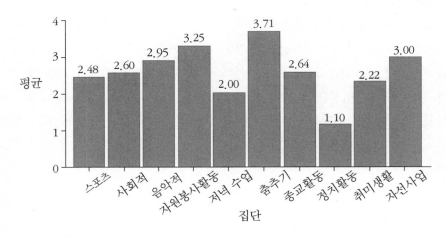

[그림 8-2] 집단으로 인한 기쁨(Argyle, 1996)

② 행복과 만족

우리는 39가지의 여가활동들에 대한 연구를 수행했다. 〈표 6-2〉에서 보듯이 요인분석에 의하면 네 집단의 여가활동이 나타났다. 이를 보면, 사회적인 여가활동에 참여하는 사람들이 그렇지 못한 사람들보다 더 행복했고, 더 외향적이었다. 이들의 외향성은 이들의 행복을 설명해 줄 수 있다. 제10장에서 외향성이 행복의 한 원인임을 제시하였다.

Hills와 Argyle 그리고 Reeves(2000)는 36종류의 여가를 대상으로 183명의 젊은 사람들의 여가 동기에 대한 연구를 수행하였다. 그 결과 여가활동에 참여했다고 보고된 빈도와 여가활동이 주는 즐거움은 발견된 6가지 군집의 활동들 중 4개에서 사회적인 만족도와 관련 있었다. 우리는 앞에서 여가활동에서의 동료관계가 우울증에 미치는 스트레스의 영향을 어떻게 감소시키는지를 보고했다.

여가활동집단에 속해 있는 것은 사회적인 기술, 즉 리더십, 연설하기, 대중 다루기, 위원회 업무 등을 종종 강화시킨다. 이것은 여가집단의 주된 '기능' 중의 하나로 몇몇 사회학자들이 제시한 것들이다. 심리학적인 관점에서 사회적인 기술은 훌륭한 사회적 관계와 행복의 원천이 되기 때문에 중요하다(Lu & Argyle, 1992a).

공통의 관심을 강하게 갖고 있는 여가집단은 자신들을 위한 '여가 세상'을 창조한다. 어떤 것은 자신들만의 가치관, 전통, 기술, 복장, 기술과 전문적 기술, 주일 행사와 연례행사들로 완벽하게 구성된, 사회적인 관계를 갖춘 완벽한 작은 문화다. 이것은 스코틀랜드 춤, 교회 회원, 종치는 사람(bell-ringing), 항해사, 비둘기를 기르는 사람, 현장 고고학, 글라이딩 등등에 적용된다. 또한, 종교나 스포츠 같은 주된 여가활동에도 적용된다. 이것들은 모두 행복의 커다란 원천이다.

③ 정신건강

Palinkas 등(1990)은 65세 이상을 대상으로 한 대규모의 표집에서 친구들이 있는 사람들이나 조직체에 속해 있는 사람들에게는 우울증이 더 적었지만 결혼은 전혀 영향을 주지 않는다는 것을 발견하였다. Iso-Ahola와 Park(1996)는 여가활동에서의 동료관계가 우울증에서 스트레스의 영향을 완화시켜 준다는 것을 발견하였다. 이것은 아마도 스포츠가 주는 분명한 몇 가지 이점들을 설명해 줄 수 있다. 연합 여가활동에서 동료관계는 '사회적 지지' 보다 더 중요할지도 모른다. Thoits(1985)는 중요한 요소는 '다른 사람들과의 정기적이고 지속적인 접촉, 목적의식과 행동 길잡이, 지지를 받을 수 있다는 전체적인 느낌' 이라고 생각했다. 이와 관련해서 유사한 문제를 가진 사람들이 만나 그 문제를 얘기하는 익명 알코올중독자 모임(Alcoholics Anonymous) 같은 많은 지지 집단들이 있다.

④ 건강

사회적 지지와 동료관계는 신체적 건강을 위해서도 좋다. 예를 들면, House 등(1982)은 2,754명의 성인을 대상으로 결혼한 남성들이 여가집단에 참가하며, 다른 형태의 활동적인 여가에 참가한다면 더 오래 산다는 것을 발견하였다. 여성들은 교회에 다니고, TV를 그다지 많이 보지 않는 경우 더 오래 살았다. 제6장에서 설명한 바와 같이 이것은 밀접한 인간관계가 면역 시스템을 자극하고, 스트레스가 심장마비와 불안, 다른 측면의 자극에 영향을 덜 주는 기초적인 생리학적인 반응 때문이다.

③ TV 시청

① 정적인 정서

Kubey와 Csikszentmihalyi(1990)는 피험자들에게 TV를 시청하는 동안 그들의 기분을 알아보기 위해 전자 신호를 보냈다. 그들은 TV 시청 전이나 후보다 활동적이거나 기민하지 못하였고, 도전의식과 집중력이 떨어졌다. 정적인 정서 면에서는 약간 하락하였고, 더 긴장을 풀고 있었으며, 의식 상태가 각성과 수면 사이의 어떤 곳에 있다고 하였다. 그러나 TV 프로그램들은 긍정적인 다른 기분을 생산할 수 있다. 따라서 실험실에서는 그런 기능을 만들기 위해 종종 사용되기도 한다. TV는 자신의 기분을 통제하도록 사용될 수 있다. Bryant와 Zillman(1984)은 실험적인 조작으로 인해 지루함을 느끼게 된 피험자들은 흥미진진한 영화를 보는 것을 선택하는 반면에 실험적 조작으로 스트레스를 받은 피험자들은 코미디를 선호했다는 것을 발견하였다. 가장 인기 있는 프로그램들은 연속극, 시트콤, 게임 쇼 등으로, 드러나지는 않지만 긍정적인 기분을 생산할 것으로 기대되는 모든 형태의 즐겁고 가벼운 오락이었다.

② 행복과 만족

현대사회에서 TV 시청은 수면과 일 다음으로 가장 많은 시간을 보내는 활동이기 때문에 대체로 보상을 받아야만 한다. 그러나 이상하게도 그렇다는 것을 보여 줄 만한 증거를 찾기가 어렵다. Robinson(1977)은 미국 전역에서 표집 중, 집안일 25%, 스포츠와 게임 26%, 종교 34%, 아이들 79%에 비해 17%만이 TV가 '커다란 만족감'을 준다고 말하는 것을 발견하였다. 흔히 발견되듯이 TV를 많이 시청하는 사람들은 다른 사람들보다 덜 행복하다(Lu & Argyle, 1993). 이것은 아마도 고립되거나 해야 할 더 나은 일이 없는 사람들만이 TV를 많이 시청하기 때문일 것이다. 사실 집에서만 생활하거나 고립된 사

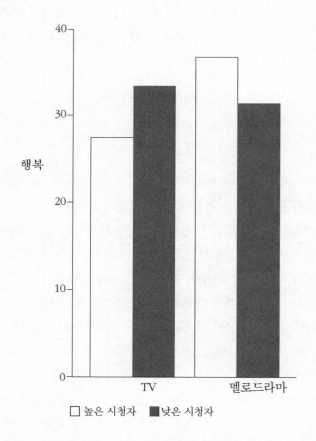

[그림 8-3] 행복에 미치는 TV 시청과 멜로드라마 시청의 효과(Lu & Arygle, 1993)

람들은 TV에서 많은 이점을 얻을지도 모르며, TV 없이는 행복하지 않을지도 모른다. Lu와 Argyle는 연속극을 많이 보는 사람이 거의 보지 않는 사람보다 더 행복하다는 것을 발견하였다([그림 8-3]). 이것은 규칙적으로 TV를 시청하는 사람들은 자신들의 '상상의 친구' 관계를 즐기고 있다고 생각하기 때문일지도 모른다. Livingstone(1988: 70)은 규칙적으로 연속극을 시청하는 사람들 중의 62%가 "잠시 후에 등장인물들이 실제 인물이 되고, 우리의 친구들과 동료들에게 하듯이 등장인물의 행복에 대해 관심을 가진다."는 것에 동의한다는 것을 발견하였다. 만약 가족들이 함께 본다면, 가정에서 많은 TV 수상기를 갖기 전에 했듯이, TV에서도 다른 사회적인 이점이 있다. TV는 친구들 사이에서 공통적으로 얘기할 거리를 제공해 줄 것이다. 그러나 Robinson(1990)은 다양한 국적을 지닌, TV를 가진 수많은 사람들과 그렇지 못한 사람들 사이를 비교했을 때 TV 시청으로 희생되는 주된 활동 중 하나는 실제 친구와 시간을 보내는 것이라고 하였다.

③ 정신적 · 신체적 건강

TV 시청의 부정적 영향을 발견한 연구는 이미 여러 번 보았다. 이것은 TV를 많이 보는 사람들이 여가집단에 속하지 않고, 이로움을 주는 활동적인 여가에 참여하지 않기 때문이라는 것이 거의 확실하다.

4 음 악

① 정적인 정서

음악은 확실히 긍정적인 기분을 일으키고 실험실에서 기분을 유도할 때 가장 효과적인 방법(예를 들면, 하이든의 트럼펫 협주곡이나 바흐의 브란덴부르크 협주곡) 중의 하나다(Clark, 1983). Barschak(1951)은 음악이 종종 소녀들에게 행복의 원천으로 언급된다는 것을 발견하였다. 춤은 상당한 즐거움을 일으키고 이것은 부분적으로 음악 때문이라는 것을 알게 되었다. 다양한 종류의 음악은 다양한 기분을 만들어 낸다. 음악은 대중음악 콘서트는 순전히 음량에 의해 높은 자극이나 흥분을, 혁명적이거나 전쟁을 부추기는 듯한 음악에서는 공격성을, 종교적인 음악에서는 깊은 즐거움을 만들어 낼 수 있으며, 사실 기분의 어떤 미묘한 변화도 가능하게 한다. 음악에 의해 일어난 감정은 굉장히 강할 수 있다. Hills와 Argyle(1998b)는 성가대 구성원들이 경험한 기분은 종교에 대한 기분과 유사하지만, '또 다른 세계를 흘깃 보는 것' 같은 종교와 관련된 차원에서조차 음악적인 것이 더 강하다는 것을 발견하였다(⟨표 8-2⟩ 참조).

음악은 사람을 차분하게 만들 수 있다. Konecni(1982)는 낮은 음량으로 단순한 멜로디를 연주하는 것이 모욕을 당한 피험자를 덜 공격적으로 만든다는 것을 발견하였다.

많은 사람들이 음악 음반을, 아마 그들이 좋아하거나 그들에게 즐거운 기분을 일으키는 작품들로 된 음반을 수집한다. 그러면 그들은 아주 정확하게 자신의 기분을 조절하기 위해 음악을 사용할 수 있게 된다.

음악이 어떻게 효과적으로 감정을 생성하는가? 이것은 기분을 내포하고 있

⟨표 8-2⟩ 보편적인 항목에 대한 음악과 종교적 경험의 평균 차이
(음악집단과 교회집단 구성원 모두)

항 목	음악 척도		종교적 척도		
	평균	표준편차	평균	표준편차	t
따뜻함과 빛으로 감싸인 느낌	2.65	1.43	2.61	1.56	0.23
신체적인 안녕감	2.89	1.41	1.57	1.46	1.76
다른 사람과 함께 있는 것을 즐기는 것	3.43	1.16	3.48	1.11	-0.32
흥분	3.52	1.27	2.57	1.41	4.80***
고조된 감정을 느낌	4.30	0.86	3.91	1.00	2.54*
다른 세계를 본 느낌	3.13	1.53	3.00	1.57	0.60
기쁨/의기양양	3.79	1.04	3.30	1.29	2.79**
자아의 상실감	3.02	1.39	2.41	1.47	3.62***
삶에 대한 긍정적인 느낌	3.62	1.10	3.91	0.95	-2.09*
공동 수행에 참여하는 것	4.02	1.00	3.20	1.35	3.88***
무한함	2.63	1.50	2.59	1.53	0.20

※ 출처: Hills & Argyle(1998a).
※ 주: *$p < 0.05$, **$p < 0.01$, ***$p > 0.001$

는 인간의 목소리의 정서적인 특징을 음악이 모방하는 과정에 의해 그런 감
정을 일으키게 된다. Scherer와 Oschinsky(1977)는 전자음 합성장치로 188개
의 음을 만들어 내고, 피험자들에게 표현된 감정의 등급을 매기도록 요구하
였다. 그 결과 부드럽게 위로 상승하는 음조 변화를 지니고, 순수한 음과 규칙
적인 리듬을 가진 높은 음조의 음을 행복한 느낌이라고 하였다. 어떤 사람들
은 흐르는 멜로디와 장조 음 또한 즐거운 소리라고 하였다. 그리고 낮고 떨어
지는 음조를 지니고 낮은 음량을 가진 느린 음들은 슬프다고 여겼다.

② 행복과 만족

사람들은 음악을 상당히 많이 듣는데, 다른 일을 하고 있을지라도 평균 하
루에 1시간 15분 정도는 듣는다. 10대들은 이보다 더 많이 듣는 것으로 나타났
다. 음악이 긍정적인 기분을 생산할 수 있다는 것은 명백하지만, 지속적인 행
복이나 만족감에 미치는 영향에 대한 증거는 없다. Hills와 Argyle(1998b)는 스
포츠 모임에 속하는 것처럼 음악집단에 속하는 것이 주는 영향을 발견하지 못
했다.

③ 정신건강

음악은 인정받고 있는 환자 치료법의 한 형태이기도 하다. 이것은 부분적
으로는 특정 종류의 음악이 주는 안정 효과를 통해 작용한다(Thaut, 1989). 이
것은 사람들이 스스로에게 가장 많이 제공하는 치료법이다.

5 휴가와 여행

① 정적인 정서

사람들이 휴가 중일 때는 확실히 기분이 좋은 상태다. Rubenstein(1980)은
'*Psychology Today*'의 독자 10,000명을 대상으로 하여 그들이 어떻게 느끼
는지를 조사하였다(〈표 8-3〉). 그 결과 그들은 훨씬 피곤함을 덜 느꼈고, 짜증
을 덜 냈다. 유일한 예외는 사무실로 돌아가고 싶어 안절부절못하는 일 중독

〈표 8-3〉 휴가 기간과 지난해 동안 징후를 보고한 비율(%)

	휴 가	지난해
피곤함	12	34
화를 잘 냄	8	30
변비, 걱정, 불안	7	27
성에 대한 관심의 결여	6	12
소화장애	6	16
불면증	4	11
두통	3	21

※ 출처: Rubinstein(1980).

자들이었다.

　사람들이 휴가를 통해 원하는 것이 무엇인지에 대한 연구에 따르면 가장 흔한 욕구는 휴식에 대한 것이다. 바닷가 태양 아래 앉아 있는 것은 휴식을 준다. 시골과 자연의 경치는 상당히 휴식을 주는 것으로 밝혀졌다. 미국인을 대상으로 한 연구에서는 '황무지'에 대한 내용이었으며, 미개척지에 대한 비디오를 시청하는 것만으로도 혈압을 낮출 수 있다는 것을 발견하였다. 휴가는 다른 종류의 긍정적인 기분을 생산할 수 있다. 모험적인 휴가, 멀리 있는 장소들, 흥분을 일으키는 탈 것과 위험한 스포츠는 흥분을 제공하며, 종교적이고 역사적인 지역을 방문하는 것은 '신성한 여행'이 될 수 있다(Pearce, 1982).

② 행복과 만족

　휴가의 이점은 얼마 동안 지속될 수 있다. 그것은 또한 기대될 수 있는 것이고 따라서 휴식과 그로 인해 생겨나는 좋은 기분은 일정한 삶의 부분이 될 수 있다. 여행에서 발견되는 동기들 중의 한 가지는 '자아실현'과 '자아성취', 내적인 평화와 조화를 찾는 것이며, 떠났던 여행이 주었던 매력과 뿌듯함에서 오는 자아존중감이란 이점을 얻게 될지도 모른다(Pearce, 1982). 교육적인 이점도 있을 수 있다. 중국에서 돌아온 친구는 "다시는 어떤 것도 똑같아 보이지 않을 것이다."라고 말하였다.

③ 정신건강

휴식은 정신건강에 좋으며, 스트레스를 주거나 지루한 삶에서 떠나는 것은 휴가의 흔한 동기가 된다. 호주의 대보초 해안 근처의 브램프텀 섬에서 휴가 중인 사람들을 대상으로 한 연구에서 4일이나 5일째 되는 날쯤에 〈표 8-3〉에서 열거된 증상들이 뚜렷이 줄어들었다(Pearce, 1982).

④ 건강

사람들이 휴가중일 때는 변비에 덜 걸리고 두통이나 소화불량 문제를 덜 가진다. 반면에 열대질병, 지나친 햇볕과 위험한 스포츠는 나쁜 영향을 줄 수 있다.

⑤ 종교

제11장에서 이 문제를 자세하게 다룰 것이다. 클래식 음악에서와 유사하게 종교적인 예배에서 일어나는 특별한 특성을 지닌 강한 긍정적인 정서가 있었다. 종교가 행복에 미치는 영향은 상당히 약하지만 노인들에게는 더 강할 수 있는데, 이는 교회 공동체의 친밀한 지지와 신과의 관계, 낙관적인 전망 때문이다. 정신적 건강은 주로 종교적인 대처 방법과 사회적인 후원으로 인해 더 좋은 상태가 된다. 건강은 부분적으로는 교인들의 더 나은 건강 행동으로 인해 훨씬 더 좋아진다.

6 자원봉사활동

① 정적인 정서

[그림 8-2]는 자원봉사와 자선활동이 즐거움의 원천으로 댄스파티 후라든지, 다른 여가활동보다는 앞선다는 것을 보여 준다.

② 행복

Wheeler 등(1998)은 노인들이 활동중인 37개의 자원봉사활동에 대한 연구를 분석하여, 자원봉사활동이 그들의 행복감을 강화시킨다는 결론을 내렸다. 게다가 노인들이 돌보고 있는 사람들의 85%가 젊은 사람들의 도움을 받고 있는 사람들보다 더 기분 좋게 느꼈다. 또한, 영국 자원봉사자들이 보고한 만족감에 대한 연구에서 자원봉사활동이 중요하다는 것을 발견하였다(〈표 8-4〉 참조). 응답자들은 자신들의 선행의 결과를 보는 것이 그들에게 매우 중요하며, 그 일을 하는 동안 친구들을 만드는 것을 즐긴다고 하였다. 다른 사람들을 도와주는 것이 즐거움의 한 가지 근원이 된다는 것은 사회심리학에서의 발견과 유사하다.

그러나 자원봉사활동이 정신적 혹은 신체적 건강에 미칠 수 있는 영향에 대해서는 어떤 것도 알려진 것이 없다.

〈표 8-4〉 **자원봉사의 이점**

	아주 중요함 %	약간 중요함 %	아주 중요 하지 않음%	전혀 중요 하지 않음%
나는 사람들과의 만남을 통해 친구가 된다.	48	37	11	4
결과를 보는 것이 만족스럽다.	67	26	5	2
내가 유익한 것을 할 수 있는 기회를 준다.	33	36	24	7
사람으로서 이기적이지 않게 느끼게 한다.	29	33	24	13
나는 그것을 정말로 즐기고 있다.	72	21	6	2
도움을 주기 위한 나의 종교적 신념이나 삶의 철학의 일부다.	44	22	9	23
삶의 경험을 폭넓게 한다.	39	36	15	9
개인적 성취감을 준다.	47	31	16	6
새로운 기술을 배울 기회를 준다.	25	22	29	23
공동체에서의 지위를 준다.	12	16	33	38
'내 자신에게서 벗어나게' 만든다.	35	30	19	15
승인된 자격증을 딸 기회를 준다.	3	7	15	74

※ 출처: Lynn & Smith(1991).

4. 여가의 전반적인 이점

여가의 주된 이점은 정적인 정서에 끼치는 즉각적인 영향이다. TV와 음악의 경우에는 이것이 유일한 이점이 될지도 모르지만, 휴가의 경우에는 정서적인 측면이 주된 이점이 된다. 교회 예배도 이런 영향을 가지고 있다. 여가가 행복에 미치는 영향은 더 작은 사교모임에서 가장 강하며, 다른 종류의 여가가 행복에 끼치는 대부분의 영향은 사회적인 관계에 달려 있다. 스포츠는 전적으로 사회적인 취지 때문만은 아니지만 정신건강에, 특히 우울증에 좋으며 사교모임과 종교 또한 우울증 치료에 좋다. 건강상의 이점은 스포츠와 운동, 사교모임과 종교에서 발견되는데, 이것은 부분적으로는 사회적인 관계와 더 나은 건강활동 때문이다.

● 무엇이 여가의 이점을 설명해 주는가

정적인 정서와 정신건강, 신체건강을 먼저 다루고 행복에 대해서는 좀 더 구체적으로 다루겠다.

① 정적인 정서

몇몇 주된 이점들은 즉각적이고 일시적이다. 비록, 때로는 매우 강하지만 음악과 TV 시청의 경우에는 이것이 주된 그리고 아마도 유일한 이점이다. 강화된 정적인 정서는 주로 기본적인 반응에 기초를 두고 있는, 감정에 미치는 즉각적인 생리학적 영향에 의해 일어난다. 격렬한 운동과 스포츠는 긍정적인 감정 경험을 주는 두뇌의 세포들을 활성화하는 엔도르핀을 자극한다. 음악은 소리로 구성되어 있고, 이 소리의 많은 것들이 감정적인 상태의 인간의 목소리와 유사하다. 우리는 본질적으로 음악을 인식하고 반응할 수 있다. 사회적인 상호작용은 즐거움의 기본적인 원천이 되고, 웃는 얼굴, 친근한 목소리와 다른 사회적인 신호들에 의해 전달된다. 음악과 운동, 어떤 경우에는 친근한 사회적인 상호작용을 동반하는 춤을 출 때처럼 이런 다양한 신호들이 종종 결합된다. 춤은 [그림 8-2]에서 보고된 여가집단 연구에서 즐거움의 가장 큰 원천이었다.

② 정신건강

어떤 종류의 여가는 정신건강에, 특히 우울증에 상당한 영향을 미친다. 운동이 어떤 종류의 우울증에는 좋은 치료방법이 될 수 있고, 또한 불안과 긴장을 감소시키는 데에 좋다는 것을 살펴보았다. 이는 운동에 의해 생겨난 긍정적인 기분과 휴식 때문일지도 모른다. 음악은 치료법의 한 형태로 환자를 진정시키는 방법으로 사용된다. 다른 형태의 휴식을 주는 운동들, 즉 TV 시청, 소설 읽기 등은 스트레스를 받고 있는 사람들에게 도움이 될 수 있다. 사회적인 후원, 특히 공통의 여가를 가진 동료관계는 스트레스의 영향을 완화시킨다는 면에서 정신건강에 좋다. 이것은 정적인 정서나 대처하는 능력을 지녔다는 느낌을 일으키는 좀 더 인지적인 과정을 통해서일지도 모른다. 종교는 보살핌을 받을 거라는 믿음을 이끌어 내고, 부정적인 사건들에 의미를 주고, 종교적인 대처 방법을 사용하는 이점을 준다.

③ 건강

어떤 여가는 신체적인 건강에 강한 영향을 미친다. 스포츠나 운동이 가장 큰 영향을 주는데, 심장과 다른 기관을 운동시켜 수명을 연장시킨다. 교회도 수명을 연장시킬 수 있는데, 주로 교회가 요구하는 더 나은 건강 행동들에 의해서다. 교회와 다른 여가집단들의 사회적인 측면도 건강에 좋은데, 부분적으로는 서로를 돌보는 사람들에 의해서지만 또한 면역체계를 활성화하는 것에 의해서이기도 하다. 휴가중인 사람들은 주로 휴식을 하기 때문에 건강이 더 좋다. 다른 종류의 긴장을 풀어 주는 여가, 예를 들면 음악감상과 TV 시청도 건강에 좋을 수 있다.

④ 여가가 행복에 미치는 영향

㉠ 사회적 동기

여가는 다양한 형태로 다양한 종류의 사회적 욕구를 만족시켜 줌으로써 행복에 영향을 줄지도 모른다. 사회적인 욕구는 수없이 많은데, 어떤 집단에 가입하는 것, 밀접한 관계, 지배와 힘, 지위와 명성, 이타주의, 경쟁과 협동에 대한 욕구를 포함한다. 사회적 욕구에 대한 개인의 특성에 따라 그들은 자신들을 충족시켜 줄 여러 형태의 여가를 선택하게 될 것이다. 드라마, 정치, 테니스나 스쿼시, 팀 게임, 교회집단 모두가 다양한 사회적인 욕구를 충족시킬 것이다(Argyle, 1996).

Hills 등(2000)은 183명의 학생들에게 36개 여가활동에 대해 그들이 경험하는 즐거움과 이것이 사회적인 동기와 다른 동기들을 얼마나 만족시키는지를 보고하도록 하였다. 군집분석은 36개 활동을, 각 군집 안에 있는 것들은 유사한 동기적 특성을 가지고 있는 6개의 군집으로 줄였다. 군집 중에 4개는 활동의 즐거움과 사회적인 욕구에 대한 만족과의 상관을 보여 주었는데, 이는 다음과 같다.

- 활동적인 스포츠, 위험한 스포츠, 낚시, 음악 공연(r = .27)
- 춤, 외식, 가족활동, 파티, 선술집, 휴가/여행, 여가집단, 친구들과의 사교생활, 극장/영화관, 스포츠 관람(r = .45)
- 조립활동, 야간수업, 원예, 명상, 운동, 진지한 독서, 바느질(r = .46)
- 정치적인 활동, 자선기금 모금, 종교적 활동, 자원봉사활동(r = .55)

이런 상관은 6개의 군집 중 3개에서 상당히 높았는데, 다른 동기의 원인들이 해결되었을 때조차 그러하였으며, 어떤 것은 다른 것에 비해 더 높았다. 상관계수에서 알 수 있듯이 많은 여가활동들이 진지한 독서나 명상에서처럼 반드시 사회적이지는 않지만 사회적인 욕구를 만족시킨다는 것은 상당히 흥미롭다. 설명하자면 아마 그것들이 상상의 사회적인 활동을 동반하기 때문일 것이다.

주관적인 행복의 다른 구성요소들을 볼 때 정적인 정서가 사회적인 상호관계, 특히 웃는 얼굴, 친근한 목소리, 다른 언어를 사용하거나 그 이외의 긍정적인 신호들에 의해 생성된다는 것을 알았다. 정신적 · 신체적 건강은 가족과 친구, 교회 같은 집단에서 오는 사회적인 지지에 의해 강하게 영향을 받는다.

ⓒ 기술이나 다른 능력을 사용하여 즐기는 것

Bandura(1977)는 스포츠에 노력을 기울이는 것 등을 하게 되는 동기는 자신이 어떤 것에 능숙하다는 믿음인 '자기치료 효능감', 즉 과거의 성공에 근거를 둔 것에 달려 있다고 하였다. '자기 효능감'은 환자들이 처방된 운동 프로그램을 시작하여 계속 참여해 나갈지의 여부를 예측할 수 있음이 발견되었다.

Hills 등(2000)은 피험자들에게 36개 각각의 활동에 대한 자신들의 능력을 등급화(당신이 이 활동에 얼마나 능숙하다고 생각하십니까?)하게 하였다. 즐기기 위해 여가에 능숙할 필요가 있는가? TV를 보는 것, 책을 읽는 것, 산책하는 것에서처럼 많은 여가활동들은 그렇지 않아 보인다. 사실 보고된 즐거움들은 보고된 활동들에 대한 능력과 상관이 있다는 것을 발견하였다. 이것은 취미와 조립활동 등의 경우에는 부분적으로 충족된 후에도 지속되었다. 자원봉사활동 등에서의 상관은 사회적 동기가 참작되었을 때 사라졌다. 그러나 훨씬 더 소극적인 활동들에서 더 높은 상관이 있었는데, 활동적인 스포츠에서는 .27이었지만 스포츠 관람에서는 .42였다. 이는 이상한 일이다. 이론이 틀리거나 우리가 자기효능감을 측정하는 데 실패한 것이다. 그러나 대부분의 Bandura의 연구에서는 백 다이빙과 같은 다소 높은 수준의 기술이 종종 관여되었는데, 이는 이론이 특정한 활동들에서만 작용하는 것일지도 모른다.

이 이론은 이전에 언급된 자기효능감과 자아존중감에 대한 결과들을 설명할 수 있다. 그러나 여가는 다른 방식에서 정체성과 자아존중감에 기여할 수 있다. 사회학자들은 많은 사람들에게 있어 돈을 받는 일은 정체성의 주된 원천이 될지라도 실업자나 은퇴한 사람, 주부, 일에서 만족감을 얻지 못하는 사람, 일에서 존중받지 못하거나 인정받지 못하는 사람에게는 그렇지 못하다고 주장해 왔다. 스포츠 팀을 지지하는 것이 정체감을 주는 것과는 달리, 엄청난 여가활동들은 그다지 정체감을 주지는 못한다. 정체감을 위해 사람들은 좀 더 집중적이고, 흔치 않은 형태의 여가, 즉 아마추어 고고학, 연극, 스코틀랜드 민속춤, 아마추어지만 높은 수준의 스포츠나 예술활동 등에 진력한다 (Stebbins, 1979). 배낭여행자, 카약인들, 기타 연주가와 그 외의 사람들에 대한 연구에서, 이 집단들은 명백한 이미지를 갖고 있고, 구성원들은 이런 특징을 소유하고 싶어 한다(Haggard & Williams, 1992).

여가를 추구하는 데 있어 능숙한 수행능력은 자아존중감을 증가시킴으로써 만족감을 제공할 수 있을 것이다. 이것은 성공적으로 일을 수행하거나 단순하게 참여하는 것, 즉 복장으로 차려 입는 것, 특별한 집단의 구성원이 되는 것, 특별한 기술을 습득하는 것, 대중공연을 하는 것, 작은 문화를 형성하는 여가 세상에 참여하는 것 등을 함으로써 행해질 수 있다(Kelly, 1983). 예컨대, Kelly는 "도예가는 도자기와 어떤 것을 만드는 경험에서 뿐만 아니라 기술을 행하는 도예가가 되는 것에서 의미를 찾는다."고 하였다(kelly, 1983: 119).

기술을 지니는 것이 즐거움을 증가시키는 것처럼 보일지라도 대부분의 운동에서와 마찬가지로 능숙하지 않아도 많은 여가를 즐길 수 있다. 앞에서 운동과 스포츠가 정신건강과 신체건강에 모두 상당히 좋다는 것을 살펴보았다. 이것은 자기효능감보다는 운동 때문일지도 모른다. 그러나 사람들은 자신이 잘하지 못한다고 생각하면 지속하지 않을지도 모른다.

ⓒ 내적인 동기

사람들은 부분적으로는 적어도 자신들이 돈을 받기 때문에 일하지만 여가는 그냥 참여한다. 아이들은 여러 시간 동안 돈을 받지 않고 그냥 노는데, 이는 그 자체로 보상을 제공하는 '내적인 동기화'가 되었기 때문이라고 말한다. 그러면 내적인 동기란 무엇인가?

내적인 동기의 작동은 피험자들에게 자신들이 하고 있는 것을 얼마나 강하게 원하는가와 이외의 다른 활동을 얼마나 하고 싶어 하는가를 물어봄으로써 평가된다. 내적 동기와 정적인 정서 사이에는 강한 상관이 있다(예컨대, Graef et al., 1983). 특히, 일보다는 여가에서 더 강하게 나타났다. Markland와

〈표 8-5〉 스포츠나 운동에 참여하는 이유

	%
체력 단련	56.6
신체적 활동을 즐김	51.3
사교와 교우관계	35.3
건강과의 관련	30.3
스트레스 관리나 이완	29.0
체중 조절	22.4
개인적인 기술 개발	17.1
경기	7.9

※ 출처: Markland & Hardy(1993).

Hardy(1993)는 400명의 영국 학생들을 대상으로 왜 스포츠나 운동에 참여하는지를 물었으며, 〈표 8-5〉와 같은 응답을 얻었다. 두 번째로 가장 많은 대답은 '신체활동을 즐기는 것(51.3%)' 이었는데, 이는 내적 동기다.

많은 여가활동들이 '신체적으로 즐거운 활동' 이라고 얘기된다. 즉, 수영, 춤, 달리기와 당신이 즐기는 것이 무엇이든. 물론, 다른 신체적인 즐거움들은 먹는 것, 마시는 것과 성관계가 있으며, 어떤 다른 설명도 필요 없는 내적 동기들이 있다.

내적 동기는 일반적인 특징을 갖고 있다. 이 중 하나가 속박에서 지각된 자유로움이다(Neulinger, 1981). 이전에 자율성이 직업만족에 중요하다는 것을 살펴보았다. 이런 면에서 많은 자유 시간은 자유롭지 않다. 왜냐하면 다른 사람들에 대한 의무 때문이다.

다음에는 도전이 있다. Csikszentmihalyi(1975)는 도전적인 여가활동, 예를 들어 암벽 등반가, 댄서, 작곡가, 농구선수 등에 참여한 173명을 면접하여 여가가 어떻게 동기화되는지를 찾으려고 하였다. 그는 이들이 도전 대상에 직면하고, 이에 대처할 수 있는 기술을 가졌을 때 깊은 만족감을 경험한다는 것을 발견하고, 도전 대상이 너무 높으면 불안감이 있다는 것을 이론화하였다. 도전 대상이 너무 낮을 때는 지루해한다.

183명의 학생을 대상으로 한 우리의 연구에서는 피험자들에게 그들이 36

개의 활동에서 직면한 도전의 정도와 그들이 소유한 기술의 정도를 추정하도록 하여, 이 이론을 검증해 보고자 하였다. 결과는 도전 난이도가 너무 높거나 너무 낮을 때, 즐거움은 덜했다. 거의 Csikszentmihalyi의 이론이 예측했던 대로 도전 난이도가 기술보다 약간 적을 때 즐거움은 더 컸다. 또한, 36개의 활동을 비교하였을 때 도전 난이도와 기술이 항상 균형을 맞추었다. 이는 사람들이 자신이 가진 기술로 해결할 수 있는 여가활동을 선택한다는 암시로, 이또한 이론과 일치한다. 그러나 우리가 발견한 결과들 중의 몇몇은 그 이론과 맞지 않았다. 가장 즐거운 활동은 가장 어려운 활동이 아니라 가장 사회적인 활동이었다. 사회적 이론이 이것을 설명할 수 있다. 그리고 위험한 스포츠는 도전 난이도가 상당한 기술을 필요로하지만 가장 즐거운 활동이었다. 홍분추구이론이 이것을 설명해 준다. 또 다른 예외는 도전이나 기술이 필요 없는 TV시청으로 가장 인기 있는 것이다.

ⓔ 휴식을 추구하는 것과 홍분을 추구하는 것

사람들은 목표를 추구하는 것처럼 보이며, 때로 목표가 성취되었을 때 휴식을 취하며, 때로는 홍분을 추구하는 것처럼 보인다. 그렇다면 어떤 것이 가장 근본적인 동기일까? Apter(1982)는 다른 시간대에 둘 다를 추구한다고 제안하였다. 우리가 '목적적인(telic)' 상태일 때는 목표를 추구한다. 우리가 '덜 목적적인(paratelic)' 상태일 때는 홍분을 추구하며, 한 상태에서 다른 상태로 전환된다.

우리는 183명의 학생을 대상으로 한 연구에서 여가의 이점을 설명하는 데 이 이론이 적용되는지를 살펴보았다. 그들에게 36개의 활동들을 얼마나 목적지향적인가에 따라 등급화하도록 하였다. 어떤 이들에게는 즐거움이 목적성과 긍정적으로 관련되어 있었고, 어떤 이들에게는 부정적이었다. 가장 덜 목적적인(paratelic) 것은 컴퓨터 게임, 극장과 영화관, 파티, 선술집, 음악 듣기, 친구와의 사회적인 생활, 외식, 휴가와 여행이었다. 이것은 가장 순수한 종류의 여가로 보이고 대체로 사회적이다. 가장 목적적인 것은 정독과 연구, 자선모금, 정치활동, 종교활동, 자원봉사활동, 조립활동, 원예, 야간수업 등이었다. 이것은 일에 가까웠다. 10개의 가장 목적적인 것과 10개의 가장 덜 목적적인 것을 비교하여 덜 목적적인 여가활동이 기술이나 도전을 덜 포함하는 것을 보았다. 이들은 또한 사회적인 요구를 더 만족시켜 주는 것으로, 더 즐거운 것으로 판단되었다. 그렇다면 목적적인 여가가 즐겁지 못하다고 결론을 내려야 할까? 아마 그렇지는 않을 것이다. 피험자들은 상당히 젊고 대학 1, 2학년 학생들이고 아직 일과 같은 활동에서 만족감을 발견하지 못했을지도 모른다. 전에 보고된 또 다른 연구에서 높은 수준의 즐거움이 자원봉사활동과 자선모금에서 보고되었고, 전념할 수 있는 여가를 추구하는 사람들이 전혀 추구하지 않는 사람들보다 더 행복하다는 것을 발견하였다. 결론은 오히려 두 가지 종류의 여가 만족이 있다는 것이다.

어떤 덜 목적적인 활동들은 흥분과 자극을 추구하는 것을 포함하고 있다. 그 예로 위험한 스포츠가 있다. 그것들은 위험하며 사람들이 종종 다치거나 죽기조차 한다. 그러면 사람들은 왜 그것을 하는가? 그 답의 일부분은 아마도 이것들이 덜 목적적인 활동들이며, 사람들은 즐거움과 흥분을 추구하기 때문이라고 할 수 있다. 특정한 사람들만 위험한 스포츠를 좋아하기 때문에 우리는 관련된 성격 특성을 볼 수 있다. Zuckerman(1979)은 위험한 스포츠에 참여하는 사람들이 감각추구척도에서 점수가 높다는 것을 발견하였다. 감각추구는 외향성과 정신병 차원과 관련된다. 이 속성에서 높은 곳에 있는 사람들은 위험과 강한 자극, 성행동을 동반하는 활동에 의해 높은 각성을 추구하고, 흰 거품이 이는 급류에서의 래프팅, 사이클링, 낙하산 점프 같은 것에 참여한다.

Eysenck 등(1982)은 성공한 스포츠맨은 특별한 종류의 성격을 갖고 있는데, 외향성과 정신병적 경향이 높다는 것을 발견하였다. 그들은 부분적으로는 다른 사람들을 상처 입히는 것에 신경 쓰지 않기 때문에 아이스하키 같은 거친 팀 스포츠를 특히 잘하였고, 추측건대 이를 즐기고 있었다.

5. 맺으면서

여가는 행복의 모든 측면에, 특히 정적인 정서, 정신건강과 신체건강에 좀 더 적게는 행복 그 자체에 강한 영향을 미친다.

가장 강한 이점은 스포츠와 운동, 사회적인 여가집단에서 나온다. 제11장은 교회에서 오는 유사한 이점들에 대해 논의할 것이다.

정적인 정서는, 예를 들면 격렬한 스포츠가 엔도르핀에 영향을 미치는 것처럼 생리학적인 영향에 기인한다. 여가가 더 나은 건강활동과 휴식 그리고 면역체계에 미치는 사회적 지지를 통해 그리고 긍정적인 기분과 휴식, 건강에 미치는 여가의 영향으로 인해 정신건강은 증진된다.

행복에 대해 여가가 주는 이점은, 부분적으로는 많은 여가에 의해 제공되는 사회적인 만족감, 성공적인 수행에서의 만족감, 도전을 기술적으로 충족시키는 것, 진지한 여가나 그 자체의 추구에서 오는 다양한 이점들을 통해서 설명될 수 있다.

제9장

돈과 사회계층
그리고 교육

경제학자들은 인간의 복지에 관심을 가지고 있고, 종종 인간의 행복은 그들이 얼마나 돈을 많이 가졌느냐에 의해 측정될 수 있다고 생각한다. 그러나 돈이 인간을 행복하게 만드는가? 그렇다면 어떤 사람들을, 얼마나, 왜 그렇게 만드는가? 경제학자들과는 상관없이 어떤 사람들은 돈이 자신들을 행복하게 만든다고 생각하는 것처럼 보인다. 그들은 영국 국가복권(British National Lottery)과 축구 도박에 엄청나게 많이 참여하며, 광고주들은 흔히 구매 자극제로서 엄청난 경품을 제공하고 있다. 정부와 정당들은 개인과 국가의 부를 증가시키는 것을 그들의 주된 목적으로 삼는 것처럼 보인다. 임금 협상은 때때로 굉장히 격렬하며, 너무 심하여 때로는 노동자들이 지나친 협상을 벌이다가 직장을 잃기도 한다. 노동자들은 임금에서 보너스를 제공받는다면 더 오래, 더 빨리 일할 것이다(Furnham & Argyle, 1998).

그러나 조사들이 이런 대중들의 돈에 대한 집착을 전적으로 확인시켜 주지는 못한다. Campbell 등(1976)은 『Quality of American Life』 연구에서 '재정적인 상황'이 사람의 만족도에 영향을 미치는 12가지 가능한 원천 중에서 11번째 순위라는 것을 발견하였다. King과 Napa(1998)는 피험자들은 돈이 행복에 미치는 영향들 중의 5분의 1정도를 차지하는 가치를 지니고 있으며, 좋은 삶의 구성요소로서는 6분의 1의 의미가 있다고 평가하는 것을 발견하였다.

돈의 영향은 굉장히 중요한 문제며, 늘 의문시되던 것이다. 초기의 어떤 연구에서는 수입과 행복 사이에 상관이 적다고, 어떤 경우에는 전혀 없다고 보고하였다. 많은 국가에서 부가 상당히 증대되던 기간 동안 주관적인 행복은 실재로 증가하지 않았다. 불행한 백만장자들이 있는 것은 복권이 항상 사람들을 행복하게 만들지 않는다는 것을 알려 주고, 어떤 이는 '가난하지만 만족스러운' 것이 있다는 것을 알려 준다. 돈이 정말로 주관적인 행복에 영향을 미치지 않는다면 정부를 포함한 많은 사람들은 중대한 실수를 하는 것이다. 아마도 그 답은 이것보다 더 복잡할 것이다. 여기에 대해 설명을 찾기 이전에 우리는 돈이 인간을 얼마나 행복하게 만드는지를 탐색할 것이다.

1. 수입과 행복

1 정적인 정서

가장 초기의 연구들 중의 하나가 정적 · 부적 정서에 대한 Bradburn(1969)의 연구다. 정적인 정서는 가장 가난한 집단의 .32에서부터 가장 부유한 집단의 .57에 이르기까지 수입과 명백한 관련성을 가졌다. 부적인 정서와의 관련성은 훨씬 더 미약했다. Diener와 Biswas-Diener(2000)는 이후에 다른 지역을 대상으로 한 많은 연구들을 보고하였는데, 정서의 균형과 행복이 수입에 대한 만족보다 더 밀접하게 연관되어 있음을 발견하였다. 그러나 .15에서 .18 정도의 상관이 있었다. 이것을 표현하는 또다른 방식은 수입에서의 상위 절반에 해당하는 사람들의 80%가 정서 균형에서 중간 이상이었던 반면, 하위 절반에 해당하는 사람들의 56%가 정서 균형에서 중간 이상이라는 것이다.

2 행복과 만족

Diener와 Oishi(2001)는 40개 국가를 대상으로 수입에 대한 상관을 보고하였고 평균적인 상관을 나타낸 〈표 9-1〉을 제시하였다.

〈표 9-1〉을 보면, 수입과 만족감의 상관이 별로 높지 않았고, 이는 또한 만족척도에서 상위 수입 집단과 하위 수입 집단 사이에 11%의 차이가 있는 것으로 나타났다. 재정적인 만족도가 삶에 대한 만족도보다 수입과 더 밀접한 관련성을 지닌다는 것은 그다지 놀라운 것은 아니다.

수입과의 관련성은 수입 분포에서 더 낮은 아래 끝부분에서 더 강하였는데, 이는 1981년과 1984년 사이에 행해진 미국인을 대상으로 한 조사 결과에서 그러하였다([그림 9-1]). 극빈한 사람들은 분명히 불행하다. 수입이 주는 영향은 굉장히 강하며, 다른 국가들에서도 이러한 결과를 얻을 수 있었다. 또한, 교육과 다른 변수들을 통제하였을 때에도 여전히 발견되었다.

그러나 돈의 영향은 상위 끝에서 완전히 멈추지 않는다. Diener 등(1985)의 연구인 세계가치관조사(World Value Survey)를 보면, 상위 수입에 위치했던 사람들이 비록 재정적인 만족도가 분명히 더 높을지라도, 다음 집단과 7.69대 7.63으로 만족에 있어 차이가 거의 없었다는 것이 발견되었다. Diener 등은 또한 매년 천만 달러 이상을 벌고 있는 49명의 부유한 미국인들 대상으로 같은 지역에 살고 있는 무선으로 선택된 62명과 비교하는 연구를 하였다. 49명은 그곳에 살기에는 상당히 부유했지만 백만장자는 아니었다. 그 부유한 사람들은 그 당시 77% 정도가 행복하다고 하여, 통제집단의 62%와 비교되었다. 이 연구는 다소 드문, 특히 부유한 사람들을 포함하였는데, 그들이 부유하다는 것을 제외하고 많은 면에서 다른 사람들과 달랐다는 점에서 비판을 받고 있다. 그만큼 납득할 만한 통제집단을 찾는 것은 어려웠을 것이다.

이 척도의 더 낮은 끝 부분에 또한 행복한 사람들, '가난하지만 행복한 사람들'이 있다. 그들은 어떤 것에 대해 아무것도 할 수 없다는 오랜 기간의 경

〈표 9-1〉 국가 간의 만족감과 수입 간의 상관

생활 만족	.13
생활 만족(학생)	.10
재정적인 만족	.25
재정적인 만족(학생)	.18

※ 출처: Diener & Oishi(2001).

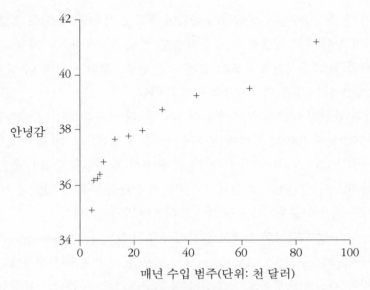

[그림 9-1] 미국에서 **수입과 안녕감**(Diener et al., 1993).

험에 의해 습득되고 학습된 무력감의 상태와 적응 상태에 있는 것으로 설명
된다(Olson & Schober, 1993).

〈표 9-1〉에 나타난 조사 결과에서 수입과 만족감의 상관은 몇몇 국가들에
서 상당히 더 높았는데, 예를 들면 슬로베니아 .52, 남아프리카 .50, 터키 .39,
에스토니아 .34였으며, 모두 자국 내에 가난한 사람들이 상당히 살고 있는 국
가들이었다. Veenhoven(1994)은 다른 몇몇 가난한 국가들, 예컨대 탄자니아
(.68)와 요르단(.51) 등을 대상으로 똑같은 결과를 보고하였다. [그림 9-2]는
가장 가난한 9개국과 가장 부유한 9개국을 대상으로 수입이 생활만족도에 미
치는 영향에 대한 비교를 보여 준다. 이것은 미국과 영국에서 더 가난한 사람
들을 대상으로 하여 얻어진 수입과의 강한 상관관계와 유사하다. 이는 더 가
난한 국가들에서 돈이 기본적인 욕구를 충족시키는 데 더 많이 사용되기 때
문이거나, 더 큰 사회적 불평등이 있기 때문일지도 모른다.

다른 재정적인 측정치들이 사용된다면 만족과의 관련성은 더 크다. Mullis
(1992)는 경제적인 재산과 가족 전체 수입을 고려한 경제 지수를 사용하는 미
국을 대상으로 .23의 상관을 발견하였다. 이 상관은 비교적 컸지만 굉장히 큰

것은 아니었다. 그리고 행복과 만족 사이의 관련성은 제2장에서 보았듯이 건강과 교육 같은 부가적인 사회지표들이 포함되면 더욱 커진다. 이런 고려는 건강과 교육 같은 몇몇 사회지표들이 국가적 번성과 개인의 번영에 의해 영향을 받을지라도 돈의 영향력을 뛰어넘는다는 것이다.

　수입과 행복 사이에 관련성이 있다면 이것은 인과적인 관계라고 확신할 수 있을까? 복권에 당첨되는 것으로 인한 영향에서 한 가지 증거가 나올 수 있다. 이는 나중에 논의되겠지만, 복권에 당첨되는 것은 믿을 만한 행복의 원천이 아닌데, 이는 복권 당첨으로 인해 기존의 삶이 붕괴되기 때문이라고 할 수 있다. 행복은 수입에 영향을 준다. 그러나 장기적인 자료들은 행복이 나중의 수입에 아주 작은 영향을 끼친다는 것을 보여 준다(Diener & Biswas-Diener, 2000). 따라서 수입과 행복 사이의 관련성은 주로 인과적인 원인이 되는 수입에 기인한다.

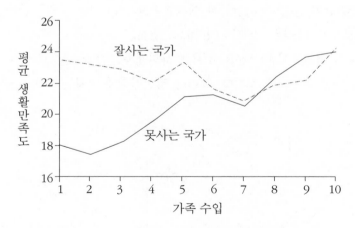

[그림 9-2] 못사는 사회와 잘사는 사회에서의 가족 수입과 생활만족도
(Diener & Oishi, 2001)

③ 부적인 정서, 정신질환

Bradburn(1969)은 수입과 부적인 정서 사이에 다소 관련성이 미약하다고 하였다. 그러나 우울증이나 다른 정신질환에 대한 연구들에서는 더 강한 상관을 발견하였다. Kessler(1982)는 16,000명의 미국 피험자로 된 8개의 연구에서 나온 자료를 분석하였다. 그는 남성들에게 있어 수입, 특히 벌어들인 수입이 우울증의 가장 신뢰성 있는 예측치라는 것을 발견하였다. 즉, 직업적인 지위는 훨씬 약했다. 여성들에게는 교육이 더 강한 예측치였다. West와 Reed 그리고 Gildengorin(1998)은 큰 지역사회를 대상으로 연구를 하였고, 더 많은 수입을 가진 사람들이 우울증의 빈도가 더 낮았다는 것을 발견하였다. 이것은 건강이나 무능력, 사회적인 고립에서의 차이로 설명될 수 있다. 남성들에게 수입의 이점은 75,000달러에서 안정되었지만, 여성들에게는 가장 부유한 사람들이 두 번째로 가장 낮은 수입 무리에 있는 사람들보다 더 우울하였다. 3개의 대규모 조사에서 Lachman과 Weaver(1998)는 더 낮은 수입을 가진 사람들이 더 건강이 안 좋은 사람들과 생활만족도가 더 낮은 사람들만큼 많은 우울증을 보고한다는 것을 발견하였다([그림 9-3]).

정신건강의 영역에서 대부분의 조사는 사회계층을 연구 변수로 다루어 왔고, 이것은 나중에 논의될 것이다. 그러나 정신건강에 미치는 계층의 영향에

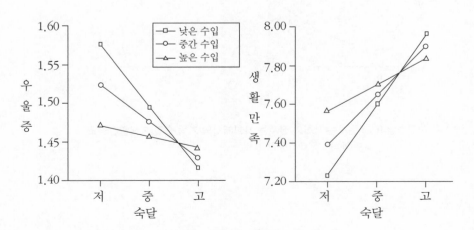

[그림 9-3] 심리적 안녕감에 대한 예측된 회귀선(Lachman & Weaver, 1998)

대한 경제적인 차이에 부분적 설명을 하고 있다. 노동계층의 사람들은 돈의 부족과 돈 문제를 가졌다는 것으로 스트레스를 받는 상황에 있고, 다른 어려움을 다룰 재정적인 자원을 더 적게 갖고 있다(Argyle, 1994). 이런 영향들은 부분적으로 더 낮은 숙달감과 통제감을 설명해 주고 있다.

④ 건 강

Lachman과 Weaver(1998)는 가난한 사람들일수록 건강이 더 좋지 않다는 것을 보고하였다. Blaxter(1990)는 영국인 연구에서 건강에 대한 객관적인 측정치를 얻었다. 그녀는 가난한 사람들이 부유한 사람들보다 훨씬 건강 상태

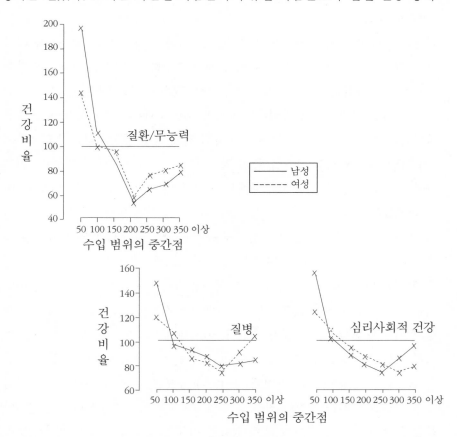

[그림 9-4] 수입과 건강: 주급과 관련해서, 연령-표준화된 건강 비율, 질병 그리고 심리사회적 건강. 40~59세의 남성과 여성의 가계 수입, 주당 50파운드의 증가 효과를 나타내고 있다(모든 연령과 성 = 100, Blaxter, 1990).

가 좋지 않으며, 상당히 부유한 사람들은 좋지 않은 건강 영역에서 상승하는 것을 발견했는데, 이는 주로 너무 많이 술을 마셨기 때문이라는 결론을 내렸다([그림 9-4]).

정신적 건강에서와 마찬가지로 신체적인 건강에 대한 대부분의 연구는 사회계층의 영향을 받으며, 계층 차이에 대한 설명의 일부분은 경제적인 것이다. 사람들이 더 가난할수록 더 좋지 않은 영양, 난방, 공기, 환경에 노출된다. 그러나 건강에서의 계층 차이에는 건강 행동과 같은 돈과 거의 관련이 없는 다른 요소들이 있다(Argyle, 1994).

5 국제 비교

행복에 대한 수입의 영향을 연구하는 또 다른 방법은 모든 국가들을 대상으로 평균 수입과 평균 행복 사이의 관계를 연구하는 것이다. 이와 관련하여 55개국을 조사한 연구 등 수많은 연구들이 있었다. 이들 연구는 모두 약 .60이라는 강한 상관을 발견하였다(Diener & Biswas-Diener, 2000). 가장 부유한 국가들과 가장 가난한 국가들을 비교하면 전체 생활만족도 척도의 약 4분의 1에 해당하는, 30개의 단위들 중의 약 7개의 단위에서 차이가 있었다. 어떤 연구는 수입 척도상의 상승 부분에서 수평이 되는 부분을 발견하였으며, 어떤 연구들은 그렇지 못하였다. Diener 등(1995)은 어떤 수평 지점도 찾지 못했고, 기본적인 욕구 사항들이 일정하게 유지될 때, 1인당 GDP와 평균 구매력은 만족감과 .33과 .37의 상관이 있다는 것을 발견하였다.

제12장에서 살펴보겠지만, 다양한 국가들에서 행복을 비교하는 데는 타당성이라는 실제 문제가 있다. 어떤 문화에서는 사람들이 그들의 행복을 과장했고 어떤 문화에서는 그것을 숨긴다. 이것은 부의 기능으로서 주어지는 만족에 대한 차이점을 설명할 수 있는데, 미국인들은(논의하게 될) 그들의 행복을 과장하는 경향이 있는 반면에 아시아와 동부 유럽(모든 가난한 지역) 사람들은 그것을 숨기는 경향이 있다. 반면에 Veenhoven(1993)은 다양한 언어와 문장 형식의 사용이 점수에 많은 영향을 미치지 않는다는 것을 발견하였고, 어떤 연구들에서는 다양한 측정치들 간의 상당한 집합점이 있었다(Diener et al., 1995). 그리고 유럽에서의 낮은 주관적인 안녕감같이 다양한 예외들에도 불구하고 주요 지역들 사이에서의 차이점은 일리가 있었다(〈표 9-2〉). 반응 유형에서의 문화적 차이들이 .60이라는 상관의 전부 혹은 많은 부분을 설명 해 줄 수 있을 것 같지는 않다.

국가 간 연구에서 이렇게 커다란 상관이 있고, 국가 내의 개인에 대한 연구 에서는 상관이 적은 이유는 무엇인가? 이것은 부분적으로 통계적인 산물이 다. 행복에서 변인의 주된 원인은 외향성이나 신경증 같은 성격에서의 차이 다. 국제 비교에서는 평균화되며, 이러한 '오류'의 주된 원인이 제거되고, 그 래서 수입과의 관계에서 얻어진 상관은 증가하게 된다.

이것이 전체적인 설명이 되지는 않으나 부유한 국가에 사는 것에서 오는 행복감이 주는 이점이 개인의 번영에서 오는 이점보다 더 높거나 그 이상이 라는 것임에 틀림 없다. 이것은 건강시설, 교육, 안전, 공원, 여가시설 같은 공 공시설일 수 있다. 이것은 또한 더 부유한 국가들에서 발견되는 더 큰 수입 평 등, 민주주의와 정치적인 자유, 개인주의 때문일 수도 있다. 제12장에서 이런 변수들의 개별적 영향에 대해 살펴볼 것이다.

〈표 9-2〉 세계의 여러 지역에서 '아주 행복한' 비율

	아주 행복함	아주 높게 만족함		
		생활 수준	주거	가족생활
북미	40	46	55	73
오스트레일리아	37	—	—	—
유럽	20	35	49	64
남미	32	36	37	60
아프리카	18	5	14	18
극동	7	8	14	18

※ 출처: Gallup(1976).

6 개인에게 미치는 임금 상승의 영향

수입이 행복과 만족을 야기시키는지를 알아보기 위한 또 다른 방법은 수입 의 변화가 미치는 영향을 살펴보는 것이다. Inglehart(1990)는 자신들의 재정

적인 상황이 현재 '훨씬 더 좋다'고 말한 유럽 사람들의 85%가 '훨씬 나쁘다'고 말한 사람들의 57%와 비교해서 더 만족해한다는 것을 발견하였다. Clark(1996)는 9,000명의 영국 성인들에게서 나온 자료를 연구하여, 지난해에 임금 상승이 가장 컸던 사람들(임금 상승이 가장 컸던 사람들 중의 61.3%가 만족스럽다고 말했다.)에서 직업만족도가 더 크다고 하였다. 그러나 이 자료가 만족스럽다는 것의 이점은 단기간에만 존재하고 어떤 종류의 습관이 생긴다는 것을 시사한다. 임금 상승의 영향은 낮은 임금을 받는 사람, 교육을 덜 받은 사람, 젊은 사람들에게서 가장 컸다. 임금 하락은 거의 영향을 미치지 않았다.

또 다른 종류의 경제적인 이점은 복권에 당첨되는 것에서 기인한다. Brickman 등(1978)은 통제집단에 대한 3.82와 비교하였을 때, 22명의 복권 당첨자들은 행복척도에서 평균적으로 4.0을 기록했음을 발견하였다. Smith와 Razzell(1975)은 영국 풋볼 도박에서 많은 돈을 딴 191명의 사람들을 연구하였다. 많은 사람들이 이전보다 약간 더 행복해졌다고 주장하였으나 삶의 파괴로 인한 많은 심각한 문제들도 있었다. 이들 중 70%는 직업을 그만두었고, 많은 사람들이 이사를 하였으며, 따라서 직장동료와 이웃 모두를 잃었으며, 어떤 사람들은 새로운 이웃에 의해 받아들여지지 않았고, 어떤 사람들은 가족과 다툼이 있었다. 영국 국가복권(British National Lottery) 당첨자들 중 한 사람은 자동차를 샀지만 운전할 수 없었고, 많은 옷을 샀지만 그것을 옷장에 두어야만 했고, 비싼 레스토랑에 갔지만 그녀가 더 좋아했던 피시 핑거를 고른 24세 된 여성이었다. 그녀는 여전히 실업자였고, 독신이며, 불행하였다. 마치 갑자기 많은 돈을 얻게 되는 것은 사람들을 그다지 행복하게 만들지 않는 것처럼 보인다.

여러 연구에서 수입 상승이 스트레스 때문일 수도 있다는 것을 발견하였다. 더 높은 복지기금을 받는 일단의 미국인들은 더 많은 스트레스 상황하에 있었다(Thoits & Hannan, 1979). 수입이 늘어난 또 다른 집단은 이혼율이 더 높아졌다. 이것은 그 돈을 어떻게 사용할 것인가에 대한 불일치가 가족 내에 충돌을 증가시켰기 때문일 수 있다. 또한, 물질적 기대치가 증가되어 관련이 있는 사람들이 이전보다 덜 행복해할지도 모른다.

7 국가의 경제적 변화의 영향

많은 국가들에서 제2차 세계대전 이래로 평균 수입과 번영 면에서 엄청난 증대가 있었다. 미국에서는 전쟁 이전부터 4가지 중의 한 가지 요소에 의해 평균 수입이 증가되었고, 일본에서는 그 증가가 이보다 더 컸다([그림 9-5]). 양국 어디에서도 만족 면에서는 어떠한 증가도 없었다. Blanchflower와 Oswald(1997)는 다른 조사 자료들을 사용하여 미국에서, 특히 30대 이하의 사람들에게 행복 면에서 약간의 증가가 있었다는 것을 발견하였다. 1972년에 미국 젊은이들 중의 16%가 '그다지 행복하지 않다' 고 대답하였으나, 1990년 대에는 단지 9%만이 '그다지 행복하지 않다' 고 답했다. 그리고 1972년에 30%는 '굉장히 행복하다' 고 하였으나 1990년에는 33%로 상승하였다. 유럽에서도 유로지수(Eurobarometer) 조사에서 이와 유사한 결과를 얻었다. 13개 국가 중 12개국에서, 특히 젊은이들에게 행복 면에서 약간의 상승이 있었다. 그러나 영국은 예외였다.

하지만 수입의 변화와 상관이 이러한 것과 마찬가지로 행복의 증가가 극히

[그림 9-5] 유럽 국가들의 만족감(Myers, 1992)

적었다는 것에 의견의 일치를 보였다. 반복되는 조사 자료를 이용할 수 있는 15개 국가들의 수입 변화와의 평균 상관은 .007이었다(Diener & Oishi, 2001). 15개국 중에는 어떤 극빈 국가도 없었지만, 경제적 성장과 만족감과의 관계가 어떤 국가들에서 더 높았다는 것을 암시하는 제한된 증거들이 발견되었다. 즉, 인도 .09, 포르투갈 .09, 멕시코 .06, 여전히 굉장히 낮은 브라질과 한국 등이다.

국가 수입의 감소는 어떨까? 유럽의 놀라운 예가 하나 있는데, 이 국가는 벨기에다. 1978년과 1983년 사이에 대체로 그들의 삶에 '매우 만족한다' 로 대답한 퍼센트가 45%에서 20%로 떨어졌다([그림 12-1] 참조). 이 시기는 벨기에의 경제적 침체기였다. 제12장에서 다양한 유럽 국가들 사이에서 보고된 만족도에서 커다랗고, 설명할 수 없는 차이점들에 대해 다시 논의할 것이다. 1980년과 1982년 사이에는 일반적인 유럽인들의 행복감에서 작은 하락이 있었는데 브라질, 아일랜드와 일본에서의 경제적 침체의 영향이었다(Veenhoven, 1989). 이것에 대해서는 사람들의 물질적 기대치를 줄임으로써 떨어지고 있는 수입에 빨리 적응하지 못했다는 해석이 가능하다.

Oswald(1997)는 경제적 변화가 행복에 영향을 줄 수 있는 다른 지수들에 미치는 영향을 살펴보았다. 그는 정신적 괴로움과 부적인 정서의 측정도구인 일반적인 건강 질문지를 사용하였다. Oswald는 영국에서 고용상태에 있는 사람들 사이에서는 수입이 주는 어떤 영향을 일반적인 건강 질문지상에서 찾지 못하였지만 실업(그 자체가 낮은 경제적 번영의 결과인)에 의해 야기된 고통에서는 수입이 강한 영향을 주었다(여기에 대해서는 제7장에서 논의했었다). 또 달리 사용된 지수는 직업만족도다. 영국에서 1973년과 1983년 사이에 자신의 직업에 상당히 만족하는 사람들이 42.7%에서 39%로 약간 떨어졌다. Taussig과 Fenwick(1999)는 미국에서도 똑같은 현상을 발견하였다. 이것은 주로 직업에서의 요구사항의 증가와 낮은 임금을 동반하는 직업 구조 조정 때문이었다.

마지막으로 Oswald는 자살률을 살펴보았다. 영국에서 자살률은 다른 산업화된 국가들과 비교했을 때 낮은 편인데, 이는 지난 세기 동안 감소해 왔다. 긴 시간 동안 영국은 더 부유해졌고, 자살률은 감소했다(Oswald, 1997: 13). 이 비율은 실업자들에게는 훨씬 더 컸다.

이런 결과물들 중에 어떤 것들은 설명이 필요하다. 왜 실제로 상당한 양의 임금 상승이 만족감에 영향을 적게 미치는가? 이는 아마도 삶과 소비 패턴에 단순하게 익숙해지는 것 때문이거나 실제적 수입보다 높아진 기대치가 실제 는 더 빨리 상승할 수 있기 때문일 수도 있다. Esterlin(2000)은 수입과 수입 상 승과 함께 상승하는 뭔가를 갖고 싶어 하는 물질적 열망 사이의 상관관계를 찾았다. 사람들은 또한 만족될 수 없는 수입에 대한 열망을 가지고 있다. 1987년에 미국인들은 자신들의 꿈을 성취하기 위해 매년 5만 달러를 원하였 고, 1994년에는 10만 2천 달러를 원했다(Schor, 1998). 사람들은 다른 사람보 다 더 많이 가진다면 만족해하므로 모든 사람들이 더 부유해지면 행복은 영 향을 받지 않는다는 이론인, 수입 상대성의 면에서 또 다른 설명을 할 수 있 다. 이것은 다음에 논의할 것이다.

상승하는 임금과 상승하는 만족 사이에는 .09에 이르는 약한 상관관계가 있으나 이는 더 가난한 국가들에서뿐이다. 우리가 국가 내에서의 수입 차이 와의 상관에서 살펴보았듯이 수입은 수입척도의 더 낮은 끝부분에서 더 행복 에 영향을 미친다. 이는 기본적인 욕구의 만족 때문일 것이다.

그렇다면 왜 미국과 유럽에서 젊은이들이 더 행복했을까? Blanchflower와 Oswal(1997)은 다양한 설명을 검증한 결과, 더 행복감을 느낀 사람들이 결혼 하지 않은 젊은이들이었고, 이들은 아마도 혼외의 사랑에 대한 자유로움이 높기 때문일 것이라는 것을 발견하였다.

8 수입 비교의 영향

제4장에서 사회적 비교가 행복에 가변적인 영향을 준다는 것을 보았다. 그 러나 수입 분야에서 영향은 훨씬 더 명백하다. Clark와 Oswal(1996)은 만 명의 영국 노동자들의 임금을 조사하였고, 똑같은 직업, 나이, 교육, 지위 등을 갖 고 있는 개인들의 평균 임금을 계산하였다. 그 결과 많은 통제집단에 대한 회 귀분석에서 직업만족도가 실제 수입에 영향을 받지 않지만 기대되는 수입에 는 영향을 받는다는 것과 가장 낮은 기대치를 가진 사람들에게 수입이 통제

되었을 때 가장 높은 직업만족도(r = -.26)를 가진다는 것을 발견하였다. 또 다른 연구에서 Clark(1996)는 배우자나 가족 중의 다른 사람의 수입이 더 많은 경우 직업만족도가 더 낮다는 것을 발견하였다(Clark, 1996).

임금의 경우, 사람들은 다른 집단들이 얼마나 받는지를 알고 있다. Runciman(1966)은 영국의 숙련된 육체노동자들 사이에서 더 나은 육체노동을 하는 사람들 중의 39%가 어떤 다른 집단이 자신들보다 더 많이 벌고 있다고 생각하지 않으며, 56%는 자신들의 임금과 거의 딱 맞거나 적정 수준의 10% 이내라고 생각하였으며, 15%만이 비육체노동자들의 임금 수준에 찬성하지 않았다. 육체노동자들은 변호사와 관리자들에게 주어지는 임금에 대해 확실하게 알지 못했다. 임금의 상위 3번째에 있는 육체노동자들이 똑같은 돈을 벌고 있는 비육체노동자들에 비해 그들의 임금에 훨씬 더 만족해한다는 것이 발견되었다. 이것은 임금을 잘 받고 있는 육체노동자들은 자신들을 다른 육체노동자들과 비교하고 있으며, 비육체노동자들은 더 잘 버는 비육체노동자들을 마음속에 두고 있다는 것이다.

사람들은 자신들이 '정당하다'고 느끼는 임금을 받고 싶어 한다. Berkowitz 등(1987)은 위스콘신 주의 한 조사에서 불평등이 (낮은) 직업만족도의 가장 강한 예측치라는 것을 발견하였다. 그럼에도 불구하고 사람들은 그들의 정당한 보상보다 더 많이 받기를 원한다. Leicht와 Shepelak(1994)는 미국 회사에서 4,567명의 종업원들을 조사하여 임금만족도가 적당한 임금을 보장하는 절차가 있다는 것에 의존하고 있으며, 또한 과잉보상에 의해 강화된다는 것을 발견하였다. Sloane과 Williams(1996)에 의한 한 영국 조사에서 똑같은 것, 즉 '받을 만한 것보다 약간 더 많이' 받는다고 느끼는 사람들에게서 직업만족도가 더 크다는 것(남성들에게만 해당되지만)이 발견되었다. 두 연구에서 적게 받는 것은 불만족의 주된 원인이었다. 임금 비교가 주는 장점이 Brown(1978)에 의한 연구에서 보이는데, 그는 산업 노동자들은 다른 부서보다 다소 적은 2파운드를 받는 임금 상황보다 다른 부서보다 더 많은 주당 1파운드를 받는 임금 상황을 더 좋아한다는 것을 발견하였다. 이런 비교로 인해 공장이 문을 닫거나 더 싼 노동력을 지닌 지역으로 이주해 간 경우도 있었다.

사람들은 자신들의 현재 상황과 과거를 비교하여 그들의 재정적인 상황이 향상되었다면 행복할까? 이것은 즉각적인 영향은 있지만 그다지 오래 지속되지는 않으며, 과거와의 비교가 미치는 신뢰할 만한 영향력이 있는 것처럼 보이지 않는다.

9 돈이 행복에 미치는 영향

① 기본적인 욕구의 충족

Veenhoven(1995)은 돈이 의식주에 대한 기본적이고 보편적인 욕구를 만족시킬 때 행복을 강화한다는 관점을 주장하고 있다. 이것은 사회 내에서 단지 척도상의 더 낮은 끝 부분에서만 수입과 직업 사이에 상관이 있다는 것(극히 부유한 사람들에게서의 약간의 상승과는 별도로)과 그 관계가 더 가난한 국가들에서 더 강하며, 부유한 국가에서는 사실 매우 약하다는 결과와 일치한다.

이것을 설명하는 데 Maslow(1954)의 이론을 사용할 수 있다. 처음에는 생리적인 것, 다음에는 안전을 위한 더 낮은 단계의 욕구가 충족됨에 따라 사회적 인정, 자기존중, 마지막으로 자아실현을 위한 더 상위단계의 욕구가 중요해진다는 것이 Maslow의 생각이었다. 이 이론은 많은 확신을 받지는 못하였지만, 여기서의 결과를 설명할 수 있다. 돈은 더 상위단계의 욕구까지 발전하지 못한 사회와 개인의 더 낮은 단계의 욕구를 만족시킨다. 국가 간의 수입과 만족도가 전체 수입척도상에서 어느 정도까지는 관련되어 있다는 결과와 일치하지 않는다. 이것은 더 좋은 음식과 집, 여가, 교육, 의학, 운송과 환경, 시설물들에 미치는 국가적 수입의 넓은 영향력을 설명하지 못할 것이다.

국가 내 자료나 수입 상승의 역사적 영향력을 살펴볼 때, 주관적인 행복에 미치는 돈의 영향이 왜 그렇게 적은가에 대해 더 많은 것을 설명할 필요가 있다. 돈의 영향이 적은 이유로는 돈보다 더 중요한 다른 행복의 원인이 있고, 이것이 시간이 지나도 바뀌지 않기 때문이다. 사람들은 자신들이 원하는 만족감이나 즐거움을 줄 것이라고 생각하는 물건이나 활동에 돈을 쓴다. 그리고 그들 중의 몇몇은 그렇게 한다. 음식과 다른 기본적인 것들을 충족시키는 것 또한 어떤 여가활동들이다. 그러나 행복을 주는 더 중요한 다른 원천이 그다지 명확하지 못하다. 예를 들어, 직업은 행복의 중요한 원인이지만 그것은 돈을 벌게 해 준다. 사랑과 다른 사교적인 관계는 그렇게 돈이 많이 들지 않는다. 어떤 여가는 비싸지만(예컨대, 해외여행, 항해, 승마 등), 어떤 여가는 실제로 돈이 안 들며(예컨대, 대부분의 운동, 교회, 자원봉사활동, 독서와 공부, TV 시청 등), 어떤 것은 원예처럼 이익이 되기도 한다. 긍정적이고 낙천적인 태도를 갖는 것이나 목표를 선택하는 것 또한 돈이 안 든다.

② 비생물학적인 욕구를 충족시키는 것

Maslow이론은 돈이 그다지 만족의 중요한 원천이 되지 못하는 부유한 국가들에서는 다른 상위단계의 욕구들이 더 강한 예측치가 될 수 있음을 예상하게 한다. Oishi 등(1999)은 부유한 국가일수록 자기존중과 자유로움에 대한 만족이 생활만족과 더 강한 상관이 있다는 것을 발견하였다. 그러나 자아실현을 포함한 비생물학적인 욕구는 항해와 승마처럼 비싼 물질적 소유물과 다른 비용을 포함하는 여가의 경우에서처럼 돈의 도움으로 성취될 수 있다. 돈이 필요한 어떤 물질적인 소유물이나 활동들은 삶을 강화시킬지도 모르지만, 술이나 마약 같은 것들은 생명을 줄이거나 불행을 야기한다.

그러나 재산이 중요하다고 생각하고 그들의 성공을 재산에 의해 판단하는 사람들은 덜 행복하며, 자신들이 재산을 일구었을 때 종종 실망한다. 이는 그들이 자기성취나 행복을 실제로 찾고 있지만 물질적인 것들이 이것을 제공하지 못한다는 것을 발견했기 때문일지도 모른다(Dittmar, 1992). Kasser와 Ryan(1993)은 금전적인 성공을 중요하다고 생각하는 사람들이다. 이것을 성취할 가능성이 높다고 추정되는 사람들은 자아실현과 활력이 더 낮았으며, 우울증과 불안이 더 높다고 하였다. 그 반대가 공동체 사회에 기여하는 것과 거기에서 자신을 받아들이는 것을 가치 있게 여기는 사람들 사이에서 발견되었다. Chan과 Joseph(2000)은 옥스퍼드행복검사(Oxford Happiness Inventory)에서 측정된 행복은 대체로 외향성과 신경증에서 예측될 수 있지만, 공동체에 관심을 갖고 있는 사람들에게서 더 컸고, 금전적인 성공을 높게 매기는 사람들에게서는 더 적었다는 것을 발견하였다. 이것은 아마 물질적인 것에 대한 관심이, 더 커다란 만족을 줄 수 있는, 더 중요한 문제들에 관심을 빼앗겼기 때문일지도 모른다. Inglehart(1971)는 풍요로운 사회에서는 많은 사람들이 자유, 참여, 삶의 질, 환경 같은 비물질적인 목표를 귀중하게 여긴다고 생각하였다. 이 '후기 유물론(post materialist)'의 가치는 부유한 사회에서 중간계층의 젊은이들에게 더 강한 것으로 나타났다.

③ 돈의 상징적 가치

돈은 성공과 사회적 지위를 상징하기 때문에 귀중하게 여긴다. 돈은 다른 사람들의 지각과 반응에 영향을 주는 '자기 과시'의 모든 부분들인, 의복, 자동차와 집 등의 다른 재산들로 상징된다. Veblen(1899)의 '여가계층이론(Theory of the Leisure Class)'은 부유한 사람들은 태울 정도로 많은 돈과 시간을 가졌다는 것을 보여 주는, 일하기에 아주 부적당한 옷을 입거나 돈이 많이 들고 시간을 많이 잡아먹는 여가활동을 하는 것으로 자신들의 부를 과시한다는 것이다. Simmel(1904)은 상위계층이 새로운 패션을 시작하면 다른 사람들이 모방한다는 것을 말하였고, Hurlock(1929)은 미국 여성의 40%, 남성의 20%가 상위계층의 사람들과 똑같아 보이는 패션을 따라가며, 약 반 정도는 사회적으로 더 열등한 계층의 사람들이 그것을 따라할 때 그들의 스타일을 바꾼다는 것을 발견하였다. 새로운 패션이 모든 수준에서 대량 생산되기 때문에 더 이상 의복에 대해서는 그러하지 않지만, 사람들로 하여금 항상 새로운 것이 필요하며, 그렇지 않으면 그들의 사회적 지위가 떨어지기 때문이라고 설득함으로써 트리클 다운 과정(trickle-down process: 정부가 투자 증대를 통해 대기업과 부유층의 부를 먼저 늘려 주면 중소기업과 소비자에게 혜택이 돌아감은 물론, 이것이 결국 총체적인 국가의 경기를 자극해 경제발전과 국민복지가 향상된다는 것-역자 주)이 경제에서 중요한 역할을 한다고 할 수 있다. 광고는 새로운 제품을 출시하는 데 중요한 역할을 하며, 상징적인 가치에 호소한다(Furnham & Argyle, 1998).

아주 부유한 사람들은 흥미롭다. 그들은 왜 그렇게 부자가 되고 싶어 하고,

어떤 욕구를 충족시키고 싶어 하는 걸까? 그들이 원하는 것은 더 많은 하인을 거느리고, 더 크고 많은 집을 소유하며, 더 화려한 휴가를 보내고, 더 큰 파티를 여는 최상의 삶을 누리는 것이다. 그리고 이 모든 것에서 얻는 실제 이점은 영국에서 시골 저택에 살고, 땅을 소유하며, 컨트리 스포츠에 참여하며, 자식들을 특정 학교나 대학에 보내며, 작위를 가진 사람들로 구성되는 최상위 사회집단에 낄 수 있는 것 등일지도 모른다. 사실 이들은 이전의 사회집단에 더 이상 맞지 않기 때문에 다른 사회집단에 참여해야만 한다. 여기에는 많은 상징적인 영향이 있다. 만약, 당신이 더 상위계층 사회집단의 구성원이 된다면 당신은 스스로를 다른 우수한 사람으로 보며, 다른 사람들에게 그렇게 대우받을 수 있다. 이것은 모두 돈의 상징적인 힘 때문이다. 이것이 이들을 행복하게 만들까? 우리가 본 바에 따르면 반드시 그런 것은 아니다.

사람들은 돈이 자신들을 더 행복하게 만든다고 생각하거나, 돈으로 살 수 있는 것들이 자신들을 행복하게 만든다고 믿거나, 돈을 소비하는 것이 단기간의 긍정적인 느낌을 생산하거나, 돈이 어떤 사건들에 대한 자신들의 통제력을 강화시켜 줄 것이기 때문에 돈을 원할지도 모른다(Diener & Biswas-Diener, 2000).

④ 사건을 통제하는 것

이 책의 다른 부분에서 사건들을 '통제' 하는 느낌의 장점을 논의하였다. 이것은 특히 일에서, 또한 성격의 한 측면으로, 그리고 스트레스를 주는 생활 사건들에 대처하는 방법으로 발견된다. 통제는 '자원' 에 의해 증가되는데, 가장 중요한 자원 중의 하나가 돈—사람들이 문제를 해결할지도 모르는 것에 돈을 지불할 여유가 있을 때(Campbell et al., 1976)—이다. Lachman과 Weaver(1998)는 더 많은 수입을 가진 사람들이 더 많이 인지적인 통제력을 가지고 있고, 모든 수입 집단들에서 더 많은 통제력을 가진 사람들이 생활만족도가 더 컸으며, 더 건강했고, 우울증이 적었다는 것을 발견하였다. 수입의 측면에서 정의되는 안녕감에서 계층 차이는 부분적으로는 통제 면의 계층 차이에 의해 설명될 수 있다. 이는 계층을 논의할 때 간단하게 다시 살펴볼 것이다.

2. 사회계층과 안녕감

사회계층은 때때로 수입의 측면에서 정해지지만, 보통은 다소 다르게 보인다. 영국의 연구들에서는 기술에 주로 근거를 둔 직업 계층구조가 사용된다. 미국 연구에서는 수입과 교육, 직업의 결합이다. 마르크스주의자들에게 직업은 시행되는 통제의 양 측면에서 분류된다. 영국과 다른 계층 결정 요소를 사용하는 미국의 여러 연구에서는 계층이 행복에 미치는 명확한 선형적인 관계성이 발견되었다. 직업을 계층 결정 개념으로 사용한 영국 국민 조사에서, 〈표 9-3〉은 이러한 것들 중의 하나를 제시하고 있는데, 곡선형 패턴임을 알

〈표 9-3〉 영국의 사회계층과 행복

	아주 행복함	정적 정서	부적 정서
수입			
높음	44	3.2	1.2
중간	42	2.7	1.1
적음	30	2.3	1.5
직업			
전문직, 관리직	43	3.3	1.1
비육체노동자	34	2.8	1.0
숙련 노동자	40	2.8	0.9
비숙련 노동자	42	2.7	1.3
실업자	27	2.1	1.6
은퇴한 사람	28	2.2	1.2
교육 연수			
15년 이하	35	2.4	1.3
15년	40	2.5	1.2
16년	40	2.7	1.3
17~18년	40	3.0	1.2
19년 이상	36	3.0	1.1

※ 출처: Harding(1985).

수 있다. 직업계층은 척도의 하위 끝 부분에 더 큰 영향력을 미친다.

Haring 등(1984)은 미국의 연구들에 대해 메타분석을 하였는데, 계층의 만족 면에서 수입이나 직장 지위보다 높은 .20의 상관을 지녔다는 것을 발견하였다. 미국과 영국에서 가장 큰 영향은 정적인 정서의 측정에서 나온다.

계층과 안녕감 사이의 상관은 이스라엘 .55, 나이지리아 .52, 필리핀 .44, 인도 .42, 브라질 .38 등으로 다른 국가들에서는 훨씬 더 컸다(Cantril, 1965). 이 국가들이 지닌 공통점은 계층 차이가 크다는 점이다. 그들은 다른 면뿐만 아니라 행복에서도 명백하게 더 불평등하였다.

건강에 대한 계층의 영향은 매우 두드러진다. Marmot 등(1984)은 치명적인 심장마비율이 영국 공무원의 가장 높은 계급과 비교하였을 때, 가장 낮은 계급에서 3.6배 더 높았다는 것을 발견하였다([그림 7-3] 참조). 이것은 부분적으로 삶에서의 계층 차이를 반영하는 흡연, 혈압, 혈당과 콜레스테롤의 측면으로 설명될 수 있다. 이 영향의 나머지는 사회적 지위의 차이와 그들의 정서적인 결과물들 때문일 수 있다. 건강은 개인의 환경뿐만 아니라 지리적인 영역의 영향에 달려 있다. 더 가난한 지역은 더 건강하지 못하고 더 빈약한 건강시설을 갖고 있다(Robert, 1998).

정신적 건강은 더 낮은 사회계층에서 더 좋지 않았다. 이것은 부분적으로 앞에서 논의했듯이 수입의 차이 때문이다. 우리는 일의 본질에 기인한 직업상의 차이가 있다는 것을 살펴보았다. 노동계층의 사람들은 내적 통제력이 더 낮은데, 이는 그들이 하는 일의 성격과 어떤 것을 통제할 수 없었던 장기간의 경험, 무력한 노동계층 문화에서의 사회화를 부분적으로 반영한다(Kohn & Schooler, 1982). 이것은 노동계층의 사람들이 스트레스에 더 대처할 수 없게 만든다. 또한, 그들은 가난과 실업, 나쁜 건강에 기인한 더 많은 스트레스를, 부분적으로는 금전적인 스트레스를 받고 있다(McLeod & Kessler, 1990).

행복의 주된 원인들 중 몇몇은 노동계층의 생활에서 더 빈약하다. 노동계층에서의 결혼은 보통 나쁘게 시작하는데, 여자가 임신했을 때 급하게 결혼을 하며, 처음에는 부모님들과 같은 집에서 생활한다(Argyle, 1994). 노동계층의 사람들은 가장 만족스럽지 못하게 추구되는 여가활동 중의 하나인 TV 시청을 제외한 모든 종류의 여가활동에 덜 참여한다. 이것은 종종 대학 과정에서 찾게 되는 여가활동에 대한 흥미를 가질 기회를 덜 가졌기 때문이다.

3. 교육의 영향

미국에서 행해진 많은 연구들에서 행복과 그동안 받았던 교육 연수나 습득된 최고의 자격증의 등급에 의해 평가되는 교육 사이에 상관이 있음이 발견되었다. 미국에서 이러한 영향력은 시간이 지나면서 감소했다. 즉, 1957년에 대학 졸업생의 44%가 매우 만족스럽다고 말한 데 비해 고등학교를 졸업하지 못한 사람들의 23%가 그러하였다. 그러나 1978년에는 대응 수치가 33%와 28%였다(Campbell, 1981). 8개의 조사에서 16,000명을 대상으로 한 자료를 사용한 Kessler(1982)는 미국의 여성교육은 수입이나 직업에 비해 좋은 정신건강을 훨씬 더 잘 예측하였다는 것을 발견하였다. 남성들에게는 벌어들인 수입이 더 나은 예측치였다. 교육의 영향은 유럽과 일본에서 또한 약했다. 그러나 몇몇 국가들에서는 그 영향이 훨씬 더 강하였다. 예를 들면, 한국, 멕시코, 전(前)유고슬라비아, 필리핀과 나이지리아 등이다(Veenhoven, 1994). 이것은 국가의 부가 중요한 변수로 가난한 국가에서 교육의 영향이 더 크다는 것을 암시해 준다.

교육의 영향이 있다면 이것은 어떻게 작용하는가? Witter 등(1984)에 의한 메타분석에서, 교육은 주로 수입이 아니라 직업에 영향을 주는 것으로, 주관적인 안녕감에 영향을 주며, 직업이 수입 이외에는 거의 영향을 주지 않는다는 것을 발견하였다. Ross와 Van Willigen(1997)은 미국 전역의 표집에서 교육은 주관적인 안녕감, 정신건강과 건강에 이점을 주며, 만족스러운 일을 얻고, 통제력을 증가시키고, 결혼과 다른 형태의 사회적 지지에 더 쉽게 접근하는 데 영향을 준다고 하였다.

교육은 직업과 수입에 미치는 영향과는 별도로 만족에 어떤 영향을 주는가? Bradburn(1969)은 〈표 9-4〉에서 보듯이 교육과 수입이 행복에 개별적으

로 영향을 미친다는 것을 발견하였다. 더 최근의 미국 연구에서 교육의 잔차
효과는 작거나 0에 해당하나, 영국 연구에서 Clark와 Oswal(1996)은 수입과
직업이 통제되었을 때, 교육이 분명한 부정적인 영향을 가진다는 것을 발견
하였다. 이들은 기대치가 상승하는 것으로 인한 영향으로, 즉 비교 수준의 영
향으로 인해 만족감이 줄어들었다. 〈표 9-4〉에서 보이는 Bradburn 연구에서
교육의 영향은 더 컸다. 또한, Campbell(1981)이 발견했듯이 여가와 '내적인
삶' 에 미치는 교육의 영향은 줄어들었다.

〈표 9-4〉 행복에서 수입과 교육의 효과

교 육	수 입		
	5000달러 이하	5000~7999달러	8000달러 이상
고등학교 졸업 이하	.35	.44	.52
고등학교 졸업	.47	.47	.56
대학	.51	.53	.55

※출처: Bradburn(1969).

4. 맺으면서

돈은 행복에 여러 가지 영향을 미친다. 번성하는 국가에서는 비록 수입이
수입척도의 아래쪽일수록 더 많은 영향을 미치지만, 이것들 사이에 상관은
적었다. 더 가난한 국가들은 그 상관이 훨씬 더 크다. 행복과 국가들의 평균
수입 사이에는 훨씬 더 강한 상관이 있는데, 부분적으로는 대중을 위한 물건
과 시설의 제공이 중요하기 때문이다. 수입의 증가와 함께 행복에서도 매우
적은 양의 상승이 있는데, 습관화와 상승하는 기대치를 통해서 주로 젊고 결
혼하지 않는 사람들에게서 그러하다. 그러나 경제적 침체기는 훨씬 더 많은
영향력을 미친다.

돈은 기본적인 욕구를 충족시키지만 이보다 더 많은 것을 하고 더 광범위
한 욕구를 충족시켜야 한다. 또한, 상징적인 가치를 가지며, 자원으로서 작용

하며, 사건을 통제한다. 국가 내에서 돈의 미약한 영향력에 대해 더 설명하자면 만족이 다른 사람들, 특히 산업 노동자들과의 비교에 달려 있다는 것이다. 사회계층은 또한 돈과는 별도로, 특히 사회적으로 계층화된 국가에서 행복에 영향을 주는데, 생활방식 차이로 인한 건강에 더 강한 영향을 미치고 대처방식을 통해 정신건강에 강한 영향을 미친다. 교육은 주로 직업이나 수입에 영향을 주는 방식으로 안녕감에 미약한 영향을 주지만 가난한 국가일수록 더 많은 영향을 준다.

돈은 명백히 행복의 결정 도구는 아니며, 번영하는 사회집단이나 국가들에게는 거의 어떤 상관도 없다. 우리가 원하는 것, 우리를 즐겁게 해 준다고 생각하는 것에 돈을 소비하기 때문에 돈이 행복의 뿌리라는 환상을 갖고 있다. 그러나 행복을 만드는 다른 더 중요한 원인은 거의 또는 전혀 비용이 들지 않으며(예컨대, 사랑, 대부분의 여가, 긍정적인 태도, 목표의 선택), 어떤 것은 이점을 만든다(예컨대, 일). 돈은 확실히 기본적인 욕구를 충족시킬 수 있지만 많은 국가에서 대부분의 사람들은 벌써 기본적 욕구가 충족되었다. 개인이나 국가를 더 부유하게 만드는 것은 주관적인 안녕감에 거의 영향을 미치지 않는다. 그럼에도 불구하고 아주 가난한 사람들이나 아주 가난한 국가의 사람들이 더 부유한 국가의 사람들보다 덜 행복한 것은 분명한 사실이다.

제10장

성격과 나이, 성

이 책의 다른 장들은 행복의 외적·환경적인 원인에 대한 것이다. 이 장에서는 외적인 것보다는 내적인 것에서 행복에 영향을 미치는, 즉 개인이 지속적으로 지니고 있는 특징의 영향에 대해 설명할 것이다. 행복에 대한 이런 양상은 변화할 수 없다는 것을 의미하지 않는다. 왜냐하면 성격은 심리치료나 인생의 좋고 나쁜 중요한 사건들에 의해 변할 수 있기 때문이다.

1. 행복한 사람들이 있는가

심리학자들과 많은 사람들은 실제 우울하지는 않을지라도 항상 우울해하고, 행복하지 못한 사람들이 있다는 것에 일반적으로 동의하는 것처럼 보인다. 그렇다면 행복한 사람들이 있는가? 만약 있다면 행복한 것은 그들이 즐거운 활동이나 상황을 많이 경험했기 때문인가 아니면 성격상 좀 더 근본적인 어떤 것 때문인가? 우리는 즐거움과 안녕감의 다른 측면들이 사회적인 관계, 일, 여가와 같은 외적 환경의 많은 요소들과 연관되어 있다는 것을 살펴보았다. 동시에 얼마나 많은 행복이 상황과 사건뿐만 아니라 사람들로 인한 것인

지 알고 싶어 했다. 지금까지 행복에 대한 많은 책들은 사람들이 스스로 행복
해지기 위해 무엇을 해야 하는지에 관한 것들이었으며, 자신의 성격 같은, 변
화하기 어려운 다른 중요한 요소들이 있다는 것에 대해서는 언급하지 않았다.

제2장에서 안녕감에 대해 논의할 때 행복한 사람들이 있는지 없는지에 대
한 약간의 증거들을 살펴보았다. 그리고 안녕감, 만족, 행복과 정적인 정서들
의 다양한 측정방법들이 서로 연관되어 있고, 분명하고 일반적인 요인들을
일으키는 것을 보았다. 따라서 행복, 즉 안녕감은 많은 관련 요소들로 구성되
어 있고, 시간이 지나면서 전반적인 상황이 안정된다는 점에서 성격 속성과
유사하다.

제3장에서는 다양한 상황에서 어떻게 즐거운 마음 상태가 되는지를 살펴
봤고, 제13장에서는 실험실에서 긍정적인 혹은 부정적인 기분을 야기하는 방
법들에 대해 설명할 것이다. 이것은 똑같은 사람이 상황에 따라 다양한 즐거
움을 경험할 수 있다는 것을 의미한다. 또한, 사람들은 전체적인 생활만족도
를 다양한 수준으로 보고한다. 사회심리학에서는 감정적인 상태의 원천이 사
람들과 상황 사이에서 나뉠 수 있다는 일반적인 연구 결과가 있다. 이런 연구
들 중 Diener와 Larson(1984)은 다양한 일과 상황에서 상황(23%)보다는 사람
(52%)으로 인해 정적이고 부적인 정서들이 더 많다는 것을 발견하였다. 사람
들은 부정적인 감정과 생활만족도에서 좀 더 일치하였고, 긍정적인 감정에서
는 좀 덜하였다.

또한, 사람과 상황의 영향 사이에는 상호작용이 있다. Larsen과 Ketelaar
(1991)는 외향적인 사람들이 내성적인 사람들보다 긍정적 자극에 좀 더 강하
게 반응한다는 것과 외향성과 즐거운 상황이 같이 일어날 때 정적인 정서가
일어난다는 것을 발견하였다. 여기서 두 번째 경우, 사람들이 상황을 선택하
거나 피할 수 있기 때문에 사람과 상황 사이에는 상호작용을 한다. 사람들은
자신들에게 적합하고, 자신들의 성격과 일치하는 특정 상황을 선택한다. 예
를 들면, 외향적인 사람들은 사회적인 활동과 신체적인 추구에 더 많은 시간
을 보낸다. Headey와 Wearing(1992)의 장기간 연구에서 발견한 것처럼 불안
하거나 신경증적인 사람들 혹은 사회적인 기술이 낮은 사람들은 사회적인 상

황을 피한다. Argyle와 Lu(1990)는 외향적인 사람들의 행복을 부분적으로나마 그들의 즐거운 사회적 상황 선택으로 설명할 수 있다고 하였다. 더 초기 연구에서 Argyle(1994)는 사회적인 기술이 미숙한 사람들은 다른 사람들이 즐기는 사회적인 상황을 피한다는 것을 발견하였다.

제2장에서 우리는 행복을 결정하는 요소들이 시간이 지남에 따라 매우 안정적이라는 것을 살펴보았다. Argyle와 동료들은 옥스퍼드행복검사의 점수가 벡우울증검사의 점수보다 더 안정적이라는 것을 발견하였다(Argyle et al., 1995). 다른 연구들은 6년 혹은 그 이상의 시간 간격을 지닌 경우 검사-재검사의 신뢰도가 .50 이상이라는 것을, 그리고 이것이 자기보고된 안녕감뿐만 아니라 다른 사람들에 의해 평가된 것에서도 유효하다는 것을 발견하였다. 안녕감의 다른 결정 요소들에 대한 검사-재검사 신뢰도는 수입이나 다른 삶의 조건들에서 상당한 변화가 있을 경우 약간 감소된다는 것이 발견되었다(Diener & Lucas, 1999). 그럼에도 불구하고 시간이 지나면서 행복에 변화가 있을 수 있다. 제6장에서 사랑을 하는 것이나 다른 좋아하는 사회적인 관계를 경험하는 것이 안녕감의 수준을 변화시킬 수 있다는 것을 보았다. 그러나 똑같은 것이 외향적인 성격 속성에도 적용된다. Headey 등(1985)은 장기간에 걸친 좋은 사회적인 관계가 외향성을 증가시키고, 결국 이것이 안녕감을 이끈다는 것을 발견하였다.

행복과 상관된 외향성과 다른 성격 특성들은 부분적으로 유전된다고 알려져 있다. 이와 같은 것이 행복에도 그대로 적용된다. 이 문제에 대한 가장 큰 연구가 Lykken과 Tellegen(1996)에 의해 수행되었다. 이들은 1,400쌍의 쌍둥이를 대상으로 하여 행복을 연구하였는데, 일란성과 이란성 쌍둥이들의 행복의 상관을 계산하였다. 그 결과가 〈표 10-1〉에 제시되어 있다.

이란성 쌍둥이와 비교하여 일란성 쌍둥이들의 유사성이 더 강한 것은 주로 유전에 의한 것임을 보여 주며, 또한 다른 가족에 의해 따로 양육된 일란성 쌍둥이의 강한 유사성도 마찬가지였다. 연구자들은 유전학이 48%의 안녕감과 40%의 긍정적인 감정과 비교하여 부정적인 감정에 더 많은 변량을(55%) 설명한다고 추정하였다. 긍정적인 감정과 부정적인 감정은 서로 다른 유전적 기

〈표 10-1〉 일란성 쌍둥이와 이란성 쌍둥이의 행복 간 상관

	일란성 쌍둥이	이란성 쌍둥이
함께 양육	.44	.08
따로 양육	.52	-.02

※ 출처: Lykken & Tellegen(1996).

초를 갖고 있다. 부정적인 감정은 좀 더 선천적이며, 긍정적인 감정은 공유된 가족 환경에 좀 더 기인한다. 이와 같이 다른 종류의 쌍둥이 연구들을 통해 행복이 유전되는가에 대한 다른 추정치를 얻을 수 있다. 이것은 앞에서 보았다시피 사용되는 측정 요인들에 따라 다양하며, 환경적인 변량이 더 적다면 유전은 더 강해지는 것으로 보이지만, 상당한 양의 변량이 있는 것은 이 때문이라는 데 모두 동의한다. 이것은 시간이 지나면서 발견되는 높은 일관성과도 일치한다. 약 50%라는 강한 유전적인 구성요소를 지니고 있는, 따라서 행복이 유사한 기초를 갖고 있을지도 모른다는 것을 암시해 주는 두 속성인 외향성과 신경증의 부재는 모두 행복과 강하게 관련되어 있다는 것을 나중에 살펴볼 것이다.

어린 시절 초기의 사회화 경험 또한 사람들이 행복한 성격인가 아닌가에 영향을 미칠지도 모른다. Malestasta 등(1986)은 어머니들이 2개월 반 정도 된 아기들에게 자신들의 느낌을 사회적으로 바람직한 방식으로 표현하는 방법을 훈련시킨다는 것을 발견하였다. 즉, 느낌의 표현은 느낌의 경험에 영향을 준다는 것이다.

2. 외향성

외향성은 종종 행복과 상관이 있는 것으로 발견되며, 특히 정적인 정서와 상관된다(Costa & McCrae, 1980). 그 관련성이 너무나 확고하여 Costa 등(1981)은 외향성으로 17년 뒤의 행복을 예측할 수 있다고 하였다. 외향성이 사회성

과 충동으로 나뉘었을 때, 더 높은 상관성을 지니는 것은 사회성이었다. 아이젱크성격검사(Eysenck Personality Questionnaire: EPQ)상에서 외향성의 등급은 거의 모두 사회성이었으며, 이것이 옥스퍼드행복검사로 측정된 행복과 .50이나 그 이상의 상관이 있었다. Herringer(1998)는 6가지 양상을 띤 외향성을 측정하는 '다섯 가지 성격 특질(Big Five)' 척도를 사용하였다. 생활만족도와 가장 강한 상관성을 지닌 면은 남성들에게서는 특히 주장성이었고, 여성에게서는 따뜻함과 사교성이었다. 이 관계의 다른 측면을 살펴보고 Francis(1999)는 356명의 피험자를 대상으로 옥스퍼드행복검사상의 대부분의 항목들이 신경증에서 그러하듯이 외향성과 관련되어 있다고 하였다.

왜 외향적인 사람들이 내향적인 사람들보다 더 행복한가? Gray(1982)는 두뇌 구조에서의 차이점 때문에 외향적인 사람들은 보상에 더 반응적이고, 따라서 더 행복하다는 것을 제안했다. 신경증 환자들은 처벌에 더 반응적이고 따라서 덜 행복하다. Larsen와 Ketelaar(1991)는 외향적인 사람들이 내향적인 사람들보다 긍정적인 기분 유도에 더 영향을 받는다고 하였다. 그러나 부정적인 기분 유도에는 차이가 없었다.

외향적인 사람들의 행복은 주로 친구들과의 사회적인 상호관계의 즐거움 때문이며, 외향적인 사람들은 이것을 더 잘 즐길 수 있다. 이처럼 외향적인 사람들이 더 뛰어난 사회적 기술을 가졌기 때문이라는 것을 보여 주는 일련의 연구들이 수행되었다. Argyle와 Lu(1990)는 37개의 여가활동의 참여와 즐거움의 빈도에 대해 피험자들에게 물었고, 이런 항목들을 요인분석하였다. 그 결과 〈표 6-2〉에서 알 수 있듯이 여러 요인이 발견되었다. 팀과 집단에 속하는 것에 해당하는 요인 4에서의 활동에 참여하는 빈도와 파티와 댄스에 참여하는 것에 해당하는 요인 5에서의 빈도는 행복과 외향성 간에 상관이 있었다. 어떤 내향적인 사람이 행복하다고 하면, 부분적으로는 이런 활동에 참여하고 있는 것으로 설명할 수 있다. Headey 등(1985)은 장기적인 패널연구에서 외향적인 사람들, 특히 젊은 사람들이 일과 여가활동 영역에서 즐거운 사건을 갖는 경향이 있음을 발견하였다. 이들은 자신이 이런 활동에 참여하는 것을 선택하지만, 일단 참여하면 사건들을 변화시킬 수 있다는 것이다. 이것은 더 높은 안녕감을 이끌고 또한 외향성을 높여 준다.

왜 내향적인 사람들은 이런 활동을 못하는 걸까? 아마도 이들이 필요한 사회적인 기술을 갖지 못했기 때문일 것이다. 이에 대해 Argyle와 Lu(1990)는 장기적인 연구를 하였다. 그 결과 외향성은 5개월 후의 행복을 예측하였지만, 이것은 주장성에 의해 매개되며, 외향적인 사람들은 [그림 10-1]에서 보듯이 자신들의 주장성 때문에 행복하다는 것이 발견되었다. 여기서 주목해야 할 것은 주장성은 공격성과는 다르며, 다른 사람들과 좋은 관계를 유지하면서 그들에게 영향을 줄 수 있는 기술이라는 것이다.

불행한 사람의 한 가지 변형인, 우울한 사람들에 대한 연구에서 우울한 사람들은 외롭고, 고립되어 있고, 보상을 받지 못하는 경향이 있으며, 일반적인 사회적 기술이 부족하다는 것이 발견되었다(Argyle, 1994).

성인표집을 대상으로 한 일련의 연구에서 Hills와 Argyle는 행복과 외향성 사이에 강한 상관이 있다고 하였다(예컨대, Hills & Argyle, 2001). 그러나 이 상관이 .60이 될지라도 여전히 소수라고 하기에는 너무나 많은, 행복하면서도 내향적인 사람들이 있다. 우리는 이것에 대해 행복하면서도 내향적인 사람들이 더 강렬한 내적 삶을 가졌거나 행복한 외향적인 사람들이나 불행한 내향적인 사람들보다 비록 그 수는 더 적지만 깊은 사회적인 관계를 가졌기 때문이라고 생각한다. 사실 그렇지는 않지만, 내향적인 사람들이 TV를 더 많이 본다는 것이 예측되었다. 그러나 우리는 외향적인 사람들이 연속극 같은 TV를 더 많이 본다는 것을 발견하였다. 여기에는 어떤 신비스러움이 있는 것은 아니다. 행복과 외향성이 그러하듯이 두 변수가 상당히 높은 상관이 있을 때, 전반적인 패턴에 맞지 않는 소수는 여전히 있을 것이다. 행복한 내향적인 사

[그림 10-1] 행복에서 외향성의 효과에 대한 장기간 연구(Argyle & Lu, 1990)
※주: *p < .05, **p < .01, ***p < .001.

람들은 단지 다른 성격 변인에서는 높은 점수를 얻었다. 이제 이런 성격 특성들 중의 몇 가지를 다시 살펴볼 것이며, 우선적으로 신경증에 대해 알아볼 것이다.

3. 신경증적 경향성

신경증적 경향성 역시 행복과 규칙적이고 강하게 연합되어 있는데, 이 경우에는 부정적인 면에서 그러하다. DeNeve와 Cooper(1998)는 안녕감과 행복 측정치들과 연관된 신경증의 다양한 측정치를 사용한 74개의 연구에 대해 메타분석을 하였다. 이 분석 결과 신경증이 −.22로 다섯 가지 성격 특질(Big Five 집단) 중에서 가장 강하게 행복과 전체적인 상관을 보임을 보고하였다. 그러나 이 연구는 다양한 행복의 측정치를 포함하고 있다. 안녕감의 다른 구성요소 중에서 신경증은 부적인 정서와 가장 강하게 상관되어 있다(Costa & McCrae, 1980). Watson과 Clark(1984)는 신경증과 부적인 정서 사이의 상관이

〈표 10-2〉 요소 척도와 행복의 부분 상관(성과 연령을 통제)

	OHI	OHI°
외향성	.61***	—
신경증적 경향성	−.67***	−.63***
정신병적 경향성	−.27***	−.28***
거짓말 척도	.21***	.23***
외로움을 좋아함	−.18**	.09
삶의 지향	.75***	.69***
가입 경향	.51***	.06
생활 관련 지수	.85***	.82***
감정이입 경향	−.02	−.14*
자아존중감	.78***	.71***

※ 출처: Hills & Argyle(2001).
※ 주1: *p＜.05, **p＜.01, ***p＜.001
※ 주2: 성, 연령, 외향성을 통제함

너무 강하므로 두 변수가 같은 것으로 간주될 수 있다고 결론지었다. 〈표 10-2〉에서 보듯이 대체로 신경증적 경향성이 행복과 -.67의 상관이 있음이 발견되었다.

제12장에서 우리는 종종 사용되는 한 가지 항목의 측정치들이 만족스럽지 못하기 때문에 국가 간의 비교에서 행복의 가능한 측정치로 외향성을 사용할 것이다. 제2장에서 이미 불안이나 우울증 같은 부적인 정서의 부재가 행복이나 안녕감의 중요한 요소 중의 하나임을 살펴보았다. 신경증이 높은 사람들은 불안해할 가능성이 크고, 물론 우울한 사람들은 우울하다. 정신질환자들의 행복은(아마도 측정할 수 없지만) 실제로 아이젱크성격검사(EPQ)의 신경증 척도에서 행복과 크지 않은 부적인 상관을 보였다(〈표 10-2〉 참조). 그러나 지나치게 행복하지는 않지만 종종 행복하게 보이는 조증환자들은 어떤가? 사실 그들의 기분은 행복이라기보다는 주로 흥분, 각성이 높은 상태며 종종 짜증을 낸다. 그들은 다음과 같은 특징이 있다.

> 조증환자들은 도취상태에 있으며, 자신감이 있고, 에너지로 가득 차 있으며……, 그들은 맵시 있고, 눈에 띄지만 다소 화려한 옷을 입고, 극히 좋아 보이며, 자신에게 매우 만족해하는 것으로 보이며, 미소를 짓고, 재빠르며, 강건하고 낭랑하고, 자신감 있는 목소리를 지니고 있다. 그들은 끊임없이 얘기하며, 자신들이 들떠서 떠드는 농담과 엉뚱한 이야기들로 대화를 독점하려는 경향이 있지만, 쉽게 산만해지며, 이 화제에서 저 화제로 넘어간다. 그들의 흥분과 떠들며 노는 것들은 전달되기 쉽고, 그들은 파티에서 중심인물이 되는 것을 잘한다. 그러나 그들의 잘못된 자기 중요성과 지속적인 얘기와 이상한 행동으로 기우는 경향은 사람들 사이에서 불쾌한 사람이 되게 할 수도 있다
>
> (Argyle, 1994: 18-219)

4. 다섯 가지의 성격 특질

영국과 유럽의 성격 조사는 외향성과 신경증적 경향성, 정신병적 경향성의 3차원을 다룬 아이젱크성격검사를 가장 자주 사용해 왔다. 미국의 성격 조사

는 외향성, 사회성, 성실성, 신경증, 경험에 대한 개방성이라는 '다섯 가지 성격 특질(Big Five)' 척도를 사용하였다. 그리고 안녕감과 어떻게 연관되는지에 대한 많은 연구가 있었다. 앞에서 기술된 연구에서 DeNeve와 Cooper(1998)는 그것들 중의 148개의 연구를 메타분석하였다. 생활만족도와의 전반적인 상관과 다른 행복 측정치들은 〈표 10-3〉에 제시되어 있다. 이들 상관은 신경증과 외향성 모두에 대해 아이젱크성격검사보다 더 적었다. 이것은 다섯 가지 성격 특질(Big Five) 척도가 매우 광범위하며, 행복과 관련된 성격의 더 구체적인 측면을 다루지 못했다. 행복과 가장 많은 관련성을 지니는 3번째 영역은 아마도 성실성이며, 이는 앞의 메타분석에서 신경증 바로 다음이고, 외향성보다는 앞에 있다. Furnham와 Cheng(1997)은 옥스퍼드행복검사와 다섯 가지 성격 특질을 사용하여 신경증이 행복과 가장 높은 상관(-.44)이 있으며, 외향성은 .39, 성실성은 .31이라는 것을 발견하였다. 후자는 덜 친숙하고 잘 이해되지 않은 성격 특성이지만 내적 통제와 비슷할지도 모른다. 이는 곧 논의될 것이다. 다섯 가지 성격 특질 목록은 행복과 강한 관련성을 지니는 것으로 발견되는 어떤 성격 차원을 포함하고 있지 못한다. 그러므로 이제 다음 것을 살펴보려고 한다. 다음은 성격의 인지적 측면이며, 이는 아마도 생리적인 요소들과는 연계성이 덜 할 것이다.

〈표 10-3〉 행복과 다섯 가지 성격 특질

	전체적인 r	연구의 수
외향성	.17	82
사회성	.17	59
성실성	.21	115
신경증	-.22	74
경험에 대한 개방성	.11	41

※ 출처: DeNeve & Cooper(1998).

5. 성격의 인지적 측면

Hills와 Argyle(2001)는 행복한 외향적인 사람들의 문제를 연구하면서 이런 인지적인 차원들 중의 몇 가지와 상관을 계속 연구하였다. 〈표 10-3〉은 외향성을 통제하기 전과 후의 옥스퍼드행복검사와 부분적인 상관을 보여 준다. 여기에서 우리가 보게 될 성격의 인지적인 차원은 자아존중감, 낙천주의와 삶에서의 목표다. 앞에서 연구에 포함되지 않은 네 번째 차원도 있는데, 그것은 통제 소재며, 그중에서도 내적 통제다. 이는 또한 행복과 상관이 있다. 행복과 이런 4가지 변인들과의 상관은 종종 너무 높아 어떤 연구자들은 행복의 일부분처럼 다룬다. Ryff(1989)는 자기 수용, 삶에서의 목표, 자율성을 안녕감의 6가지 부분 중의 세 부분으로 구성하였다. 우리는 안녕감에 대해 다른 측정치들을 사용하고 있으며, 따라서 이런 인지적인 변인들을 성격의 개별적인 측면으로 고려할 것이다. 이는 행복의 원인으로서 작용하는 것으로 발견될지도 모르며, 독립적인 기원을 가질지도 모르고, 행복 고양 측면에서 조절하는 것이 가능하도록 만들지도 모른다. 이것들은 주로 정서적인 반응을 포함할지라도 주로 사고방식들이기 때문에 성격의 '인지적' 측면이라고 불린다.

① 자아존중감

자아존중감은 많은 연구에서 안녕감과 관련 있는 것으로 발견되었는데 .50 이나 그 이상의 상관을 지닌다(Veenhoven, 1994). 이것은 '대체로 자신에게 만족한다' 와 같은 항목으로 된 Rosenberg의 척도(1965)로 측정되었다. Grob 등(1996)은 자아존중감과 삶에 대한 긍정적인 태도 사이에 .82의 상관을 발견하였다. 미국의 전국 조사에서는 자기에 대한 만족이 어떤 다른 조사 영역보다 전체 만족도와 더 높은 상관(.55)을 보였다(Campbell, 1981). Hills와 Argyle(1998b)는 〈표 10-2〉에서 보듯이 영국의 표집에서 가장 높은 것들 중의 하나인 .78이라는 상관을 얻어 냈다. 여기서 다른 인지적인 변인들보다 자아존중감은 안녕감의 일부분으로서 더 많이 간주되었다. 눈에 띄는 것은 Hills

와 Argyle가 한 것처럼 자아존중감은 외향성보다 더 강하게 안녕감 측정치와 상관이 있다는 것이다. 1,775명의 노동자들을 대상으로 한 직업만족도 연구에서 Arrindell 등(1997)은 자아존중감이 생활만족도와 .45의 상관이 있으며, 신경증은 .30, 외향성은 단지 .10의 상관이 있음을 발견하였다.

　　Rosenberg 등(1995)은 2,213명의 10학년 학생들을 대상으로 전체적인 자아존중감과 학업적인 자기존중의 영향을 비교하였다. 전체적인 자기존중은 행복(.50)과 부적인 정서(.43)와 더 강하게 상관되어 있었지만, 학업적인 자아존중감은 학업성적과 더 밀접하게 관련되어 있었다. 통계적 모델은 학업적인 자기존중과 학교 성적 모두 서로에게 영향을 주지만, 성적에 대한 자아존중감의 영향은 그 반대보다 더 컸다.

　　이런 자아존중감과의 강한 상관이 미국, 영국, 다른 서구 문화 속에서 광범위하게 발견되지만 집단주의 문화에서는 약하게 발견되었다(Diener & Diener, 1995). 중국과 같은 집단문화에서의 자기 이미지는 지능이나 매력 같은 개인적인 특성이 아니라 가족이나 다른 사회 집단의 특성에 더 많이 기초를 두고 있다. 이와 같이 자기존중감은 그런 집단의 성공에 더 많이 달려 있다(Markus & Kitayama, 1991).

② 통제감

　　이것은 원래 Rotter(1966)가 '내적 통제'라고 한 것이다. Rotter는 사람들은 사건들을 자신의 통제하에 있다거나 사건들이 다른 사람들이나 운명, 행운 때문이라고 믿도록 '일반화된 기대치'를 가진다고 생각하고 광범위하게 사용되는 내적 통제에 대한 측정치를 만들어 냈다. 많은 연구에서 내적 통제에서의 높은 점수와 주관적인 안녕감 사이의 상관이 발견되었다. 다섯 가지 성격 특질에서는 통제감이 나타나지 않지만 사건을 통제하려는 시도들의 특징인 의무, 성취, 노력, 자기 훈련, 신중함이라는 측면들을 지닌, 성실성의 차원과 상당히 가깝다(Furnham, 1997). 내적 통제는 안정적인 행복의 예측치다. Lu 등(1997)은 대만에서 494명의 성인표집을 대상으로 한 연구에서 내적 통제가 행복과 상관이 있다고 하였다(중국판 옥스퍼드행복검사를 사용하여). 게다가 외향성, 신경증, 인구통계학적 변수, 부정적인 생활사건들 이후에 내적 통제를 가지는 것은 이미 설명한 바 있다.

이것은 우울한 사람들에 대한 예측을 설명하는 데 사용되는 '학습된 무력감' 이론의 정반대의 측면이다. 즉, 우울한 사람은 자신이 바람직한 목표를 이루지 못하거나 바람직하지 못한 사건을 막을 수 없다는 것과 그것이 자신 때문이라고 주장한다. 우울한 사람은 나쁜 사건의 원인을 스스로 야기시키고, 이런 일들이 계속 일어날 것이며, 다른 상황에서도 발생할 것이라고 생각하는 방식을 가지고 있다는 것은 잘 알려져 있다(Abramson et al., 1978). 그러나 이와 관련하여 부정적인 인지가 부정적인 감정을 야기하는지 그 반대적인 상황인지에 대해서는 알려져 있지 않다. 그럼에도 불구하고 부정적인 인지의 수정은 우울증의 인지적 치료요법의 부분으로 사용된다. 우리는 행복한 사람이 좋은 사건에 대해 유사하지만 긍정적인 반응, 즉 자신이 그 일을 야기하였으며, 이것들이 계속 다른 상황에서도 일어날 것이라는 긍정적인 반응을 보이는 것을 발견하였다(Argyle et al., 1989).

Grob 등(1996)은 14개국에서 3,844명의 청소년들을 대상으로 연구를 하였다. '통제 가능성'은 삶에 대한 긍정적인 태도와 .35의 상관이 있으며, 이것이 14개국 모두에서 일치한다는 것을 발견하였다. 통제 가능성은 또한 자아존중감과 높은 상관이 있는데(.82), 이는 다음에 논의하겠다. Lachman과 Weaver(1998)는 3,485명의 성인을 대상으로 한 또 다른 연구에서 '숙달(mastery)'의 척도가 생활만족과 우울증(부정적으로), 건강과 강하게 상관되었음을 발견하였다. 자기보고된 '속박(constraints)'은 정반대의 효과를 가지고 있다. 이것의 영향은 수입이 적은 사람들에게서 더 큰 것으로 나타났고, 더 낮은 계층의 더 낮은 안녕감은 부분적으로 이들의 낮은 숙달과 더 크게 인지되는 속박으로 설명할 수 있었다([그림 9-3] 참조). 이런 계층 차이는 노동자계층의 통제력 부족이라는 실제 경험에 기인할지도 모른다(Kohn & Schooler, 1982).

직업만족도 연구는 스스로 일을 할 수 있다는 자율성을 가지는 것이 직업만족도의 중요한 원천이라는 것을 발견하였다. Sheldon 등(1996)은 60명의 피험자들과 일기연구를 하였다. Sheldon 등은 피험자들이 매일의 활동에서 자율성과 유능함을 느꼈던 날을 '좋은 날'이라고 보고하였다.

③ 낙천주의

'Pollyanna(극단적인 낙천주의자)' 원리는 밝은 면을 보는 사람들을 기술한다. 이들은 미래에 대해 낙천적이며, 과거의 좋은 것들만 회상하며, 다른 사람들의 긍정적인 면을 보며, 자유연상 테스트에서 더 즐거운 항목들을 생각해 냈다. 또한, 이들은 더 즐거운 자극을 경험하며, 더 많은 자극들을 즐거운 것으로 판단하였다(Matlin & Gawron, 1979). 이것은 정서와 인지 사이의 관계에 대한 다른 결과에서도 일치한다. 예를 들어, 우리는 우리의 현재 기분과 연결되는 것들을 더 잘 기억하며, 따라서 행복할 때 우리는 행복한 사건들을 더 잘 기억한다(Teasdale & Russell, 1983). 이런 측면에서 행복한 사람들은 비관적이고, 사물의 어두운 면을 보며, 불행한 기억들을 회상하는 우울한 사람들의 정반대에 서 있다.

대부분의 사람들이 세상에 대한 긍정적인 견해를 가졌으나 어떤 사람들은 다른 사람들보다 더 긍정적인 견해를 가졌다는 것을 앞에서 살펴보았다. 낙천주의에 대한 접근은 미래 사건들이 긍정적일 것이라는 일반화된 기대를 가지고 낙천주의를 보았던 Scheier와 Carver(1985)에 의해 발전되었다. 이들은 낙천주의를 측정하기 위해 생활지향검사(Life Orientation Test: LOT)라는 것을 개발하였으며, 이들에 의해 극단적 낙천주의는 행복과 상관이 있다는 것이 폭넓게 발견되었다. Hills와 Argyle(2001)는 낙천주의와 행복 간에 .75의 상관을 발견하였다(〈표 10-2〉 참조). 또한, 이들은 스트레스에 직면하여 안녕감을 유지하는 것과도 관련되어 있음을 발견하였다.

여기에는 얼마간의 자기기만이 있을지도 모른다(Taylor & Brown, 1988). 제4장에서 이것에 대해 논의하였고, 긍정적인 환상은 흔한 일이며, 일반적으로 행복에 이롭다는 결론을 내렸다.

낙천주의는 건강과 정신건강에 강한 영향을 미치는 주관적인 안녕감의 일부분인 것으로 보인다. Sweetman 등(1993)은 변호사들의 표집에서 낙천주의가 일반적인 안녕감의 가장 좋은 예측자며, 뻔뻔스러움이나 다른 귀인방식보다 더 좋다는 것을 발견하였다. 홍콩에서 일하고 있는 Lai와 Wong(1998)은 실업자들이 더 높은 일반적인 건강 질문지 점수를 받았으나, 낙천적인 면에서는 그리 높지 않다는 것을 발견하였다. Segerstrom 등(1998)은 법대생들을 대상으로 일차 때 낙천적인 면이 높았던 사람들이 이차 때 더 활동적인 면역체계를 가졌다는 것을, 그리고 이것은 부분적으로 그들이 더 긍정적인 기분을 가졌고, 스트레스를 덜 인지하며, 문제의 대처방법으로 회피를 사용하지 않았기 때문이라는 것을 발견하였다.

여러 연구자들은 낙천주의가 다소 독립적인 두 가지 요소, 낙천주의와 비관주의로 구성되어 있다는 것을 발견하였다. 모두가 안녕감의 다른 측면과 상관이 있지만 비관주의 요소가 더 강하게(부정적으로) 상관되었다. Robinson-Wheeler 등(1997)은 유일한 비관주의 요소가 심리적인 건강과 신체적인 건강을 예측한다는 것을, Chang 등(1997)은 비관주의만이 벡우울증검사와 부분적인 상관을 지녔다는 것을 발견하였다.

'긍정적으로 사고' 하는 여러 가지 방법들이 있다. 하나는 긍정적인 내용을 지닌 사고를 하는 것이며, 좋거나 나쁘지 않은 사건들을 자신에게 귀인하는 것인데, Argyle 등(1989)은 행복한 사람들이 그렇게 하는 경향이 있다는 것을 발견하였다. 또 다른 것으로는 '사물의 웃긴 면을 보도록' 만들어 주는 좋은 유머감각을 가지는 것과 나쁜 일을 좋게 보이도록 만드는, 역설적으로 삶을 보는 관점을 갖는 것이다.

4 삶에서의 목표

삶에서의 목표 측정치인, PIL(purpose in life)은 행복과 강하게 상관되어 있다. 다음 장에서 살펴보겠지만 종교가 행복의 한 원천이지만 인생에서의 유일한 목표의 원천은 아니며, 일과 경력, 돈을 버는 것, 가족을 돌보는 것, 정치적인 정당, 자원봉사활동, 다른 여가활동 같은 것들도 있다.

장기간의 계획이나 목표를 가지는 것만으로도 사람들은 삶의 의미를 갖는다. Frankl(1959)은 포로수용소에서 살아남아서, 다른 사람들이 나가기 위해 추구해야 할 목표를 찾게 함으로써 다른 사람들이 살아남도록 도와주었다.

이것은 다른 사람들을 돌보는 것, 책을 쓰는 것, 어떤 다른 임무를 완성하는 것이 될지도 모른다. 뒤에 그는 추구할 목표를 찾도록 다른 사람들을 도와주고, 자신들의 삶에 의미를 주는 것으로 구성되어 있는 '의미치료(logotherapy)'라는 것을 개발하였다.

'의미와 목표' 의식을 갖는 것은 다소 모호하고 신비스러운 것이다. 그것의 부재는 더 분명해진다. Freedman(1978)은 '*Psychology Today*' 조사 결과에서 자신의 삶이 의미와 방향을 갖고 있고, 그것들이 이끄는 가치들에 자신감을 가지고 있을 때 사람들이 더 행복해한다고 하였다. 여기에 그들 중의 한 사람이 말한 것이 있다.

> 나의 삶은 지난 몇 년 동안 정말 멋졌습니다. 많은 돈, 여자들, 친구들, 모든 종류의 활동들과 여행, 나의 직업은 좋았고, 나는 그것을 잘합니다. 좋은 미래도 있습니다. 나는 아마도 올해 승진할 것이고, 더 많은 돈을 벌고, 원하는 것을 할 수 있는 자유도 갖게 될 것입니다. 그러나 이 모든 것들은 나에게 의미가 적어 보입니다. 나의 삶이 어디로 가고 있으며, 지금 하고 있는 일을 왜 하고 있는 걸까요? 실제로 어떤 결정도 하지 않은 채 나의 목표가 무엇인지도 모른 채 내가 흘러와 버린 느낌이 듭니다. 마치 훌륭한 길이지만 왜 그 특정 길을 선택했는지도 모른 채, 어디로 가는 길인지도 모른 채, 길에서 운전을 하고 있는 것과 같습니다. (Argyle, 1987. P.123; freedman, 1978, pp.195-196)

Battista와 Almond(1973)는 목표를 설정하였다는 느낌에서 목표와 어느 정도까지 그것이 실현되었는지를 측정하기 위해 삶에서의 목표 측정치, 즉 'Life Regard Inventory'를 만들었다. 이것은 광범위하게 사용되고 있다. 이후에 Van Ranst와 Marcoen(1997)의 개정판이 사용되고 있다. 목표 부분의 예는 '나는 나의 삶을 이끌어 가기 위해 정말로 중요한 의미를 발견하였다'며 그 실현 부분의 예는 '나는 나의 삶에 정말로 열정을 가지고 있다'이다. 그들은 커다란 집단의 젊은이들과 대체로 결혼을 하고 전문적인 직업을 가졌거나 갖고 있는 또 다른 더 나이든 집단을 대상으로 이 검사를 수행하였다. 나이든 집단에서 젊은 집단보다 두 영역 모두에서 더 높은 점수가 기록되었다. 방글

라데시의 문제학생들의 집단은 다른 학생들(88)과 비교했을 때, 훨씬 더 낮은 점수(60)를 가졌다(Rahman & Khaleque, 1996). 다음 장에서 Paloutzian과 Ellison의 실존적 안녕감(Existential Well-Being) 척도를 기술할 것이다. 그것에는 '나는 나의 삶에 실제적인 목표가 있다고 느낀다' 와 같은 유사한 항목이 있다.

Cantor와 Sanderson(1999)은 '가치 있는 활동에 참여하고 개인적인 목표를 향하여 일하는 것' 이 안녕감을 위해 중요하다고 하였다. 그들은 목표의 개념을 넓혀 '가치 있는 활동' 을 포함시켰다. 이런 목표와 활동들은 여러 면에서 안녕감을 증진시킨다. ① 개인적인 수단과 목표 의식을 주는 것, 가치 있고 도전적인 활동들에 의해 생산되며, 우울증이 있는 사람들에게 결핍되어 있는 것, ② 하루의 삶에 의미와 체계를 주는 것, ③ 하루의 삶 속에 있는 어려움과 문제들에 대처하는 도움을 주는 것 등으로 이것은 새로운 관여를 하게 한다. ④ 사회적인 관계를 강화시키고 더 많은 사회적인 참여를 이끄는 것. 활동이 자유롭게 선택되고, 목표가 현실적이며, 목표들이 서로 일치할 때 그리고 사람들이 목표와 관련된 활동들에 많은 시간을 쓰고자 힘쓸 때 안녕감에 더 많은 영향을 미친다.

McGregor와 Little(1998)은 목표를 연구하기 위한 새로운 방식을 보고하였다. 이들은 사람들에게 '개인적인 계획' 을 목록화하고, 그것들을 척도에 따라 평가하게 하였다. 두 연구에서 그들은 327명의 피험자들에게 각각 10개의 개인적인 계획을 35개의 척도로 평가하게 하였다. 그 결과 행복은 어려움과 스트레스, 시간적 압박이 적은 것과 긍정적인 결과와 통제로 구성되어 있는

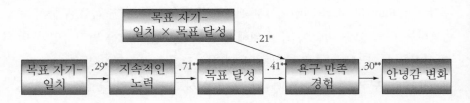

[그림 10-2] 연구 3의 구조 방정식 모델: 이론적인 중심 경로와 모수 측정치
(Sheldon & Elliot, 1999)

※주: *p<.05, **p<.01.

'효능감' 이라는 요소와 상관되어 있었다.

Sheldon과 Elliot(1999)는 '자기에게 일치하는 목표' 가 중요하다는 것을 제안하였다. 그것은 죄책감이나 불안감을 피하기 위해 외적으로 부과되거나 따라야 되는 목표라기보다는 목표의 중요성을 믿고 즐겁고 재미있게 목표를 선택하는 것을 의미한다. 이 연구자들은 자기에게 일치하는 목표가 더 큰 노력과 목표 성취, 안녕감 고양으로 이끈다는 인과적 모델을 확증하였다(그림 10-2).

목표에 대한 문제는 앞에서 살펴보았듯이 목표와 성취 사이에 차이가 너무 컸을 때 사람들이 불만족해한다는 것이다. Emmons(1986)는 40명의 피험자들에게 16개의 척도에 15가지의 개인적인 노력을 평가하라고 하였다. 여기에서 Emmons는 미래의 성공이 가능한 것으로 여겨지면 삶에 대한 만족도가 더 크고 부적인 정서가 더 적어진다는 것을 발견하였다. 현실적인 목표를 가지는 것이 바람직하지만 무엇보다도 목표를 가지는 것과 가치 있는 활동에 참여하는 것이 중요하다. 이것은 가치 있는 목표와 활동들이 자기 이미지의 일부분이 되며, 자아존중감으로 이끌기 때문이다.

5 자 원

자원은 어떤 활동들을 더 가능한 것으로 만들고 목표를 성취하는 것에 도움이 된다. 자원은 돈과 사회적 지지, 사회적 기술과 권력을 포함하고 있다. 우리는 이전에 사회적인 관계의 이점을 가치 면에서 사회적 지지를 위한 자원으로서 해석하였다.

성격적 특질들은 똑같은 면에서 자원으로 볼 수 있다. Campbell 등(1976)에 의하면 지능은 행복과 .13 정도의 적은 상관이 있으며, 이는 사회계층이나 직업 때문일 수 있다. 신체적인 매력은 적어도 젊은 여성의 경우에는 더 강하게 영향을 미치고 있다. 이것은 이성에게 더 많은 인기를 이끌어 내고, 또한 교사와 고용주들에게도 그러하며, 신분을 상승하게도 한다(Argyle, 1994).

사회적 기술은 매우 중요하다. Argyle와 Lu(1990)는 외향적인 사람들이 그들의 주장성 때문에 더 행복하다는 것을 발견하였고, 나중에 우리는 행복이 협동, 리더십과 이성(hetro-sexual)에 대한 기술과 관련되어 있음을 발견하였다(Argyle et al., 1995). 이런 기술들은 우리로 하여금 다른 사람들과 바람직한 관계를 갖도록 할 수 있기 때문에 중요하다. 보답을 받지 못하거나 사회적 기술이 부족한 사람들은 고립되거나 외로울 가능성이 있다.

그러나 Diener와 Fujita(1995)는 자원들이 목표와 관련이 있을 때만 안녕감에 영향을 준다고 하였다. 예를 들어, 돈은 부유해지고 싶어 하는 사람들의 안녕감에 가장 많은 영향을 주었다.

6. 나이의 영향

여러 나라에서 10만 명 이상의 피험자를 대상으로 한 국가 간 조사에서 생활만족도는 나이가 들어감에 따라 증가하며(예컨대, Cantril, 1965), 여성보다 남성에게서 더 많이 증가한다는 것을 볼 수 있었다(World Values Study Group, 1994). 또한, 정적인 정서에서도 이런 패턴이 발견되었다. 직업만족도 또한 나이에 따라 유사한 상승을 보여 주었다(Kalleberg & Loscocco, 1983). 이런 상승은 역사적인, 즉 세대 간의 차이 때문일 수 있고, 전 세계적으로 삶이 '더 나빠지거나' 덜 만족스러워져서 나이든 사람들이 계속해서 더 행복하기 때문일 수도 있다.

이 문제는 오랜 시간에 걸쳐 똑같은 사람들을 대상으로 장기간에 걸친 연구에 의해 해결될 수 있다. Helson과 Lohnen(1998)은 형용사 목록을 사용하여, 27~52세의 여성 80명과 그중 20명의 배우자를 대상으로 정적인 정서에 대해 연구하였다. [그림 10-3]에서 보듯이, 27세와 43세 사이에서 정적인 정서는 분명히 상승하였고, 부적인 정서는 감소하였다. 똑같은 형태를 보이는 남성 피험자의 수는 더 적었다. 이것은 정적인 정서에 미치는 나이의 영향에 관한 유일한 증거다.

여러 연구에서 만족과 같은 정적인 정서가 남성들에게서는 증가하지만 여성들에게서는 감소한다는 것을 발견하였다. Mroczak와 Kolanz(1998)는 더 큰 미국인 표집을 사용하여 많은 다른 변수들이 통제되었을 때 나이가 미치는

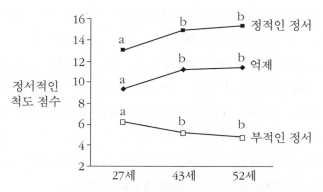

[그림 10-3] 여성의 세 연령 대에서의 정적인 정서와 부적인 정서 그리고
억제의 평균 수준(N=80)(Helson & Lohnen, 1998)

※주: 평균 p<.05에서 다름.

영향을 조사하였다. 그러나 정적인 정서에서의 상승은 내향적인 남성들에게
서만 있었다. 여성들에서의 부적인 정서의 하락은 미혼 여성들에게만 작용하
였다.

많은 연구가 나이와 관련된 다양한 영역에 따른 만족도를 살펴보았는데,
Butt와 Beiser(1987)는 13개국의 13,858명의 피험자를 대상으로 하였다.

- 수입은 만족도가 그러하듯이 나이에 따라 상승하였다. 고정되지 않은
  수입은 아이들이 자랄 때는 상승하였는데, 은퇴 후에는 대다수가 감소
  하였다.
- 건강은 나이든 사람들에게는 특히 고령자들에게는 좋지 않았다.
- 사회적인 관계에서의 만족도는 대부분의 국가에서 나이와 함께 증가하지
  만, 결혼에 대한 만족도는 많은 국가에서 두 지점, 즉 어린 아이들이 있을
  때와 이들이 청소년이 되었을 때에 낮았다.
- 직업만족도는 Butt와 Beiser 연구에서는 중년 집단에서 가장 높았지만 다
  른 연구에서는 나이가 들어감에 따라 상승하였다(Kallegerg & Loscocco,
  1983). 은퇴는 당연히 대부분 직업만족도의 상실을 초래하였다.
- 여가 부문에서 운동과 많은 다른 형태의 활동적인 여가활동은 나이가 들

어감에 따라 감소하였고, 더 나이든 사람들일수록 파티와 다른 형태의 즐거운 사회적 생활에 더 적게 참여하였다. 나이든 사람들의 운동 형태는 걷는 것이 주된 것이었으며, 그들은 TV를 보고 책을 더 많이 읽었다.

• 신체적인 매력은 여성들에게 더 중요하지만 안녕감에서는 그렇게 중요하지 않았다. 그러나 이 요소는 나이가 들어감에 따라 불가피하게 감소한다.

• 종교는 행복의 또 다른 적절한 원천이며, 나이든 사람들에게 더 중요하다. 종교에서 오는 만족감은 나이가 들어감에 따라 증가한다.

• 나이 드는 것에 대한 두려움은 나이가 들어감에 따라 증가하는데, 이는 낮은 주관적인 안녕감의 원천이다(Klemmack & Roff, 1984). 이는 부분적으로 쇠퇴하는 건강과 매력, 외로움과 죽음에 대한 두려움 때문이다.

이런 연령 변화에 대해 어떤 설명이 가능한가? 우선 [그림 10-3]에서 본 것처럼 연구에서 실제적인 영향이 있다는 것과 그 결과가 역사적이거나 문화적인 변화 때문이 아니라는 것이 발견되었다. 예전에는 나이가 들어감에 따라 정서가 쇠퇴할 것이라고 생각하였으나 정적인 정서는 증가하는 반면에 부적인 정서가 감소하였다. 몇몇 연구에서 볼 수 있듯이 만족도가 증가된다면, Campbell 등(1976)이 주택과 이웃에 대한 열망에서 발견한 것처럼 사람들이 하고 싶어 하거나 갖고 싶어 하는 것과 이미 가진 것 사이의 차이가 더 작아졌기 때문일지도 모른다. 그 결과는 나이가 다르면 삶에서의 조건들도 실제로 다르기 때문이라고 할 수 있을까? Campbell 등의 연구와 그의 다른 연구들에서 더 나이든 사람들이 여러 면에서 더 나쁘다고 보았다. 즉, 이전보다 돈을 덜 필요함에도 어떤 사람들은 경제적 상황이 안 좋고, 건강이 더 나쁘고, 사별하거나 이혼할 가능성도 더 많다는 것이다. 그러나 삶의 물질적인 조건과 관계에서 더 큰 만족이 있었다(Butt & Beiser, 1987). 또 다른 설명은 어떤 면에서 더 나이든 사람들은 그들의 상황에 '적응' 하거나 '조절' 할 수 있다는 것이다. 적응이나 조절을 하는 방법은 긍정적인 기분을 가져오는 사람들과 상황을 선택함으로써 자신들의 긍정적인 경험을 조절할 수 있게 되는 것이다

(Diener & Suh, 1997b; Mroczak & Kolanz, 1998). 우리는 앞에서 이런 종류의 사
람과 상황 사이의 상호관계를 설명했었다.

7. 성차

행복에서의 성차에 대한 연구도 많이 있었다. Wood 등(1989)은 미국에서
주로 수행된 93개의 연구를 메타분석하였다. 그들은 여성들이 평균적으로 남
성들보다 약간 더 행복하며(표준 편차 7%), 약간 더 정적인 정서(역시 7%)와 생
활만족도(3%)를 가지고 있다는 것을 발견하였다. 그러나 '일반적인 평가'를
수행한 연구 집단에서는 남성들이 훨씬 더 긍정적이었다. 이런 미약하지만
긍정적인 영향은 결혼한 사람들에게서 약간 더 강하였다(8%). 그리고 이전에
보았듯이 남성들은 여성들에 비해 나이가 들어감에 따라 좀 더 행복해졌다.

일반적으로 성차는 우울증, 불안과 부정적인 감정에서 훨씬 더 영향이 강
하다. 여성들은 남성들보다 2배나 더 자주 우울해질 가능성이 있으며, 불안이
나 신경증으로 고통받을 가능성도 50% 더 많았다. 그리고 하루의 삶 속에서
더 많은 부정적인 감정을 경험한다. 이런 성 차이는 민족적이고 전통적인 문
화의 구성원들에게 더 적었다(Nolen-Hoeksema & Rusting, 1999). 이것으로 여
성들의 전반적으로 더 높은 행복감을 반박하지는 못하는데, 그 이유는 임상
적인 우울증을 가진 사람들이 전체에서 작은 부분을 차지하기 때문이다.

여성들은 남성들보다 긍정적인 면과 부정적인 면 모두에서 좀 더 강한 정
서를 경험한다. Diener 등(1985)은 1점에서 6점 척도상에서 평균적으로 여성
들은 4.34로 남성들의 3.88보다 강하게 경험하는 것을 발견하였다. 이것은 여
성들이 좀 더 표현을 잘하도록 사회화되었기 때문이거나 사회적인 관계에 더
많이 참여하기 때문일지도 모른다. 다른 해석은 여성들에게 더 많은 우울증
이 있다는 것에 초점을 맞춘다. 이것이 부분적으로는 여성들 사이의 높은 성
적·생리학적 학대 때문이거나, 여성들로 하여금 다른 사람의 고통에 반응하
게 만드는 높은 감정이입 때문이거나, Nolen-Hoeksema(1991)가 여성들에게

서 발견하였듯이 부정적인 사건에 대해 곰곰이 생각하는 대처방식 때문일지
도 모른다는 것이 제안되었다. 그녀는 사람들에게 '우울할 때 무엇을 하십니
까?' 라는 질문을 하였다. 여성들은 크게 울거나 친구와 함께 한탄하는 경향
이 더 많았다(상황을 더 나쁘게 만들지도 모르는 '곰곰이 사고하는' 형태의 대처).
이것은 치료법에서 카타르시스가 사람들에게 좋다는 일반적인 이론과 반대
된다. 남성들은 달리기나 스쿼시 같은 신체적인 활동에 더 많이 참여하는 경
향이 있는데, 이는 운동의 이점과 강력한 쾌감을 주는 원천이 될 뿐 아니라 그
들이 문제에서 벗어나도록 만드는 효과를 준다. 친구와 술을 마시는 것은 또
다른 것이다.

행복의 원천은 성에 따라 다르다. 남성들은 그들의 직업과 경제적인 만족
도와 자신 스스로에 의해 더 많은 영향을 받는다. 여성들은 자식과 가족의 건
강에 의해 영향을 받으며, 좀 더 자기 비판적이다. 남성들에게 키가 큰 것은
좋지만 여성들에게는 그들이 정상치(5피트 8인치) 정도라면 그렇지 않다. 여
성들에게 신체적인 매력은 매우 중요하며 과다체중은 극히 나쁘다. 45파운드
이상의 여성을 다른 사람들이 매력적으로 판단할 가능성은 극히 드물며, 따
라서 많은 사람들에게 불만족의 원천이 된다.

성 차이의 정도는 문화마다 다르다. 대만에서 남성들의 행복은 주로 일에
서의 만족도에 달려 있지만, 여성들은 가족들과의 만족도와 가족들의 행복에
달려 있다(Lu, 2000).

8. 맺으면서

행복의 측정치들은 시간이 지남에 따라 매우 안정적이고, 주관적인 안녕감
의 다양한 측면들과 상관 있다. 쌍생아 연구는 행복에 대한 유전적 근거를 보
여 주는데, 이런 것을 보면 분명 행복한 사람들이 있다. 행복 그리고 특히 정
적인 정서는 외향성과 강하게 관련되어 있고, 부적인 정서는 신경증적 경향
성과 강하게 관련되어 있다. 이런 영향은 부분적으로 외향적인 사람들은 보

상에, 신경증이 있는 사람들은 처벌에 더 반응을 보이기 때문일 수도 있으며, 또 부분적으로는 상황을 추구하고 피하는 것 때문이다. 정적인 정서는 부적인 정서에 비해 덜 안정적이며, 상황적인 요소들에 의해 더 영향을 받는다.

안녕감과 성격의 다양한 인지적 측면들 사이에는 상관이 있다. 이것들은 더 넓은 의미에서 안녕감의 일부분으로 보일 수 있다. 이것이 Ryff의 접근방식이다. 행복과 내적 통제, 자기존중, 낙천주의, 삶에서의 목표 사이에는 강한 관련이 있다. 현실적이고 자원이 있는 목표에 대한 관여가 삶의 목적을 준다.

어떤 연구자들은 성격이 인종, 사회계층, 돈, 사회적인 관계, 일, 여가, 종교, 혹은 다른 환경적인 변수들보다 더 행복을 결정짓는 요소라는 결론을 내린다(Diener et al., 1999). 앞 장에서 대부분의 이런 변수들을 살펴보았고, 그것들 중의 몇몇은 행복에 상당히 강한 영향을 준다는 것을 확인하였다.

성격과 상황은 둘 다 행복에 영향을 미치며, 어떤 사람들은 즐거운 상황에 더 반응을 보인다는 면에서, 또한 행복은 부분적으로 상황과 인간관계의 선택과 조작을 통해 성취된다는 면에서 상호작용한다. 또한, 사회적인 불안감이나 사회적 기술이 결여된 사람들은 다른 사람들이 즐거움을 발견할 수 있는 사회적인 상황을 피한다는 것이 알려졌다.

만족과 정적인 정서는 나이가 들어감에 따라 약간 증가하고 부적인 정서는 감소하는데, 남성들에게서 더욱 그러하다. 이런 증가는 노인들의 더 낮은 수입과 더 나쁜 건강에도 불구하고 존재하였는데, 이는 아마도 시간이 지나면서 그들이 상황에 적응할 수 있었기 때문일 것이다. 행복에서의 성 차이는 작지만, 여성들이 우울증으로 더 고통받을 가능성은 있지만 남성들보다는 약간 더 행복하다. 여성들은 두 종류의 정서를 더 강하게 경험한다.

제11장

종교활동

이 장에서 우리는 종교가 행복에 얼마나 커다란 효과가 있는지를 살펴볼
것이며, 종교의 어떤 측면이 그러한 효과를 일으키는지, 어떤 집단의 사람들
이 종교에서 가장 혜택을 보았는지 그리고 안녕감의 어떠한 측면이 가장 영
향력이 있는지에 대해 살펴볼 것이다.

1. 일반적인 행복 조사연구

일반적인 조사는 비록 약하기는 하지만 행복에 미치는 종교의 명확한 효과
를 보여 준다. 이것은 행복감이 종교에 영향을 주기보다는 종교가 행복감에
영향을 주기 때문인 것 같다. 마치 행복한 사람은 종교로 회심하기를 기대하
는 이유가 없는 것처럼 사실상 그 반대가 좀 더 그럴듯해 보인다. Inglehart
(1990)는 14개의 유럽 국가, 전체적으로 163,000명의 피험자 표집에서 많은
유로지수(Eurobarometer)조사를 조합하였다. 그는 일주일에 교회에 한 번 이
상 간다고 말한 사람들 중 85%가 삶에 대해 '아주 만족'하였으며, 때때로 간
다고 답한 사람의 82% 그리고 전혀 가지 않는다고 답한 사람 중 77%가 만족

한다고 말한 것들을 비교연구하였다.

Witter 등(1985)은 56개의 미국 조사에 대한 메타분석에서도 이와 유사한 긍정적인 결과를 얻었으나 별로 크지는 않았다. 비록, 이런 효과의 크기가 연령에 따라 증가하였음에도 불구하고 종교와 안녕감 간의 전반적인 상관은 .16이었다. 그러나 이런 효과는 세월이 지남에 따라 감소하였다. 또한, 그들은 행복에서 종교의 효과가 종교성에 대한 다른 측정치보다 종교활동에서 더 컸다는 것을 발견하였다. 몇 가지 다른 미국 연구는 대규모의 국민을 대상으로 하여 표집하였으며, 장기간에 걸쳐 반복 측정하였다. 그리고 교육, 연령, 직업 같은 많은 인구통계학적 변인을 통제하였다. 어쨌든 이들 변인들이 통제된 후, 행복에서의 종교의 효과와 안녕감의 다른 측면이 여전히 발견되었다. 이것의 효과는 꽤 작았다. 우리는 종교가 즐거움에 줄곧 영향을 미치는 것처럼 건강에서도 종교의 효과가 크다는 것을 다음에 살펴볼 것이다.

Veenhoven(1994)이 수행한 세계적인 조사에서는 안녕감에 대한 종교의 효과는 유럽에서보다 미국에서 더 강했으며, 그 효과는 나이든 사람과 흑인, 여성 그리고 프로테스탄트에게서 더 강했다.

우리는 다음에 종교가 사회적으로 고립되어 있는 대부분의 사람들의 행복에 영향을 미치며, 교회 공동체는 응집력이 아주 강하며, 지지적이라는 것에 대해서도 살펴볼 것이다. 이것은 종교가 사람들에게 혜택을 주는 한 가지 방식은 교회에서의 다른 사람들과 사회적 지지를 통해서라는 것을 시사한다. 그러나 이것이 종교가 혜택을 주는 유일한 방법은 아니다. Pollner(1989)는 사회적 지지를 일관성 있게 하고, 신에 대한 상을 친구처럼 갖게 되는 것인, 신에 대해 보고된 친밀함은 행복과 연합되어 있음을 발견하였다. 그리고 확고한 신념을 가지는 것은 세 번째 요인이 될 수 있다. Ellison(1991)은 종교는 사회적 지지와 개인적 신앙 모두 일관성 있게 유지된 후, 행복감에 영향을 미친다는 것을 발견하였다. 또 다른 연구에서 Ellison 등(1989)은 교회 출석과 개인적 기도는 안녕감에 영향을 미치지만 신념에 대한 효과를 매개하였다는 것을 발견하였다. 우리가 지금 해야 할 것은 이것들이 안녕감에 얼마나 영향을 미치며, 안녕감의 어떤 측면에 영향을 미치는지를 각각 살펴봄으로써 종교적 측면의 세 가지를 고려하는 것이다.

또 다른 종교적 변인인 '영적 안녕감'에 관심을 가지는 연구다. Paloutzian 과 Ellison(1982)은 두 가지 요소로 이것에 대한 측정을 도입하였다. '종교적 안녕감'은 신과의 만족스런 관계를 가지는 것에 대한 것이며, '실존적 안녕감'은 생활만족과 목적을 가지는 것에 관련된다. 전자는 신의 범주와 관련해서 상응하는 것이며, 후자는 삶의 차원에서 목적에 대한 것과 상응한다. 〈표 11-1〉에서 각 항목의 예가 제시되어 있다. Genia(1996)는 영적인 안녕감, 특히 종교적 안녕감 요소가 본질적인 종교성과 강하게 상관이 되어 있음을 발견하였다. 이것은 종교가 그 자체의 목적으로서 중요한 신앙임을 의미한다.

삶에서 목적에 대한 측정인 PIL(purpose in life)은 행복과 강하게 상관되어 있다. 종교는 그것의 한 가지 출처다. 복음주의와 경건주의 같은 '엄격한' 교회는 그들의 구성원들이 무엇을 할 것인지에 대한 분명한 지침을 주고 있으며, 따라서 삶에 대한 지침을 제공한다. 이것은 교회의 매력을 설명해 주기도 한다. 엄격한 교회는 세계의 많은 지역에서 그들의 구성원들을 확장하고 있다 (Argyle, 2000). Emmons(1999)는 영적인 목적은 단지 안녕감과 연합된 것으로 밝혀진 그런 종류의 목표라고 주장하였다. 즉, 아주 가치 있고, 도달할 수 있고, 도구적이고, 갈등적이지 않은 것으로 평가되었다. Emmons(1986)는 또, 종교에 대한 내적 관여를 평가하는 다른 방법을 사용하였다. 즉, 피험자에게 자신의 목적을 질문하고 종교적 내용에 대해 그것들을 부호화하는 것이었다. 이렇게 함으로써 Emmons는 종교적 노력을 측정하고, 이것들이 두 가지 종류의

〈표 11-1〉 종교적이고 영적인 안녕감 척도

종교적
1. 나는 신이 나를 사랑하고 나를 보살펴 준다고 믿고 있다.
2. 나는 신과 가까이 있을 때 가장 충만한 느낌을 갖는다.
영적
1. 나는 내 삶의 몇 가지 현실적인 목적이 있다.
2. 나는 삶을 아주 잘 즐기지 못한다.

※ 출처: Paloutzian & Ellison(1982).

초월로 구성되어 있다고 보았다. 자아를 넘어서는 목표를 가지는 것과 더 높은 권력에서 더 친밀한 관계를 추구하는 것이다. 이것들은 주관적 안녕감과 상관이 있다. 필자는 비록 이것이 부가적으로 노력하는 요소를 포함하고 있음에도 불구하고, '신과의 관계'에 대한 제목하에서 이것을 설명할 것이다.

2. 교회 출석의 효과

우리는 교회 출석과 행복과 안녕감의 다양한 양상에 일관성 있게 강한 상관이 있다는 Witter 등(1985)에 의한 메타분석을 살펴보았다. 최근 미국 오하이오 주 데이턴의 627개 지역을 대상으로 한 연구에서 Poloma와 Pendleton (1991)은 비록 '종교적 만족감'이 그렇게 크지는 않음에도 불구하고, 교회 출석이 기도자와 신념과 같은 다른 종교적 변인보다도 생활만족도, 행복 그리고 존재론적인 안녕감과 상관이 있었음을 발견하였다. 우리는 나중에 교회 출석이 건강의 가장 강력한 예언치임을 살펴볼 것이다.

그 효과는 나이든 사람들에게서 가장 강하였다. 〈표 11-2〉는 미네소타에서 65세 이상의 1,343명의 사람들을 대상으로 한 Moberg와 Taves(1965)의 연구결과 중 일부를 보여 주고 있다.

사용된 '적응 지수'는 초기의 행복척도가 되었다. 교회 관여의 더 커다란 이점은 독신이거나 은퇴하거나 나이 들거나 건강이 좋지 않은 사람들에게 좀더 영향을 미치는 것처럼 보인다. 이것은 교회의 이점이 교회가 제공하는 사회적 지지에 기인할 수 있다는 것을 시사하고 있다. 교회 공동체는 아주 친밀한 것으로 밝혀졌다. 오스트레일리아에서의 교회 참석자를 연구한 Kaldor (1994)는 24%가 가장 친한 친구가 교회에 소속되어 있다고 말했으며, 다른 46%는 교회 내에 여러 명의 친밀한 친구가 있다고 말하였음을 발견하였다. 이 백분율은 오순절 교회파와 다른 소규모의 신교도파에게서 더 높았다. Ellison과 George(1994)는 교회 참석률과 가족 이외의 유대 구성원, 사회적 접촉의 빈도 그리고 받았던 사회적 지지의 지수와 강한 상관이 있었다. 특별하

게 영향을 미친 이 네 가지 지지는 선물 주기, 사업이나 재정적인 충고, 집안
일 보수나 수리 그리고 쇼핑이나 심부름이었다.

필자는 다른 경우에서(Argyle, 2000) 종교가 어떤 점에서는 사회적 현상이
라고 주장하였다. 구성원들 간의 아주 밀접한 유대는 아마도 그들 간의 공유
된 신념 때문에 형성되며, 의식행동을 함께 함으로써 유대감을 경험하기 때
문일 것이다. 이에 부가해서 종교적 경험은 강한 친사회적 구성요소가 된다.
공유된 의식의 효과는 Turner(1969)가 몇 가지 초기 의식에서 발견되는 '공동
체(communitas)'의 상태라고 불리는 것을 통해서 있을 수 있다. 이것은 그 의
식에 참여한 사람들 사이에 사랑, 조화, 평등 그리고 사회적 합일의 이상적이
고 희열에 넘친 상태다. 신과의 관계는 종교가 사회적 현상이라는 것에 대한
더 나은 방식이다.

〈표 11-2〉 적응 지수와 교회 구성원들에 대한 점수

	교회 지도자	다른 교회 구성원	교회 구성원이 아님
미혼	15	15	12
미망인	15	11	7
독신	12	8	5
65~70	18	14	10
71~79	15	12	7
80 +	13	8	6
정규직	18	18	17
비정규직	16	16	13
은퇴한 사람	15	12	7
건강(자기 평가) 매우 좋음	17	14	13
좋음	15	14	11
적절함	17	6	8
50대 보다 종교단체에서 더 활동적임	16	13	9
50대 보다 종교단체에서 덜 활동적임	14	11	7

※ 출처: Moberg & Taves(1965).

3. 신과의 관계

우리는 처음에 교회 출석과 사회적 지지가 종교로 인한 안녕감을 증진시키는 유일한 방식이 아님을 살펴보았다. Pollner(1989)는 교회 출석이 통제되었을 때, 보고된 '신에 가까움'이 행복감과 만족감 사이에 .16의 상관이 있음을 발견하였다. Ellison 등(1989)은 '신앙의 강도(빈번한 기도와 신에 가깝다는 느낌)'는 생활만족의 가장 강력한 종교적 예언치였음을 발견하였다. Poloma와 Pendleton(1991)은 절정 경험과 기도 경험이 안녕감, 특히 존재론적 안녕감의 최고의 예언치였음을 발견하였다. 다른 연구는 존재론적 안녕감(의미와 목적)이 종교에 의해 가장 많은 영향을 받는 주관적 안녕감의 한 측면이었음을 발견하였다(예컨대, Chamberlain & Zika, 1988). Kirkpatrick(1992)은 사적인 기도와 종교적 경험인 기도자를 경유한 신과의 관계는 인간과의 관계와 동일한 방식에서 경험될 수 있으며, 유사한 이점을 준다고 하였다.

개인적 기도의 빈도는 안녕감의 가장 강력한 예언치다. Maltby 등(1999)은 474명의 영국 학생들에게 종교성에 대한 많은 측정을 하였고, 이것은 낮은 우울과 분노 그리고 높은 자아존중감의 최고의 예언치임을 발견하였다.

그러나 주관적 안녕감에서 종교성의 효과는 미국 흑인에게서 좀 더 강했다. 이것은 흑인 남성에게서 .41의 회귀 가중치와 더불어 중요한 예언치였으며, 가난하거나 교육을 받지 않은 사람에게서는 크지 않았다. 따라서 빈곤으로 인한 것이라고는 볼 수 없다는 것이다. 이런 집단에서는 종교가 오히려 그들의 생활방식의 중심이라는 것이다(St. George & McNamara, 1984).

4. 신 념

종교가 안녕감에 영향을 미치는 세 번째 방식은 신념을 통해서다. Ellison (1991)은 때때로 '존재론적 확실성'이라 불리는 확고한 신념을 가지는 것은 교회 출석과 사적인 기도는 독립적으로 생활만족과 상관이 있다는 것을 발견하였다. 또 다른 연구에서 Ellison 등(1989)은 교회 참석률과 사적인 기도는 신념에 영향을 미침으로써 안녕감에 효과가 있다는 것을 발견하였다. 신념에 대한 확실성은 유익하며, 존재론적 안녕감을 일으키는 것으로 밝혀졌다. 이것은 미국과 세계의 몇몇 다른 지역에서 '엄격한' 교회의 대중성을 설명해 준다. Kelley(1972)는 미국에서 동일한 종파의 엄격한 분파와 자유스런 분파의 구성원 간의 통계치를 비교하였으며, 모든 경우에서 자유스런 분파는 줄어든 반면 엄격한 분파는 확장되었다는 것을 발견하였다.

사후의 삶에 대한 신념은 호의적이고, 특히 나이가 들고, 아프거나 전쟁의 위험이 있는 곳에 가는 사람들에게는 보탬이 되었다. 그러나 종교적 신념은 언어적 진술(당신은 신을 믿습니까?)에 대한 동의 이상이다. 이것은 빙산의 일각이다. 즉, 숨겨진 부분은 신념과 연합된 생활방식이며, 정서적 관여다 (Argyle, 2000). 이것은 행복연구에서 고안된 '의미와 목적'의 측정방식과 유사하다. 예컨대, Battista와 Almond의 'Life Regard Inventory' 이다. 종교와 가장 강력하게 연합된 것은 안녕감의 측면이다. 동등함에 대한 종교적 측면은 '존재론적 안녕'의 측정이며, 이것은 아주 다르지 않다.

Ellison 등(1989)은 신념이 행복감의 가장 중요한 자원임을 발견하였으며, 교회 출석과 신에 대한 관계 모두에 영향을 미친다는 점에서 그러하다고 하였다. Dull과 Skokan(1995)은 신념이 얼마나 영향이 있는지를 제안하였다. 신념은 통제감, 자기확신 그리고 Taylor와 Brown(1988)이 안녕감에 보탬이 된다고 말했던 낙천주의에 영향을 미칠 수 있다. 신념은 또한 사건에 대한 의미를 제공하는데, 예를 들면 그들이 임의적이지 않다는 것을 보여 줌으로써, 부정적인 사건 후에 개인적 성장이 가능하다는 것은 보여 줌으로써 그러하다.

● 행복에 대한 결론

종교는 전반적으로 행복에 그리 많은 영향을 미치지는 않지만, 나이든 사람들이나 엄격한 교회에 다니는 구성원들에게는 많은 영향을 미친다. 종교는 존재론적 안녕감에 가장 큰 영향을 주며, 기도의 강도나 신에 대한 가까움에 커다란 효과를 가진다. 그리고 교회 출석과 신념에는 분명한 효과가 있다.

5. 건강에 대한 종교의 영향

종교와 건강은 오랫동안 관련되어 있다. 수천 년 동안 종교의 주요 목적의 하나는 질병을 치료하는 것이었다. Okun 등(1984)은 건강과 행복 간의 메타분석을 하였고, 전체적으로 .32의 상관을 발견하였다. 이것은 여성에게서 더 강했으며, 주관적 보고가 사용되었을 때 그렇게 나타났다. 그러나 이러한 것의 원인을 우리에게 제시해 주지는 못한다. 우리는 건강에 대한 주관적 보고는 종종 건강에 대한 객관적 평가와 완전하게 동일하지 않다는 것을 살펴볼 것이다. 사망률은 아주 객관적 측정치다. Comstock와 Patridge(1972)는 많은 질병으로 인한 사망률에서 교회에 나가는 사람들과 다른 사람들 간의 차이를 발견하였다(〈표 11-3〉). 교회에 나가는 사람들은 질병으로 인한 사망률이 훨씬 더 낮았음을 확인할 수 있다. 이러한 결과는 허약한 사람들이 교회에 갈 수 없기 때문인가? 그렇지는 않은 것 같다. 왜냐하면 이와 유사한 결과가 학생들의 종교적 관여와 다른 지역에서의 교회 구성원들 간의 비율에서도 나타났기 때문이다.

문제를 제기하는 또 다른 방법은 교회 구성원들과 다른 사람들의 사망률을 연구하는 것이다. Hummer 등(1999)은 '미국국립건강인터뷰조사(American National Health Interview Survey)'에서 22,800명의 피험자를 대상으로 8년간 추적연구 조사를 하였다. 이 시기 2,016명이 사망하였으며, 그 결과 20세에 교회를 다니는 사람들은 다른 사람들보다 평균 기대 수명이 7년 이상 길었다. 미국 흑인들에 대한 상응하는 차이는 14년이었다. 교회에 가는 횟수가 일주일에 한 번 미만인 사람들과 결코 가 본 적이 없는 사람들 간의 전체적인 표집에서 4.4년의 차이가 있었다. 교회에 출석하는 것의 이점은 부분적으로는 더 건강한 행동과 부분적으로는 더 나은 사회적 지지에 기인하는 것으로 밝혀졌다. 사회적 · 경제적 지위처럼 종교는 죽음에 직면할 수밖에 없는 '근본 원

〈표 11-3〉 규칙적으로 교회에 다니는 사람들과 다른 사람들의 사망률
(대부분의 사례는 5년에 걸쳐 1,000명당 해당 사례임)

	한 주에 한 번 이상	한 주에 한 번 이하
심장발작	38	89
폐기종(3년)	18	52
간경변증(3년)	5	25
자궁경부암	13	17
자살(6년)	11	29

※ 출처: Comstock & Patridge(1972).

인'으로서 개념화될 수 있다. 왜냐하면 그것은 중요한 자원에 대한 접근을 하게 해 주기 때문이다(Hummer et al., 1999: 283).

이 연구는 다른 교회 구성원들을 분리하고 있지 않다. 그러나 초기 연구는 그리스도 재림론자, 몰몬, 그리스 교회 그리고 암만파에게서 차이가 가장 크게 나타났다. 이것은 아마도 건강한 행동을 하도록 신체를 아주 엄격하게 다루기 때문일 것이다(Jarvis & Northcott, 1987; Levin, 1994).

이 모든 것에 대한 가장 분명한 해석은 교회 구성원들의 '건강한 행동'은 더 낫다는 것이다. 즉, 그들이 술을 덜 마시고 담배를 덜 피우는 것 같은 이유도 그 하나일 것이다. 〈표 11-3〉은 이것을 지지하고 있다. 교회에 다니는 사람들은 간경변증(알코올로 인한), 폐기종(담배로 인한), 자궁경부암(부분적으로는 난잡한 성행위로 인한), 심장질환(부분적으로는 흡연과 다이어트로 인한)으로 사망할 가능성이 낮다. 가장 오래된 종교집단은 행동의 모든 종류에 대해 엄격한 규칙을 가지고 있다.

그러나 이것은 건강에 대한 종교의 이점을 모두 설명하는 것은 아니다. 바람직한 건강 행동 요구에 대해서는 조금이거나 아니면 거의 하지 않는 정통 교회의 구성원들에게서의 이점을 설명해 주지는 못한다. 두 번째 요인은 사회적 지지다. 이것은 우리가 살펴보았듯이 교회에서 예외적으로 강한 것이며, 건강에 이로운 것으로 잘 알려져 있다. Berkman과 Syme(1979)는 사망률에서 사회적 지지의 커다란 효과를 발견하였으며, 사회적 지지의 효과적인

형태 중 하나는 교회 구성원들이었다.

그러나 건강한 행동과 사회적 지지가 통제된 후 건강에 대한 종교의 이점은 여전히 있으며, 이것은 Hummer 등(1999)에 의해 확인되었다. 우리는 스트레스가 면역체계를 손상시키고, 긍정적인 기분과 친밀한 관계가 면역체계를 증진시킨다는 것을 알고 있다. 종교는 이들 다른 마음의 평화로운 상태와 줄어든 스트레스를 통해 면역체계, 신과의 관계 그리고 교회 봉사로 인해 유도된 긍정적인 기분에 도움이 되는 것으로 기대된다(Dull & Skokan, 1995; McFadden & Levin, 1996).

치료하는 봉사로 신체적 질병을 가진 사람을 치료하기 위한 시도들도 있었다. 많은 사람들은 그들이 사람들을 치료하거나 이런 방식에서 치료될 수 있다는 것을 주장한다. 그러나 정말로 이런 일이 일어날 수 있는가? 이와 관련하여 몇몇 조심스런 후속 연구들이 수행되었다. 예를 들면, Glik(1986)은 경건주의와 다른 치료집단에 참석하는 176명의 사람들을 면접하고, 그들을 규칙적으로 1차 치료를 받는 137명과 비교하였다. 종교적인 치료집단에 있었던 사람들은 규칙적인 의학적 치료를 받았던 사람들보다 좀 더 기분이 좋은 것으로 보고되었으며, 더 나은 건강 행동을 하며, 일반적인 안녕감에서 더 크게 나타나는 것으로 보고되었다. 그러나 실제로 보고된 징후에서는 차이가 없었다. Idler(1995)는 장애가 있는 사람들을 포함한, 질병이 있는 286명의 사람을 대상으로 하여 연구하였다. 어떤 부분은 종교에서 도움을 얻었다. 그 결과 이들의 주관적 건강은 신체와 관련이 없는, 그들의 정서적 안녕감, 다른 사람들과의 관계, 신체 면에서는 건강하지 못할지라도 건강한 비신체적 자아를 포함하는 내부의 영적인 자아에 대한 생각에서 기인한다는 것을 발견하였다. 이들의 신체적 조건에서는 어떤 변화도 없었다. 그러나 몇몇 연구는 신체적 건강이 일정하게 유지되었을 때, 주관적 건강은 사망률을 줄여 줄 것으로 예측하였다(Idler & Benyamini, 1997).

많은 것들은 자신이나 다른 사람의 건강을 위해서 기도하는 사람들이 만들어 낸 것이다. Poloma와 Pendleton(1991)은 기도를 통해서 오하이오 표집의 73%는 질병 치료에 도움이 되며, 34%는 이것을 경험하였다고 주장하였다.

우리는 정신질환에 대한 종교의 효과에서 기도자에 대해 더 토의할 것이다. 그러나 종교가 산출하는 일종의 마음의 평화와 긍정적인 조망이 신체적인 효과를 가진다는 것은 틀림없어 보인다.

6. 정신건강에 대한 종교의 효과

조사보고서는 여기서 긍정적이고 분명히 부정적인 결과를 보고하고 있다. 그러나 Batson 등(1993)은 우울증에 대한 자기보고 측정치와 정신건강에 대한 다른 양상들이 사용된, 115개의 미국 연구를 분석하였다. 이들은 종종 몇 가지 다른 종교성 측정법을 사용하였다. 이들 연구의 다수는 내재하는 종교성과 정신건강 간의 긍정적인 상관을 발견하였으나 외부의 종교성과는 부정적인 상관(이것은 친구나 다른 이점을 만드는 것같이 목적을 수단으로 해서 교회에 가는 것)이 있었음을 발견하였다. 더 커다란 표집과 더 나은 측정치를 사용한, 후속 연구에서도 동일한 결과가 발견되었다. 예를 들면, Idler(1987)는 뉴헤이븐에서 2,811명의 나이든 사람들을 연구하였으며, 교회에 나갔거나 사적으로 예배를 하였던 사람들에게는 우울 증세가 낮았다는 것을 발견하였다.

종교는 스트레스에 대해 완충적 역할을 할 수 있다. Park 등(1990)은 내재적 종교성이 높은 학생들은 부정적인 생활사건에 뒤따르는 우울증, 분노, 낮은 자아존중감을 느끼지 않는다는 것을 발견하였다. 프로테스탄트에게서 이것은 심지어 통제할 수 없는 생활사건에 대해서도 그러하였다. 가톨릭에서는 단지 통제할 수 있는 것에 대해서만 그러하였다. 그리고 놀랍게도 프로테스탄트는 부정적인 사건 이전보다 덜 우울해하였다.

교회 모임으로 주어지는 사회적 지지는 아마도 종교의 이점에 대한 한 가지 이유가 될 수 있다. 우리는 교회가 사회적 지지의 중요한 출처라는 것을 앞에서 살펴보았다. 많은 연구들은 정신건강에 대한 이런 사회적 지지의 이점을 나타내고 있다.

종교는 위험한 정신병이나 질병을 예방하지는 않으며, 사실상 자신의 질병에 대해 종교적 만족감을 가진, 즉 그들이 종교적으로 중요한 인물이라고 생각하는 많은 환자들이 있다. Rokeach(1981)는 자신이 예수라고 생각하고 있는 세 명의 환자들을 대상으로 연구를 수행하였다. 종교적 지도자의 성격, 특히 새로운 종교적 운동을 시작한 정신적 지도자에 대해서는 혼란이 있다. 그들은 종종 자신들의 새로운 미래상을 만들기 전에 거의 아니면 실제적인 정신착란의 시기를 경험한다. 만약, 이것이 그들의 잠재적인 지도자의 욕구에 호소하고 맞아떨어진다면 정신적 지도자는 성공적인 종교적 지도자가 될 것이다(Storr, 1996). 실제로 많은 중요한 종교적 지도자들이 어떤 정신이상 증세를 보였다. 그러나 그들은 실제 환자들과는 상당히 다르다. 그들은 커다란 집단을 이끌 수 있을 정도로 충분히 온전한 정신 상태에 있으며, 그들의 생각은 자신들뿐만 아니라 다른 많은 이들에게 호소력을 지녔다.

Durkheim(1987)은 프로테스탄트는 가톨릭보다 자살률이 더 높다고 생각하였다. 왜냐하면 가톨릭이 더 친밀한 사회적 관계망을 가지고 있기 때문이다. 비록, 현재는 거의 차이가 없을지라도 프로테스탄트들의 이러한 높은 자살률은 초기 유럽의 연구에서 발견되었다. 그러나 일반적으로 종교적 관여는 낮은 자살률과 분명한 상관이 있다. Comstock과 Partridge(1972, 〈표 11-3〉 참조)는 일주일에 교회에 한 번 이상 가는 사람들에게서 자살률은 1,000명당 0.45였으며, 교회에 가지 않는 사람들은 2.1이었다는 것을 발견하였다. 사회적 응집력은 아마도 낮은 자살의 중요한 이유가 될 것이다. 자살률은 더 강한 사회적 관계망과 낮은 이혼율을 가진 교회와 이들 공동체 사람들에게서 낮았다(Beit-Hallahmi & Argyle, 1997).

종파 구성원들은 또 다른 문제다. 그들은 미치광이 같다. 이들 집단과 어울리는 것은 종종 혜택이 있는데, 왜냐하면 그들은 세상의 안식처, 강한 사회적 지지와 강한 규율을 제공하기 때문이다. 낙오되었거나 약물에 중독된 젊은 사람들이 어울렸을 때, 그들의 조건은 개선된다. 또한, 가족과 친구와의 헤어짐, 적어도 참여 기간 동안의 직업 포기, 어떤 경우에는 성이나 예정된 결혼을 포기하고, 때로는 엄격하고 포악한 규율을 따르고, 꽃을 파는 것 같은 비굴한 일을 억지로 하게 하는 등의 희생이 따른다. 이들의 가족 또한 희생이 따른다.

자신의 아이들에게 어떤 일이 있었는지를 알지 못하고, 어떤 사람의 방문도 허용되지 않는 것을 이해하기 어렵다.

7. 결혼생활의 행복

대부분의 종교는 결혼과 가족을 가치 있게 여기는데, 기독교도 예외가 아니다. 종교가 더 행복한 결혼생활을 하게 하는가? 서양에서는 적어도 더 낮은 이혼율에 이르게 한다. Heaton과 Goodman(1985)은 종파와 교회 출석의 두 가지 모두에서 그 효과가 나타나는 몇 가지 미국 국민표집조사를 조합하였다 (〈표 11-4〉). 각 종파에서 이혼율은 규칙적인 교회 출석자들에게서 훨씬 더 낮았으며, 가톨릭과 몰몬교에서 더 낮았다. 또 다른 연구에서 Call과 Heaton (1997)은 5년에 걸쳐 4,587명의 부부를 대상으로 불화율을 연구하였다. 함께 머물렀던 부부들의 최고 예언치는 규칙적이고 연합적인 교회 출석률이었다. 또 다른 연구는 내재적인 종교성이 더 나은 예언치였음을 발견하였다. 다른 한편, 남편과 아내가 다른 교회에 갔다면 사건은 더 악화되었다. 가톨릭-프로테스탄트 부부는 프로테스탄트 부부나 가톨릭 부부보다 이혼할 가능성이 거의 두 배나 높았으며, 가톨릭-몰몬교 부부는 심지어 더 안 좋았다. 모든 이들 집단은 가족을 소중히 하고 이혼을 반대하기 때문에 같은 신앙을 가진 부부가 함께 하는 것에는 몇 가지 다른 이유가 있다. 결혼생활의 성공은 여가활동을 함께 참여하는 것으로 예측될 수 있으나, 공유된 교회의 효과가 특히 강하다. 이것은 교회 공동체의 응집력 있고, 지지적인 과정에 기인한다고 할 수 있

〈표 11-4〉 교회와 출석에 따른 이혼율

	가톨릭		자유스런 프로테스탄트		보수적인 프로테스탄트		몰몬	
	높음	낮음	높음	낮음	높음	낮음	높음	낮음
이혼한 비율	13.3	30.4	24.0	32.3	20.3	37.4	12.7	23.9

※ 출처: Heaton & Goodman(1985).

다. 공유된 신앙심과 공유된 의식에 참여하는 것과 같은 신앙을 가진 부부는 동일한 응집력 있는 집단에 속할 수 있으며, 그곳에서 사회적 지지를 받을 수 있다.

그러나 결혼생활의 행복이 종교에 의해 영향을 받는가? 몇몇 연구자들은 종교적인 배우자들은 결혼에서 좀 더 성적인 만족감을 보고하였다는 것을 발견하였다. 이들 연구에서는 틀림없이 성적 활동의 억제가 없었다(Hood et al., 1996). 몇 가지 연구는 종교와 성행동 간의 연관을 발견하였다. 공유된 종교는 아마도 부가적인 정서적 친밀감을 야기할 것이다. 그러나 여기에는 모든 상관된 연구들이 있었다. Booth 등(1997)은 1,005명의 결혼한 사람들에 대한 장기간 연구를 수행하였으며, 비록 종교가 이혼에 대한 생각을 약간 적게 하기는 했지만, 12년에 걸쳐 종교적인 활동에서의 증가가 결혼생활의 행복을 증가시키거나 갈등을 감소시키지 않았음을 발견하였다. 다른 한편, 증가된 결혼생활의 행복감은 교회 출석률을 증가하게 하였다. 만약, 이런 결과를 더 일반적으로 적용해 본다면, 교회가 마치 부부들을 서로에게 애착을 갖게 만드는 것처럼 보인다. 그러나 그들의 결혼에 대한 행복감을 증가시키는 것에 의해서만 교회 출석률이 높아지는 것은 아니다.

8. 긍정적인 감정

교회 봉사와 다른 종교적 활동은 꽤 강한 긍정적 감정을 일으킬 수 있으며, 행복감의 일반적인 측정방법에 반영될 수도 있으며, 그렇지 않을 수도 있다. 다른 여가활동에 의해 산출된 감정에 대한 조사연구에서 연구자들은 교회는 기쁨에서는 높게, 춤추는 것에서는 낮게, 음악에서는 같게 점수화되었다는 것을 발견하였다(Argyle, 1996). 우리는 교회에서의 이런 긍정적인 감정의 본질을 좀 더 조사하였다. 〈표 11-5〉에 나타난 것처럼 Argyle와 Hills(2000)는 옥스퍼드 주에서 300명의 성인을 검사하여, 그들의 종교적 정서에서 이들 요인을 발견하였다. 이것은 초월(요인 1)과 신비나 내재적인(요인 3) 것과 같은 종교적 경험의 고전적 특징의 몇 가지를 나타내고 있다. 여기에 부가해서 강한 사회적 요인이 있다(요인 2). 각각의 요인에는 기쁨이나 다른 안녕감 요소들이 있다. 그러나 이 표집에서 교회 구성원들은 옥스퍼드행복검사에서 다른 사람들보다 더 높은 점수가 나오지 않았으며, 스포츠 모임에 속할 경우에는 높은 점수가 나왔다. 이 결과로 가능한 해석은 대부분의 교회에 다니는 사람들은 일주일에 한 번 긍정적 감정을 경험하며, 운동하는 사람들은 매일 긍정적 감정을 경험할 수 있다는 것이다. Diener 등(1985)에 따르면 긍정적인 기분의 빈도는 친밀함보다 행복감의 좀 더 중요한 출처일 수 있다.

보통 드물거나 고립되어 일어나는, 좀 더 강력한 종교적 경험에 대한 연구에서 긍정적 느낌이 경험된다는 것이 발견되었다. Hay(1990)는 노팅엄에서 성인표집의 61%가 그들이 평화롭거나 회복되었으며, 행복하거나 기분이 우쭐해졌거나, 감정이 고조되었거나 엄숙해졌다는 것을 발견하였다. Greeley(1975)는 고전적인 신비로움을 경험한 사람들은 '빛으로 목욕을 한 것' 같다고 기술하였으며, 나중에 정적인 정서 상태가 되었다는 것을 발견하였다. Pahnke(1966)는 약물을 사용하여 종교적 경험을 유도하였으며, 기쁨, 은혜로움 그리고 평화로움으로 기술된, 긍정적인 조망의 효과가 6개월 이후까지도 지속되었다. 우리는 기도하는 사람은 증진된 행복감과 실존적인 안녕감을 느낀다는 것을 살펴보았다. Poloma와 Pendleton(1991)은 종교적 경험이 기도하는 동안 일어날 때 행복감과 안녕감은 가장 컸으며, 이것은 명상하는 기도자에게서 일어났다는 것을 발견하였다. 종교적 회심은 또한 한동안 주목할 만한 종교적 느낌을 초래한다. 갑작스런 회심에서, 회심에 관여된 사람들은 죄의식, 우울증이나 개인적인 스트레스, 자아에 대한 불평, 삶의 의미의 상실감과 어떤 시기는 '존재론적인 위기'를 경험한다는 것이 발견되었다(Ullman, 1982). 회심 이후에, 그들은 더 강한 의미와 목적감을 가진다(Paloutzian, 1981). 그리고 그들 자신은 다시 태어나고 새로운 종류의 사람이 된 것으로 간주하였다. 그들은 또한 자신을 아주 기쁘게 받아들이는 새로운 집단의 구성원으로 보았다.

회심은 부흥회에서도 일어나지만, 부정적인 효과를 가지고 있다. 많은 사람

〈표 11-5〉 종교적 정서 척도에 대한 요인 분석

항목	항목 표시	F₁	F₂	F₃
G19	신과의 접촉	.82		
G25	신과 더불어 평화롭게 됨	.80		
G12	지지적이고 도움을 받는다는 느낌	.74		
G11	정신적으로 향상된 느낌	.72		
G13	사랑받는다는 느낌	.72	.46	
G14	'집에 있다' 는 느낌	.72		
G03	상쾌한 기분	.68		
G07	안내를 받는 것	.66		
G09	기쁨/의기양양	.65		
G05	삶에 대한 긍정적인 느낌	.65		.48
G20	평온함	.59		
G16	흥분	.57		.52
G04	정신의 평화로움			
G18	다른 사람과 함께 있는 것을 즐기는 것		.81	
G22	다른 사람과 연합되는 것		.78	
G23	가족의 일부가 되는 것		.75	
G06	다른 사람을 도와줄 기회		.61	
G02	공유하고 있는 수행에 참여하는 것		.61	
G17	익숙한 경험을 즐기는 것		.57	
G15	합일된 미래상을 경험하는 것	.49	.49	
G01	무한함			.78
G08	자아에 대한 느낌의 상실			.66
G21	신체적인 안녕감			.56
G24	따뜻함과 빛으로 목욕하는 느낌		.49	.56
G10	다른 세계를 흘깃 보는 것			.54
Cronbach's alpha		.95	.95	.79
설명 변량		49.6%	7.0%	6.1%

※ 출처: Argyle & Hills(2000).
※ 주1: 모든 요인 부하량은 .45 이상으로 나타남.
※ 주2: 요인 명명: F₁초월적, F₂사회적, F₃내재적

들은 감정적으로 혼란스러워하게 되며 정신질환자가 될 수 있다. 19세기에 뉴잉글랜드에서 Millerite 부흥회 동안 지방 정신병원의 입원 환자의 사분의 일이 '종교적 흥분 상태'에 기인한 것으로 나타났다(Stone, 1934). 부흥회에서의 행동이 아주 흥분될 수 있다는 유사한 결과가 개발도상국가의 부흥회에서도 보고되었다. 이들 사건에 의해 각성된 감정은 긍정적일 수 있으나, 그들은 아주 높은 수준의 각성 상태에 있게 되고, 몇몇 사람들에게는 지나치게 높을 수 있다. 예루살렘에서 많은 방문객들은 성지와 종교적 상징이 강한 종교적 참배로 쉽게 감정적으로 혼란스럽게 되며, '예루살렘 증후군'의 진단을 받게 되고, 마침내 정신병동에 입원하게 된다.

9. 부적인 정서

① 죽음에 대한 두려움

  종교가 완화해 줄 수 있는 부적인 감정에는 몇 가지가 있다. 그중 죽음에 대한 두려움(Fear of Death: FOD)은 인류학자들이 중요한 종교적 근원의 하나로 생각하고 있듯이 많은 사람들이 갖고 있는 문제다. 사후세계에 대한 신념을 갖고 있는 종교가 이런 두려움을 경감시키는가? 이와 관련하여 많은 상관연구들이 수행되었으며, 그들의 대부분에서 기대했던 상관이 나타났다. 내재적인 종교성은 죽음에 대한 두려움과 .40에서 .50에 이르는 부적인 상관을 보였다. 그러나 외재적 종교성이 높았던 사람들은 커다란 두려움을 가졌다. 이것은 종교가 죽음에 대한 두려움을 적게 하지 않는다는 것을 나타내지는 않는다. 관 속의 시체를 보고, 장송곡 같은 음악을 연구하고 그리고 사고나 질병으로 죽을 위험에 처하는 것에 대해 피험자에게 말하는 것과 같이 죽음에 대한 두려움이 실험적으로 각성되었음을 나타내는 몇몇 극적인 실험이 수행되었다. 이미 신자인 사람들에게서는 이런 경험이 사후의 삶에 대한 좀 더 큰 신뢰를 주었으며, 죽음에 대한 두려움이 감소하였으나 사후세계에 대한 약한 신뢰를 갖고 있던 사람들에게서는 변화가 일어나지 않았다(Osarchuk & Tate,

1973). 이런 종류의 연구는 지금은 비윤리적인 것으로 간주되고 있으며, 다시는 수행될 수 없다. 불행하게도 이것에 대한 더 약한 유도실험은 성공하지 못하였다.

틀림없이 천국에 대한 믿음은 아주 광범위하다. 한 연구에서는 90세 이상의 100%가 천국을 믿고 있었다. 나이든 근본주의자들은 죽음에 대한 기대, 예를 들면 '멋질 것이다' 와 같은 기대를 하고 있는 것으로 나타났다(Swenson, 1961).

② 죄의식

기독교적 사고와 실행의 중심 부분은 사람들이 자신의 죄를 구원받을 수 있다는 생각에 근거하고 있다. 만약, 죄의식이 죄에 대한 주관적인 평가로 간주된다면 이것은 자신들의 죄의식이 경감된다는 것을 의미한다. 프로테스탄트 근본주의자들은 죄의 구원과 다시 태어나는 것에 상당히 많은 강조를 하고 있다. 이것이 성공적인가? 여기에 대해서는 혼란스런 결과가 있다. 한편 이 집단의 구성원들은 강한 죄의식을 가진 것으로 밝혀졌으며, 좀 더 초기에 심각한 처벌이나 아동학대 같은, 외상성 장애를 경험한 것으로 밝혀졌다 (Strozier, 1994). 이런 죄의식은 부분적으로는 종종 사용되는 회심방법으로 유도되며, 회심하게 되는 사람들은 죄의식을 갖게 된다. 이전 세기에 그들은 지옥에 가는 것에 대해 무서움을 느끼게 하였다. 다른 한편 근본주의자들은 낙천성과 안녕감의 다른 양상에 대한 측정에서 높은 점수를 얻었으며, 이것은 신념에 대한 불확실성에 기인하는 듯하다(Sethi & Seligman, 1993). 우리는 단지 이런 집단에서는 평범한 것으로 갑작스런 회심을 한 사람들은 더 좋다는 느낌을 갖게 된다고 보고 있으며, 그들이 문제를 덜게 된다고 생각하고 있다고 본다.

③ 박 탈

Freud와 Marx는 종교가 이 세상에서 일종의 투사적 반응이라고 주장한 사람들로 몇 가지 다른 설명을 하였다. 종교심리학에서 많은 연구들은 이런 생각에 일치하고 있다. 가난하고 교육받지 못하고 소수인종 집단에 속하고 독신이고 나이 들고 아프고 그리고 굶주림과 학대로 고통받은 사람들 사이에는 어떤 종류의 종교적 활동이 더 많이 나타난다(Beit-Hallahmi & Argyle, 1997). 이미 알고 있듯이 세상의 종말이 임박했음을 예견했던 천년간의 종교운동은 박탈되고 배고픈 개발도상국 집단에서 일어났다. 이들 사례의 경우에서 구원받는 형태는 식민지의 학대에서 구원받게 되는 것이다. 이것은 종교가 이러한 어려움에서 사람들을 구원한다는 것은 물론 입증하지는 못했으나 어떤 점에서는 더 좋게 느끼게 할 수 있었다. 이 이론의 주요 반론은 모든 것들에서 분명하게 박탈되지 않고, 활동적으로 종교활동을 하는 많은 부유한 사람들이 있다는 것이며, 그래서 그것은 단지 종교의 몇 가지 측면만을 설명할 수 있다는 것이다. 이론은 집단이 박탈된 것으로 가정하고 있는 것인지의 여부와 그들의 종교성에 근거해서 이루어질 것인지에 대한 설명에 다소 불분명하다. 예를 들면, 어떤 연구에서는 여성들의 더 강한 종교성이 여성의 직위가 박탈된 집단에서 나온다고 하였다.

4 스트레스

종교적이 되는 것은 스트레스를 완화한다. 즉, 그것의 반대 효과를 제거한다. 이것은 특히 통제할 수 없는, 즉 인간이 해결할 수 없는 생활사건에 대해서는 의미가 있다. McIntosh 등(1993)은 어린아이의 사망을 설명하는 124명의 사람들에 대해 연구하였다. 규칙적으로 교회를 다니는 사람들은 사회적 지지를 좀 더 많이 보고하였으며, 자신들이 경험한 상실감에 대한 의미를 발견하였다. 종교적 관점에서 시간에 대해 생각하고 말하는 것은 18개월 후에는 괴로움을 줄여 주게 되었다. Siegel과 Kendall(1990)은 사별은 좀 더 우울하고, 특히 남성에게 우울한 반면, 교회나 절에 속한 사별한 남성은 훨씬 덜 우울해하였음을 발견하였다. 우리가 다음 장에서 보게 되겠지만, 사건에 대한 긍정적인 재해석, 수락, 정서적인 사회적 지지 그리고 종교적 대처는 사실상 괴로움이 좋은 결과로 이끄는 '스트레스 유도 성장'이 될 수 있다. 이러한 스트레스 관련 성장은 내재적인 종교성을 가진 사람에게서 좀 더 그럴듯해 보인다(Park et al., 1996).

'대처' 라는 것은 스트레스의 효과를 줄이는 사고나 행동방식을 의미한다. 종교적 대처는 종교적 사고나 행동이 이런 방식에서 사용될 때다. Pargament (1997)는 종교적 대처에 대한 130편의 연구를 자세히 고찰한 결과 그들 중 34%에서 긍정적 결과가 보고되었음을 발견하였으며, 종교적 대처의 가장 성공적인 경우는 하느님의 은혜나 이끌림을 받는 것, 즉 신이 의사결정에서 파트너라는 '협조적인 대처' 다. 그러나 부정적인 사건은 신의 뜻이라는 좀 더 긍정적인 방식으로 보는 '호의적 재구성' 과 성직자나 신도들에게서 지지를 찾는 것임을 발견하였다.

10. 맺으면서

종교는 주관적 안녕감에서, 특히 존재론적 안녕감에서 긍정적 효과를 산출하지만 일반적인 행복감에서 정신건강과 신체건강에서도 그러하다. 더 커다란 효과는 후자에 있다. 원인이 되는 주요 과정의 하나는 많은 종류의 사회적 지지와 실질적 도움을 주는 교회집단의 강한 사회적 지지다. 두 번째 과정은 '존재론적 확실성' 인 신앙의 강도는 단지 사후 세상에 대한 신앙과 관련해서만 의미와 목적을 제공한다는 점이다. 기도자가 경험하는 신과의 관계와 종교적 경험은 일종의 지지적인 사회적 관계성으로 인해 유지되는 것이다.

신체적 건강과 사망의 이점은 부가적인 과정에 기인한다. 비록, 교회 구성원들과 치유하는 활동에 참여하는 사람들이 또한 더 나은 느낌을 갖고 있음에도 불구하고, 이런 것들은 교회 구성원들의 더 나은 '건강 행동' 에서 기인한다. 정신건강은 스트레스 유도 성장을 좀 더 그럴듯하게 하는 다양한 대처 과정으로 도움을 받을 수 있다.

종교적 봉사는 음악과 긍정적인 메시지에 의해 유도되는 공유된 정서를 통해, 강한 정적 정서를 일으킨다. 종교적인 의식은 또한 친사회적 감정을 생성하고, 다른 사람들과의 통일감을 느끼게 한다. 이것은 종교가 사회적 현상이라고 보는 방식들 중의 하나다. 안녕감에서 종교의 이점은 가장 많이 관여된

사람들에게서 가장 크며, 나이든 사람들, 원리주의자에게서 가장 크다. 이는
신념에 대한 그들의 확신 때문이라고 할 수 있다.

제12장

국가 간의 행복 차이

국제적인 사회조사는 국가들의 평균 행복과 만족도에서 커다란 차이를 나타내고 있다. 이들 차이가 사실이라는 증거의 일부는 아마도 국가 간 행복감에 대한 상관, 즉 원인에 대한 연구물들에서 나온다. 예를 들면, 평균 수입, 개인주의와 사회적 평등 등에 대한 것들이다. 이것은 모든 국가가 어떻게 더 행복해질 수 있는가를 시사하기 때문에 잠재적·실질적으로 아주 중요한 것이다. 우리는 행복이 표현되는지 아닌지에 따른 사회적 규범이 있는지에 대한 가능한 해석들을 살펴볼 것이며, 이것은 행복에 대한 문제에 어떻게 답할 수 있는지에 영향을 미칠 것이다. 그러므로 우리는 객관적인 측정방법을 알아보고자 한다. 또한, 국가 내에서 민족 간의 차이를 살펴볼 것이며, 다른 국가들의 주관적 안녕감 점수에 대해서도 살펴볼 것이다. 마지막으로 우리는 행복감에 어떤 역사적 변화가 있는지에 대해서도 알아볼 것이다.

1. 국제적인 행복 조사연구

좋은 예는 41개국을 대상으로 한 세계가치연구집단(World Values Study

Group, 1994)의 조사다. 생활만족은 10점 척도로 된 단일질문으로 측정하였으며, 정적 정서와 부적 정서는 각각 5개의 문항으로 평가되었고, '쾌락적인 균형감'은 긍정적 점수에서 부정적 점수를 뺀 것으로 계산하였다. 각 국가에서 약 1,000명의 응답자가 있었다(〈표 12-1〉). 생활만족도에서는 불가리아의 5.03에서 스위스의 8.39에 이르기까지 그 범위가 꽤 큰 것으로 드러났다. 가장 높은 긍정적인 점수는 스웨덴(3.63)이었으며, 가장 낮은 점수는 일본(1.12)이었다. 부적 정서는 스위스에서 가장 낮았으며(0.24), 터키에서 가장 높았다(2.50). 그리고 각 국가들은 이들 차이가 있는 측정치에서 일치하지 않았다. 예를 들면, 스위스는 생활만족도가 가장 높았지만 부적 정서는 꽤 낮았다. 반면에 터키와 나이지리아는 긍정적 점수가 높았으나 만족감은 꽤 낮았다.

국제시장조사연구(Market Opinion and Research International)에서는 단일질문 행복측정치를 포함하는 54개국에서 조사를 수행하였다(Worcester, 1998). 국가의 순서는 세계가치(World Values)연구에서 발견된 것과 아주 유사하였다. 가장 행복한 국가는 아이슬란드, 스웨덴, 네덜란드, 덴마크, 오스트레일리아, 아일랜드, 스위스였다. 가장 행복하지 않은 국가는 불가리아와 구소련이었다. 영국은 54개국 중 9번째였으며, 생활만족도에서는 세계가치연구에서 41개국 중 14위였고, 정적 정서에서는 41개국 중 11위로 비교되었다.

종합적인 연간 조사는 유로지수(Eurobarometer)며, 이는 유럽 국가들에서 수행되고 있다. 1974년과 1983년 사이에 아주 만족스럽거나 아주 행복한 것에 대한 결과가 [그림 12-1]에 나타나 있다. 네덜란드와 덴마크에 사는 사람들이 이탈리아, 프랑스 그리고 독일에 사는 사람들보다 더 많이 행복하고 만족스럽다고 주장하였다. 이 시기 벨기에에서는 만족감이 급격하게 하락하였는데, 그 이유는 이 시기가 보기 드문 불경기였기 때문이다. 영국은 약 25%는 아주 행복하다고, 35%는 아주 만족스럽다고 하여 평균 약간 아래에 머물렀다. 이들 결과와 다른 조사의 결과 사이에는 국가 간의 차이가 훨씬 더 크게 나타났다.

그러나 이들 조사 결과와 더불어 몇 가지 놀랄 만한 것이 있다. 왜 아이슬란드 사람들은 너무 행복하며, 스칸디나비아 사람들은 항상 그렇게 안녕감이

⟨표 12-1⟩ 국가 간의 주관적 안녕감 점수

국가	생활만족	쾌락적 균형	정적 정서	부적 정서
불가리아	5.03	0.91	1.93	1.01
러시아	5.37	0.29	1.69	1.41
벨로루시	5.52	0.77	2.12	1.35
라트비아	5.70	0.92	2.00	1.08
루마니아	5.88	0.71	2.34	1.63
에스토니아	6.00	0.76	2.05	1.28
리투아니아	6.01	0.60	1.86	1.26
헝가리	6.03	0.85	1.96	1.11
인도	6.21	0.33	1.41	1.09
남아프리카	6.22	1.15	2.59	1.44
슬로베니아	6.29	1.53	2.33	0.80
체코공화국	6.30	0.76	1.84	1.08
나이지리아	6.40	1.56	2.92	1.36
터키	6.41	0.59	3.09	2.50
일본	6.53	0.39	1.12	0.72
폴란드	6.64	1.24	2.45	1.21
한국(남)	6.69	–	–	–
동독	6.72	1.25	3.05	1.80
프랑스	6.76	1.33	2.34	1.01
중국	7.05	1.26	2.34	1.08
포르투갈	7.10	1.33	2.27	0.94
스페인	7.13	0.70	1.59	0.89
서독	7.22	1.43	3.23	1.79
이탈리아	7.24	1.21	2.04	0.84
아르헨티나	7.25	1.26	2.45	1.19
브라질	7.39	1.18	2.85	1.68
멕시코	7.41	1.38	2.68	1.30
영국	7.48	1.64	2.89	1.25
칠레	7.55	1.03	2.78	1.75
벨기에	7.67	1.54	2.46	0.93
핀란드	7.68	1.18	2.33	1.15
노르웨이	7.68	1.59	2.54	0.95
미국	7.71	2.21	3.49	1.27
오스트리아	7.74	1.77	2.90	1.13
네덜란드	7.84	1.81	2.91	1.10
아일랜드	7.87	1.99	2.89	0.90
캐나다	7.88	2.31	3.47	1.15
스웨덴	7.97	2.90	3.63	0.73
아이슬란드	8.02	2.50	3.29	0.78
덴마크	8.16	1.90	2.83	0.93
스위스	8.39	1.14	1.39	0.24

※ 출처: World Values Study Group(1994).
※ 주: 국가의 비율 표집을 하기 위해 가중치가 주어졌으며, 분명한 자료 오류가 있는 응답은 분석 이전에
   제거함.

높게 나오며, 이탈리아, 프랑스 그리고 독일 사람들은 비교적 낮게 나오는가? 유로지수 조사에서 네덜란드 사람들의 45%는 아주 행복하였으며, 이탈리아 사람의 단지 5%만이 아주 행복해하였다. 덴마크 사람들의 55%가 자신의 삶에 일반적으로 아주 만족하였으나, 이탈리아 사람들의 10%와 프랑스 사람들의 15%만이 만족하였다. 이 결과의 타당성과 관련해서 몇 가지 이유가 제기되고 있다.

다른 심리학 분야에서 이것은 단일의, 직접적인 질문에 의해 어떤 것을 측정하는 관습이 없다. 보통 질문은 간접적이며, 그래서 응답자들은 '정확한' 답이 무엇인지 그리고 얼마나 많은 질문이 사용되었는지, 한 요인을 형성하기 위해 나타낸 것인지, 평가된 전체 영역에 걸쳐 응답자가 표집되었는지를 알지 못한다. 따라서 우리는 '당신은 흑인을 싫어합니까?' 와 같은 단일질문으로 인종 편견을 측정할 수 없다.

많은 질문들이 있고, 행복을 언급하지 않으면서 행복과 비교적 높은 상관이 있는 심리적 측정방법이 있다. 많은 국가에서 학생표집에서는 아이젱크성격검사지(Eysenck, 1976)를 사용하고 있으며, 그 결과의 일부가 〈표 12-4〉에 나타나 있다. 신경증적 경향성은 불안과 상당히 관련이 있으며, 부적인 정서의 측정으로 간주된다. 더구나 이들 척도들은 많은 질문들로 구성되어 있다. 그러나 행복에 대해 질문하는 것은 아니다. 이것들은 행복에 대한 간접적인 측정치로 고려될 수 있으며, 행복을 표현하는 것에 대한 자기 제시의 오류나 문화적 규범에 영향을 덜 받을 수 있다.

외향성은 미국에서 아주 높으며 오스트레일리아, 영국, 캐나다 그리고 유럽 국가에서 낮게 나타났다. 그러나 나이지리아, 인디아, 이스라엘은 아주 높은 결과가 나왔다. 다른 조사에서처럼 중국은 약간 낮았다. 신경증은 비록 독일과 캐나다에서는 낮았고, 이스라엘과 나이지리아에서는 조금 낮았지만, 모든 선진국에서 높게 나왔다. 우리는 만약 이것들이 경험적인 관계성 패턴에 적합했다면, 이런 양상에 좀 더 신뢰를 하게 될 것이다. Lynn(1981)은 성격에서 국가 간 차이의 원인에 대한 몇 가지 이론을 검증하였으며, 사회지수로 이를 측정하였다. Lynn은 우리가 부적 정서지수라고 말하였던 신경증은 모든

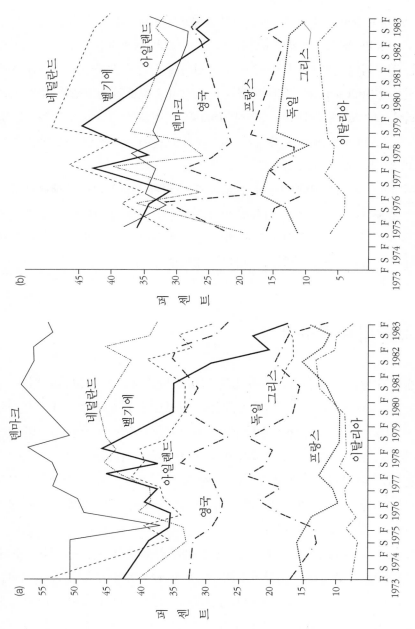

[그림 12-1] 일반적으로 자신들의 삶에 대해 (a) '아주 만족함', (b) '아주 행복함' 비율

(Inglehart & Raiber, 1986)

중동 아랍국에서 아주 컸다는 것을 발견하였으며, 이것을 빠른 사회적 변화와 전통적 생활방식의 붕괴로 설명하였다.

신경증은 또한 모든 남미 국가에서 높았으며(브라질을 제외하고), 이것을 정치적 갈등과 혁명으로 설명하였다. 그리고 제2차 세계대전에 실패한 국가에서는 정상적인 상태로 되돌아오는 1965년까지 신경증 수준이 높았다는 것을 발견하였다([그림 12-2]). 우리가 행복의 측정치로 취했던 외향성은 미국, 오스트리아 그리고 캐나다에서 높았다. Lynn은 이것을 선택으로 설명하였는데, 즉 더 부유한 국가에서 외향성이 높은 것과 더불어 외향적인 사람들은 이민을 더 선택할 것 같다고 하였다.

이민율은 자기보고에 의존하지 않고, 다른 국가들의 상대적인 행복감에 대해서 행동상의 측정으로도 사용될 수 있다. 비록, 그들이 학대받지 않고 직업을 찾을 수 있는 곳에 우선적으로 갈 수 있게 될지라도 그들의 국가가 가장 행복하다는 것은 사람들이 알고 있다는 가정하에서다.

2. 수입과 부유함

수입이 평균 만족감과 상관이 있는 것으로 일관성 있게 보고되고 있다. 우리는 제9장에서 이 문제를 다룬 연구들을 살펴보았다. 우리는 평균 국민만족감이 평균 수입과 약 .70의 상관이 있으며, 이것은 국가 내 상관보다 더 컸다는 것을 보았다. 수입의 효과에서 이러한 차이가 나타나는 이유는 부분적으로는 국가 내 차이가 개인차에 의해, 예를 들면 성격의 차이 때문이며, 부분적으로는 집단적 가치, 즉 건강, 교육 그리고 여가 시설 같은 것에 의해서 국가 간 차이가 결정되기 때문이다.

Diener 등(1995)은 세계가치조사에서 41개국을 포함하는 연구를 하였다. 그 결과 평균 구매력은 생활만족과 .69의 상관이 있었으며, 정적 정서와는 .29, 부적 정서와는 -.41의 상관이 있었다. 스위스, 캐나다 그리고 미국 같은 부유한 국가는 만족스러웠으며, 불가리아, 러시아, 중국 같은 가난한 국가는

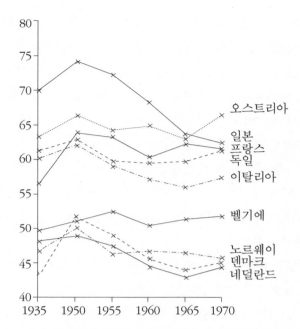

[그림 12-2] 제2차 세계대전에서 군인의 패배로 고통받는 국가에서
국민의 신경증 수준의 상승과 하강(Lynn, 1981)

만족스럽지 않았다. 몇몇 연구는 수입의 효과는 중간 수입 이상에서는 차이가 없었으나 다른 연구들은 그렇지 않았다. 수입은 만족감의 가장 강력한 예언치지만 유일한 것은 아니다.

우리는 이것이 부분적으로는 수입이 기본적인 욕구, 즉 음식, 주거, 옷 등과 같은 욕구들을 만족시키기 때문이라고 보고 있다. 그러나 수입은 이들 욕구가 충분해진 후에도 계속해서 만족감을 주지 않는다는 것이다. Diener (1995)는 안녕감 영역에서 14개의 객관적인 지수를 조합하였다. [그림 12-3]에는 이 지수의 크기가 수입에 따라 증가하지만, 수입이 평준화된 이후에는 단지 1981년 미국 달러에서 3000달러p.a. 가치만 증가하였다는 것을 나타내고 있다. 이 지수는 물질적 욕구에 대한 만족감보다 훨씬 더 중요한 많은 것을 포함하고 있다. 그러므로 마치 돈이 다른 욕구를 만족시키지만, 단지 낮은 수입 수준에서만 만족시킨다는 것으로 생각할 수 있다. 이것은 개인적 수입과 국가 내에서의 행복감 간에 발견되는 관계성과도 유사하다.

돈이 많으면 많을수록 건강을 위한 시설, 교육 그리고 모든 종류의 여가 시설 같은 많은 시설물들을 갖추게 된다. Diener와 Diener(1995)는 좀 더 부유한 국가들은 더 장수하며, 유아 사망률이 더 낮으며, 범죄율도 더 낮고, 더 깨끗한 물과 풍부한 음식이 있다는 것을 발견하였다. 그러나 구매력은 주관적 안녕감의 증가를 이끌었고, 이것은 선형적이었으며, 이 연구에서는 수평상태는 아니었다. 1인당 GNP와 평균 구매력은 일정하게 유지되는 기본적인 욕구 충족과 만족감 사이에는 어느 정도 상관이 있었다. 우리는 여기서 다른 욕구들에 대해 살펴볼 것이다.

생활만족과 상관이 있는, 즉 개인주의, 인권 그리고 수입의 평등 같은 국가 간의 다른 특징들이 있다. 그러나 이것들은 모든 국민의 수입과 상관 있다. 부유한 국가는 이런 것들이 좀 더 많다. 그러나 국가의 만족감의 기본적인 원인은 어떤 것들인가?

개인과 국가 모두 돈을 좋은 것이라는 것에 가치를 두고 있지 않다. Lynn과 Martin(1995)은 더 가난한 국가의 사람들은 훨씬 더 공격적이며, 경쟁적이라

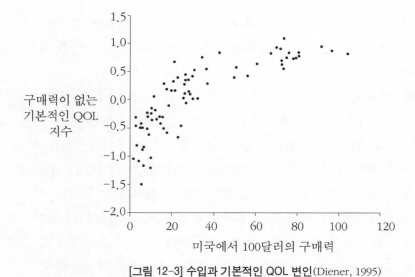

[그림 12-3] 수입과 기본적인 QOL 변인(Diener, 1995)

는 것을 발견하고, 그 이유에 대해 더 부유한 국가의 사람들보다 돈에 더 가치를 두고 있기 때문이라고 결론지었다. Oishi 등(1999)은 금전적인 만족감은 가난한 국가에서 생활만족과 더 강하게 상관되어 있다는 것을 발견하였으며, 부유한 국가에서는 가정의 만족감이 더 나은 예측치였다. Inglehart(1970)는 풍부한 사회에서 사람들은 물질적인 목표만큼이나 그 이상의 비물질적 목표에 가치를 두게 된다고 제안하였다. 그들은 좀 더 친절하고 덜 비인간적인 사회를 원하며, 돈보다 더 명예로운 어떤 것, 언론의 자유, 광범위한 의사결정의 참여, 환경적인 논쟁 그리고 양질의 삶을 원한다. 젊은 사람들이나 전문적인 중간계층의 사람들은 경제적인 성장, 강한 방어나 질서 유지보다 이러한 목표를 가치 있게 여긴다는 것이 발견되었다(Inglehart, 1971). 우리는 이들 중 몇 가지가 국가 행복의 예측치가 될 수 있다는 것을 간단하게 살펴볼 것이다. 그러나 우리는 부유한 사회의 구성원들 간에 돈과 물질적인 것들에 대한 관심을 과소평가하지는 않을 것이다. 개인적인 욕구를 만족해하는 것에는 약간의 제한이 있어야 하는데, 그렇지 않으면 사회적 혼란이 있을 것이다. 이것은 도덕적 규칙이 모든 사람에 대한 것이며, 그들의 목적은 모든 사람들의 복지에 대한 것이며, 기본적인 규칙은 문화적으로 보편적이라는 것이다. 협동과 다른 사람들에 대한 관심은 사회에서 본질적인 것이다(Argyle, 2000).

1 개인주의

개인주의와 집단주의 간의 특징은 동양과 서양, 예를 들면 중국과 미국 간의 문화 차이의 일부를 기술하기 위해 도입된 것이다. 집단주의 문화는 '개인이 자신의 목표를 몇몇 집단, 보통은 안정적인 내집단(예컨대, 가족, 집단, 종족)의 목표에 종속시키는 것'으로 유도될 수 있다(Triandis et al., 1988). 응집력, 동조성 그리고 가족 같은 집단 내의 협동이 아주 높으며, 집단의 조화에 관심이 많다. 한편, 개인주의 사회에서는 다른 집단 구성원들과 좀 더 느슨하게 접촉하며 동조성, 협동, 사회적 지지가 약하다. 집단주의 사회에서 자기 정의는 단지 집단 구성원의 입장이다. 즉, '내가 누군가?'라는 질문에 대해 발리볼 팀의 구성원이라고 응답을 하게 된다. 반면에 개인주의 사회에서는 '나는 외향성이다' 처럼 응답하기를 좀 더 좋아한다(Markus & Kitayama, 1991).

Hofstede(1980)는 직업에 대한 4가지 질문의 응답으로 40개국의 평균 개인주의를 측정하였다. '당신의 접근방식으로 직무에 적응할 수 있을 만큼 주목할 만한 자유를 갖고 있는 것이 얼마나 중요합니까?' 이 측정은 단지 집단주의의 작업 양상을 알게 해 주나 중국에서 중심적인, 집단적 가족주의에서와 동일하지는 않았다. 미국, 오스트리아 그리고 영국에서는 이 척도에서 개인적 자율성이 가장 가치 있는 것으로 나타났다. 그러나 베네수엘라, 콜롬비아 그리고 파키스탄은 가장 적었다. 이 측정방법은 광범위하게 사용되었으며, Hofstede는 GNP와 .82의 상관이 있음을 발견하였다. 또한, 경제적 발전과 사회적 이동, 전통적인 경작의 줄어듦과 산업화의 성장 그리고 도시화, 핵가족과도 상관이 있다고 하였다. 선진국은 개인주의에서 높은 점수가 나타났다.

Diener 등(1995)은 Triandis가 구성한 국가들의 개인주의와 집단주의 평가를 포함하여 개인주의에 대해 부가적인 측정을 하였다. 그들은 주관적 안녕감과 .77의 상관을 발견하였다. 여기에는 수입과 개인주의 모두 강한 상관이 있었으며, 주관적 안녕감의 유력한 원인이 되었다. 만약, 수입이 일정하게 유지된다면, 개인주의와 평균 행복감의 상관은 Veenhoven(2000)의 연구에서처럼 .55에서 .05로 떨어졌다. 그리고 Veenhoven은 부유하고 가난한 국가가 분리된다면, 행복과의 상관이 부유한 국가에서는 긍정적이었으며, 가난한 국가에서는 부정적이었음을 발견하였다. 번영하는 국가에서는 개인주의의 자유가 최고였으나, 가난한 국가에서는 집단주의의 상호 도움과 사회적 지지가 최고였다. 우리는 안녕감의 객관적 지수를 살펴보게 될 이 장의 후반부에서 개인주의의 보상과 희생에 대해 다시 살펴볼 것이다.

자아존중감은 개인주의 문화에서는 좀 더 가치 있는 것이며, 자존심, 생활만족과 아주 강하게 관련 있었다. 집단주의 문화에서의 상관은 훨씬 낮았으며, 동일한 문화에서도 여성에서는 관련이 없었다(Diener & Diener, 1995).

② 평등과 수입의 분산

수입의 평등은 가장 부유한 사람 20%와 가장 가난한 사람 20%의 평균 수입의 비율을 계산함으로써 측정될 수 있다. 이 비율은 브라질에서는 26.1이었으며, 보타와나와 코스타리카가 그 다음이었다. 가장 평균적인 국가는 헝가리(3.0), 폴란드(3.6), 일본(4.3) 그리고 스웨덴(4.6)이었다(Argyle, 1994). 평등은 주관적 안녕감과 꽤 강한 상관이 있었다. Diener 등(1995)은 이것에 대해 .48의 상관이 있다는 것을 발견하였으며, Veenhoven과 Ehrhardt(1995)는 .64의 상관이 있음을 발견하였다. 그러나 수입이 일정하게 유지된다면, 수입 분산의 효과는 훨씬 작아지거나 사라졌는데, 이것은 부유한 국가는 좀 더 평등주의적이기 때문인 듯하다. 어떤 연구에서는 그 관계성이 반대로 나왔다. 결국 좀 더 불평등한 국가가 더 행복한 것으로 나타났다. Diener와 Oishi(2001)의 연구는 동유럽 국가들이 평등주의적이지만 다른 이유로 덜 행복하며, 남미국가들은 불평등하지만 다른 이유 때문에 행복하다는 것을 시사한다. 그러나 국가 내에서는 수입이 좀 더 불평등적일 때 만족감에서 좀 더 많은 변화가 있었다(Veenhoven, 1993).

Clark(2000)는 10,000명의 응답자를 포함한, 여섯 번의 영국 패널조사를 분석한 결과 사람들이 불평등을 선호하는 증거를 발견하였다. 응답자 자신의 참조집단(즉, 유사한 직업과 수입을 가진 사람들) 내에서 수입 불평등이 많이 있을 때 일반적인 건강질문지(GHQ) 점수는 더 낮았다는 것이다. 이런 결과는 비록 수입이 감소함에도 불구하고 그러하였고, 만약 그들이 다양한 수입에 대한 많은 경험을 가졌더라도 그러하였을 것이다. 이것은 아마도 승진의 기회를 시사하기 때문일 것이다. 그들은 더 낮은 수입 범주의 사람들 간의 불평등은 좋아하였으나 좀 더 높은 수입 집단에서는 불평등을 좋아하지 않았다.

3. 인권, 민주주의와 대인 간의 신뢰도

Diener 등(1995)은 몇 가지 종류의 인권에 대한 조합된 측정은 만족감과 .48의 상관이 있음을 발견하였다. 그러나 부유한 국가가 더 나은 인권을 가지고 있기 때문에 이것은 수입이 일정하게 유지되었을 때는 사라졌다. 그러나

Veenhoven(2000)은 정치적인 자유와 개인적인 자유가 부유함, 경제적 자유에 대해 할 수 없는 것을 설명할 수 있다고 하였다. 경제적 자유에 대해 Veenhoven는 과도하게 세금을 내지 않는 것을 의미하며, 자유 기업에 대한 범위와 돈의 이전을 의미한다고 하였다. 정치적인 자유는 언론 자유, 인권 그리고 자유선거를 의미한다. 개인적 자유는 종교, 여행, 결혼 그리고 성적 자유를 의미한다. 그는 부유한 국가와 가난한 국가를 각각 살펴보고 나서, 전반적인 자유가 국가의 행복과 .49의 상관이 있음을 발견하였다. 그러나 이것은 가난한 국가에서는 무의미하였다. 분명하게 자유는 단지 그것을 잘 사용할 만한 입장에 있을 때 사람을 행복하게 한다.

Frey와 Stutzer(2000)는 스위스의 26개 주를 비교하였으며, 스위스의 각 주의 거주자들은 얼마나 민주적인 제도에 참석하는지에 따라 다양하였다. 이것은 이들 주에서 보고된 평균 행복감에 꽤 강한 영향을 미쳤다.

Almond와 Verba(1963)의 저서 『The Civil Culture』에서는 사회적 참여와 정치적 참여의 다양한 양상과, 1959~1960년에 5개국에서 정부에 대한 신뢰도를 조사연구하여 보고하였다. 이들은 미국과 영국에서 신뢰도가 높았으며, 독일과 프랑스에서는 같은 시기에 아주 낮았다는 것을 발견하였다. Inglehart와 Rabier(1986)는 후반부 조사를 보고하였으며, 그 결과는 〈표 12-2〉에 나타나 있다. 다른 사회적 연구들은 이탈리아에서 대인 간 신뢰도가 아주 낮은 수준이었음을 발견하였으며, 프랑스에서는 더 낮은 정도였다. 신뢰도와 주관적 안녕감에서 국가의 점수 간에 약간의 상관이 있었으며, 그래서 이것은 이탈리아와 프랑스의 상대적으로 낮은 만족감 점수를 설명해 줄 수 있었다. 독일은 또한 그 시기에 꽤 낮은 신뢰감 수준을 가지고 있으며, 동서 분단에 대한 문제를 갖고 있었다. Schmitt와 Maes(1998)는 서독인의 부적 정서와 동독인의 부적 정서 모두가-비록 이들 느낌이 동독인들에게서 더 강했음에도 불구하고-선망과 지각된 불공평함과 관련이 있다고 하였다.

우리는 분노의 지수로 신경증이 아랍과 남미의 국가들에서 더 컸으며, 그 이유가 아마도 정치적 불안정 때문이라는 것을 앞에서 살펴보았다. Ouwenee과 Veenhoven(1994)은 정치적 참여가 더 많고 시민의 무질서와 갈

〈표 12-2〉 1959~1960년과 1981년에 국가에 따른 대인 간 신뢰

1959~1960 (도시문화연구)		1981 (세계가치관 조사)	
미국	55	덴마크	66
영국	49	네덜란드	58
멕시코	30	영국	57
독일	19	북아일랜드	57
이탈리아	7	아일랜드	55
		스페인	48
		미국	47
		독일	4
		벨기에	42
		이탈리아	39
		프랑스	36

※ 출처: Almond & Verba(1963); Inglehart & Rabier(1986).

등이 더 적었을 때 행복감이 더 컸다는 것을 발견하였다. 그들은 또한 행복감은 홍수나 전쟁, 지진, 기아의 위협이 있을 경우 낮아진다는 것을 발견하였다. Schyns(1998)는 빠른 변화를 경험하고 있는 한국, 남아프리카 그리고 필리핀 같은 국가에서 만족감이 낮은 수준이라는 것을 발견하였다. 우리는 〈표 12-4〉에서 가장 행복하지 않은 국가는 생활 수준이 낮았을 뿐 아니라 아주 약한 민주적 기구를 가진 국가들인, 불가리아, 러시아, 루마니아였음을 볼 수 있다.

외부의 위협은 또한 행복에 영향을 미칠 수 있다. Landau 등(1998)은 국민의 스트레스 영향을 나타내는 203개의 이스라엘 조사를 보고하였다. 스트레스가 높았을 때는 평균 행복에서 잠재적인 감소가 있었으며, 건강상의 근심에서 놀랄 만한 감소가 있었다. 그리고 측정된 대처능력에서 약간의 감소가 있었다.

우리는 제11장에서 단지 종교적 공동체의 지지를 통해서, 종교가 행복감과 다른 안정감의 양상에 한 가지 자원임을 살펴보았다. 교회 구성원의 수는 국가마다 상당히 다르며, 이것은 행복의 국가적 차이에 한 가지 요인이 될 수 있

다. 가톨릭 국가인 이탈리아, 그리스 그리고 포르투갈에서는 이혼율이 낮다. 이처럼 종교는 남아메리카와 나이지리아에서 놀랄 만큼 높은 수준의 행복감을 설명하고 있다. 유럽과 비교된 미국에서의 높은 수준의 행복감이 나타난 것은 이들 국가에서 교회가 아주 활동적이라는 것이며, 종교를 방해하는 중국과 러시아에서는 행복감의 수준이 낮았다.

◉ 인종 차이

흑인과 백인에 대한 많은 비교는 특히 미국에서 많았다. Campbell 등(1976)은 흑인의 18%가 아주 행복하다고 말하였고, 이는 백인의 32%와 비교되었다. 이와 유사한 결과가 다른 국가에서도 나타났다. Stock 등(1985)은 그러한 54개의 미국 연구를 메타분석하였으며, 피험자의 연령에 따라 감소하는 작은 차이를 발견하였다. 미국에서의 이러한 차이는 최근 10년 동안 줄어들었다. 다른 한편, 1980년대 흑인 미국인은 객관적으로 수입, 교육 그리고 건강과 관련해서 더 어렵게 되었다. 반면에 그들이 행복하지는 않음에도 불구하고 그들의 생활만족은 증가하였다(Adams, 1997). Blanchflower와 Oswald(1999)는 흑인 미국인들은 이 시기에 약간 행복하게 되었으나 이 점에서는 여전히 백인의 아래에 있었음을 발견하였다.

그러나 이런 흑인-백인 간의 상당 부분은 수입, 직업상의 지위 그리고 고용에서의 차이로 설명할 수 있다. 만약, 이것들이 일정하게 유지된다면 인종에 기인한 차이는 아주 적을 것이다. Blanchflower와 Oswald(1999)는 미국과 영국에서 100,000명의 사람들에 대한 자료분석을 수행하였으며, 경제적 용어로 변형된 행복에서의 인종의 효과를 계산하였다. 흑인이 되는 것은 비록 실업자가 되거나 미망인이 되는 희생보다는 적을지라도 30,000달러의 임금 결손에 상응하는 것이었다.

자아존중감에서 흑인이라는 것은 기대된 효과가 나타나지 않았다. Campbell 등(1976)은 흑인의 32%와 백인의 50%가 높은 자아존중감을 갖지만, 특히 흑인 어린이들이 어떠한 백인 어린이를 마주치지 않는 분리된 학교에 다녔다면, 그들은 때때로 백인보다 더 높은 자아존중감을 가진다는 것이 발견되었다. 동일한 인과적 요인은 흑인과 백인의 행복감에 영향을 미친다. 그러나 Burton 등(1993)은 결혼과 직업이 흑인과 백인의 행복감에 이로운 것이지만 두 역할의 조합은, 특히 흑인에게 이로운 것이었음을 발견하였다.

남아프리카에서는 백인 남아프리카인들이 가장 만족스러웠으며, 가장 낙천적이었다. 그 다음으로는 유색인종과 인디언 남아프리카인, 토착적인 아프리카인 순이었다. 다른 한편, 백인은 남아프리카의 모든 인종에게 행복한 미래의 최소한의 신뢰자였다.

이민 온 민족집단은 불행하며, 정신적 혼란으로 고통받고 있다는 것이 종종 발견된다. 그러나 이것은 항상 그러한 것은 아니다. 중국과 일본, 미국인은 자아존중감이 높은데, 이것은 아마도 그들의 안정된 가족과 민족집단에 대한 응집력 때문일 것이다(Cockerham 1981). 이러한 것은 미국 인디언에게도 적용되는데, 그들이 도시 문화와 접촉하게 되고, 불행하게도 직업과 수입에서 경쟁하게 될 때다. 이들은 우울해지고 정신적으로 혼란스러워지는 것 같다 (Fuchs & Havinghurst, 1973).

4. 사회적 규범에 따른 국가 간 차이

우리는 부유함과 정치적 제도가 유사한 국가 간의 행복감과 만족감에서 상당한 차이가 있다는 것을 알고 있다. 예를 들면, 덴마크는 이탈리아보다 정말로 행복한가? 남미의 국가는 일본 사람들보다 정말로 더 행복한가? [그림 12-1]은 유럽 국가 간에 아주 의심스러운 차이를 나타내고 있다. 이들 차이는 때때로 '문화적' 차이에 기인한다고 설명된다. 그러나 이것들은 무엇인가? 아마도 질문에 응답하는 방식이 포함된 사고방식에서의 문화적 차이 때문일 것이다.

1 긍정적인 행복감 편향이 있는 국가와 집단
① 미국에서의 높은 만족감과 행복감 점수는 즐거움의 표현을 요구하는 사

회적 규범에 부분적으로 기인할 수 있다는 것이 제안된다. Suh(2001)는 북아메리카인은 동아시아인보다 좀 더 긍정적인 관점을 가지고 있으며, 좀 더 자기 본위적 편향을 나타내며, 좀 더 자기 고양과 관련된다고 하였다. Ostroot와 Snyder(1985)는 미국과 프랑스에서 만족감의 차이는 전자의 '낙관론'에 기인한다고 생각하였다. 그들은 또한 미국인이 프랑스인보다 더 높게 다른 국가의 만족감을 평가한다는 것과 자기 제시의 효과가 있다는 것을 발견하였다. 젊은 미국인은 질문지법과 비교해서 면접에서 좀 더 행복하고 덜 우울한 것으로 보고되었으며, 나이든 사람은 그렇지 않았다. 젊은 사람은 행복하기를 기대한다(Diener & Suh, 1999)

② 아프리카와 인도의 일부에서는 우울증이 거의 드문 것으로 보고되었으며, 우울감, 슬픔, 죄의식이나 불충분에 대한 느낌을 보고하지 않는다. 그러나 'Present State Examination'으로 한 연구에서는 많은 아프리카 환자들은 신체적으로 피로함, 허약함, 두통, 식욕 상실, 불면증, 성이나 사람에 대한 흥미의 상실을 느낀다(Marsella, 1980). 따라서 행복에 대한 자기보고 측정치는 오해할 만한 것이다.

③ 일본에서는 공공연하게 부정적인 얼굴 표정을 나타내는 것은 사회적으로 받아들이지 않으므 사람들은 웃어야 한다. 이것은 Friesen(1972)이 발견하였는데, 메스꺼운 영화를 본 일본 피험자들은 그것에 대해 면접할 때 미소를 짓는다는 것이다. 그러나 미국 피험자들은 메스꺼운 것처럼 보였다.

④ Harris와 Lipian(1989)은 8세나 13세에 기숙학교 생활을 막 시작하려는 영국 소년들을 면접하였다. 그들 중 일부는 아주 괴로워하였고, 불안해하였으며, 향수병을 느꼈다. 그러나 대부분은 그들이 자신의 느낌을 숨길 수 있다고 말하였다. 왜냐하면 그렇지 않으면 그들은 괴롭힘이나 비웃음을 당할 수 있기 때문이었다. 우리는 불행을 인정하지 않으려는 이런 금지행동이 집에 편지를 더 자주 쓰게 한다고 들어 왔다.

⑤ Hochschild(1983)은 비행기 여승무원들은 승객들이 아무리 불쾌한 행동을 하더라도 아무런 문제가 없다고 느낄 만큼, 승객이 수긍할 만큼의 즐

거운 표정과 긍정적인 태도를 어떻게 유지하는지를 보여 주었다. 훈련
과정은 괴롭히는 승객을 다루는 적절한 표현을 모델링하고 훈련하는 것
이 포함되어 있었다.

② 부정적 행복 편향을 가진 국가와 집단
행복이 표면적으로 드러나지 않는 지역이 있다.

① Ifaluk 부족은 작은 태평양의 섬에 살고 있다. 이 문화에서 행복하게 보
　 이는 것은 사람들이 자신에게 너무 지나치게 만족스러워하거나 뽐내려
　 고 한다는 것을 암시하기 때문에 사회적으로 받아들이지 않는다. 그러
　 므로 다른 사람들에게 화를 내게 되고, 행복하게 보이는 사람들은 불안
　 해진다(Lutz, 1988).

② 중국에서 사람들은 부정적인 사건에 초점을 맞추며, 미국인보다 덜 낙
　 천적이다. 그리고 적당하게 처신하는 것이 중요하다(Lee & Seligman,
　 1977). 고대 그리스 인처럼 중국인은 너무 행복하다면 운명에 의해 처벌
　 을 받을까 봐 두려워한다.

이 중 몇 가지는 정서, 즉 결혼식이나 장례식에서 나타내야 하는 올바른 규
칙을 규정하는 일종의 규칙인 '표현규칙'의 입장에서 기술될 수 있다. 어떤
경우 사람들은 그들이 행복한 느낌을 갖든 아니든 간에 그럭저럭 행복을 찾
는다. 질문지에서는 비언어적인 정서 표현은 언어적으로 응답할 수 있다.

Saarni(1979)는 어린이들은 가장 이로운 얼굴 표정을 보이는 것을 학습한다
는 것을 보여 주었다. 한 연구에서 어린이들은 일련의 그림으로 된 에피소드
에서 마지막 그림을 선택하라는 지시를 받았다. 나이가 들수록 경험된 정서
에 상응해서 얼굴 표정을 선택하지 않으려는 경향이 더 크며, 7세경 즈음에도
이것이 나타났다. 이들이 숨기려고 하는 이유는 고통을 회피하기 위해(44%),
자아존중감을 관리하기 위해(30%), 다른 느낌을 다치지 않게 하기 위해(19%)
그리고 공손함(8%)이었다. 두려움이나 불안감 표현을 통제하는 것을 학습하
는 것은 원시사회에서 고통스런 남성 성인식을 포함한 많은 문화에서 남성

사회화의 일부분이다.

정서적 사회화는 부모와 다른 사람에 대한 모델링과 정서적 표현에 대한 노출을 포함하고 있는 몇 가지 방식으로 일어난다. 미국 어린이들은 '냉정함'을 행동하는 방법을 배우지만, TV 멜로드라마를 시청하면서 '정연해' 하거나 수줍음을 타지는 않는다. 노동자계층에서 볼티모어의 어린이들은 자주 분노와 공격성에 노출되었다. 좀 더 중간계층의 집단에서 이들은 부적 정서의 보호를 받았으며, 단지 행복하고 사랑스러운 얼굴만을 보였다(Gordon, 1989). 미국에서 어린이들은 충분히 미소 짓고 웃으며, 즐거운 상황을 추구하도록 유도된다. 그리고 즐거운 상황을 추구하는 것은 좋은 것이다. 이들은 긍정적인 방식으로 각성된 느낌을 확인하도록 교육받는다(Diener & Suh, 1999). 동남아시아의 유교 문화권에서는 부적인 정서가 중립적인 것으로 간주된다. 반면에 남미에서는 이런 특성이 아주 바람직하지 않는 것으로 간주된다. 엘리자베스 시대 영국에서는 '침울함(melancholy)'은 바람직한 정신 상태로 간주되었다(특히, 시인과 지성인들에게서는).

이것은 안녕감의 표현에 대한 다른 사회적 규범의 사례며, 면접하는 응답자에게 영향을 줄 수 있는 것이다. 국제적인 학생에 대한 조사연구에서 '바람직하고 적절한' 것으로 간주하는 기쁜 정서와 불쾌한 정서로 이루어진 5점 척도로 된 문항을 질문하였다. 그 결과 이상적인 만족감에는 상당한 차이가 있었다. 7점 척도로 된 생활척도에 대한 만족감은 오스트리아에서는 6.23으로 높았으며, 중국에서는 4.00으로 가장 낮았다. 비록, 그리스가 가장 높고 (6.38), 중국이 다시 가장 낮았지만(4.47), 기쁨 정서에 대해서는 유사한 차이가 있었다. 부적인 정서의 바람직성에 대해서는 몇 가지 변수가 있다. 여기에서는 푸에르토리코는 가장 낮았으며(2.30), 헝가리가 가장 높게(4.32) 나타났다. 남미의 국가들은 정적인 정서를 가치 있게 평가하였으며, 중국은 아주 약간 그러하였다. 만족감에 대한 규범은 만족감에 영향을 미치지 않을 수 있으며, 그 반대가 될 수도 있다. 만약, 규범이 좋지 않다면 너무 높게 생각하지 않는 것이 더 낫다. 그럼에도 불구하고 규범은 국가적인 차이에 대한 일부 해석이 가능한 것처럼 보인다.

국가 간의 생활만족도와 이상적인 만족감 수준 간의 상관은 .73이었으며, 수입이 통제되었을 때도 여전히 .68이었다(Diener et al., 1999). 집단주의 문화에서 생활만족은 이런 변수를 가치 있게 여기는 규범들과 상관이 있었으나(.35), 개인주의 문화에서는 그렇지 않았으며(.16), 정서적 균형감에 좀 더 의존하였다(.56). 분명하게 만족감뿐 아니라 정서에서도 국가적 차이의 일부는 이들 문화적 규범의 견지에서 설명될 수 있다. Suh(2001)는 이상적인 문화권에서는 높은 생활만족이 가장 높은 영역에서의 만족감과 아주 높게 상관이 있었다. 이것은 아마도 이들이 밝은 측면을 바라보는 방법을 배운 것과 관련이 있는 듯하다.

만약, 국가적 행복감에서 보고된 차이의 일부는 규범이거나 다른 문화의 측면에 기인한다면 행복에서 진정한 차이가 있다고 할 수 있는가? 그 차이는 과장된 듯하다. 그러나 예를 들면, 정적인 정서 표현에서 긍정적 편향은 정서의 경험으로 피드백되도록 기대될 수 있으며, 따라서 진정한 차이가 일어날 수 있다.

5. 국가의 안녕감에 대한 객관적 지수

객관적 지수는 안녕감에서의 국가 간 차이를 측정하는 데 사용될 수 있으며, 질문을 번역하는 문제와 응답하는 방식에서의 문화적 차이를 회피할 수 있다. 객관적 지수는 사회적 조사가 수행되지 않았던 과거에는 삶의 질을 알아보는 데 사용되었다.

몇 가지 측정방법들은 만족감을 측정하도록 되어 있다. 이것들 중 UN인간발달지수(United Nations Human Development Index, 1990)가 있다. 이것은 국민 총생산, 기대 생활과 평균 교육 연수의 조합으로 이루어졌다. 우리가 제1장에서 살펴본 것처럼 사용될 수 있는 많은 객관적인 지수가 있다. 영국은 최근에 이것들에 대한 14개의 목록을 적용시켰고, 정부의 바람직한 목표가 이루어지도록 하였다. 이것들은 깨끗한 강과 많은 종류의 새들의 생존을 포함한다. 안녕감에 대한 객관적 지수 목록은 아주 임의적일 수 있다. Becker 등 (1987)은 329개의 미국 도시 가운데 134개가 다른 지수의 가중치에 의존하고 있음을 발견하였다.

Diener(1995)는 자신이 믿고 있는 광범위하게 퍼져 있는 7개의 가치 영역에 대한 평가와 더불어 '가치근거지수'를 제안하였다. 〈표 12-3〉에는 후진국과 선진국에 대해 그가 선택한 측정치들과 가치근거지수가 목록으로 제시되어 있다. 비록, 몇 개는 다른 것들보다 안면 타당도가 좀 더 있음에도 불구하고,

〈표 12-3〉 삶의 질의 가치 영역과 기본과 수정된 지수 변인

정통함	
기본	기본적인 물리적 욕구 충족
수정	1인당 내과의사 수
정서적 자율성	
기본	자살률
수정	주관적 안녕감
지적 자율성	
기본	문맹률
수정	대학 진학률
평등주의 관여	
기본	전체적인 인권 침해
수정	수입 형평성
조화	
기본	산림 벌채
수정	주요 환경 조약
보수주의	
기본	살인율
수정	재정적인 저축률
위계	
기본	구매력 평가
수정	일인당 수입

※ 출처: Diener(1995).

이들이 선택한 가치와 측정은 다소 임의적이다. Offer(2001)는 수정된 지수는 안녕감에 대한 진정한 측정이 아닌 1인당 노벨상 수상자와 주요 환경조약에 대한 표시 같은 항목을 포함하고 있다는 것을 관찰하였으며, 주관적 안녕감은 객관적 측정치가 아니라는 것이다. 그럼에도 불구하고 이 측정치는 주관적 안녕감과 흥미 있는 관계가 있다.

이들 항목 중의 일부는 불행감이나 부적 정서를 측정하고 있다. 자살은 우울과 관련이 있으며, 알코올중독은 불안과 관련이 있다. 그래서 우리는 이 두 가지 주요 부적인 감정을 가능한 한 객관적으로 측정하려고 한다. 〈표 12-4〉는 많은 국가들에 대한 측정 결과다.

이들 표시들은 꽤 명백하다. 예를 들면, 두 가지 모두에서 낮은 비율을 보였던 영국은 미국, 캐나다, 호주와 비교되었으며, 유럽 국가들은 두 가지 모두에서 높은 점수가 나타났다. 또한, 자살률이 높은 국가는 스웨덴과 덴마크였음이 나타났다. 세 번째 부정적인 감정인 불안이 있다. 이것은 살인율로 지수화할 수 있다. 대부분의 국가에서 아주 낮았으나 멕시코, 푸에르토리코, 브라질에서는 아주 높았으며, 심지어 미국은 영국의 12배나 되었다.

Laster(2000)는 32개국에서 객관적인 지수에 대한 유사한 연구를 수행하였으며, 국가의 자살률, 술 소비량, 사고, 이혼과 범죄로 구성되어 있는 '신경증' 요인을 발견하였다. 만약, 우리가 불행감에 대한 측정치로서 이들 요인 점수를 취한다면, 가장 적게 불행한 선진국은 영국이고, 다음은 일본, 캐나다, 오스트리아가 된다. 덴마크와 프랑스는 좀 더 불행하고 헝가리가 가장 불행한 것으로 나타났다. 이집트, 터키, 이스라엘과 싱가포르에서도 또한 불행감 수준이 낮았다.

다른 사회적 지수는 안녕감의 원인으로 고려될 수 있다. 실업은 불행의 주요 원인 중의 하나다. 유럽 내에서는 프랑스, 이탈리아, 아일랜드, 독일 그리고 스웨덴이 높았으며, 네덜란드, 덴마크, 벨기에가 낮으며, 영국은 약간 낮게 나타났다. 평균 수입의 퍼센트로 실업 구제 또한 커다란 차이가 있었다. 이것은 네덜란드에서는 아주 높으며, 스페인과 덴마크에서도 꽤 높게 나타났다(Gallie & Paugam, 2000). 그리고 직무만족을 반영하는 일의 본질에서 차이가

〈표 12-4〉 신경증, 외향성 그리고 자살률과 알코올중독의 국민 평균 중간점

	신경증	외향성	자살	알코올중독
영국	14.9	18.0	8.9	5.2
미국	15.0	21.7	12.3	11.2
오스트레일리아	15.5	19.3	11.6	7.4
캐나다	12.7	18.0	17.6	8.7
스웨덴	–	–	19.4	5.1
덴마크	–	–	31.6	8.4
프랑스	15.1	17.7	22.7	22.6
독일	13.6	18.4	20.7	23.8
이탈리아	16.6	18.4	8.3	32.4
일본	16.7	16.5	19.4	14.2
중국	14.1	13.7	18.9	12.4
러시아	18.0	16.1	–	–
브라질	14.8	17.6	3.3	8.3
인도	15.2	22.7	–	–
나이지리아	9.4	24.4	–	–

※ 출처: Lynn & Martin(1995).

있다는 것이 발견되었다. 전반적인 직무만족은 네덜란드, 룩셈부르크, 덴마크에서 높았으나 그리스, 프랑스, 포르투갈, 아일랜드와 스페인에서는 낮게 나타났다(Smulders et al., 1996).

가족 붕괴는 불행의 또 다른 주요 원인이 된다. 이혼하는 가족의 비율은 스웨덴(46%), 덴마크, 영국, 벨기에 그리고 독일에서 높았으나, 이탈리아, 포르투갈, 그리스에서는 낮았다. 가톨릭 국가에서는 비록 이혼이 별거로 대치됨에도 불구하고 높았다. 사회적 응집력과 지지의 또 다른 지수는 대부분 친구나 친척의 얼굴을 얼마나 보는가 하는 것이다. 이것은 아일랜드(71.3%), 프랑스, 스페인 그리고 그리스에서 높았으며, 네덜란드(19.3%), 독일, 덴마크에서 낮았다(Gallie & Paugam, 2000).

객관적인 지수는 개인주의에서는 부정적인 측면이 있다는 것을 나타낸다.

이러한 것들이 높은 국가들은 자살률과 이혼율 또한 높았다. 걷는 속도와 그 외 다른 측정치들로 평가되는 삶의 보폭이 개인주의 국가에서는 빠르다 (Levine & Norenzayan, 1999). 이들은 또한 심장발작으로 인한 사망률도 높게 나타난다. Lynn(1981)은 주요 부정적 감정의 하나인 불안의 차원을 발견하였으며, 이것은 자살률, 간경변증으로 인한 사망, 자동차 사고, 살인, 고혈압과 알코올 비율, 관상동맥 혈전, 담배 소비, 칼로리 흡입 그리고 정신질환과 같은 많은 지수에 근거하고 있다. 불안 요인과 경제적 성장 간에는 .67의 상관이 있었다(Lynn, 1971). 이들 차이 중의 일부는 아주 컸으며, 심장발작은 다섯 배, 좀 더 불안이 많은 국가에서는 자살률이 열 배나 되었다. 이들 모든 측정치들은 단일 요인을 구성하고 있으며, 또한 서로 상관되어 있었다. Lester(2000)는 유사한 '신경증적 경향성' 요인을 발견하였다. 한편, 집단주의 문화인 많은 제3세계 국가들은 비교적 낮은 점수를 나타냈다. 이들 차이는 〈표 12-1〉에 나타난 것처럼 부적인 정서 점수에서 아주 분명하게 나타나지는 않으나, 자기 보고에 근거하고 있는 것처럼 개인주의의 부정적인 측면에 대한 논쟁의 여지가 있는 다소 정확하지 못한 지수다.

집단주의 사회의 구성원들은 더 행복한 것으로 기대된다. 왜냐하면 사회적 응집력이 크고 사회적 지지가 많기 때문이다. 이것은 틀림없이 이들이 더 건강하고, 특히 더 적은 심장발작과 더 낮은 자살률에 대한 이유를 설명해 준다. 이것들은 모두 사회적 지지에 영향을 더 강하게 받는다(예컨대, Triandis et al., 1988). 자녀의 안녕감에 미치는 부모의 이혼 결과는 집단주의 문화에서는 약하다. 왜냐하면 다른 사람들이 아이들을 보살피기 때문이다(Gohm et al., 1998). 집단주의 문화에서 분명하게 낮은 행복감에 대한 해석은 아마도 가족의 자유 결핍에 있을 것이다. 이것은 자식으로서 복종을 요구하고, 나이든 친척을 보살펴야 한다는 요구와 가족의 일거리에 대한 일들과 더불어 아주 중압감을 주는 것이다. Sastry와 Ross(1998)는 아시아와 다른 미국인들과 아시아 국가에서 지각된 통제감의 수준을 연구하였다. 통제의 수준은 아시아인들에게 주목할 만큼 낮았으며, 괴로움에는 영향을 미치지 않았다. 흑인 미국인 또한 낮은 통제감을 갖고 있었으나, 이들은 괴로움에 영향을 미쳤다. 통제가 효율성과 문제해결 능력을 이끌 수 있는 반면, 아시아인들에게는 공동체나 가족의 일이 아니라 자기의 이익을 위한 일과 관련되기 때문에 시인하지 않는다고 주장하였다. 개인주의 사회에서의 구성원들은 그들이 부유하기 때문에, 그리고 좀 더 집단주의 문화의 구성원들보다 자유스럽기 때문에 좀 더 행복할 수 있다. 그러나 이들은 또한 좀 더 많은 스트레스를 경험하고 있으며, 좀 더 많은 걱정이 있으며, 아직은 그들이 자신의 사회적 규범 때문에 부분적으로는 더 행복하다고 말한다.

6. 특정 국가의 행복

영국 사람들은 꽤 높은 만족감과 정적 정서를 가지고 있으며(〈표 12-1〉), 낮은 알코올중독, 낮은 자살률, 상대적으로 적은 재소자 수 그리고 객관적 지수에 근거한 낮은 불행감 점수에 더해서, 최근까지는 범죄율도 낮게 나타났다. 또한, 질문지 측정방법에서는 불안 수준도 낮게 나타났다. 현재 다른 객관적인 지수들 간에는 이혼율이 높게 나타났으나 많은 다른 산업국가보다 실업률에서는 낮았다. 개인주의 국가에서 높은 경제적인 부유함이 증가하고 있다.

미국은 약간 낮아지기는 했지만, 영국보다 더 높으며, 만족감도 높게 나타났다. 정적 정서 면에서도 높으며, 외향성 점수가 높았다. 이런 높은 만족감 수준은 정적인 정서의 느낌과 표현에 대한 강한 규범에 의해 부분적으로 설명할 수 있다(Diener et al., 1995). 보고된 안녕감에 대해서는 긍정적 편향이 있었다. 미국은 경제 지수와 개인주의 요소에서도 높았지만, 인종문제가 있으며, 알코올중독과 자살률, 범죄율에서도 높으며, 신경증 점수를 구성하는 범죄자의 수에 있어서도 영국보다 더 높았다. 또한, 결혼과 사회적 관계망의 감소도 주목할 만하다.

오스트레일리아는 항상 행복감 조사에서 맨 위나 그 근처에 있으며 외향성 점수가 높았다. 이상적인 수준에서 생활만족도와 정적 정서는 높게 나타났다. 이것은 역으로 이곳이 '행복한 국가'라는 광범위하게 퍼진 오스트레일리아 사람들의 신념이기도 하다. 또한, 이것은 마치 여기서 안녕감을 보고하는 것에 대한 긍정적 편향이 있는 것처럼 여겨진다. 자살률은 낮고, 경제적 부유함·개인주의 같은 객관적 지수가 높은데, 미국이나 영국에서와 거의 동일하게 나왔으며, '좋은 기후'를 가지고 있다.

스웨덴과 덴마크는 보통 국가의 행복 점수에서 가장 높은 순위를 차지한다. 이들은 만족감, 정적 정서 그리고 직업만족도에서 점수가 높았으며, 부적 정서에서는 낮았다. 또한, 불안과 신경증 모두에서 낮았으나 자살률에 있어서는 높게 나타났다. 덴마크는 프랑스와 벨기에 사이에 사회적 지수에 근거한 불행감 비율이 높았다. 스웨덴과 덴마크는 정적 정서에 대한 높은 규범을 가지고 있으며, 이것은 자기보고된 안녕감에 대한 수준이 높다는 것을 설명해 준다. 이들은 꽤 부유하며, 높은 수준의 공평함과 민주적 제도를 가지고 있음을 의미한다. 덴마크는 실업률이 낮았으며, 스웨덴은 실업률이 높았다. 그러나 이혼율에 있어서는 두 국가 모두에서 높았다.

프랑스, 독일 그리고 이탈리아는 보통 주관적 안녕감 측정에서 꽤 낮은 점수가 나왔으며, 영국이나 미국 아래에 있기도 하다. 이들의 경제적 수준도 예측보다는 아래에 있다. 그러나 안녕감에 대한 분명하게 낮은 수준이 정확한지에 대해서는 분명히 알 수 없다. 외향성은 높았으며, 더 나은 측정을 보이기도 하며, 규범은 높았다. 직무만족은 프랑스와 독일에서 낮았으며, 알코올중독자, 자살률, 불안은 평균 이상이었다. 객관적 지수는 이전의 동독에서의 불평등감과는 별도로 높은 수준의 경제적 부유함과 높은 수준의 개인주의 측정을 나타내고 있다. 그러나 세 국가는 모두 높은 수준의 실업률을 보이고 있다. 이혼율에 있어서는 프랑스와 독일에서 높았다. 이것은 이들 국가에서 신뢰의 수준이 낮기 때문이다. 친구와의 접촉은 프랑스에서는 높았으나 독일에서는 낮았다.

일본 점수는 높은 경제적 부유함에서 예측되었던 것보다 만족감과 정적 정서에서 상당히 낮은 점수를 보였다. 규범은 만족감에 대해서는 낮았으며, 많은 부적 정서는 용인될 수 있었다. 자살과 불안 그리고 신경증에서 높은 수준이었으며, 후자는 제2차 세계대전 이후에 높았다. 비록, 더운 여름이 또한 한 가지 요인이 될 수 있음에도 불구하고, 일본 사람들은 많은 스트레스를 겪고 있었다. 이들에게 직업은 무엇보다도 중요한 일이며, 여가만족도는 낮았다.

중국은 비록 정적 정서가 높았음에도 불구하고, 만족감은 낮게 나왔다. 중국 본토에서는 외향성이 아주 낮았으나 타이완에서는 그렇지 않았다. 그리고 자살률은 높았다. 적을 것으로 기대되었던 것처럼 규범은 아주 낮았으며, 주관적 안녕감은 특출하지 않았다. 행복에 대한 너무나 많은 표현에 대한 규범이 있었으나, 자료 질문에 응답함으로써 늘어날 수 있다. 행복감의 원인은 달랐다. 이것은 집단주의 문화며 행복은 가족과의 좋은 관계에 의존하고 있었기 때문이다. 타이완은 미국보다도 더 행복했으며, 중국보다 좀 더 부유하였다.

브라질, 페루, 푸에르토리코 그리고 칠레 같은 남미의 국가들은 유럽보다도 꽤 높은 만족감과 정적 정서 점수를 가지고 있으며, 이는 평균 수입에서 기대했던 것보다 더 많았으며, 외향성도 높았다. 특히, 칠레는 만족감과 정적 정서에서 아주 높았다. 이것은 만족감과 정적 정서에 대한 높은 규범에 기인한다 할 수 있다. 신경증적 경향성은 브라질을 제외하고 아주 높았다. 그러나 객관적 지수는 낮았다. 즉, 가난하고, 사회적 형평성이 낮고, 정치적으로 불안정하였다. 자살률은 낮았는데, 이는 아마도 높은 수준의 종교적 활동 때문일 것이다.

가나와 나이지리아 같은 아프리카 국가들은 다소 낮은 만족도를 갖고 있었으나 높은 정적 정서와 낮은 규범을 가지고 있었다. 그러나 외향성은 높았다. 객관적 지수는 빈약하였으며, 경제적으로 낮았고, 불평등감이 높았고, 정치적으로도 불안정하였다. 그러나 비록 이것이 사실임에도 불구하고 행복한 '아프리카 성격'이 있는 것으로 믿고 있다. 종교는 아주 활동적이었으며, 특히 서아프리카에서 그러하였다.

구소련 연방 국가인 러시아는 만족감과 정적 정서에서 아주 낮았다. 반면에 신경증 점수가 높았다. 우리는 이것이 부분적으로는 긍정적인 감정을 표현하는 것에 대한 낮은 규범에 기인한 것이거나 긍정적으로 사고하는 것에 대한 사회화의 결핍에 기인한 것이라고 보고 있다. 객관적 지수는 좋지 않았다. 이것은 빈곤, 민주적 제도의 결여 그리고 정치적으로 불안정함이 요인이 될 수 있다. 또한, 추운 날씨가 한 가지 요인이 된다. Markham(1942)은 국민의 불안 수준과 추운 날씨 간에 약간의 상관이 있으나 더운 날씨와는 커다란 상관이 없음을 발견하였다. 이 부분에서의 자원들은, 즉 Diener(1995)의 규범, Diener와 Suh(1999), Lynn(1981), Lynn과 Martin(1995)이 인용한 국제적인 대학생 자료는 〈표 12-1〉에 있다.

세상이 점점 더 행복해지고 있는가? [그림 9-1]로 되돌아가 보면, 행복과 만족감 조사가 시작되었던 40년 전 이래로 미국인들은 훨씬 더 부자가 되었으나 삶에서 더 만족하지는 않았다. 이것은 다른 국가도 적용될 수 있다. 비록, 미국 사람들이 그 이전보다 좀 더 만족하거나 행복한지 아닌지에 대해 말하기는 어려울지라도 우리는 이것이 증가하는 물질적인 생활방식에 대한 염원의 입장에서 설명될 수 있음을 제9장에서 살펴보았다. 우리는 벨기에 사람들은 자신의 삶에 대해 덜 만족해한다는 것을 알고 있다. 이것은 다른 유럽 국가에서도 나타났다. 그러나 이 시기 벨기에에서는 경제적 침체와 실업률이 높았다(〈표 12-1〉).

7. 행복의 역사적 변화

Blanchflower와 Oswald(1999)는 영국과 미국에서 1970년대부터 1990년대까지 다섯 번 100,000명을 대상으로 광범위한 연구를 수행하였다. 이들은 많은 인구통계학적 변인을 일정하게 유지하였다. 영국에서 인구통계학적 변인을 일정하게 유지하였을 때, 생활만족에서는 약간의 증가가 있었다. 한편, 부정적 결과인 실업과 부부의 이혼율은 증가하였다. 미국에서 행복은 약간 감소하였으나, 이것은 부분적으로는 실업률의 증가와 결혼생활의 실패로 인한 것이다. 부가하면 남성은 좀 더 행복해하였으며, 여성은 덜 행복해하였고, 흑인은 좀 더 행복해한 반면, 백인은 덜 행복해하였다. 이와 유사한 연구에서, Blanchfolwer와 Oswald(1997)은 30세 이하의 사람들은 1972년보다 1990년대에 더 행복해하였으며, 가장 점수가 높은 사람들은 젊은 독신들이었다.

그동안 미국인들은 늦게 결혼하고 좀 더 많이 이혼하였다. 이혼한 부모의 아이들은 좀 더 정서적으로 혼란스럽다는 것이 발견되었다. Myers(1999)는 이것이 우울, 자살 그리고 범죄의 증가 비율에 대한 설명이라고 생각하였다. 미국 사회에서 변화는 개인주의의 증가로 해석될 수 있다. 자원봉사, 여가집단 그리고 더 낮은 투표율 같은 사회적 관계망과 참여가 감소하게 된다(Putnam, 2000).

그러나 이들 연구들은 단지 조사 자료가 가능한 지난 40여 년 동안만 행복과 만족감의 역사적 변화를 연구하는 것이 가능하다는 것을 나타낸다. 게다가 여기에는 한 가지 문제가 있다. 이 시기의 커다란 경제적 변화 그리고 다른 변화에도 불구하고, 삶에서의 보고된 만족감에는 아주 조금의 변화가 있었다. 우리는 이미 분명한 국제적 차이가 진짜인지 아닌지에 대해 의심하였으며, 역사적 변화의 결핍이 진짜인지 아닌지에 대해서도 의심하고 있다.

객관적인 사회지수를 사용함으로써 역사적 변화를 다루는 또 다른 방법이 있다. 우리는 수입, 건강 그리고 이와 유사한 변인들이 주관적 안녕감의 좋은 예언치였음을 알고 있으며, 그래서 다시 만족감의 지수로 이러한 지수를 사용하는 것은 합리적이라고 여긴다. 더구나 자료는 지난 40년보다 더 긴 역사적 시기에 걸쳐 유효하다. Jordan(1992)은 세 가지 변인집단을 사용하여 19세기에 영국 어린이들의 삶의 질을 연구하였다.

- 건강: 사망률과 네 가지의 다른 측정치
- 경제: 1인당 GNP와 네 가지 측정치
- 사회: 교육, 문맹률 · 주택의 규모 등

Jordan은 매년 자료를 수집하였는데, 간단한 지수는 집단에서 다른 것들을 가장 잘 예측하는 한 가지 지수만을 사용해서 구성하였다. [그림 12-4]에 나타난 것처럼 모든 네 가지 측정치는 1815~1914년의 시기에 증가하였다.

또한, Jordan(1993)은 세 가지 영역에서의 측정치를 사용하여 19세기 영국 성인의 삶의 질에 대한 유사한 연구를 수행하였다.

- 경제: 임금 그리고 네 가지 다른 측정치
- 사회: 문맹률, 알코올 소비, 출생률, 강우량 그리고 주거 건축

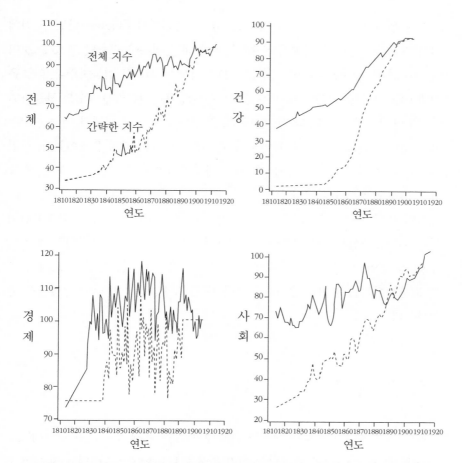

[그림 12-4] 빅토리아 시대의 어린이의 삶의 질에 대한 전체적인 지수와 간략한 지수
(Jordan, 1992)

• 건강: 사망률, 1월 기온 그리고 차 소비량

이 측정치들은 매년 다시 발견되었다. 이 지수는 정교하지만 다소 임의적
이기도 하다. 통계적인 분석은 각 하위 지수의 요소들이 상관이 잘 되어 있으
며, 전반적인 안녕감 점수는 사회지수로 – 적어도 건강에 의해서 – 가장 잘
예측된 것으로 나타났다. 결과는 1900년대까지 삶의 질에서는 일반적인 증가
가 있었다는 것이 나타났으나 나중에는 떨어졌다.

만약 우리가 안녕감에 대한 지수로 이러한 측정치를 허용하였다면, 사회에서의 변화가 안녕감을 어떻게 산출하는지에 대한 이론을 검증할 수 있을 것이다. Frey와 Song(1997)은 263개의 중국 도시에서 이 이론을 검증하였다. 이들은 기대 여명, 문맹률, 1인당 GNP로 구성되어 있는 UN인간발달지수를 사용하였다. 이 방식으로 측정된 몇 가지 이론들은 발달의 원인에 대해서 검증하였다. 가장 강한 예언치는 정부 투자였으며, 다음으로는 외국인의 유입이었다. 산업적 고용은 경제적 결과를 증가시키지만 건강과 문맹률은 감소시킨다. 인구 증가는 부정적인 결과를 가져왔다.

만약 우리가 역사를 거슬러 추적해 가려고 한다면 다른 측정치들이 발견되어야 한다. 문헌자료에 대한 내용 분석은 이러한 하나의 측정치다. Mayer(1994)는 구약성서와 다른 작품에서 감정적인 용어를 계산하였고, 12세기 즈음에 행복이라는 용어가 증가하였으며, 다른 감정들은 나타나지 않았음을 발견하였다.

8. 맺으면서

평균적인 국가의 행복과 생활만족에 대한 많은 국제 조사들이 수행되었으며, 이것들은 국가 간에 커다란 차이가 있음을 나타내고 있다. 이들 차이는 부분적으로는 평균 수입과 같은 경제적 차이로 설명될 수 있다. 이것에 대한 이유는 단지 평균적인 미국 수입에 대한 일부일지라도, 돈이 기본적인 욕구를 만족시켜 준다는 것이다. 비록, 만족감이 수입과 높게 상관이 있고, 부유한 국가의 행복에 영향을 미침에도 불구하고, 개인주의와 상관이 있다. 그러므로 만족감을 분리하는 것은 어렵다. 낮은 수입의 분산은 또한 국가의 행복과 상관이 있으나 영국에서처럼 그 반대도 때때로 발견된다. 인권과 민주적인 제도는 수입과 상관이 있다. 그러나 부유한 국가에서만 그러하다. 국가 내에서의 만족감에는 민족 간의 차이가 있으나, 이것은 직업과 같은 변인들이 통제된다면 아주 적었다.

국가 간 차이에 대한 대안적 해석은 사회적 규범으로 설명하고 있다. 어린 아이는 감정을 표현하거나 감추도록 사회화된다. 국가 간 차이는 만족감과 정서의 이상적인 수준이라 생각되는 것들에 대한 조사연구로 확증되었다.

조사연구가 행복에서 국가적 차이를 분명하게 나타냈음에도 불구하고 이들 결과에 대한 해석은 더 이상 분명하지가 않다. 대안적 방법은 지금까지 사용되었던 단일항목보다 다소 더 길거나 덜 직접적인 측정치를 사용하는 것이다. 많은 것들은 우울, 자살률 같은 객관적 지수를 사용함으로써 얻을 수 있다. 이것들은 역사적 변화를 연구하는 데 사용될 수 있다.

제13장

행복 높이기

1. 실험실에서의 기분 유도

실험실에서 의기양양함, 우울 그리고 불안 같은 기분을 일으키는 데 수많은 방법이 사용된다. 여기에서 우리가 관심을 갖는 것은 의기양양함이나 긍정적인 기분이다. 우리는 이러한 기분이 얼마나 잘 작동하는지, 평균 기분 변화가 얼마나 큰 범위인지, 얼마나 많은 피험자들이 이것들에 반응하는지 그리고 그 기분이 얼마나 오랫동안 남아 있는지에 대해 알고자 한다.

광범위하게 사용되는 첫 번째 방법은 Velten(1968)이 고안한 것이다. 피험자들에게 조용하게 그리고 소리 내어 '나는 정말로 좋은 기분을 느끼고 있다' 그리고 '나는 어떤 것으로 인해 기분이 아주 의기양양하다' 와 같은 종류의 진술문을 읽으라고 하는 것이다. 그리고 이들에게 제시된 기분이 되게 한다. 처음에는 60개 정도의 목록을 주지만 나중에는 25개로 적어진다. 메타분석에서 Westermann 등(1996)은 이 방법을 사용한 46개 연구를 재분석하였으며 .38의 크기로 기분 변화가 있었음을 발견하였다(이것은 표준편차의 비율임, 〈표 13-1〉 참조). 또 다른 메타분석에서 Gerrards-Hesse와 Spies 그리고

Hesse(1994)는 피험자의 평균 67%에서 이 방법으로 기분 변화가 있었음을 발견하였다. 기분 변화가 일어난다는 것은 의심의 여지가 없다. 그러나 Frost와 Green(1982)에 따르면, 일어난 기분이 10~15분 정도로만 유지될 뿐 아주 오랫동안 유지되지는 않는다. Velten의 방법은 피험자가 생각하기에 느끼고 있다고 기대되는 그리고 어떤 분명한 기분에서의 변화가 '요구 특성'에 기인해서 기술된 감정을 일으키는 것에 목적이 있다. 그러나 Velton의 방법은 피험자가 느끼리라고 상상하는 것과는 다른 형용사 체크 목록에 대한 반응을 일으킨다는 것이 발견되었다(Finegan & Seligman, 1995). 게다가 간단하게 기술될 것처럼 형용사는 자기보고된 반응뿐 아니라 행동적인 반응도 산출한다(Westermann et al., 1996).

실험실에서의 기분 유도 방법들에 대해서도 많은 연구가 있었다. 메타분석에서 발견된 평균 효과 크기가 〈표 13-1〉에 있다. 가장 효과적인 방법은 우리가 알고 있는 '영화/이야기' 방법이다. 이것은 감정적으로 각성된 영화를 보여 주거나 피험자들에게 감정적으로 각성된 이야기를 읽게 하는 것으로 구성되어 있다. 이것들은 표현된 이야기와 느낌을 포함한 것들을 질문할 수 있다. 이것은 기분 조작의 첨가된 일부분이며, 〈표 13-1〉에는 '+'로 나타나 있다. 이것이 사용될 때 그 효과는 아주 커진다(.73 대 .53). 정적인 정서 유도를 위

〈표 13-1〉 다른 기분 유도 방법의 효과

영화/이야기+	.73
영화/이야기	.53
선물	.38
Velten	.38
상상하기	.36
피드백	.33
음악+	.33
음악	.32
사회적 상호작용	.27
얼굴 표정	.19

※ 출처: Westermann et al.(1996).

한 영화는 Peter Sellars와 John Cleese 등과 때때로 '발췌한' 것들, 즉 배우가 통제를 하지 못해 버려진 장면들로 구성되어 있다. 여기에 사용된 자료들은 재미있다. 우리는 제5장에서 유머가 기분에서 순간적인 긍정적 효과를 가진다는 것을 살펴보았다. 영화/이야기 방법은 특히 부가적인 지시로, 이것이 모든 사람들에게 적용되었을 때 아주 성공 가능성이 높았다. 이들 성공의 퍼센트는 Gerrards-Hesse 등에 의한 또 다른 메타분석에서도 확인된다(1994).

음악은 초기 연구에서 강력한 방법으로 알려졌으나 전반적으로 단지 .32의 효과가 있었다. 그러나 83%의 성공률이 있었음에도 불구하고 어떤 음악이 사용되었는지에 좌우되었다. Clark(1983)의 연구에서는 커다란 효과가 있는 것으로 나타났다. 우리는 긍정적 기분을 위해서 아주 유쾌한 하이든의 트럼펫 협주곡과 우울한 기분 유도를 위한 절반의 속도로 연주되는 일상적인 치료의 형태가 아니라 연구 목적으로 사용된, 프로코피에프의 모음곡으로 된 테이프를 들었다. 문제의 일부는 다른 종류의 음악은 다른 사람에게 흥미를 끌게 되어 있다는 것이다(Carter et al., 1995).

다음으로 가장 성공적인 방법은 선물이다. 보통은 초콜릿 과자, 콜라 한 잔이나 동전 같은, 기대하지 않았던 선물(.38)이다. 비록, 커다란 선물이 더 큰 효과가 있다는 것은 의심의 여지가 없지만 피험자에게 20분마다, '가능한 한 아주 자세하게' 행복한 사건을 상상하는 데 어느 정도의 시간을 사용하도록 요구하는 것이다. 만약, 구체적인 상상이 이루어진다면 그 효과는 아주 크다. 우리는 이런 종류의 연구를 제3장에서 기술하였다. 우리는 만약 이것을 두 사람이 쌍으로 한다면, 그리고 이들 행복한 사건을 서로에게 말한다면, 그들이 친구로 된 쌍이라면 그 효과가 아주 컸다는 것을 발견하였다(Argyle et al., 1989). '피드백'은 피험자가 어떤 검사나 과제를 얼마나 잘 수행하였는지에 대해 긍정적인 피드백을 주는 것을 의미한다. 실험실 외부의 실생활에서 시험에 성공하거나 승진을 하거나 하는 것은 물론 기쁨의 중요 원천이다. '사회적 상호작용'의 조작을 위해서는 아주 즐거운 실험 협조자를 만나게 하거나 도움이 필요한 어떤 사람을 '도와주는' 기회를 갖는 상황으로 구성된다. 이것은 기분에서 다소 작은 효과를 갖는다(.27). 그러나 이것들은 다소 미약한 보상을 주는 사회적 상호작용이 있으며, 아주 강한 것으로 고안될 수도 있다. 고전적인 실험에서 Schachter와 Singer(1962)는 긍정적 기분을 각성시키기 위해 정말로 조증 협조자를 사용하였다. '얼굴 표정'은 Laird 등(1984)이 피험자에게 정적 정서에 상응하는 표정으로 얼굴을 조정하도록 요구하는 얼굴 피드백 실험으로 설명할 수 있다. 효과가 있다는 것은 흥미 있는 것이지만 다른 방법보다는 약하다.

우리는 전반적인 이들 방법의 효과가 얼마나 강하고 얼마나 많은 피험자가 반응하는지를 알아보았다. 다음 문제는 이런 유도된 기분이 얼마나 오랫동안 지속되는가다. 이것은 이들 기분 유도의 의미가 어떤 실질적인 유용함 때문이든 아니든 간에 영향이 있기 때문에 가장 중요하다. Velten의 방법은 Frost와 Green(1982)이 발견한 것에 따르면 10~15분 정도의 다소 짧은 시간만 효과가 유지되었다. 그러나 Sinclair 등(1994)은 60개의 항목으로 되어 있고, 피험자가 제대로 된 기분을 얻을 수 있는 잠복기가 있는, Velten의 개정판을 고안하였다. 이 효과는 35분 동안 지속되었다. 작은 선물은 또한 아주 짧은 기간 효과가 있다. 아마도 커다란 선물은 더 나을 것이다. 영화를 보여 주는 것은 더 오랜 기간의 지속 효과가 있었다.

운동은 앞에서 기술된 기분 유도 방법의 목록에 포함되어 있지 않다. 그러나 우리가 알고 있는 것처럼 10분 동안 기운차게 걷는 것은 기분에 긍정적 효과가 있으며, 이 효과는 2시간 동안 지속된다. 그리고 좀 더 큰 노력을 요하는 운동은 하루 종일, 심지어 다음 날까지 효과가 지속되었다. 운동은 긍정적인 기분을 유도하는 가장 쉽고 가장 효과적인 방법 중의 하나다. 앞의 목록에 포함되지 않았던 또 다른 방법은, 비록 연구자가 이 목적을 위해 알코올(적은 양)을 사용할지라도, 정상적으로 실험실 실험에서 가능하지 않은 약물을 사용하는 것이다. 우리가 살펴본 것처럼 프로잭과 다른 항우울제는 긍정적인 기분을 고양시킨다. 행복치료의 수단으로서 이것의 장점은 다음에 논의될 것이다. 그러나 좀 더 지속적인 기분을 위해서 간단하게 논의되겠지만, 우리는 실험실 외에서 일어나는 더 강력한 생활사건과 즐거운 활동을 살펴볼 것이다.

우울증에 대한 연구에서 행복보다 유사한 기분을 유도하기가 더 쉽다는 것이 발견되었다. 평균 효과 크기는 행복에서의 .41과 비교해서 .53이었다. 가장 효과적인 방법은 영화/이야기 + 며, 다음으로는 그들이 검사에 실패했다는 것을 사람들에게 말하는 것이며, 상상하기와 Velten 방법이었다. 얼굴 표정을 조작하는 것은 결국 좋은 것은 아니었으므로, 선물에 대해 받아들일 수 없는 부정적인 형평감이 고안되었다(Westermann et al., 1996). 물론 벌금은 사람을 처벌하는 데 종종 사용된다.

모든 피험자들이 이 절차에 의해 영향을 받는 것은 아니다. 일부는 다른 것들의 영향을 더 잘 받는다. 우리는 제10장에서 외향성의 사람들이 긍정적 기분 유도의 영향을 더 받는다는 것을 살펴보았으며, 신경증에서 높은 사람들은 부정적인 영향을 더 받는다는 것을 살펴보았다. 우리는 외향성의 사람들이 행복한지와 신경증인 사람들이 불행한지에 대한 해석의 일부로 이것을 받아들인다.

2. 긍정적 생활사건

우리가 살펴본 것처럼 기분 유도 절차는 긍정적 기분을 고양시키지만 아주 많이는 아니며 오랫동안도 아니다. 우리는 지금 자연스럽게 일어나고 아주 강한 영향을 줄 수 있는 사건과 활동들에 대해 살펴볼 것이다. 스트레스를 주는 생활사건은 익숙하며, 불행감과 정신적·신체적 질환의 출처로 많이 연구되었다. 긍정적 생활사건(PLEs)이 반대 방향인 스트레스 사건과 유사한 효과를 가지는가? 우리가 마음속에 두고 있는 것들은 스포츠와 운동, 사회적 사건, 직장에서의 성공과 인정, 콘서트, 교회 봉사, 여가집단의 만남 그리고 성적 접촉이다. 이들 대부분은 실험실에서 할 수 없는 것이다. 이들은 초대하지 않는, 그리고 기대하지 않았던 사고와 같은 스트레스 생활사건과는 아주 다르다. 몇 가지 긍정적 생활사건은 선물, 초대, 기대하지 않았던 친구와의 만남, 성공, 사랑에 빠지는 것같이 우연적인 것들도 있다. 어떤 긍정적인 생활사건들은 이와 같지만, 좀 더 자주 의도되고, 계획되며, 또는 토요일의 축구나 춤추기처럼 규칙적인 생활의 일부가 된다.

〈표 13-2〉에 옥스퍼드 학생들이 수많은 종류의 긍정적인 생활사건을 어떻게 평가하였는지가 나타나 있다. 표의 두 번째 부분은 미국 학생들의 표집에 의해 평가된 것과 유사한 상황이다. 몇 가지 긍정적 생활사건은 여름휴가처럼 꽤 드문 것이며, 결혼을 하거나 아이를 가지는 것처럼 아주 드문 것이다. 다른 것들은 TV 시청이나 달리기처럼 생활 속에서 계속적으로 일어난다. 몇 가지는 성적 접촉처럼 강렬하지만 다른 것들은 TV 시청처럼 모두 강렬한 것은 아니다. 몇 가지는 강렬한 것 이상인데 결혼을 하거나 새 직장을 구하거나 종교적으로 개종을 하는 것 등이다. 이들에게 중요한 것은 생활의 변화다. 이들은 미래의 긍정적 생활사건에 영향을 미친다.

우리는 이들 사건들에서 일어난 결과가 무엇인지 그리고 효과가 얼마나 지속적인지를 알고자 한다. 기분 유도 기법은 짧은 시기만 효과가 있었으나 운동 같은 다른 긍정적 생활사건은 훨씬 더 오래 지속되었다. 이 중 일부는 행복 치료나 행복을 고양하기 위한 틀을 세우게 할 수 있다.

긍정적 생활사건에 대한 많은 연구들은 이것들을 양적으로 다루고 있으며, 빈도를 높였다. 그러나 이것들은 모두 같지 않으며, 우리가 앞 장에서 다양한 종류를 살펴보고 알게 된 것처럼 다양한 특성들을 가지고 있다.

- 사회적 사건은 많은 종류가 있다. 사랑에 빠지는 것은 강렬한 기쁨과 자아존중감을 증가시킨다. 친구를 사귀는 것은 동료애와 긍정적 기분을 일으키고, 때로는 감탄을 일으킨다. 가족생활은 행복의 커다란 출처다. 이들 모든 관계들은 규칙적으로 보통 자주 마주치는 것들이다.
- 스포츠와 운동은 규칙적으로 행해질 때 긍정적 기분과 커다란 행복을 야기하며, 이 효과는 다음 날까지 지속될 수 있다. 경험의 질은 증가된 각성과 자아존중감이며, 관여된 사회적 관계의 즐거움이다.
- 종교와 음악은 참여한 사람들에게는 상당히 강렬하며, 자아의 상실감, 무한함, 다른 세상을 슬쩍 엿보는 것 등 세속을 초월한 느낌을 포함하고

〈표 13-2〉 긍정적인 생활사건: 옥스퍼드 학생들

사랑에 빠지기	78.0
시험에 통과하거나 자격증 따기	75.5
중병에서 회복되는 것	72.1
휴가를 가는 것	68.9
남편/아내나 친구와 토론을 한 후 화해하는 것	66.0
결혼하거나 약혼하는 것	65.0
아이의 태어남	64.6
많은 돈을 버는 것	64.4
직장에서 승진하거나 급여가 오르는 것	59.9
친구와 외출하거나 친구를 찾아 가는 것	58.0
새 직장을 얻는 것	56.1

※ 출처: Henderson, Argyle, & Furnham(1984).

긍정적인 생활사건: 미국 학생들

사건 형태	객관적인 평가	좋은 평가
대학원에 입학하는 것	1.32	0.64
승진/진급	1.38	0.64
결혼(자신의 결혼)	1.11	0.72
부모가 승진하거나 진급하는 것	1.41	0.76
상을 받거나 점수와 달리 성취에 대한 공적인 승인을 받는 것	1.27	0.76
약혼(자신의 약혼)	1.28	0.86
학점을 4.5(B+) 받거나 한 학기에 높은 점수를 받는 것	1.23	0.97
친구에게서 기대하지 않았던(기다렸던) 전화를 받는 것	1.66	1.02
친한 친구가 결혼하는 것	1.18	1.07
형제자매가 결혼하는 것	1.16	1.07
부모가 휴가에 자신을 데려가는 것	1.39	1.14
차를 사는 것	1.23	1.16
삼촌/숙모가 되는 것	1.32	1.20
부모/친척이 자신에게 사업이나 일에 착수하게 하는 것	1.61	1.27
애완동물을 얻는 것	1.16	1.42
운동 팀과 경기하는 것	1.25	1.53
부모가 비싼 선물을 나에게 주는 것(1,000달러의 가치가 있는)	1.36	1.58
모임이나 집단에 끼는 것	1.38	1.60
취미를 갖는 것	1.55	1.61
여가 시간에 예술이나 공예품을 만드는 것	1.91	1.64
M	1.36	1.13

※ 출처: Magnus, Diener, Fujita, & Payot(1993).

있다. 그리고 이에 속하는 집단들은 아주 지지적이다.

- 다른 종류의 여가집단도 긍정적 생활사건의 출처가 된다. 때때로 여러 종류의 경험이 합쳐지기도 한다(음악, 운동 그리고 사회적 상호작용이 포함된 춤추기처럼).
- 직업에서의 긍정적 경험은 성공과 인정으로 대부분 보고되었다(비록, 직무만족 연구에서 내재적인 만족감은 기술의 사용과 작업동료들과의 관계에서 오는 사회적 상호작용에서 나온다는 것이 발견되었음에도 불구하고).
- TV 시청은 커다란 수수께끼다. 이것은 상당히 많이 일어나고 틀림없이 보상을 주지만, 연구들은 단지 약한 긍정적 기분을 일으킨다는 것을 밝혀냈으며, 시청자들의 절반은 종종 잠을 잔다. 그러나 이것이 일으키는 기분은 긍정적이며, 일일 드라마를 좋아하는 사람들은 몇 명의 상상의 친구를 얻기도 한다.
- 휴가는 비록 자주 있는 것은 아니지만 경험에 따르면 휴식이나 모험, 성 행동, 또는 종교적 순례의 커다란 원천이 된다.

● 긍정적 생활사건의 원인

스트레스 사건들은 비록 그들이 부분적으로는 사람의 특징과 삶의 상황이나 생활방식의 특징에 기인함에도 불구하고, 보통은 통제할 수 없는 것들이다.

어떤 성격 특징은 긍정적 생활사건에 영향을 미친다. Headey 등(1985)은 오스트레일리아에서의 장기간 연구에서 외향성의 사람들은 직장과 친구들과 이러한 경험을 하는 것을 좀 더 좋아하는 것 같다는 것을 발견하였으며, Magnus 등(1993)은 미국에서의 장기간 연구에서 동일한 결과를 발견하였다. 이들 연구에서 신경증은 사람들이 부정적인 생활사건에 취약하다는 것을 밝혔다. 또한, 외향성은 사람들이 부정적인 생활사건에 대해 긍정적인 반응을 하게 하였다. 성격은 몇 가지 방식으로 작용한다. 성격은 사람들이 어떤 상황을 선택하거나 회피할 수 있게 해 주며, 다른 방식으로 상황을 해석하게 해 주며, 상황을 변화시키게 한다. 이러한 점에서 성격은 좀 더 긍정적이다. 사람들의 긍정적 생활사건에 영향을 미치는 다른 개인주의의 특징은 사회적 지지의 양이다. Meehan 등(1993)은 좋은 사회적 지지를 가진 고등학생들은 좀 더 많은 긍정적인 생활사건을 경험하였으며, 좀 더 가치 있다고 여겼음을 발견하였다.

공동체의 다른 부분들은 다른 사건 빈도를 가지고 있다. 노동자계층의 안녕감은 빈곤과 실업 그리고 법과의 분쟁 등에 좀 더 많이 기인하고 있으며, 이것은 안녕감에서 차이를 설명해 준다(Argyle, 1994). 노동자계층은 정신건강 상태가 좋지 않으며, 중간계층보다 덜 행복하다. 이것은 부분적으로 노동자계층에서 스트레스 생활사건의 비율이 높은 이유이기도 하다. 긍정적 생활사건 또한 차이가 있다. 중간계층의 사람들은 여가활동, 특히 운동과 사회 모임을 좀 더 많이 즐기며, 교회에 더 많이 나가고 친구도 더 많다(Argyle, 1996). 성격과 관련되어서 몇 가지 계층 차이도 있다. 중간계층의 사람들은 다른 형태의 사회화의 결과로 내적 통제가 더 강하며, 이것은 그들이 통제할 수 있거나 자신에게 일어난 것을 통제할 수 있다고 생각하게 한다(Kohn & Schooler, 1982). 우리가 살펴본 것처럼 결혼한 사람들은 결혼하지 않은 사람들보다 더 행복하다. 결혼한 사람들은 혼자 사는 사람보다 좀 더 많은 성행동과 사회적 상호작용과 동료애를 경험한다.

우리는 실험실에서 긍정적 기분 유도의 결과를 살펴보았으며, 이제 실생활에서의 긍정적 생활사건의 효과를 살펴보려고 한다. 이것들은 좀 더 강한 경향이 있으며, 더구나 더 커다란 영향을 미치는 것 같다. 그러나 실험적이며 약한 설계에 의존하고 있는 연구는 다르다. 비록, 실험에서처럼 많은 장기간 연구가 있음에도 불구하고 이것은 그렇게 좋지는 않다.

Diener와 Sandvik 그리고 Pavot(1991)는 개인이 정적 정서를 경험하는 시간의 비율이 약 .50으로 행복과 상관이 있음을 발견하였다. 반면에 그들이 행복감을 느낄 때 정적 정서의 평균적인 강렬함은 단지 .25의 상관이 있었다. 이들은 강렬함이 상대적으로 중요하지 않다고 결론을 내렸으며, 강렬한 긍정적 경험은 단지 하루 중 2.6%만이 일어났음을 보고하였다. 우리는 이것을 확신하지 않는다. 많은 사람들은 38일에 한 번 이상 성관계를 가진다(즉, 하루 2.6%). 일부는 일주일에 한 번 교회를 가거나 매일 상당히 강렬한 긍정적 생활사건의 모든 출처인 격렬한 운동을 한다.

긍정적 생활사건이 사람을 행복하게 한다는 것에 의문을 가진다면, 우리는 긍정적 생활사건이 조작된 한두 가지의 현장실험을 살펴볼 것이다. Reich와 Zautra(1981)는 한 피험자 집단에게 그들이 가장 즐거운 것으로 간주하지만 2주 동안에는 일어나지 않았던 좀 더 긴 12가지 목록을 선택할 것을 요구하는 현장실험을 수행하였다. 다른 집단은 그런 활동을 2개 선택하라고 하였다. 선택한 활동은 스포츠, 공구, 문화활동과 사회적 활동을 포함하고 있었다. 두 집단의 구성원들은 이전보다 그리고 통제집단보다 삶의 질과 즐거움에서 더 높은 점수를 얻었다는 것이 발견되었다. 선택한 활동이 2개든 12개든 차이는 없었다.

많은 다른 현장실험은 피험자가 일정 기간 만만치 않은 운동, 예를 들면 몇 주 동안 규칙적인 달리기, 뛰기, 수영 등을 수행하는 데 동의하였다. 이것은 행복과 건강, 정신건강에 강한 효과가 있었다(제8장 참조).

다른 연구는 자연스럽게 일어나는 긍정적 생활사건으로 된 장기적인 방법을 사용하였다. Headey 등(1985)은 600명의 오스트레일리아 사람들을 대상으로 한 장기간 연구에서 우정관계와 직장 환경에서 긍정적 생활사건은 '안녕감의 순환고리'로, 단지 외향성만으로 예측될 뿐 아니라 주관적 안녕감을 증진시키며, 좀 더 높은 외향성을 이끈다는 것을 발견하였다([그림 13-1]).

지금까지 거론된 모든 연구들은 정상적인 피험자들을 대상으로 한 것이다. 그러나 긍정적 생활사건은 우울증으로 고통받는 환자들에게도 도움이 된다는 것이 발견되었다. Needles와 Abramson(1990)은 긍정적 생활사건을 경험하고, 그것에 긍정적 기여를 하는 우울증 환자들은 무력감의 수준을 줄일 수 있었으며, 우울한 징후가 완화되었다고 하였다.

긍정적 생활사건은 또한 신체건강에도 보탬이 된다. Caputo 등(1998)은 긍정적 생활사건이 혈압을 줄여 주며, 더구나 청소년기에 고혈압의 위험을 줄여 준다는 것을 발견하였다. Brown과 McGill(1989)은 긍정적 생활사건은 단

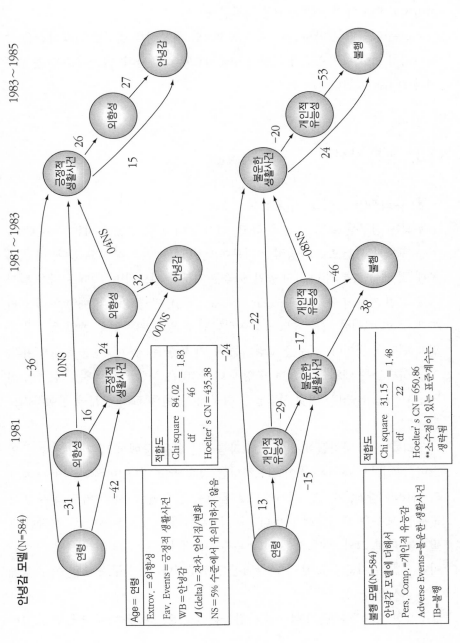

[그림 13-1] 안녕감과 불행 간의 연쇄(Headey et al., 1985)

지 높은 자아존중감을 가진 사람에게만 신체건강을 증진시킨다는 것을 발견하였다. 이것은 낮은 자아존중감을 가진 사람에게서 긍정적 생활사건은 자기 이미지와 일치하지 않는 것임을 시사한다.

우리는 긍정적 생활사건이 우울증 환자와 정상인을 대상으로 행복감을 증진시키기 위한 방법으로서 어떻게 성공적으로 사용될 수 있는지를 다음 부분에서 살펴볼 것이다.

3. 행복치료

1 규칙적인 긍정적 기분 유도

우리는 친구를 보고, 운동을 하고, 외식을 하고, 성행동을 하는 것 같은 즐거운 활동과 사건으로 긍정적인 기분이 일어날 수 있음을 알고 있다. 이들 가운데 몇 개는 하루의 나머지 동안에 좋은 기분을 일으키며, 때때로 다음 날까지도 그런 기분이 유지된다(Stone & Neale, 1984). 만약 당신이 매일 아니면 하루에 두 번 이러한 기분 유도에 관여한다면 좋은 기분은 하루 종일 유지할 수 있게 된다는 것이다. 기분을 고양하는 두 가지 좋은 방법은 운동과 음악이다. 어떤 사람들은 매일 조깅이나 수영을 하며, 많은 사람들은 매일 자신들이 선택한 음악을 듣는다. 몇몇 사람들은 하루에 두 번 종교적 봉사에 참여하기도 한다.

우리는 다른 사람들에게 최고로 작용하는 활동 중에서 몇 가지 변수가 있으며, 그러므로 올바른 것이 필요하다는 것을 알고 있다. 미국인 친구는 자신의 아내와 함께, 아니면 워커맨으로 음악을 들으면서, 사막 위로 해가 뜨는 눈부신 모습을 즐기면서 네바다 사막을 횡단하는 것으로 하루를 시작한다. 필자는 때로 그와 함께 하곤 했다. 운동, 아내나 음악 그리고 일출을 포함한 이런 것들은 기분 유도에 아주 강력한 일부분이다. 그 친구는 또한 아주 상쾌하게 식사를 한다.

우울한 사람들과 달리 불행한 사람들은 즐거운 활동을 아주 조금만 보고한

〈표 13-3〉 온종일 기분에 영향을 미치는 즐거운 활동

사회적 상호작용

1	행복한 사람과 있는 것
2	당신이 말하는 것에 흥미를 보이는 사람과 있는 것
3	친구가 되는 것
4	성적 매력으로 주목받는 것
5	키스하는 것
6	사람을 바라보는 것
7	솔직하고 열린 대화를 하는 것
8	내가 사랑받고 있다고 말하는 것
9	누군가에게 나의 사랑을 말하는 것
10	귀여워하거나 애무하기
11	내가 사랑하는 사람과 있는 것
12	누군가를 칭찬하거나 격려하는 것
13	친구와 커피, 차, 콜라 등을 마시는 것
14	모임에서 인기 있는 것
15	기운차게 말하는 것
16	라디오를 듣는 것
17	오랜 친구를 보는 것
18	내가 도와주거나 충고해 주기를 요청하는 것
19	사람들을 즐겁게 하는 것
20	이성과 성관계를 갖는 것
21	새로운 동성을 만나는 것

우울에 모순된 것

22	웃는 것
23	긴장이 풀리는 것
24	장차 일어날 좋은 일들을 생각하는 것
25	내가 좋아하는 사람에 대해 생각하는 것
26	아름다운 풍경을 보는 것
27	신선한 공기로 숨을 쉬는 것
28	평화와 조용함을 갖는 것
29	햇볕 아래 앉아 있는 것

30	깨끗한 옷을 입는 것
31	여가 시간을 갖는 것
32	밤에 푹 자는 것
33	음악을 듣는 것
34	사람들에게 웃는 것
35	내 가족이나 친구들에게 우연히 일어난 좋은 사건을 보는 것
36	내 삶에 하느님이 출현했다는 느낌
37	야생 동물을 보는 것

자기 효능감

38	내 자신의 방식으로 계획하는 것
39	이야기, 소설, 시나 희곡을 읽는 것
40	어떤 것을 계획하거나 조직하는 것
41	멋지게 운전하는 것
42	어떤 것을 분명하게 말하는 것
43	여행이나 휴가를 계획하는 것
44	새로운 일을 배우는 것
45	내가 어떤 것을 잘했다고 칭찬받는 것
46	업무를 잘하는 것

혼합된 것

47	좋은 음식을 먹는 것
48	레스토랑에 가는 것
49	동물과 함께 있는 것

※ 출처: Lewinsohn & Graf(1973).

다. Lewinsohn은 우울이 불충분한 긍정적 강화에 기인한다는 것을 제안하였다. 이것은 사회적 기술의 부족을 포함한 다양한 이유로 인해 일어난다. 비록 이것이 공평하게 비환자들에게 사용됨에도 불구하고, 치료의 형태는 좀 더 긍정적인 활동을 우울한 환자들이 하도록 하는 것이다. 내담자는 한 달 동안 320개의 목록에서 긍정적인 사건에 대해 그리고 그날 그날의 기분에 대해 매일 기록을 하게 할 수 있다. 물론, 이들 가운데 49개는 피험자들의 10%에게 그날의 좋은 기분과 연합되어 있는데, 이것들은 〈표 13-3〉에 제시되어 있다. 컴퓨터 분석은 활동들이 긍정적 효과를 가지고 있으며, 환자는 이런 활동들에 좀 더 자주 관여하도록 촉진된다는 것을 보여 준다(Lewinsohn et al., 1982). 각 회기에 조금씩 양을 증가하는 것과 아울러 피험자에게 치료시간을 좀 더주는 보상을 주고, 이들이 스스로를 보상하도록, 예를 들면 음식이나 다른 대우를 해 주는 등의 다양한 방식으로 보상이 이루어지도록 하였다. Turner 등 (1979)은 이 방법이 우울한 대학교 교수들과 학생들 집단의 우울을 끌어올리는 것에서 성공적이었음을 발견하였다. 우리가 살펴본 것처럼 Reich와 Zautra(1981)은 또한 환자가 아닌 학생집단에서도 성공하였다.

좀 더 최근에 Lewinsohn과 동료들은 즐거운 활동을 좀 더 정교하게 설계된 종합적인 계획으로 통합하였으며, 이것은 나중에 기술될 것이다. Lweinsohn과 Gotlib(1995)의 '우울증에 대한 대처' 과정은 늘어난 긍정적 활동과 사회적 기술 훈련, 자기통제치료를 포함하고 있다. 이것은 자기 강화와 문제해결치료, 긴장 이완, 부정적 사고 멈추기 그리고 현실적인 목표 설정을 포함하고 있다. 이 방법은 우울한 성인과 청소년에게 성공적인 것으로 나타났으나 비환자들에게는 그렇지 않았다(Lewinshohn & Gotlib, 1995).

Fordyce(1983)의 행복 프로그램은 대학생 비환자 공동체에게 사용되었다. 여기에는 인지적 요소가 목록화되었다. 또한, 많은 행동적 요소와 사회적 기술 요소가 포함되었다.

- 좀 더 많은 시간을 사회화하는 데 사용하기
- 자신의 친밀한 관계 다지기
- 우호적이고 사회적인 성격 개발하기
- 더 좋은 친구되기
- 좀 더 활동적으로 되기
- 의미 있는 작업에 관여하기

이전처럼 내담자는 하루 어떤 시간에 한 가지 요소에 집중할 것이 요구된다. 인지적 부분을 포함하고 있는, 전체적인 종합 계획은 아주 성공적이었다.

그러나 우리는 이들 다양한 요소가 사람들을 행복하게 하는 데 얼마나 중요한지는 알지 못한다.

② 인지적 치료

인지치료는 합리적이고 현실적인 사건에 대한 해석을 목표로 공유하고 있는 복잡한 기법들의 조합이다(Rehm, 1990). 인지치료는 우울증으로 고통을 받고 있는 환자들을 포함하는 정신질환자들을 위해서 개발되었다. 많은 사람들은, 예를 들면 의사를 찾아가는 사람들 가운에 9%는 심각한 우울증을 갖고 있다. 반면 12~17%는 일생에 주요 우울증의 위험을 가지고 있고, 좀 더 경미한 정도의 우울증을 가진 많은 사람들이 있다(Angst, 1997). 그래서 우리는 우울증이 있는 사람들의 행복감을 증가시킬 수 있는 방법에 대해 언급하려 한다(비록, 우리가 임상적으로 우울하지 않은, 즉 좀 더 행복해지기를 원하는 정상인에게 이런 방법이 적용되는지의 여부를 알고자 함에도 불구하고).

우리는 행복한 사람들은 불행한 사람들과는 많은 방식에서 다르게 생각한다는 것을 앞 장에서 살펴보았다. 이들은 모든 것에 대해 긍정적으로 생각하고 삶에서 현실적 목표와 목적을 가지고 있으며, 사건의 즐거운 측면을 볼 수 있으며, 나쁜 사건이 일어났을 때 자기 스스로를 비난하지 않으며, 일어난 사건들을 통제할 수 있다고 믿고 있다. 임상심리학에서 몇몇 이론들은 우울증이 부정적이고 비합리적인 사고방식에 기인한다고 보고 있으며, 인지치료 형태는 그것들을 고치는 것이다. 우울증 환자들이 사용하는 이들 부정적인 사고방식의 몇 가지는 행복연구에서 불행한 사람들이 생각하는 것으로 밝혀진 방식과 겹치는 부분이 있다.

인지치료의 형태는 정상인에게도 성공적으로 사용되고 있다. Lichter 등(1980)은 4주에 걸쳐 2시간으로 된 8개의 과정을 개발하였는데, 통찰력을 증진시키고, 이해하고, 비합리적인 신념을 고치는 것에 초점을 두고 있다. 이 방식으로 훈련받은 사람들은 [그림 13-2]에서 보듯 행복과 만족감이 증진되었다.

이탈리아에서 연구한 Fava 등(1998)은 Ryff(1989)가 목록화한 행복에 대한 6가지 차원을 사용하였다. 즉, 자기 수용성, 긍정적 대인관계, 자율성, 환경에

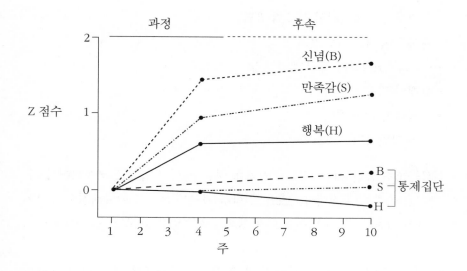

[그림 13-2] 행복 훈련 과정의 효과(Lichter et al., 1980)

대한 지배력, 삶의 목적, 개인적 성장을 사용하였다. 이 과정은 긍정적 사고에 초점을 둔다는 점에서는 특이한 것이다. 내담자는 긍정적 에피소드에 대한 일기와 이것들을 방해하는 모든 것을 기록하며, 6개의 차원에 따라 진행되는 것에 대해 지도를 받는다. 이 과정을 수행한 10명의 사람들은, 비록 그들도 또한 증진되었음에도 불구하고, 좀 더 정통적인 인지치료를 받았던 다른 사람들보다 안녕감에서 좀 더 좋은 점수를 얻었다.

우울증 환자들을 대상으로 인지치료를 수행한 많은 연구들이 있다. Lewinsohn과 Gotlib(1995)의 '우울증에 대한 대처' 과정은 7주에 걸쳐 12개의 기간으로 되어 있으며, 이미 기술된 긍정적 활동뿐 아니라 현실적 목표와 긍정적인 사고를 줄이는 것 같은 몇 가지 인지적 요소를 포함하고 있다.

비환자를 대상으로 한 Fordyce(1977)의 프로그램은 14가지 요소로 된, '개인적 행복증진 프로그램' 으로 몇 가지 인지적 요소를 포함하고 있다.

• 건강한 성격으로 일하기
• 낮은 기대와 포부

- 긍정적이고 낙천적인 사고의 발달
- 행복을 높게 평가하기
- 더 나은 조직화와 사건 계획하기
- 현재의 지향 개발하기
- 부정적인 감정 줄이기
- 격정 그만하기

치료는 6주 동안 매일 14개의 영역에 대한 동시 작업으로 구성되어 있다. 이 과정은 아주 성공적이다. 338명의 학생 가운데 69%가 행복해졌으며, 226명의 성인 가운데 좀 더 많은 81%가 행복감을 얻었음을 보고하였다(Fordyce, 1983).

많은 연구들은 우울증 환자에 대한 인지적 효과와 다른 치료법의 효과를 비교하였다. 이 연구들은 적절한 처치가 없는 것보다 훨씬 더 성공적이었음이 확실하며, 보통 플라시보(예컨대, 활동적이지 않은 약, placebo) 효과는 통제집단보다 더 나았다. 인지치료는 행동치료보다 더 나았으며, 우울증이 심각한 사람들에게는 약물이 더 나았음에도 불구하고 약물과 거의 동일한 효과가 있었다(Rehm, 1995).

③ 사회적 기술 훈련

우리는 제6장에서 관계성이 행복의 아주 중요한 출처임을 살펴보았다. 특히, 결혼과 다른 친밀한 관계, 친구 그리고 직장 사람들과의 관계를 확립하거나 유지하는 것의 어려움은 불행감의 주요 원천이 되었다. Argyle와 Lu(1990)는 외향성의 사람들에 대한 해석의 일부는 그들의 사회적 기술, 특히 그들의 단호함과 협력이라는 것을 발견하였다. 우울증 환자들과 많은 다른 정신질환자들은 낮은 보상성 같은 결여된 사회적 기술을 나타낸다는 것이 발견되었다(Hollin & Trower, 1986). 사회적 기술 훈련(SST)은 이들 기술에 도움이 될 수 있다. 친구가 없는 사람들을 대상으로 한 훈련은 또한 비언어적 의사소통, 언어적 의사소통, 보상성, 사회적 상황에 대한 더 나은 이해와 관계성을 포함하고 있다. 친구가 있으나 외롭다고 느끼는 사람들은 좀 더 자기노출을 하는 것으로 도움을 받을 수 있다. 부부관계 치료와 부부관계의 풍성함은 보상성이 포함될 수 있으며, 협상에 의해 갈등을 해결하는 훈련 또한 포함되어 있다. 부부관계 기술에는 좀 더 많은 상세한 양상들이 있으며, 이것들은 배울 수 있는 것이다(Argyle, 1994).

사회적 기술 훈련은 앞에 기술된 종류 중 하나거나 커다란 패키지의 일부로서 우울증 환자와 다른 환자들에게 광범위하게 사용되고 있으며, 상당한 성공이 보고되고 있다. 그 혜택은 1년 내지 2년 이후의 시간에도 지속되고 있음이 발견되었다. 사회적 기술 훈련은 커다란 처치 패키지에 포함될 수 있다. Lewinsohn과 Gotlib (1995)은 '우울증 대처' 과정에 다음을 포함하고 있다.

- 대화기술
- 친구 만들기
- 협상
- 단호함
- 분명한 의사소통

이것은 우울증 환자에게 아주 성공적인 것으로 발견된 커다란 패키지의 일부를 형성하고 있다. 높은 회복률은 2년 이후에서도 보고되었다(Hops & Lesinshohn, 1995). 다른 척도는 부부 기술과 가족 기술에 초점을 두고 있다.

4 약물

우리는 약물이 불안과 우울을 경감시키는 데, 그리고 홍분과 같은 정적 정서를 일으키는 데 사용될 수 있음을 앞에서 살펴보았다. 우울증 환자들과 다른 정신질환자들은 이 방법으로 광범위하게 치료받고 있으며, 이것은 비환자들이 동일한 약물로 더 행복해질 수 있다는 가능성을 제기한다. 알코올은 비환자들에게 광범위하게 사용되고 있으며, 너무 많은 양은 물론 피해가 심하지만, 많은 사람들에게 긴장과 불안을 완화시키는 데 성공적이다.

프로잭은 우울증 환자들에게 많이 사용되며, 실제 우울하지 않은 많은 사람들에게도 처방된다(비록, 그것은 정상적인 모집단의 비율에서 다소 우울하다는 것이 추측될 수 있음에도 불구하고). 1983년 도입된 이후, 특히 미국에서 인기를 얻고 있으며, 많은 잡지에서 광고되고 있다. 왜냐하면 어떤 사람들에게는 '더 좋고', '좀 더 살아 있다는' 기분을 느끼게 하는데, 이는 유럽 사람들이 숙명론과 염세론을 갖고 있는 것과 비교해서, 미국 사람들은 희망과 낙천적인 것에 대해 열망하기 때문일 것이다(Healy, 1997). 프로잭은 두뇌의 특정 부분에 있는 세로토닌과 엔도르핀, 도파민에 집중적으로 작용한다. 그러나 프로잭이 어떤 사람에게는 거의 효과가 없거나 기분을 더 나쁘게 만든다. 또한, 54%가 꽤 심각한 부작용을 보고하였다.

- 성적 욕망의 상실(25~35%)
- 메스꺼움(21%)
- 두통(20%)
- 불면증(14%)
- 나른함(17%)
- 자살(약 3.5%). 그러나 이것은 일반적으로 우울증 환자들에게 일어난다 (Fieve, 1994).

이와 같은 부작용의 수치가 광범위하게 보고되었지만, 프로잭의 제작자들은 법정에서 이에 도전해 왔다. 그리고 모든 항우울제는 부작용이 있는 것으로 얘기된다. 프로잭으로 인한 부작용은 다른 것들보다는 작다. 더구나 과잉 투여는 치명적이지 않으며, 이 약은 습관적이지 않다.

우울증에 대한 치료의 형태로서 프로잭과 다른 항우울제는 그것을 투여한 많은 사람들에게 성공적이며, 비록 두 가지를 함께 쓰는 것이 더 좋을지라도, 인지적 치료와 거의 동일한 효과가 있다. 프로잭과 플라시보를 비교하는 통제된 시도에 대한 메타분석에서 Greenberg 등(1994)은 .40의 효과 크기를 발견하였으며, 이것은 치료받은 환자의 2/3가 치료받지 않았을 때보다 더 나아졌다는 것을 의미한다. 그러나 프로잭은 인지적 행동치료보다 약 33% 정도 더 비싸다(Antonuccio et al., 1997). 그리고 환자들은 하루에 한 알씩 투여받아야 한다. 그렇지 않을 경우 우울증이 재발할 수 있다. 이들은 실제적으로 치료된 것이 아니다(James, 1997).

우리는 프로잭과 다른 항우울제가 많은 환자들에게서 분명하게 성공했음에도 불구하고, 결론적으로 세상을 좀 더 행복하게 만들고자 하는 수단으로는 추천하고 싶지 않다. 왜냐하면 부작용과 실패율과 비용 때문이다.

4. 맺으면서

실험실에서의 기분 유도는 행복한 영화나 이야기, 음악 그리고 다른 방법들에 노출시킴으로써 긍정적인 기분을 일으킬 수 있다. 그러나 그 기분은 오래 지속되지는 않는다. 예를 들면, 운동은 다른 긍정적인 생활사건, 사회적 관계, 직업이나 여가처럼 더 나을 수 있다. 이들은 빈도와 강렬함 두 가지 모두 중요하며, 만약 규칙적으로 반복된다면 행복하게 할 수 있으며, 성격도 변하게 할 수 있다. 이들은 또한 더 나은 정신건강과 신체건강을 이끈다.

행복치료는 정상인과 우울증 환자를 대상으로 긍정적인 생활사건의 빈도를 증가시킴으로써 수행될 수 있다. 인지적 치료는 정상인과 환자 모두에 성공적이며, 행복고양 프로그램에서 정교화될 수 있다. 사회적 기술 훈련은 그것만으로도 또는 패키지의 일부로서도 성공적이다. 프로잭과 같은 항우울제는 환자들의 절반 이상에서 성공적이었으나 많은 사람들에게는 좋지 않은 부작용이 있다.

또 다른 그리고 더 나은 행복을 높이기 위해서는 이 책에서 논의된 행복의 원인을 사용하고 생활방식을 변화시켜야 한다. 이것은 다음 장에서 다룰 것이다.

제14장

긍정적 기분과 행복

기분유도실험은 행복과 긍정적 기분의 효과를 연구하는 데 사용된다. 또한, 긍정적 생활사건 같은 다른 방법들도 사용된다. 우리는 제3장에서 긍정적 기분이 행복에 미치는 생물학적 기능이 무엇인지를 질문하였다. 아마도 사람들은 행복할 때 무엇을 하는지를 찾아냄으로써 이것에 대해 더 알고 싶어 할 수 있다.

1. 사회성

어떤 기분유도실험에서 긍정적 기분이 피험자에게 일어났을 때 아주 사회적이라고 느낀다는 것이 발견되었다. Cunningham(1988)은 이런 기분을 일으키고 학생들이 사회적이고, 격렬한 여가와 일반적인 활동에 참여하는 데 좀 더 흥미가 있어 한다는 것을 발견하였다. 그러나 친밀하고 비사회적이거나 반사회적 활동에서는 그렇지 못했다. 이들은 또한 자신들이 행복할 때 사랑하는 누군가와 함께 있거나 친구와 함께 있거나 행복한 사람과 함께 있고자 한다는 것을 발견하였다. Kammann와 Flett(1983)는 행복한 사람은 다른 사람에게 더 친밀함을 느끼고, 사랑받고 있다고 느끼며, 신뢰하고 있다고 느끼며, 다른 사람에게 관심이 있으며, 외로움을 느끼지 않는다고 말하였음을 발견하였다.

행복한 사람은 단지 다른 사람들과 양적으로 좀 더 많은 사회적 상호작용을 가질 뿐 아니라 질적으로도 더 높다. Berry와 Hansen(1996)은 105명의 학생들에게 일주일 동안 사회적 일기를 쓰라고 하였다. 그 결과 긍정적 점수에서 높은 점수를 받았던 사람들은 좀 더 빈번한 사회적 마주침을 가졌으며, 좀 더 많은 시간을 사용하였으며, 좀 더 즐거워한다는 것을 발견하였다. 만나는 사람들은 일보다는 여가에서 더 직접적이었다. 실험실 연구에서 여학생들은 무선적으로 짝지어졌으며, 높은 정적 정서 점수를 받았던 사람들은 만나는 사람을 좀 더 즐겁게 하고, 기쁘게 하고, 만족스럽고, 편안해한다는 것을 발견하였으며, 서로를 좋아하였다. 이들은 상호작용의 질을 높게 평가하였다. 또한 이들의 행동은 따뜻하고, 다정스럽고, 동정적이고, 너그러운 것으로 평가되었다. 다른 연구들은 좋은 기분일 때 사람들은 좀 더 협력적이라는 것을 발견하였다. 예를 들면, 좀 더 융통성 있는 행동, 더 나은 문제해결과 상황에 대한 더 나은 이해의 결과로써 양 측면에 최대한의 이익을 산출하는 방식으로 협상하였다(Forgas, 1998; Isen, 1987).

사람들이 긍정적인 기분일 때, 그들은 덜 조심스러운(예컨대, 직접적으로 요구하는 것 같은) 사회적 방식을 취한다. 반면에 부정적인 기분에 있는 사람들은 정교하고, 간접적인 요구를 함으로써 작업을 한다(Forgas, 1999). 다른 사람들이 요구할 때, 좋은 기분의 피험자들은 좀 더 응하려는 경향이 있으며, 특히 이 요구가 무례할 때에도 그러하였다.

행복한 영화를 보고 나온 연인이나 실험실에서 행복한 것을 본 연인들은 슬픈 영화를 보고 나온 연인들보다 그들의 관계가 좀 더 긍정적으로 평가되었으며, 서로에 대해 많은 칭찬을 보고하였으며, 좀 더 자기노출을 많이 하였다(Forgas et al., 1994). 이것은 긍정적 기분의 사람들은 또한 성적으로 각성될 준비가 되어 있기 때문일 수 있다(Mitchell, 1998).

몇몇 연구들은 행복한 사람들이 다른 사람을 좀 더 좋아한다는 것을 나타내고 있다. 그들은 또한 다른 사람들에게서 좀 더 사랑을 받으며, 그들과 좀 더 많은 시간을 보내며, 더 가까이에 앉으며, 다시 만날 것이라고 말하여 우울한 사람과 비교되었다(Howes & Hokanson, 1979). 행복한 사람은 자신의 아이들과도 더 오래 있었으며, 행복한 엄마는 그들의 청소년기의 아이들을 좋아한다고 좀 더 자주 말하였다. 행복한 사람은 결혼하는 것을 더 좋아하는 것 같다.

Headey와 Wearing(1992)은 오스트레일리아에서 한 장기간 연구에서 발견한 것처럼 사회적 환경에서 가장 주목할 만한 효과는 개인이 긍정적 생활사건이 많을 때 좀 더 외향적이 되며, 역으로 더 행복하다는 것을 발견하였다.

2. 도와주기와 이타행동

몇몇 실험들은 긍정적 기분 유도가 피험자로 하여금 실험실에서 또 다른 학생을 도와주거나 떨어진 종이를 줍는 것 같은 조그만 이타행동에 동의하게 할 수 있다고 하였다(Isen, 1987). 긍정적 기분 유도는 이보다 좀 더 중요한 도움 행동을 하게 할 수 있다. O' Malley와 Andrews(1983)는 행복한 과거 사건을 회상함으로써 좋은 기분 상태가 된 피험자 가운데 47%가 헌혈을 하여, 통제집단의 17%와 비교되었다는 것을 발견하였다. 이것은 어린이에게도 작용하였다. Isen과 Levin(1972)은 볼링에서 승리한 어린이들이 다른 가난한 어린이들에게 세 배나 많은 것을 주었다. Baumann 등(1981)은 기분 유도로 어린이들이 가난한 어린이들에게 좀 더 관대하게 할 수 있었으나 스스로에게 사탕을 줌으로써 좀 더 자신을 보상하였다고 하였다. 일요일에 웨이트리스는 팁을 더 많이 받았다. 또 다른 종류의 연구에서 Rimland(1982)는 2,000명의 사람들을 대상으로 행복감에 대한 평가와 이타심에 대한 평가에서 강한 상관이 있음을 발견하였다.

행복한 사람들은 다른 사람들과 사회적 문제에 좀 더 관심이 많으며, 자신의 개인적 문제나 내적인 세계에 대해서는 관심이 적었다. 때로 정치적 활동은 불평으로 동기화가 되지만 행복한 사람은 투표하는 것으로는 부족하다고 생각한다. 그들은 격렬한 항의에 참여하는 것이 아니라 공동체 조직에 좀 더 많이 참여한다.

왜 긍정적인 기분이 이타행동을 일으키는가? 이것과 관련해서는 몇 가지 가능성이 있다. 행복한 사람들은 돕는 것이 보상이 된다는 것을 알고 있으며, 자신의 긍정적 기분을 유지하고자 한다. Isen과 Simmonds(1978)는 피험자들이 만약 좋지 않은 기분 상태에서 도움을 주라고 한다면 거의 도움을 주지 않는다는 것을 발견하였다. 그러나 아주 약한 형태의 기분 유도 방법, 즉 전화부스에서 다른 사람이 전화기에 남기고 간 10센트를 찾아주는 것이 사용되었다. 그리고 Manucia 등(1984)은 기분장애(기분에 따라 행동이 바뀐다는 것-역자 주)에 대한 신념은 부정적인 기분이 도움 행동에는 영향을 미치지만 긍정적인 기분이 도움 행동에는 영향을 미치지 않는다는 것을 발견하였다. 긍정적 기분은 다른 사람을 좀 더 좋아하게 만든다. 즐거운 피험자들은 자신과 다른 사람들 간에 행복의 균형을 되찾고자 한다. 긍정적 기분은 도움의 보상적인 측면에 대해 기억하게 할 수 있다(Batson, 1995).

3. 직업 수행력

우리는 제7장에서 직무만족과 일의 능률 간에 상관이 별로 크지 않았으며, 이것의 일부는 일에 영향을 미치는 직무만족에 기인한다는 것을 보았다. 몇 가지 연구는 행복한 사람은 우주 비행사와 해군 훈련처럼 좀 더 유능하다는 것을 발견하였다. 그 효과는 일에서의 '이타행동'과 '순종' 모두에서 컸다. 낮은 노동 이직에서 직무만족의 효과는 분명하며, 결근에서는 조금 더 작게 나타난다.

몇몇 이론이 예측한 것처럼 행복한 사람이 게으르다는 신호는 없다. 좋은 기분에서 사람들은 아주 활동적으로 사회활동을 하며, 새로운 사람을 만나기를 원하고, 도움을 주기 원하며, 여가활동을 추구한다.

● 긍정적인 기분이 행복에 영향을 미치는가

우리는 실험실에서 긍정정인 기분 유도의 효과와 실생활에서의 긍정적인 생활사건(PLEs)의 효과를 살펴볼 것이다. 이것들은 좀 더 강해지려는 경향이 있으며, 더 커다란 영향을 미치려는 경향이 있다. 그러나 연구 결과는 그렇지 않았다. 거의 실험처럼 훌륭한 많은 장기간의 연구가 있었을지라도 실험적인 측면이 약했고, 미약한 설계에 의존하고 있었기 때문이다.

우선, 좋은 기분은 몇 가지 긍정적인 측면이 있다. 사물의 좋은 측면을 보려는 것, 다른 사람의 긍정적 관점을 가지는 것, 즐거운 기억에 관여하는 것, 일반적으로 낙관적인 견해를 갖는 것들이다(Veenhoven, 1988). Diener 등(1991)은 개인이 정적 정서를 경험하는 시간의 퍼센트가 약 .50으로 행복과 상관이 있으며, 반면에 행복한 느낌을 가질 때 정적 정서의 평균 강렬함은 단지 .25의 상관이 있다는 것을 발견하였다. 긍정적 생활사건이 사람을 행복하게 한다는 것에 어떠한 의심을 가지는 경우, 우리는 긍정적 생활사건을 조작한 Reich와 Zautra(1981)의 현장실험을 인용하였다. 많은 다른 현장실험들은 피험자가 일정 시기에 격렬한 운동을 수행하는 것에 동의하고 수행하였다. 예를 들면, 몇 주 동안의 규칙적인 달리기, 조깅이나 수영 같은 것이다. 이것은 건강과 정신건강뿐 아니라 행복에 강한 효과를 가진 것으로 발견되었다(제8장 참조).

다른 연구는 긍정적 생활사건이 자연스럽게 일어나는 것으로 구성된 장기적인 방법으로 이루어졌다. Headey와 Wearing(1992)은 600명의 오스트레일리아 사람에 대해 반복 측정을 수행하였으며, 매 2주마다 그들의 행복과 다른 속성을 측정하였다. 그들은 우정관계와 직업 상황에서 긍정적 생활사건은 피험자의 안녕감을 고양시켰으며, 또한 높은 외향성 수준을 이끌었다는 것을 발견하였다. 지금까지 거론된 모든 연구들은 정상적인 피험자를 대상으로 한 것이다. 긍정적 생활사건은 우리가 다음에 거론하겠지만, 우울증으로 고통을 받고 있는 환자들에게 도움이 되는 것으로 나타났다.

유도된 긍정적 기분은 자기 개념에 효과를 가지고 있으며, 사람들은 자신에 대해 더 좋게 생각하며, 특히 다소 안정적이지 않은 자신의 어떤 부분과 불확실한 것에 대해 더 좋게 생각하였다(Sedikides, 1995).

4. 사고방식

많은 기분유도실험들은 사람들이 문제를 생각하고 해결하는 방법에 미치는 기분의 효과를 연구하였다. 결과는 첫눈에 모순이 되는 것으로 드러났다. 긍정적 기분 상태인 어린이들은 더 빠르게 합계를 냈으며, 어떤 실험에서는 50%나 빨랐다(Bryan & Bryan, 1991). 또 다른 실험에서 Clark와 Isen(1982)은 피험자들이 통제집단의 19.6분과 비교해서, 아홉 가지의 자료가 주어진 가상의 자동차들을 11.1분에 순위를 매겼다는 것을 발견하였다. 이들은 피험자들이 한 상자의 압정과 성냥 한 갑으로 벽에 양초를 부착하는 문제를 해결하는 데에서도 더 나았음을 발견하였다. 해답은 벽에 압정으로 압정 상자를 고정시켜, 그것을 기단으로 사용하는 것이다. 재미있는 영화를 본 사람 중 75%가 이런 방법으로 해결하여, 재미있지 않은 영화를 본 사람 중 13% 그리고 영화를 보지 않는 사람 중 13%와 비교되었다. 좋은 기분의 피험자는 창의적 해결이 필요한 문제를 더 잘하였으며, 좀 더 특이한 예를 포함한, 어떤 범주의 예라도 더 많이 생각하였다(Greene & Noice, 1988). 이들은 창의성 측정에서 더 나았다(Adaman & Blaney, 1995).

그러나 또 다른 실험에서 긍정적인 기분에 있는 피험자는 더 안 좋았다. 삼단논법 과제에서 그들은 성공적이지 못하였다. 이것은 아마도 이들이 좀 더 빨리하면서, 도식을 더 적게 그렸기 때문일 것이다. 긍정적 기분에 있는 사람들은 10분 동안에 평균 3.24의 옳은 것을 그렸고, 이는 통제집단의 5.56과 비교되었다. 이들은 적은 시간과 노력을 들였다(Melton, 1995). 만약 이것을 할 수 있는 더 쉬운 방법이 있다면, 긍정적 기분에 있을 때 피험자들은 수행이 더 안 좋았으며, 이 경우에 이들은 고정관념과 가장 유용한 정보를 사용하였으나 사고를 열심히 하지 않았으며, 분석적 작업을 덜 하였다(Bless et al., 1996; Isen, 1987). 그러나 Bodenhausen 등(1994)은 만약 긍정적 기분의 피험자들이 자신들의 사회적 판단에 대해 설명해야 한다면 이들은 고정관념을 좀 더 많이 사용하지 않는다는 것을 발견하였다. 사회적 상황을 판단함에 있어, 좋은 기분의 피험자들은 더 많은 '기본적 귀인오류'를 하였다. 즉, 그들은 사람에게 좀 더 많이 귀인하고, 상황에 덜 귀인하였으며, 그들은 정보에 대한 좀 더 분명한 자원을 사용하였다(Forgas, 1998).

좋은 기분에 있는 사람들의 일부에서 나타나는 이런 분명한 노력의 결여는, 이들이 정상적으로 어떤 문제를 해결할 필요가 없고, 현재처럼 머물고자 하는 것으로 해석된다. Schwarz(1990)는 "만약 그들은 손쉬운 활동적 목표가 필요하지 않다면, 인지적인 노력에 관여할 필요를 적게 가진다."고 말하였다. 어떤 것을 해야 할 필요가 있는 사람들은 불행한 사람들이다. 좋은 기분에 있는 사람들이 더 창의적인 이유는 인지체계가 좀 더 이완될 수 있고, 그래서 좀 더 다양한 연합이 만들어질 수 있기 때문이다. 하향식의 일반적인 생각을 더 많이 사용하는 것은 피험자들이 주어진 정보를 넘어서게 해 줄 수 있다(Bless et al., 1996).

사고에서 긍정적 기분의 주된 효과는 사람들이 좀 더 빨리 생각하고, 좀 더 창의적이라는 것이지만, 고정관념과 쉽게 가용한 정보에 의존하며, 주의를 덜 기울이고, 논리적 사고를 덜 한다는 것이다.

5. 건 강

많은 연구들은 건강에 대한 다양한 측정치들과 행복 간의 상관관계를 관찰하고 있다. 메타분석에서 Okun 등(1984)은 행복과 건강 간에 .32의 평균 상관이 있음을 발견하였다. 이것은 여성과 노인들에게서 더 강하였으며, 주관적인 건강에 대한 측정방법들이 사용될 경우 더 강하였다. 부적 정서는 행복보다 건강하지 못한 것과 더 강한 관련이 있다.

의사에 의해 평가된 건강에 비해, 자기평가나 주관적 건강과의 관계성은 더 강하였다(Okun & George, 1984). 자기평가된 건강과의 관계는, 만약 신경증이 통제된다면 훨씬 적었다. 그래서 신경증이 있는 사람들은 행복하지 않으며, 부분적으로 좋지 않은 건강 상태라고 생각하는 것에 있다고 해석할 수 있다. Okun과 George는 "자기 건강은 신체적 건강뿐 아니라 정서적 건강에도 대용이 된다."고 하였다(pp. 532-539). 행복하지 않은 사람은 고통이나 작은 징후에 대해 낮은 식역을 가지고 있으며, 이것은 '아프다'고 결정할 준비가 되어 있다는 것을 시사한다. 정적 정서는 때로 석 달 후 건강상의 질병에 걸릴 가능성이 더 적다는 것을 예측한다(Brenner, 1973). 어떤 연구들은 사회적 지위와 수입 같은 변인들을 통제한 후에도, 주관적 안녕감과 실제 신체건강 간에 관계성을 발견하였고, 만족감과 건강 간의 관련이 남아 있었다(Edwards & Klemmack, 1973).

그러나 행복은 건강의 원인이 되는가 아니면 건강이 행복의 원인이 되는가? 장기간 연구는 건강에서 만족감의 인과적 효과를 나타내고 있다. Wickrama 등(1995)은 310명의 결혼한 부부를 대상으로 남편에 대한 보고된 건강은 그들의 직무만족에 의해 더 잘 예측되었음을 발견하였다(특히, 그들이 직업에서 성공하기 위해 노력하였다면). 반면에 아내의 건강은 부모로서의 만족감으로 더 잘 예측되었다(특히, 그들이 아이를 양육하고 있다면). 인과적 모델링에 의해 인과성 문제를 해결하려는 시도는 두 가지 방향이 작용된다는 것이 발견되었다. 이들 방향의 하나는 건강에 영향을 미치는 주관적 안녕감에 대한 것이다(Feist et al., 1995).

살고 죽는 것에 대해서는 상상적이거나 주관적인 것은 없으며, 행복한 사람은 더 오래 산다. Deeg와 van Zonneveld(1989)는 인구통계학적 변인의 범주를 통제하고, 65세 이상의 3,149명의 네덜란드 사람들의 표집을 대상으로 하여, 70세 이상의 남성들은 그들이 행복에 대해 평균 이상의 표준편차가 있다면, 평균 20개월을 더 산다는 것을 발견하였다. 그러나 여성에게 있어서는 그 효과는 적었다. 규칙적인 운동을 하는 사람들처럼 우리는 교회 구성원들이 비구성원들보다 몇 년을 더 오래 산다는 것을 앞에서 살펴보았다. 그러나 교회와 운동은 행복과 건강 모두에 영향을 미치는 요인이며, 그 결과는 그들 간의 방향관계를 나타내지 않는다.

행복이 어떻게 건강에 영향을 미치는가? Stone 등(1987)은 장기간 연구에서 좋은 기분은 면역체계를 높여 주고, 부정적인 기분은 그것을 저하시킨다는 것을 발견하였다. 어떤 징후가 나타나거나 나타나지 않기까지는 3일 내지 5일이 걸린다. Caputo 등(1998)은 긍정적인 생활사건은 혈압을 줄여 준다는 것을 예측하였으며, 더구나 청소년기에 고혈압의 위험을 줄여 준다는 것을 예측하였다. 행복은 또한 좀 더 심리적 수준에서 작동할 수 있다. Brown과 McGill(1989)은 긍정적 생활사건은 고등학교 소녀들에게 건강증진을 이끌지만 이것은 단지 그들이 높은 자아존중감을 가질 때였다. Weisenberg 등(1998)은 재미있는 영화를 본 후 피험자들은 고통을 좀 더 참았으며, 차가운 얼음을 손에 들고 51분 동안 있었다. 그러나 이것은 슬픈 영화를 본 후의 31분 동안과 비교되었다.

6. 정신건강

우리는 제2장에서 우울증과 다른 부적인 정서의 부재가 어떻게 주관적 안녕감의 일부인지를 살펴보았다. 많은 연구들은 특별하게 우울증과 행복의 측정치, 만족감 간에 강한 부정적인 관계가 있는지를 나타내고 있다(Veenhoven, 1994). 오스트레일리아 연구에서 Headey와 Wearing(1992)은 생활만족과 정적 정서는 다음에서와 같이 우울 · 불안과 상관이 있다는 것을 발견하였다.

우리가 전에 살펴본 것처럼 이들 부적 정서는 정적 정서 · 만족감과 성질이 다르다. 그러나 이들은 꽤 강한 부적인 상관이 있다.

행복은 사람들이 우울증 환자가 되는 것을 막을 수 있는가? 이것이 우울증을 치료하는가? 몇몇 연구들은 행복이 스트레스의 완충제로서 작동한다는 것을 보여 준다. Verkley와 Stolk(1989)는 행복한 사람들은, 예를 들면 실업자가 되는 것에 대해 더 잘 대처한다는 것을 발견하였다. Needles와 Abramson

	우울증	불안
생활만족	-.59	-.39
정적 정서	-.35	.23

(1990)은 일련의 우울증 환자들을 6주 동안 추적하였고, 긍정적 생활사건의 출현이 무기력감과 우울을 줄인다는 것을 발견하였으나, 이것은 긍정적 귀인 방식을 가질 때에 한한 것이었다. 제13장에서 우리는 긍정적 생활사건이 생성되고 몇 가지 성공을 한 처치의 형태를 살펴보았다.

긍정적 생활사건은 틀림없이 우울에 영향을 미친다. Davis와 Leonard (1999)는 1,089명의 학생을 연구하였고, 긍정적 생활사건의 빈도와 강렬함은 우울증(의 부재)과 상관이 있음을 발견하였다. 스트레스 생활사건은 '스트레스 관련 성장'의 형태로 긍정적 효과를 가질 수 있다. 이것은 만약 최근의 긍정적 생활사건이 있었다면 좀 더 일어날 것이다(Park et al., 1996).

Trope 등(2000)은 유도된 긍정적 기분이 피험자를 좀 더 유능하게 하고, 자신에 대한 부정적 정보에 대해 대처할 수 있는 의지를 갖게 한다는 것을 발견하였다. 이들은 비평에 대해 건설적으로 반응하였다.

7. 맺으면서

제3장에서 우리는 정적 정서가 있는 이유에 대해 토론하였으며, Fredrickson(1998)이 제시한 답을 인용하였다. 그녀는 긍정적 기분이 놀이(학습 기술), 탐험, 심사숙고 그리고 통합과 사회적 유대에 대한 기회를 제공한다고 하였다. 이번 장에서 긍정적 기분의 결과에 대한 탐색은 이 모든 것에서 일어날 수 있음을 확증하였으나 행복과 긍정적 기분의 결과에 대한 가장 두드러진 결과는 사회적 행동의 영역에 있다. 긍정적 기분은 상호적인 호감에 도달하게 하는 따뜻하고 긍정적이고 너그러운 사회적 행동을 하게 한다.

자원의 견지에서 살펴볼 수 있는 다른 이점들도 있다. 건강과 정신건강을 높이는 다른 자원들을 세울 수 있는 좀 더 많은 일과 좀 더 많은 창의적인 사고와 같은 몇 가지 다른 결과들이 있다. 그러나 긍정적 기분의 주요 효과는 행복이며, 이것 자체가 목적이다.

제15장

행복은
증진시킬 수 있는가

우리는 이 책의 과정에서 행복이 긍정적 기분, 삶에 대한 만족감 그리고 낙천주의와 자아존중감 같은 인지를 포함한 인간 경험의 주요 차원이라는 것을 살펴보았다. 행복의 원인에 대해서는 광범위한 연구들이 있으며, 우리는 지금 그것들이 어떤 것인지에 대한 아주 좋은 견해를 갖고 있다. 이 연구들은 대규모의 사회조사의 일부로 때로는 많은 국가 그리고 인과성의 방향으로 인해 괴로울 수 있는 장기간 연구와 '유사실험' 연구로 구성되어 있다.

행복은 부분적으로 부유함, 고용 그리고 결혼 같은 삶의 객관적인 양상에 원인이 있으나, 우리는 이들 조건을 어떻게 지각하는가? 예를 들면, 다른 사람과의 비교와 적응 같은 주관적 요인의 원인도 있다. 또 다른 행복의 원인은 건강한 종류의 성격을 갖는 것이다. 그러나 이것은 삶의 경험으로 변화될 수 있다.

우리는 긍정적인 기분이 다양한 활동으로 유도될 수 있으며 치료, 사회적 기술 훈련이나 약물로 행복을 높이는 것이 가능하다는 것을 제13장에서 살펴보았다. 또한, 행복은 '긍정적 생활사건' 에 의해 강하게 영향을 받을 수 있으며, 이 긍정적 생활사건은 행복치료 방법의 기초가 될 수 있다. 이러한 긍정적 사건은 생활방식을 변하게 할 수도 있으며, 중요한 것으로 드러난 행복의 결과들을 사용할 수도 있다. 이렇게 되면 치료나 약물은 불필요하게 될 것이다.

1. 돈

많은 사람들은 돈이 행복에 상당히 중요할 것이라고 추측한다. 사실상 대부분의 사람들에게 돈은 행복에서 아주 작은 효과를 가지고 있다. 왜냐하면 사람들의 기본 욕구는 이미 만족되었기 때문이다. 그리고 사람들이 지각하지 못한 행복의 다른, 아주 많은 중요한 원인들이 있다. 돈이 행복을 가져온다는 신념은 환상이다. 그 이유는 우리가 돈을 좋아하고, 돈은 우리에게 기쁨을 준다고 생각하기 때문에 물건을 산다는 것이다. 그러나 사실상 돈은 우리의 삶에 아주 작은 차이를 만든다.

연구들이 보여 주고 있는 것은 가난한 사람들과 가난한 국가의 사람들에게 돈은 그들의 행복에서의 차이를 만든다는 것이다. 모든 사람들에게 그 효과는 작다. 왜냐하면 돈은 더 크거나 아니면 더 좋은 자동차, 집, 휴가 등에 소비되며, 이것은 우리에게 중요하지 않기 때문이다. 그러나 돈이 항상 이러한 것은 아니다. 삶을 증진시키는 물건이나 활동에 돈을 소비하는 것은 가능하다. 연구들은 또한 부유한 국가와 가난한 국가 간의 평균 행복에 상당한 차이가 있다는 것을 나타내며, 이것은 아마도 부유한 국가가 교육, 의료, 여가, 안전 그리고 그 외의 것들에 대해 더 나은 공공시설들이 있기 때문일 것이다. 해결할 수 없는 연구문제는 평균 수입에서의 많은 역사적 변화의 결과로서 만족감이나 행복에서의 증가가 거의 없었다는 것이다. 이것은 아마도 기대감이 상승하기 때문인 것 같다. 한때 사람들이 자전거를 소유하려는 포부를 가졌다면 지금은 두 개의 자동차를 원한다. 국가 간의 부유함과 가난함 간에 행복의 차이가 있다. 특히, 사회적 차이가 큰 국가에서 이것은 단지 부유한 사람들이 돈을 더 많이 쓰기 때문만은 아니다. 그들은 좀 더 만족스런 직업, 더 나은 여가, 좀 더 영속적인 사회적 관계를 가진다.

어떤 사람이 갑자기 부자가 될 때, 예를 들면 복권에 당첨되거나 큰 상을 받

게 되는 것은 너무 커서 자신의 일을 포기하게 하며, 새로운 이웃과 다른 생활
방식의 사회단체로 옮겨가게 하고, 오래된 방식과 친구를 포기하고, 새로운
집단으로 받아들여지지 않게 됨으로써 자신의 삶을 파괴시킨다.

2. 여가생활

돈을 더 많이 받거나 더 부자가 되는 것은 어려우며 그렇게 하기 위한 스트
레스는 사람을 병에 걸리게 할 수 있다. 다른 한편에서 여가는 상당 부분 우리
의 개인적 통제하에 있는 것이다. 여가는 자유시간에 이루어진다. 즐거운 활
동 치료를 경험하는 사람들이 선택하는 즐거운 활동의 대부분은 여가의 형태
로 되어 있다. 그리고 우리는 어떤 종류의 여가는 정적 정서, 행복감, 좋은 정
신건강과 신체건강을 이끈다는 것을 알고 있다. 신체적 운동은 긍정적 기분
을 획득할 수 있는 가장 빠른 방법이며, 만약 규칙적으로 수행된다면 그 이점
은 어쨌든 약간의 우울증을 경감시키고, 수명을 늘릴 수 있을 정도로 훨씬 낫
다. 음악은 긍정적 기분을 유도할 수 있는 또 다른 쉬운 방법이다. 음악으로
유도된 기분은 종교로 인한 사람들처럼 깊이와 강렬함이 있다. 여가의 가장
인기 있는 형태는 TV 시청이다. 그러나 이것은 약한 긍정적 기분을 유도하는
것 이상은 아니다.

우리는 많은 사람들이 자유시간 동안 잘 쓸 수 있는, 자신들에게 도움이 되
는 종류의 여가에 참여하지 않는다는 것을 알고 있다. 실업자와 노인들은 TV
시청과 신문을 보는 정도다. 이들은 돈이 부족해서 여가에 참여하지 못한다
고 말할 수 있으나 이것은 정말로 사소한 문제며, 많은 여가는 돈이 들지 않으
며, 거의 대부분이 그렇다. 예를 들면, 자원봉사, 정원 가꾸기, 음악 듣기, 교
회 나가기, 독서와 연구, 달리기와 걷기 등이다.

시설의 결핍은 좀 더 중요한 장애가 된다. 비록, 지방 정부가 많은 수영장과
테니스장, 아이스링크와 스키장, 스포츠센터를 건설한다고 할지라도 이것은
개인적인 사업으로 이루어질 수 있다. 여가를 제공하는 것에는 돈이 있다. 또

한 일자리가 있다. 왜냐하면 여가가 그것을 창출하기 때문이다. 사람들은 먼 거리에 있을 때 스포츠 시설을 훨씬 더 적게 방문하려 한다.

또 다른 장애는 이런 것들을 하는 데 필요한 기술의 부족이다. 이것은 음악과 대부분의 스포츠에 중요하다. 종종 사람들은 스포츠나 문화적 활동을 찾고, 심지어 학교와 대학에서 기술을 배우고자 한다. 대학에 가지 않는 사람들은 그렇게 하기가 다소 어려운 것 같다.

3. 직 업

대부분의 사람들은 자신의 일을 좋아 한다. 비록, 소수는 그렇지 않지만 또 다른 소수는 너무 많이 좋아한다. 이들의 대부분은 자신의 일이 만족감의 중요한 자원이라는 것을 인정하지 않는다. 만약, 이들이 일자리을 잃는다면 일이 만족감의 한 자원이라는 것을 인정할 것이다. 대부분의 복권 당첨자들은 자신의 일을 자연스럽게 포기하고 그래서 자신의 직무에 대한 만족감을 잃어버린다. 비록, 자원봉사같이 돈을 받지 않는 많은 일자리가 있지만, 직업은 무료가 아니며, 일함으로써 돈을 받는다. 그리고 자신의 일을 사랑하고 그만두고 싶어 하지 않는 은퇴한 사람들도 있다.

직무만족 연구는 가장 만족스러운 일의 종류를 발견하고 있다. 노동자들이 비록 유사한 일을 하는 다른 사람들보다 더 적은 임금을 받는다면, 아주 당황함에도 불구하고 임금은 조금 중요하다. 직무 지위는 임금, 지위, 기술 수준과 작업 조건을 포함한 직무만족에서 한 가지 요인이 된다. 만약, 직업이 다양한 기술이 포함되고 자율성이 있다면, 그리고 의미 있는 과업을 완성하게 된다면 좀 더 즐거울 수 있다. 직업의 사회적 양상은 아주 중요하며, 지지적인 감독자와 더불어 작은 협력집단과 팀이 중요하다. 직무만족은 노동자들을 좀 더 협력적으로 만들고, 결근을 줄이고, 이직을 줄이는 것과 같은 몇 가지 긍정적 효과가 있다.

작업 조건은 조립라인과 초기 섬유공장 시대 이래 광범위하게 증진되었다.

그러나 새로운 기법은 자율성과 사회적 접촉을 줄이고, 때때로 상황을 더 나쁘게 하였다.

실업과 실업의 두려움은 불행감의 주요 원인이다. 실업자가 자원봉사를 하거나 스포츠 훈련에 참여하도록 고무시키는 실험은 긍정적 결과를 나타낸다. 이것들은 중요하고 만족스러운 여가의 가치에 대한 사례가 된다. 또한, 직업의 몇 가지 만족감을 제공한다.

은퇴한 사람들은 비록 '실업자'지만, 실업자보다 더 행복하다. 이들은 자신들이 일 그 자체와 작업 동료를 그리워한다고 말한다. 많은 여가의 형태는 은퇴한 사람들에게 적절한 것이다. 예컨대, 가벼운 운동, 여러 종류의 자원봉사, 새 관찰하기와 고고학과 같은 취미, 독서와 연구 등이다.

4. 사회적 관계

이것은 아마도 행복감과 안녕감의 다른 양상들에 가장 커다란 단일 원인일 것이다. 단순하게 친구가 되고 우리가 사랑하는 사람이 되는 것은 우리를 기분 좋게 만든다. 사회적 관계는 긍정적 생활사건의 주요 출처며, 즐거운 활동 치료를 위해 선택된다. 친구는 아주 중요하다. 그러나 우리가 친구를 어떻게 발견하고 유지하는가? 답의 일부는 우리가 제13장에서 기술한, 사회적 기술 훈련에 있으며, 일부는 여가활동을 함께하는 것에 있다. 왜냐하면 유사한 흥미를 가진 다른 사람들이 찾기 쉬운 것이 여가활동이기 때문이다.

낭만적인 사랑은 그것이 지속되는 동안에는 가장 커다란 즐거움의 자원이다. 결혼은 정신건강과 신체적 건강을 포함한, 안녕감의 아주 강력한 자원이 된다. 지금 많은 결혼이 해체되고 있으며, 이것은 현대사회에서 부부와 그들의 아이들 모두에게 불행감의 가장 커다란 원인이 되고 있다. 그러므로 부부 관계의 지도와 치료는 효과적이며, 좀 더 광범위한 유효성이 있었다. 사별은 얼마나 많이 잃었는가를 보여 주는 불행감의 또 다른 출처다.

아이들은 즐거움과 기쁨의 커다란 자원이다. 그러나 아이들이 청소년기 일

때와 같이 가족생활의 어떤 시기에서는 갈등과 괴로움의 자원이 되기도 한다. 확대가족은 중국과 같은 집단주의에서는 특히 많은 도움과 그외 다른 사회적 지지의 자원이 되지만 서양에서는 그렇지가 않다.

영국에서는 혼자 살아가는 사람들의 비율이 증가하고 있다. 왜냐하면 그들은 독신이거나, 미망인이거나, 이혼한 사람들이기 때문이다. 그리고 그들 중 많은 사람들은 또한 은퇴하고 있다. 사회적 고립은 집단으로 이루어지는 여가활동에 참여함으로써 벗어날 수 있으며, 여가활동은 교회, 연극 그리고 자원봉사 같은 친밀하고 다른 관계성의 범위를 제공한다.

5. 성 격

우울한 사람들이 있는 것처럼 분명하게 행복한 사람들이 있다. 행복에 대해서는 부분적으로 유전학적 근거가 있으며, 몇몇 성격 특질들과 관련이 있다. 이들 중 일부는 부분적으로는 생래적인 것이다. 그러나 이것이 개인의 행복이 변화할 수 없다는 것을 의미하는 것은 아니다. 가장 중요한 것 중의 하나는 외향성이며, 이것은 친구와 직장에서의 규칙적인 긍정적 경험을 통해 증가할 수 있다. 사회적 기술 같은 다른 개인적 특징은 훈련을 받을 수 있다.

외향성의 사람들은 내향성의 사람들보다 좀 더 행복한 경향이 있으며, 그들은 정적 정서를 좀 더 경험한다. 이것은 통계적 관계이기 때문에 몇몇 행복한 내향성의 사람들이 있다는 것은 놀랄 만한 것이 아니다. 그들은 행복에서 다른 자원들에서의 점수가 높은 사람들이다. 정서적 안정성이 높은 사람들은 부적인 정서를 가지는 신경증적 사람들보다 좀 더 행복한 경향이 있다.

성격에는 몇 가지 인지적 측면이 있으며, 이것을 사고방식이라고 부른다. 이것 역시 행복과 관련이 있다. 그중 몇몇은 밝은 측면을 보는 '낙천주의 원칙'이라 불리는 것으로 구성되어 있다. 이들은 내적인 통제, 즉 미래의 사건을 통제할 수 있다는 신념, 낙천주의, 자아존중감 그리고 삶의 목표를 포함하고 있다. 모든 것들이 행복 측정과 높게 상관되어 있으며, 사실상 너무 강해서 이들은 행복의 측면으로 간주된다.

삶의 목적과 의미감은, 만약 이것들이 현실적이고 그것에 도달할 수 있다면, 목표에 대한 헌신으로 생성될 수 있다. 치료의 한 가지 형태는 안정된 목표를 선택하는 것에 근거한다.

종교는 미래에 대한 확신으로서 의미와 목적의 또 다른 자원이며, 행복에서 많지 않은 긍정적 효과를 가지고 있다. 종교의 주요 이점은 교회 공동체의 사회적 지지와 봉사에 의해 산출되는 긍정적 기분, 적은 음주, 금연 그 외의 것들에 기인한 건강상의 이점에서 나온다.

지능은 행복에 거의 영향을 미치지 않는다. 그러나 사회적 기술은 사람들에게 관계성을 확립하고 유지하게 할 수 있고, 사회적 상황에 대처하고 즐기게 하기 때문에 효과를 가진다. 유머 감각은 또 다른 것이다. 유머는 긍정적 기분을 유도하고, 긍정적인 유대를 유지하고, 집단 내에서 대인 간의 갈등을 줄이는 가장 쉬운 방법 중의 하나다. 유머는 이차적인 의미나 어떤 것을 바라보는 방식을 제시함으로써 작용한다. 사물의 즐거운 측면을 바라보는 것은 덜 위협적이게 만들어 준다. 그러므로 유머감각은 우리에게 스트레스를 대처하게 해 준다. 이것을 활용하기 위해서는 특별한 기술이 필요하다.

6. 국가 간의 차이

평균적으로 행복에서 커다란 국가 간의 차이가 드러나는, 많은 국가에 대한 사회조사가 있다. 이들 조사가 한 문항이거나 아주 적은 질문을 사용하기 때문에, 그리고 결과의 일부가 있음직하지 않기 때문에 결과적으로 이러한 질문에 응답하는 방식에서 다양한 편파가 해석될 수 있다. 좀 더 긴 측정도구를 사용한 좀 더 제한된 조사는 꽤 다른 결과를 얻었다. 또 다른 접근은 객관적인 사회지수를 사용하는 것이다. 그래서 불행은 자살률, 정신질환, 알코올 중독으로 평가될 수 있고, 이혼율이나 실업률 같은 주요 원인으로도 평가될 수 있다. 그러나 행복이나 정적 정서의 측정치는 발견하기가 좀처럼 어렵다.

객관적인 사회지수는 사회조사에서 실행 가능하다는 것이 발견되지 않았던, 행복에 대한 역사적 변화에 대한 연구를 가능하게 하였다.

7. 행복에 대한 이론

비록 특별한 결과에 대한 해석상의 논쟁이 있음에도 불구하고 행복에 대한 연구들은 이론이 성립되어 있지 않다. 우리는 스포츠와 운동이 긍정적 기분과 행복의 다른 양상을 유도하는 데 도움이 된다는 것을 알고 있다. 이것은 직접적인 생리적 효과와 엔도르핀의 활동에 부분적으로 기인할 수 있다. 그러나 자아존중감에 미치는 효과에서 그리고 다른 사람들과 운동이나 스포츠 활동을 하는 것으로 인한 효과에 기인할 수 있다.

우선, 여기에는 세 가지 이론이 있다.

① 생리적 해석

긍정적 기분은 도파민, 세로토닌 같은 신경전달물질에 의해 유발될 수 있다. 이것들은 약물에 의해서도 활성화될 수 있으며, 목표 지향적 활동에 의해서도 활성화된다. 스포츠와 운동은 '경주자의 고원감'을 일으키며, 엔도르핀의 활성화에 기인한다. 다른 긍정적 기분은 약물로 유발될 수 있다. 알코올은 불안을 줄여 주고, 마리화나는 흥분을 일으킨다. 다른 정서는 약물 없이도 유발될 수 있으며, 동일하게 강렬할 수 있다. 그러나 감정은, 예를 들면 약물에 의해 직접적으로 자극되는 것과 동일한 두뇌 영역을 활성화하는, 성공이나 음악에 의해서도 유발될 수 있다.

② 사회적 활동과 관계

우리는 사랑이 기쁨의 커다란 자원이라는 것을 알고 있다. 모든 사회적 관계는 행복에 영향을 미친다. 외향성의 사람들은 행복하다. 왜냐하면 그들의 뛰어난 사회적 기술과 그들의 빈번한 사회적 활동 때문이다. 사회적 관계의 즐거움은 여가활동의 주요 이유 중 하나이기도 하다. 사회적 관계는 사람들을 기분 좋게 하고, 그들의 사회적 활동을 좀 더 추구하게 한다. 그래서 행복과 사회성 간에는 밀접한 관계가 있다. 그러나 이것은 무엇인가? 사회적 욕구의 만족감이나 자아존중감의 욕구 충족, 어린 시절의 친밀한 관계에 대한 회상에 기인할 수 있다. 이에 대해 사회심리학은 결정을 내리지 않고 있다.

③ 객관적 욕구의 만족

이 이론에 대해서는 몇 가지 지지가 있다. 만약, 그들이 아주 가난하거나 아주 가난한 나라에 살고 있다면 돈은 사람을 행복하게 한다. 그래서 집이나 직업, 배우자나 좋은 건강을 가지게 된다. 이것들은 모두 행복의 중요 자원이다. 그러나 그 효과가 대부분의 사람들에게는 아주 약하며, 우리가 살펴본 것처럼 이들 중 어떤 것에 대한 간단한 만족은, 과거나 다른 사람과의 비교 같은 다양한 인지적 만족감에 의존한다. 그리고 욕구를 만족하는 것과 관계가 없는 것처럼 여겨지는 행복의 주요 자원이 있다. 예를 들면, 음악과 종교의 혜택, 자원봉사를 하는 것 그리고 대부분의 다른 여가 형태 같은 것들이다. 욕구 이론은 단지 많은 새로운 욕구를 만들어 냄으로써 여기에서 적용될 수 있다. 이것은 결코 음악에 대한 욕구가 있다는 것을 제안하려는 것은 아니다.

④ 행복에서의 인지적 요인

삶에 대한 만족은, 만약 더 안 좋은 사람들과 비교하게 된다면 더 클 수 있다. 그러나 사람들은 비교를 위해서 자신의 목표를 종종 선택하고, 행복한 사람은 상향 비교를 한다. 달성과 목표 간의 차이는 부정적인 효과를 가질 수 있다. 비록, 어떤 사람들에게 이것은 실패할지라도 좋고 나쁜 삶의 경험 간의 적응이 있을 수 있다. 감정적 상태는 안녕감의 즉각적인 증거로 간주되기 때문에 만족감 판단에 영향을 미친다. 밝은 측면을 보는 것은 행복에 영향을 미치며, 낙천주의와 유머감각 같은 긍정적 사고방식의 성격적 변인으로 기인한다. 많은 사람들은 긍정적 환상을 가지고 있으며, 이들은 현재보다 더 나을 것이라고 생각한다.

여기에는 모두가 만족감이나 행복의 판단에 영향을 미치고, 모두가 복잡한 방식으로 작동하는, 전체적인 덩어리로서 인지적 과정이 있다. 이들이 행복을 판단하는 것은, 어떤 단일 방식이나 직접적 방식에서 개인의 실제 상황을 반영하지 않는다는 결과에 근거하고 있다. 사람들은 불행해질 수 있으나 이것은 어떤 실제적인 박탈이나 재앙 때문이 아니라 사물을 바라보는 방식 때문이라는 것이다. 행복치료 과정은 사물을 좀 더 긍정적으로 바라보는 방식을 내담자에게 가르치는 것으로 이는 인지치료의 실질적 구성요소다.

5 목표, 활동 그리고 자아존중감

우리가 아직 이 부분에서 다루지 않은 것은 일련의 과정에 대한 것이다. 직무만족은 기술의 사용과 성공적인 과업수행에 의존한다. 스포츠나 다른 여가활동에서도 기술의 사용과 성공적인 과업수행이 중요하다. 이것들을 수행하는 것에는 어떤 외부의 보상과는 별개로 '생래적 만족감'이 있다. 만족감의 일부는 자기 욕구, 기술을 사용하는 것에서의 기쁨 그리고 목표를 달성하는 것에서 올 수 있다. 우리는 행복이 달성될 수 있고, 가치 있는 목표에 대한 헌신으로 높일 수 있다고 보고 있다. 자아-이성과 같은 목표는 어떤 점에서 자기의 일부며 자아존중감을 준다. 이들 이론들은 아직 명쾌하게 말할 수 있는 것은 아니지만 행복의 중요한 자원으로 설명할 수 있다.

8. 행복은 증진시킬 수 있는가

행복이 정말로 그렇게 중요한가, 아니면 인류에게 좀 더 중요한 목표가 있는가? 우리는 어떤 음악을 만들기 위해서가 아니라 더 행복해지기 위해서 유명한 작곡가를 선호하는가? 음악적 창의성 외에도 인간이 노력하는 많은 다른 분야가 있다. 예를 들면, 과학, 스포츠, 사회복지 같은 것들이다. 관여된 사람들은 이것이 생성하는 어떤 행복보다 이들이 하는 것에 더 가치를 둔다. 특히, 이들이 목표를 달성한다면 그것은 사실상 많은 행복감을 생성한다. 이것은 직무만족에 대한 연구에서 알 수 있다. 아마도 미래 행복연구는 행복의 정도나 강렬함뿐 아니라 행복의 질에 더 많은 주의를 기울일 것이다.

우리는 인간의 창의성을 가치 있게 여긴다. 그러나 우리는 긍정적 기분 유도의 효과가 어떤 종류의 커다란 창의성임을 알고 있다. 우리는 인간의 노력과 영감을 가치 있게 여긴다. 그리고 Fukuyama(1992)가 『The End of History and the Last Man』에서 거론한 인류 미래의 모습에 매력을 느끼지 않는다. 그는 우리의 일이 모든 컴퓨터와 다른 기계에 의해 수행될 때, 우리가 해야 할 모든 일들은 개처럼 태양 아래 누워 있는 것이라고 생각하였다. 그러나 긍정적 기분 유도에 대한 실험들은, 긍정적 기분이 된다고 해서 사람들은 태양 아래 누워 있지 않으며, 오히려 일, 탐험, 성찰에 의해 자원을 확보하는 일, 사회성, 이타행동에 참여하고 싶도록 한다는 것이다. 이것은 행복에 대한 생물학적인 관점이 될 수도 있지만 정지 상태가 아니라 자원과 사회적 유대를 확보하도록 이끈다.

그래서 우리는 자신과 다른 사람들의 행복을 추구하는 사람들에 대해 감사해야 하며, 이들은 이 장의 처음 부분에 요약되었던 연구를 사용함으로써 행복을 추구할 수 있다. 때때로 당신은 행복을 추구하지 않으며, 행복은 다른 활동들의 부산물로 올 수 있다고 말한다. 그러나 우울증 환자들도 틀림없이 자신과 정신건강을 위해서 행복을 추구하고, 노동자들도 자신을 위해서 성공적으로 행복을 추구한다. 이처럼 행복을 추구하는 것에는 별다른 이의가 없는 것 같다. 환자가 아닌 정상인도 또한 항상 행복을 추구하며, 비록 원인이 되는 진실을 알지 못하고, 그래서 아주 효과적으로 대처하지 못함에도 불구하고 행복을 추구한다.

정부가 행복을 증진하기 위해서는 무엇을 할 수 있는가? 종종 정부의 주요 목표의 하나는—비록 교육과 건강 같은 다른 목표가 인지되더라도—국민들을 더 잘살게 하는 것이라고 가정하고 있다. 사회적 지수에 대한 연구는 바람직한 목표 목록들을 연구함으로써 도입될 수 있으며, 몇몇 정부는 사람들의 행복을 증진시키는지를 알아보기 위해 지속적인 연구를 하고 있다. 사람들을 더 행복하게 할 수 있는 것에 대해서는 어떤 것도 말 할 수 없다. 만약, 사람들을 더 행복하게 하는 것이 정부의 우선적인 목표라면 그들은 무엇을 다르게 해야 하는가? 정부는 여가시설과 훈련에 어떤 우선성을 둘 수 있다. 특히, 노동자계층에서 실업률을 줄이고, 직무만족을 높이고, 사회적 기술 훈련에 대한 준비의 일환으로써 사회적 관계성을 증진시키고, 좀 더 많은 결혼 안내와 사회적으로 고립된 사람들에 대한 좀 더 많은 배려를 해 줄 수 있다. 사회적 지수의 목록은 행복에 대한 이들 여러 가지 자원을 포함하는 방식으로 확장될 수 있다.

참고문헌

Abramson, L. Y., Seligman, M. E. P., & Teasdale, J. D. (1978). Learned helplessness in humans: critique and reformulation. *Journal of Abnormal Psychology, 87*, 49–74.

Adaman, J. E., & Blaney, P. H. (1995). The effects of musical mood induction on creativity. *Journal of Creative Behavior, 29*, 95–108.

Adams, M. (1968). *Kinship in an Urban Setting*. Chicago: Markham.

Adams, V. H. (1997). A paradox in African American quality of life. *Social Indicators Research, 42*, 205–219.

Aldwin, C. M. (1994). *Stress, Coping and Development: An Integrative Perspective*. New York: Guilford Press.

Alfonso, V. C., Allinson, D. B., Rader, D. E., & Gorman, B. S. (1996). The Extended Satisfaction With Life Scale: development and psychometric properties. *Social Indicators Research, 38*, 275–301.

Almond, G., & Verba, S. (1963). *The Civic Culture*. Princeton, NJ: Princeton University Press.

Altman, I., & Wohlwill, J. F. (Eds.). (1983). *Behavior and the Natural Environment*. New York: Plenum.

American Academy of Physical Education. (1984). *Exercise and Health*. Champaign, IL: Human Kinetics.

Andrews, F. M., & McKennell, A. K. (1980). Measures of self-reported well-being: their affective, cognitive and other components. *Social Indicators Research, 8*, 127–155.

Andrews, F. M., & Withey, S. B. (1976). *Social Indicators of Well-Being*. New York and

London: Plenum.

Angst, J. (1997). Epidemiology of depression. In A. Honig & N. M. Van Praag (Eds.), *Depression: Psychopathological and Therapeutic Advances* (pp. 17–29). Chichester, UK: Wiley.

Antonuccio, D. O., Thomas, M., & Danton, W. G. (1997). A cost-effectiveness analysis of cognitive-behavioral therapy and fluoxetine (Prozac) in the treatment of depression. *Behavior Therapy, 28,* 187–210.

Apte, M. L. (1985). *Humor and Laughter: An Anthropological Approach.* Ithaca, NY: Cornell University Press.

Apter, M. J. (1982). *The Experience of Motivation: The Theory of Psychological Reversal.* London: Academic Press.

Argyle, M. (1987). *The Psychology of Happiness.* London: Methuen.

Argyle, M. (1988). *Bodily Communication* (2nd ed.). London: Methuen.

Argyle, M. (1989). *The Social Psychology of Work* (2nd ed.). London: Penguin.

Argyle, M. (1994). *The Psychology of Social Class.* London: Routledge.

Argyle, M. (1996). *The Social Psychology of Leisure.* London: Routledge.

Argyle, M. (2000). *Psychology and Religion: An Introduction.* London: Routledge.

Argyle, M., & Crossland, J. (1987). The dimensions of positive emotions. *British Journal of Social Psychology, 26,* 127–137.

Argyle, M., & Dean, J. (1965). Eye-contact, distance and affiliation. *Sociometry, 28,* 289–304.

Argyle, M., & Furnham, A. (1982). The ecology of relationships: choice of situation as a function of relationship. *British Journal of Social Psychology, 21,* 259–262.

Argyle, M., & Furnham, A. (1983). Sources of satisfaction and conflict in long-term relationships. *Journal of Marriage and the Family, 45,* 481–493.

Argyle, M., & Henderson, M. (1985). *The Anatomy of Relationships.* Harmondsworth, UK: Penguin.

Argyle, M., & Hills, P. (2000). Religious experiences and their relationships with happiness and personality. *International Journal for the Psychology of Religion, 10,* 157–172.

Argyle, M., & Lu, L. (1990). The happiness of extraverts. *Personality and Individual Differences, 11,* 1011–1017.

Argyle, M., & Martin, M. (1991). The psychological causes of happiness. In F. Strack, M. Argyle, & N. Schwarz (Eds.), *Subjective Well-Being* (pp. 77–100). Oxford, UK: Pergamon.

Argyle, M., Martin, M., & Crossland, J. (1989). Happiness as a function of personality and social encounters. In J. P. Forgas & J. M. Innes (Eds.), *Recent Advances in Social Psychology: An International Perspective* (pp. 189-203). North Holland: Elsevier.

Argyle, M., Martin, M., & Lu, L. (1995). Testing for stress happiness: the role of social and cognitive factors. In C. D. Spielberger & I. G. Sarason (Eds.), *Stress and Emotion* (Vol. 15, pp. 173-187). Washington, D. C.: Taylor & Francis.

Arrindell, W. A., Hatzichristou, C., Wensink, J., Rosenberg, E., van Twillert, B., Stedema, J., & Meijer, D. (1997). Dimensions of national culture as predictors of cross-national differences in subjective well-being. *Personality and Individual Differences, 23,* 37-53.

Arvey, R. D., McCall, B. P., Bouchard, T. J., Taubman, P., & Cavanaugh, M. A. (1994). Genetic influences on job satisfaction and work values. *Personality and Individual Differences, 17,* 21-33.

Avner, Z., Gorenstein, E., & Mons, A. (1986). Adolescents' evaluation of teachers using disparaging humour. *Educational Psychology, 6,* 37-44.

Bachorowsky, J.-A., & Braaten, E. B. (1994). Emotional intensity: Measurement and theoretical implications. *Personality and Individual Differences, 17,* 191-199.

Balatsky, G., & Diener, E. (1993). Subjective well-being among Russian students. *Social Indicators Research, 28,* 225-243.

Bandura, A. (1977). Self-efficacy: toward a unifying theory of behavioral change. *Psychological Review, 84,* 191-215.

Banks, M. H., & Jackson, P. R. (1982). Unemployment and risk of minor psychiatry disorder in young people: cross sectional and longitudinal evidence. *Psychological Medicine, 12,* 789-798.

Barschak, E. (1951). A study of happiness and unhappiness in childhood and adolescence of girls in different cultures. *Journal of Psychology, 32,* 173-215.

Bateman, T. S., & Organ, D. W. (1983). Job satisfaction and the good soldier: the relationship between affect and employee "citizenship". *Academy of Management Journal, 26,* 587-595.

Batson, C. D. (1987). Prosocial motivation: is it ever truly altruistic? *Advances in Experimental Social Psychology, 20,* 65-122.

Batson, C. D. (1995). Prosocial motivation: why do we help others? In A. Tesser (Ed.), *Advanced Social Psychology* (pp. 333-381). New York: McGraw-Hill.

Batson, C. D., Schoenrade, P., & Ventis, W. L. (1993). *Religion and the Individual*. New York: Oxford University Press.

Battista, J., & Almond, R. (1973). The development of meaning in life. *Psychiatry, 36,* 409-427.

Baumann, D. J., Cialdini, R. B., & Kemrick, D. T. (1981). Altruism as hedonism: helping and self-gratification as equivalent responses. *Journal of Personality and Social psychology, 40,* 1039-1046.

Beck, A. T. (1976). *Cognitive Therapy and the Emotional Disorders*. New York: International Universities Press.

Becker, R. A., Denby, L., McGill, R., & Wilks, A. R. (1987). Analysis of data from the Places Rated Almanac. *The American Statistician, 41,* 169-186.

Beehr, T. A. (1986). The process of retirement: a review and recomendations for future investigation. *Personal Psychology, 39,* 31-55.

Beit-Hallahmi, B., & Argyle, M. (1997). The Psychology of Religious Behaviour. *Belief and Experience*. London: Routledge.

Bell, N. J., McGhee, P. E., & Duffy, N. S. (1986). Interpersonal competence, social assertiveness and the development of humour. *British Journal of Developmental Psychology, 4,* 51-55.

Berkman, L. F., & Syme, S. L. (1979). Social networks, host resistance, and mortality: a nine-year follow-up study of Alameda county residents. *American Journal of Epidemiology, 109,* 186-204.

Berkowitz, L., Fraser, C., Treasure, F. P., & Cochran, S. (1987). Pay equity, job qualifications, and comparison in pay satisfaction. *Journal of Applied Psychology, 72,* 544-551.

Berry, D. S., & Hansen, J. S. (1996). Positive affect, negative affect, and social interaction. *Journal of Personality and Social Psychology, 71,* 796-809.

Berry, D. S., & Willingham, J. K. (1997). Affective traits, responses to conflict, and satisfaction in romantic relationships. *Journal of Research in Personality, 31,* 564-576.

Biddle, S., & Mutrie, N. (1991). *Psychology of Physical Activity and Exercise*. London: Springer-Verlag.

Birdi, K. S., Warr, P. B., & Oswald, A. (1995). Age differences in three components of employee well-being. *Applied Psychology: An International Review, 44,* 345-373.

Blanchflower, D. G., & Oswald, A. J. (1997). *The rising well-being of the young*. Cambridge, MA: National Bureau of Economic Research.

Blanchflower, D. G., & Oswald, A. J. (1999). *Well-being over time in Britain and the USA*. Warwick, UK: University of Warwick.

Blauner, R., (1960). Work satisfaction and industrial trends in modern society. In W. Galenson & S. M. Lipset (Eds.), *Labor and Trade Unions* (pp. 339–360). New York: Wiley.

Blaxter, M. (1990). *Health and Lifestyle*. London: Tavistock/Routledge.

Bless, H., Clore, G. L., Schwarz, N., Golisano, V., Rabe, C., & Wolk, M. (1996). Mood and the use of scripts: does a happy mood really lead to mindlessness? *Journal of Personality and Social Psychology, 71,* 665–679.

Bloch, S., Browning, S., & McGrath, G. (1983). Humour in group psychotherapy. *British Journal of Medical Psychology, 56,* 89–97.

Bodenhausen, G. V., Kramer, G. P., & Suesser, K. (1994). Happiness and stereotypic thinking in social judgment. *Journal of Personality and Social Psychology, 66,* 621–632.

Bolger, N., & Eckenrode, J. (1992). Social relations, personality and anxiety during a major stressful event. *Journal of Personality and Social Psychology, 23,* 586–604.

Booth, A., Johnson, D. R., Branaman, A., & Sica, A. (1997). Belief and behavior: does religion matter in today's marriage? *Journal of Marriage and the Family, 57,* 661–671.

Bortz, W. M., Angwin, P., Mefford, I. N., Boarder, M. R., Noyce, N., & Barchas, J. D. (1981). Catecholamines, dopamine, and endorphin levels during a major stressful event. *New England Journal of Medicine, 305,* 466–467.

Boskin, J. (1966, May 1). Good-by Mr Bones. *New York Times Magazine,* p. 30.

Bourhis, R. Y., Gadfield, N. J., Giles, H., & Tajfel, H. (1977). Context and ethnic humour in intergroup relations. In A. J. Chapman & H. C. Foot (Eds.), *It s a Funny Thing, Humour* (pp. 261–266). Oxford, UK: Pergamon.

Boyd-Wilson, B. M., Walkey, F. H., McClure, J., & Green, D. E. (2000). Do we need positive illusions to carry out plans? Illusion and instrumental coping. *Personality and Individual Differences, 29,* 1141–52.

Bradburn, N. M. (1969). *The Structure of Psychological Well-Being*. Chicago: Aldine.

Bradford, H. F. (1987). Neurotransmitters and neuromodulators. In R. L. Gregory (Ed.), *The Oxford Companion to the Mind* (pp. 550–560). Oxford, UK: Oxford University Press.

Brandstatter, H. (1991). Emotions in everyday life situations: time sampling of subjective experience. In F. Strack, M. Argyle, & N. Schwarz (Eds.), *Subjective Well-Being* (pp.

173-192). Oxford, UK: Pergamon.

Bremner, J., & Roodenburg, H. (Eds.). (1997). *A Cultural History of Humour*. Cambridge, UK: Polity Press.

Brenner, M. (1973). *Mental Illness and the Economy*. Cambridge, MA: Harvard University Press.

Brickman, P., Coates, D., & Janoff-Bulman, R. (1978). Lottery winners and accident victims: is happiness relative? *Journal of Personality and Social psychology, 36*, 917-927.

Brown, G. W., & Harris, T. (1978). *Social Origins of Depression*. London: Tavistock.

Brown, J. D. (1986). Evaluations of self and others: self enhancement biases in social judgments. *Social Coginition, 4*, 353-376.

Brown, J. D., & McGill, K. L. (1989). The cost of good fortune: when positive life events produce negative health influences. *Journal of Personality and Social Psychology, 57*, 1103-1110.

Brown, R. (1995). *Prejudice: Its Social Psychology*. Oxford, UK: Blackwell.

Brown, R. J. (1978). Divided we fall: an analysis of relations between sections of a factory work-force. In H. Tajfel (Ed.), *Differentiation Between Social Groups* (pp. 395-429). London: Academic Press.

Browne, M. A., & Mahoney, M. J. (1984). Sport psychology. *Annual Review of Psychology, 35*, 605-625.

Brunstein, J. C., Schultheiss, O. C., & Graessman, R. (1998). Personal goals and well-being: the moderating role of motive dispositions. *Journal of Personality and Social Psychology, 75*, 494-508.

Bryan, T., & Bryan, J. (1991). Positive mood and math performance. *Journal of Learning Disabilities, 24*, 490-494.

Bryant, J., & Zillman, D. (1984). Using television to relieve boredom as a function of induced excitational states. *Journal of Broadcasting, 28*, 1-20.

Burchell, B. (2000). *Work intensification and the quality of working life*. Paper presented at the third conference of the International Society for Quality of Life Studies, Girona, Spain.

Burton, R. P. D., Rushing, B., Ritter, C., & Rakocy, A. (1993). Roles, race and subjective well-being: a longitudinal analysis of elderly men. *Social Indicators Research, 28*, 137-156.

Butt, D. S., & Beiser, M. (1987). Successful aging: a theme for international psychology.

Psychology and Aging, 2, 87–94.

Buunk, B. P., Collins, R. L., Taylor, S. E., Van Yperen, N. W., & Dakof, G. A. (1990). The affective consequences of social comparison: either direction has its ups and downs. *Journal of Personality and Social Psychology, 59,* 1238–1249.

Call, V. R. A., & Heaton, T. B. (1997). Religious influence on marital stability. *Journal for the Scientific Study of Religion, 36,* 382–392.

Campbell, A. (1981). *The Sense of Well-Being in America.* New York: McGraw-Hill.

Campbell, A., Converse, P. E., & Rogers, W. L. (1976). *The Quality of American Life.* New York: Sage.

Campbell, W. K., Sedikeds, C., & Bosson, J. (1994). Romantic involvement, self-discrepancy and psychological well-being: a preliminary investigation. *Personal Relationships, 1,* 399–404.

Camras, L. A., Holland, J. M., & Patterson, M. J. (1993). Facial expression. In M. Lewis & J. M. Haviland (Eds.), *Handbook of Emotion* (pp. 119–208). New York: Guilford Press.

Cantor, N., & Sanderson, C. A. (1999). Life task satisfaction and well-being. In D. Kahneman, E. Diener, & N. Schwarz (Eds.), *Understanding Quality of Life* (pp. 230–243). New York: Russell Sage.

Cantril, H. (1965). *The Pattern of Human Concerns.* New Brunswick, NJ: Rutgers University Press.

Caplan, R. D., Cobb, S., French, J. R. P., van Harrison, R., & Pinneau, S. R. (1975). *Job Demands and Worker Health.* Ann Arbor, MI: Institute for Social Research, University of Michigan.

Caputo, J. L., Rudolph, D. L., & Morgan, D. W. (1998). Influence of positive events on blood pressure in adolescents. *Journal of Behavioral Medicine, 21,* 115–129.

Carsten, J. M., & Spector, P. E. (1987). Unemployment, job satisfaction, and employee turnover: a meta-analytic test of the Muchinsky model. *Journal of Applied Psychology, 72,* 374–381.

Carter, F. A., Wilson, J. S., Lawson, R. H., & Bulik, C. M. (1995). Mood induction procedure: importance of individualising music. *Behaviour Change, 12, 159-161.*

Carter, H., & Glick, P. C. (1970). *Marriage and Divorce: A Social and Economic Study.* Cambridge, MA: Harvard University Press.

Carver, C. S., & White, T. L. (1994). Behavioral inhibition, behavioral activation, and affective responses to impending reward and punishment: the BIS and BAS scales.

Journal of Personality and Social Psychology, 67, 319-333.

Chamberlain, K., & Zika, S. (1988). Religiosity, life meaning and well-being. *Journal for the Scientific Study of Religion, 27,* 411-420.

Chamberlain, K., & Zika, S. (1992). Stability and change in subjective well-being over short time periods. *Social Indicators Research, 26,* 101-117.

Chan, R., & Joseph, S. (2000). Dimensions of personality, domains of aspiration, and subjective well-being. *Personality and Individual Differences, 28,* 347-354.

Change, E. C., Maydeu-Olivares, A., & D'Zurilla, T. T. (1997). Optimism and pessimism as partially independent constructs: relationship to positive and negative affectivity and psychological well-being. *Personality and Individual Differences, 23,* 433-440.

Chapman, A. J. (1976). Social aspects of humorous laughter. In A. J. Chapman & H. C. Foot (Eds.), *Humour and Laughter: Theory, Research and Applications.* Chichester, UK: Wiley.

Chapman, A. J., & Foot, H. C. (Eds.). (1976). *Humour and Laughter: Theory, Research and Applications.* Chichester, UK: Wiley.

Cheung, K. (1997). Relationships among satisfaction, commitment, and performance: a group level analysis. *Applied Psychology: An International Review, 46,* 199-206.

Clark, A. (1998a). *What makes a good job? Evidence from OECD countries.* Document de Recherche, Laboratoire d'Economie d'Orleans, France.

Clark, A., Oswald, A., & Warr, P. (1996). Is job satisfaction U-shaped in age? *Journal of Occupational and Organizational Psychology, 69,* 57-81.

Clark, A. E. (1996). *Job satisfaction and gender: why are women so happy at work?* DEELSA, France.

Clark, A. E. (1998b). *The positive externalities of higher unemployment: evidence from household data.* CRNS and LEO-CRESEP, France.

Clark, A. E. (2000). *Inequality-aversion or inequality-loving.* Paper presented at the Nuffield College conference on Well-Being.

Clark, A. E., & Oswald, A. J. (1996). Satisfaction and comparison income. *Journal of Public Economics, 61,* 359-381.

Clark, D. M. (1983). On the induction of depressed mood in the laboratory: evaluation and comparison of the Velten and musical procedures. *Advances in Behaviour Research and Therapy, 5,* 24-49.

Clark, M. S., & Isen, A. M. (1982). Toward understanding the relationship between feeling states and social behavior. In A. Hastorf & A. M. Isen (Eds.), *Cognitive Social Psychology* (pp. 73-108). New York: Elsevier.

Clark, M. S., & Reis, H. T. (1988). Interpersonal processes in close relationships. *Annual Review of Psychology, 39*, 609-672.

Clark, R. A., & Sensibar, M. R. (1955). The relationship between symbolic and manifest projections of sexuality with some incidental correlates. *Journal of Abnormal and Social Psychology, 50*, 327-334.

Cobb, S., & Kasl, S. V. (1977). *Termination: The Consequences of Job Loss.* Cincinnati, OH: US Dept of Health, Education and Welfare.

Cochrane, R. (1988). Marriage, separation and divorce. In S. Fisher & J. Reason (Eds.), *Handbook of Life Stress, Cognition and Health* (pp. 137-160). Chichester, UK: Wiley.

Cockerham, W. C. (1981). *Sociology of Mental Disorder. Englewood Cliffs.* NJ: Prentice-Hall.

Cohan, C. L., & Bradbury, T. N. (1997). Negative life events, marital interaction, and the longitudinal course of newlywed marriage. *Journal of Personality and Social Psychology, 73*, 114-128.

Collinson, D. L. (1988). "Engineering humour": masculinity, joking and conflict in shop-floor relations. *Organization Studies, 9*, 181-199.

Compton, W. C. (1992). Are positive illusions necessary for self-esteem? *Personality and Individual Differences, 13*, 1343-1344.

Compton, W. C., Smith, M. L., Cornish, K. A., & Qualls, D. L. (1996). Factor structure of mental health measures. *Journal of Personality and Social psychology, 71*, 406-413.

Comstock, G. W., & Partridge, K. B. (1972). Church attendance and health. *Journal of Chronic Diseases, 25*, 665-672.

Cooper, C. L. (1985, Feb 24). Survey of occupations rated on a nine point scale for stressfulness, your place in the stress league. *Sunday Times.*

Cooper, H., Okamura, L., & Gurka, V. (1992). Social activity and subjective well-being. *Personality and Individual Differences, 13*, 573-583.

Costa, P. T., & McCrae, R. R. (1980). Influence of extraversion and neuroticism on subjective well-being: happy and unhappy people. *Journal of Personality and Social Psychology, 38*, 668-678.

Costa, P. T., McRae, R. R., & Norris, A. H. (1981). Personal adjustment to aging: longitudinal prediction from neuroticism and extraversion. *Journal of Gerontology, 36*, 78-85.

Costa, P. T., Zonderman, A. B., & McCrae, R. R. (1985). Longitudinal course of social support among men in the Baltimore longitudinal study of aging. In I. G. Sarason & B. R. Sarason (Eds.), *Social Support: Theory, Research and Applications* (pp. 137–154). Dordrecht, The Netherlands: Nijhoff.

Coyne, J. C. (1976). Depression and the response of others. *Journal of Abnormal Psychology, 85,* 28–40.

Crandall, J. E. (1984). Social interest as a moderator of life stress. Journal of *Personality and Social Psychology, 47,* 164–174.

Crews, D. J., & Landers, D. M. (1987). A meta–analytic review of aerobic fitness and reactivity to psychosocial stressors. *Medicine and Science in Sports and Exercise, 19* (5, Suppl.), S114–S120.

Csikszentmihalyi, M. (1975). *Beyond Boredom and Anxiety.* San Francisco: Jossey–Bass.

Cummins, R. A. (1995). On the trail of the gold standard for life satisfaction. *Social Indicators Research, 35,* 179–200.

Cunningham, M. R. (1979). Weather, mood, and helping behaviour: quasi experiments with the sunshine Samaritans. *Journal of Personality and Social Psychology, 37,* 1947–1956.

Cunningham, M. R. (1988). What do you do when you're happy or blue? Mood, expectancies, and behavioral interest. *Motivation and Emotion, 12,* 309–331.

Davidson, R. J. (1993). The neuropsychology of emotion and affective style. In M. Lewis & J. M. Haviland (Eds.), *Handbook of Emotion* (pp. 143–154). New York: Guilford Press.

Davis, J. M., & Farina, A. (1970). Humor appreciation as social communication. *Journal of Personality and Social Psychology, 15,* 175–178.

Davis, P. A., & Leonard, B. G. (1999). Influence of emotional intensity and frequency of positive and negative events on depression. *European Journal of Personality Assessment, 15,* 106–116.

Davitz, J. R. (1964). *The Communication of Emotional Meaning.* New York: McGraw–Hill.

Decker, W. H., & Rotondo, D. M. (1999). Use of humor at work: predictors and implications. *Psychological Reports, 84,* 961–968.

Deckers, L., & Ruch, W. (1992). Sensation seeking and the situational humour response questionnaire (SHRQ): its relationship in American and German samples. *Personality and Individual Differences, 13,* 1051–1054.

Deeg, D., & van Zonneveld, R. (1989). Does happiness lengthen life? In R. Veenhoven (Ed.), *How Harmful is Happiness?* (pp. 29–43). Rotterdam, The Netherlands:

Rotterdam University Press.

DeJong, J., & Schaufeli, W. B. (1998). Job characteristics and employee well-being: a test of Warr's Vitamin Model in health care workers using structural equation modelling. *Journal of Organizational Behavior, 19,* 387-407.

DeNeve, K. M., & Cooper, H. (1998). The happy personality: a meta-analysis of 137 personality traits and subjective well-being. *Psychological Bulletin, 124,* 197-229.

Diener, E. (1984). Subjective well-being. *Psychological Bulletin, 95,* 542-575.

Diener, E. (1994). Assessing subjective well-being: progress and opportunities. *Social Indicators Research, 31,* 103-157.

Diener, E. (1995). A value-based index for measuring national quality of life. *Social Indicators Research, 36,* 107-127.

Diener, E., & Biswas-Diener, R. (2000). *Income and subjective well-being: will money make us happy?* University of Illinois, unpublished.

Diener, E., & Diener, C. (1996). Most people are happy. *Psychological Science, 7,* 181-185.

Diener, E., & Diener, M. (1995). Cross-cultural correlates of life satisfaction and self-esteem. *Journal of Personality and Social Psychology, 68,* 653-663.

Diener, E., Diener, M., & Diener, C. (1995). Factors predicting the subjective well-being of nations. *Journal of Personality and Social Psychology, 69,* 851-864.

Diener, E., & Emmons, R. A. (1984). The independence of positive and negative affect. *Journal of Personality and Social Psychology, 47,* 1105-1117.

Diener, E., Emmons, R. A., Larsen, R. J., & Griffin, S. (1985). The Satisfaction With Life Scale. *Journal of Personality Assessment, 49,* 71-75.

Diener, E., & Fujita, F. (1995). Resources, personal strivings, and subjective well-being: a nomothetic and idiographic approach. *Journal of Personality and Social Psychology, 68,* 926-935.

Diener, E., & Fujita, F. (1997). Social comparisons and subjective well-being. In B. Buunk & R. Gibbons (Eds.), *Health, Coping, and Social Comparison* (pp. 329-357). Mahwah, NJ: Lawrence Erlbaum Associates Inc.

Diener, E., Horowitz, J., & Emmons, R. A. (1985). Happiness of the very wealthy. *Social Indicators Research, 16,* 263-274.

Diener, E., Larsen, E., Levine, S., & Emmons, R. A. (1985). Intensity and frequency: dimensions underlying positive and negative affect. *Journal of Personality and Social Psychology, 48,* 1253-1265.

Diener, E., & Larsen, R. J. (1984). Temporal stability and cross-situational consistency of affective, behavioral, and cognitive responses. *Journal of Personality and Social Psychology, 47*, 580-592.

Diener, E., & Lucas, R. (1999). Personality and subjective well-being. In D. Kahneman, E. Diener, & N. Schwarz (Eds.), *Foundations of Hedonic Psychology* (pp. 213-229). New York: Russell Sage.

Diener, E., & Oishi, S. (in press). Money and happiness: income and subjective well-being across nations. In E. Diener & E. M. Suh (Eds.), *Subjective Well-Being Across Cultures*. Cambridge, MA: MIT Press.

Diener, E., Sandvik, E., & Larsen, R. J. (1985). Age and sex effects for emotional intensity. *Developmental Psychology, 21*, 542-546.

Diener, E., Sandvik, E., & Pavot, W. (1991). Happiness is the frequency, not the intensity, of positive versus negative affect. In F. Strack, M. Argyle, & N. Schwarz (Eds.), *Subjective Well-Being* (pp. 119-139). Oxford, UK: Pergamon.

Diener, E., Sandvik, E., Seidlitz, L., & Diener, M. (1993). The relationship between income and subjective well-being: relative or absolute? *Social Indicators Research, 28*, 195-223.

Diener, E., & Suh, E. (1997a). Measuring quality of life: economic, social and subjective indicators. *Social Indicators Research, 40*, 189-216.

Diener, E., & Suh, E. M. (1997b). Subjective well-being and age: an international analysis. In K. W. Schaie & M. P. Lawton (Eds.), *Annual Review of Gerontology and Geriatrics* (Vol. 17, pp. 304-324). New York: Springer.

Diener, E., Suh, E. M., Lucas, R. E., & Smith, H. L. (1999). Subjective well-being: three decades of progress. *Psychological Bulletin, 125*, 276-302.

Diener, E., & Suh, E. M. (1999). National differences in subjective well-being. In D. Kahneman, E. Diener, & N. Schwartz (Eds.), *Well-being: The Foundations of Hedonic Psychology,* pp. 434-450. New York: Sage.

Dittmar, H. (1992). *The Social Psychology of Material Possessions*. Hemel Hempstead, UK: Harvester Wheatsheaf.

Dormann, C., & Zapf, D. (1999). Social support, social stress at work, and depressive symptoms: testing for main and moderating effects with structural equations in a three-wave longitudinal study. *Journal of Applied Psychology, 84*, 874-884.

Douglas, M. (1968). The social control of cognition: some factors in joke perception. *Man,*

3, 361–376.

Dull, V. T., & Skokan, L. A. (1999). A cognitive model of religion's influence on health. *Journal of Social Issues, 51*, 49–64.

Dunn, J. (1988). *Beginnings of Social Understanding.* Oxford, UK: Balckwell.

du Pre, A. (1998). *Humor and the Healing Arts.* Mahwah, NJ: Lawrence Erlbaum Associates Inc.

Durkheim, E. (1897). *Suicide.* London: Routledge & Kegan Paul.

Eder, A. (1990). Risk factor loneliness: on the interrelations between social integration, happiness and health in 11-, 13- and 15-year old schoolchildren in 9 European countries. *Health Promotion International, 5* (1), 19–83.

Edwards, J. N., & Klemmack, D. L. (1973). Correlations of life satisfaction: a reexamination. *Journal of Gerontology, 28*, 497–502.

Ekman, P. (1982). *Emotion in the Human Face* (2nd ed.). Cambridge, UK: Cambridge University Press.

Ekman, P., & Friesen, W. V. (1975). *Unmasking the Face.* Englewood Cliffs, NJ: Prentice-Hall.

Elliot, D. H., & Elliot, J. L. (1990). Behavior and the life cycle: a consideration of the role of longitudinal time-use studies. *Social Indicators Research, 23*, 395–414.

Ellison, C. G. (1991). Religious involvement and subjective well-being. *Journal of Health and Social Behavior, 32*, 80–99.

Ellison, C. G., Gay, D. A., & Glass, T. A. (1989). Does religious commitment contribute to individual life satisfaction? *Social Forces, 68*, 100–123.

Ellison, C. G., & George, L. K. (1994). Religious involvement, social ties, and social support in a Southeastern community. *Journal for the Scientific Study of Religion, 33*, 46–61.

Emmons, R. A. (1999). *The Psychology of Ultimate Concerns: Motivation and Spirituality in Personality.* New York: Guilford Press.

Emerson, J. (1969). Negotiating the serious import of humor. *Sociometry, 32*, 169–181.

Emery, R. E. (1982). Interparental conflict and the children of discord and divorce. *Psychological Bulletin, 92*, 310–330.

Emmons, R. A. (1986). Personal strivings: an approach to personality and subjective well-being. *Journal of Personality and Social Psychology, 51*, 1058–1068.

Esterlin, R. A. (2000). *Income and happiness: toward a unified theory.* Paper presented at the Nuffield College conference on Well-Being.

Eysenck, H. J. (1976). *The Measurement of Personality*. Lancaster, UK: MTP Press.

Eysenck, H. J., & Eysenck, S. B. G. (1975). *Manual of the Eysenck Personality Questionnaire*. London: Hodder & Stoughton.

Eysenck, H. J., Nias, D. K. B., & Cox, D. N. (1982). Sport and personality. *Advances in Behaviour Research and Therapy, 4*, 1-56.

Falkenburg, L. E. (1987). Employee fitness programs: their impact on the employee and the organization. *Academy of Management Review, 12*, 511-522.

Fava, G. A., Fafanelli, C., Cazzaro, M., Conti, S., & Grandi, S. (1998). Well-being therapy: a novel psychotherapeutic approach for residual symptoms of affective disorders. *Psychological Medicine, 28*, 475-480.

Feather, N. T. (1982). Unemployment and its psychological correlates: study of depressive symptoms, self-esteem, Protestant ethic values, attributional style and apathy. *Australian Journal of Psychology, 34*, 309-323.

Feather, N. T., & Bond, M. J. (1983). Time structure and purposeful activity among employed and unemployed university graduates. *Journal of Occupational Psychology, 56*, 241-250.

Feeney, J. A. (1994). Attachment styles, communication patterns and satisfaction across the life cycle of marriage. *Personal Relationships, 1*, 333-348.

Fehr, B. (1988). Prototype analysis of the concepts of love and commitment. *Journal of Personality and Social Psychology, 55*, 557-579.

Feist, G. J., Bodner, T. E., Jacobs, J. F., Miles, M., & Tan, V. (1995). Integrating top-down and bottom-up structural models of subjective well-being. *Journal of Personality and Social Psychology, 68*, 138-150.

Feist, J., & Brannon, L. (1988). *Health Personality*. Belmont, CA: Wadsworth.

Fieve, R. R. (1994). *Prozac*. London: Thorson.

Fincham, F., Beach, S. R. H., Harold, G. T., & Osborne, L. N. (1997). Martial satisfaction and depression: different causal relations for men and women. *Psychological Science, 8*, 351-357.

Fincham, F. D., & Bradbury, T. N. (1993). Marital satisfaction, depression and attributions: a longitudinal analysis. *Journal of Personality and Social Psychology, 64*, 442-452.

Finegan, J. E., & Seligman, C. (1995). In defense of the Velten mood induction procedure. *Canadian Journal of Behavioural Science, 27*, 405-419.

Fitzgerald, M. J., Pinkofsky, H. B., Brannon, G. D., Dandridge, E., & Calhoun, A. (1999).

Olanzap: inme-induced mania. *American Journal of Psychiatry, 156,* 1114.

Fleishman, E. A., & Harris, E. F. (1962). Patterns of leadership behavior related to employee grievances and turnover. *Personnel Psychology, 15,* 43-56.

Fletcher, B. (1988). *Work, Stress, Disease and Life Experience.* Chichester, UK: Wiley.

Foot, H. C., & Chapman, A. J. (1976). The social responsiveness of young children in humorous situations. In A. J. Chapman & H. C. Food (Eds.), *Humour and Laughter: Theory, Research and Applications* (pp. 187-214). Chichester, UK: Wiley.

Fordyce, M. W. (1977). Development of a program to increase personal happiness. *Journal of Counseling Psychology, 24,* 511-520.

Fordyce, M. W. (1983). A program to increase happiness: further studies. *Journal of Counseling Psychology, 30,* 483-498.

Fordyce, M. W. (1988). A review of research on the happiness measure: a sixty second index of happiness and mental health. *Social Indicators Research, 20,* 355-381.

Forgas, J. P. (1998). On being happy and mistaken: mood effects on the fundamental attribution error. *Journal of Personality and Social Psychology, 75,* 318-331.

Forgas, J. P. (1999). On feeling good and being rude: affective influences on language use and request formulations. *Journal of Personality and Social Psychology, 76,* 928-939.

Forgas, J. P., Levinger, G., & Moylan, S. J. (1994). Feeling good and feeling close. *Personal Relationships, 1,* 165-184.

Francis, L. J. (1999). Happiness is a thing called stable extraversion: A further examination of the relationship between the Oxford Happiness Inventory and Eysenck's dimensional model of personality and goals. *Personality and Individual Differences, 26,* 5-11.

Frankl, V. E. (1959). *Man s Search for Meaning: An Introduction to Logotherapy.* London: Hodder & Stoughton.

Fredrickson, B. L. (1998). What good are positive emotions? *Review of General Personality, 2,* 300-319.

Freedman, J. L. (1978). *Happy People.* New York: Harcourt Brace Jovanovich.

Freiheit, S. R., Overholser, J. C., & Lehnert, K. L. (1998). The association between humor and depression in adolescent psychiatric inpatients and high school students. *Journal of Adolescent Research, 13,* 32-48.

French, J. R. P., & Caplan, R. D. (1970). Psychosocial factors in coronary heart disease. *Industrial Medicine, 39,* 383-397.

French, J. R. P., Caplan, R. D., & van Harrison, R. (1982). *The Mechanisms of Job Stress and Strain*. Chichester, UK: Wiley.

Freud, S. (1960). *Jokes and their Relation to the Unconscious*. New York: Norton. (Original work published 1905.)

Frey, B. S., & Stutzer, A. (2000). *Happiness, economy and institutions*. Paper presented at the Nuffield College conference on Well-Being.

Frey, R. S., & Song, F. (1997). Human well-being in Chinese cities. *Social Indicators Research, 42*, 77-101.

Fridlund, A. J. (1991). Sociality of solitary smiling: potentiation by an implicit audience. *Journal of Personality and Social Psychology, 60*, 229-240.

Friesen, W. V. (1972). *Cultural differences in facial expression: an experimental test of the concept of display rules*. Unpublished PhD dissertation, University of California, San Francisco.

Frost, R. O., & Green, M. L. (1982). Duration and post-experimental removal of Velten mood induction procedure effects. *Personality and Social Psychology Bulletin, 8*, 341-347.

Fryer, D., & Payne, R. (1984). Proactive behaviour in unemployment. *Leisure Studies, 3*, 273-295.

Fuchs, E., & Havighurst, R. (1973). *To Live on this Earth: American Indian Education*. Garden City, NY: Doubleday, Anchor Books.

Fukuyama, F. (1992). *The End of History and the Last Man*. Harmondswort, UK: Penguin Books.

Furnham, A. (1997). Eysenck's personality theory and organizational psychology. In H. Nyborg (Ed.), *The Scientific Study of Human Nature: Tribute to Hans J. Eysenck at Eighty* (pp. 462-490). Oxford, UK: Pergamon/Elsevier.

Furnham, A., & Argyle, M. (1998). *The Psychology of Money*. London: Routledge.

Furnham, A., & Cheng, H. (1997). Personality and happiness. *Psychological Reports, 80*, 761-762.

Furnham, A., & Schaeffer, R. (1984). Person-environment fit, job satisfaction and mental health. *Journal of Occupational Psychology, 57*, 295-307.

Gallie, D., & Paugam, S. (Eds.). (2000). *Welfare Regimes and the Experience of Unemployment in Europe*. Oxford, UK: Oxford University Press.

Gallie, D., & Russell, H. (1998). Unemployment and life satisfaction: a cross-cultural comparison. *Archives of European Sociology, 39*, 248-280.

Gallie, D., White, M., Cheng, Y., & Tomlinson, M. (1998). *Restructuring the Employment Relationship.* Oxford, UK: Clarendon Press.

Gallup, G. H. (1976). Human needs and satisfaction: a global survey. *Public Opinion Quarterly, 40*, 459-467.

Garrity, T. F., & Stallones, L. (1998). Effects of pet contact on human well-being. In C. C. Wilson & D. C. Turner (Eds.), *Companion Animals in Human Health* (pp. 3-22). Thousand Oaks, CA: Sage.

Garvey, C. (1977). *Play.* Cambridge, MA: Harvard University Press.

Gavin, L. A., & Furman, W. (1996). Adolescent girl's relationships with mothers and best friends. *Child Development, 67*, 375-386.

Gay, P. (1998). *Getting into Work.* London: National Centre for Volunteering.

Genia, V. (1996). I. E., Quest, and fundamentalism as predictors of psychological and spiritual well-being. *Journal for the Scientific Study of Religion, 35*, 56-64.

Gerrards-Hesse, A., Spies, K., & Hesse, F. W. (1994). Experimental inductions of emotional states and their effectiveness. *British Journal of Psychology, 85*, 55-78.

Gershuny, J. (1992). Are we running out of time? *Futures, January/February*, 3-18.

Gershuny, J. (1994). The psychological consequences of unemployment: an assessment of the Jahoda thesis. In D. Gallie, C. Marsh, & C. Vogler (Eds.), *Social Change and the Experience of Unemployment* (pp. 231-263). Oxford, UK: Oxford University Press.

Gilbert, P., & Trower, P. (1990). The evolution and manifestation of social anxiety. In W. R. Crozier (Ed.), *Shyness and Embarrassment: Perspectives from Social Psychology* (pp. 144-177). Cambridge, UK: Cambridge University Press.

Glik, D. C. (1986). Psychosocial wellness among spiritual healing participants. *Social Science and Medicine, 22*, 579-586.

Glyptis, S. (1989). *Leisure and Unemployment.* Cambridge, UK: Polity Press.

Gohm, C. L., Oishi, S., Darlington, J., & Diener, E. (1998). Culture, parental conflict, parental marital status, and the subjective well-being of young adults. *Journal of marriage and the Family, 60*, 319-334.

Goldberg, D. (1972). *The Detection of Psychiatric Illness by Questionnaire.* London: Oxford University Press.

Goldberg, D. (1978). *Manual of the General Health Questionnaire.* Windsor, UK: NFER.

Goldman, M. (1960). The sociology of negro humor. Unpublished. Cited by W. H.

Martineau. A model of the social functions of humor. In J. H. Goldstein & P. E. McGhee (Eds.), *The Psychology of Humor* (pp. 101-125). New York: Academic Press.

Goldsmith, A. H., Veum, J. R., & Darity, W. (1997). Unemployment, joblessness, psychological well-being and self-esteem. *Journal of Socio-Economics, 26,* 133-158.

Gordon, S. L. (1989). The socialization of children's emotions: emotional culture, competence and exposure. In C. Saarni & P. L. Harris (Eds.), *Childrens s Understanding of Emotion* (pp. 319-349). Cambridge, UK: Cambridge University Press.

Gove, W. R. (1972). The relationship between sex roles, marital status, and mental illness. *Social Forces, 51,* 34-44.

Graef, R., Csikszentmihalyi, M., & Gianinno, S. N. (1983). Measuring intrinsic motivation in daily life. *Leisure Studies, 2,* 158-168.

Graham, E. E. (1995). The involvement of sense of humor in the development of social relationships. *Communication Reports, 8,* 158-169.

Grammer, K. (1990). Strangers meet: laughter and nonverbal signs of interest in opposite sex encounters. *Journal of Nonverbal Behavior, 14,* 209-236.

Gray, J. A. (1972). The psychophysiological nature of introversion-extraversion: a modification of Eysenck's theory. In V. D. Neblitsyn & J. A. Gray (Eds.), *Biological Bases of Individual Behavio*r (pp. 182-205). New York: Academic Press.

Gray, J. A. (1982). *The Neurophysiology of Anxiety.* Oxford, UK: Clarendon Press.

Greeley, A. M. (1975). *The Sociology of the Paranormal.* London: Sage.

Greenberg, R. P., Bornstein, R. F., Zborowski, M. J., Fisher, S., & Greenberg, M. D. (1994). A meta-analysis of fluoxetine outcome in the treatment of depression. *Journal of Nervous and Mental Disease, 182,* 547-551.

Greene, T. R., & Noice, H. (1988). Influence of positive affect upon creative thinking and problem solving in children. *Psychological Reports, 63,* 895-898.

Grob, A., Little, T. D., Wanner, B., & Wearing, A. J. (1996). Adolescent's well-being and perceived control across 14 sociocultural contexts. *Journal of Personality and Social Psychology, 71,* 785-795.

Gruner, C. R. (1976). Wit and humour in mass communication. In A. J. Chapman & H. C. Foot (Eds.), *Humour and Laughter: Theory, Research and Application* (pp. 287-311). Chichester, UK: Wiley.

Hackman, J. R., & Oldham, G. R. (1976). Motivation through the design of work: test of a theory. *Organizational Behavior and Human Performance, 16,* 250–279.

Hagedorn, J. W. (1996). Happiness and self-deception: an old question examined by a new measure of subjective well-being. *Social Indicators Research, 38,* 139–160.

Haggard, L. M., & Williams, D. R. (1992). Identity affirmation through leisure activities. *Journal of Leisure Research, 24,* 1–18.

Hall, C. B., & Nelson, G. (1996). Social networks, social support, personal empowerment, and the adaptation of psychiatric consumers/survivors. *Social Science and Medicine, 43,* 1743–1754.

Hall, J. (1976). Subjective measure of quality of life in Britain, 1971 to 1975: some developments and trends. *Social Trends, 7,* 47–60.

Harding, S. (1985). Values and the nature of psychological well-being. In M. Abrams, D. Gerard, & N. Timms (Eds.), *Values and Social Change in Britain* (pp. 227–252). Basingstoke, UK: Macmillan.

Haring, M. J., Okun, M. A., & Stock, W. A. (1984). A quantitative synthesis of literature on work status and subjective well-being. *Journal of Vocational Behavior, 25,* 316–324.

Haring-Hidore, M., Stock, W. A., Okun, M. A., & Witter, R. A. (1985). Marital status and subjective well-being: a research synthesis. *Journal of Marriage and the Family, 47,* 947–953.

Harris, M. (1997). Monitoring optimism in South Africa. *Social Indicators Research, 41,* 279–304.

Harris, P., & Middleton, W. (1994). The illusion of control and optimism about health: on being less at risk but no more in control than others. *British Journal of Social Psychology, 33,* 369–386.

Harris, P. L., & Lipian, M. S. (1989). Understanding emotion and experiencing emotion. In C. Saarni & P. L. Harris (Eds.), *Children s Understanding of Emotion* (pp. 241–258). Cambridge, UK: Cambridge University Press.

Hatfield, E., & Rapson, R. L. (1996). *Love and Sex: Cross-Cultural Perspective.* Boston, MA: Allyn & Bacon.

Haw, C. E. (1995). The family life cycle: a forgotten variable in the study of women's employment and well-being. *Psychological Medicine, 25,* 727–738.

Haworth, J. T., & Hill, S. (1992). Work, leisure and psychological well-being in a sample of young adults. *Journal of Community and Applied Social Psychology, 2,* 147–160.

Hay, D. (1990). *Religious Experience Today.* London: Mowbray.

Hazan, C., & Shaver, P. (1987). Romantic love conceptualized as an attachment process. *Journal of Personality and Social Psychology, 52*, 511-524.

Headey, B. (1999). Health benefits and health cost saving due to pets: preliminary estimates from an Australian national survey. *Social Indicators Research, 47,* 233-243.

Headey, B., & Veenhoven, R. (1989). Does happiness induce a rosy outlook? In R. Veenhoven (Ed.), *How Harmful is Happiness?* (pp. 106-127). Rotterdam, The Netherlands: Rotterdam University Press.

Headey, B., Veenhoven, R., & Wearing, A. (1991). Top-down versus bottom-up theories of subjective well-being. *Social Indicators Research, 24,* 81-100.

Headey, B. W., Holmstrom, E. L., & Wearing, A. J. (1984). Well-being and ill-being: different dimensions. *Social Indicators Research, 14,* 115-139.

Headey, B. W., Holmstrom, E. L., & Wearing, A. J. (1985). Models of well-being and ill-being. *Social Indicators Research, 17,* 211-234.

Headey, B. W., & Wearing, A. (1992). *Understanding Happiness.* Melbourne, Australia: Longman Cheshire.

Healy, D. (1997). *The Antidepressant Era.* Cambridge, MA: Harvard University Press.

Heaton, T. B., & Goodman, K. L. (1985). Religion and family formations. *Review of Religious Research, 26,* 343-359.

Helson, R., & Lohnen, E. C. (1998). Affective coloring of personality from young adulthood to midlife. *Personality and Social Psychology Bulletin, 24,* 241-252.

Henderson, M., & Argyle, M. (1985). Social support by four categories of work colleagues: relationships between activities, stress and satisfaction. *Journal of Occupational Behaviour, 6,* 229-239.

Henderson, M., Argyle, M., & Furnham, A. (1984). *The assessment of positive life events.* Oxford, UK: University of Oxford, Department of Experimental Psychology.

Henderson, S., Byrne, D. G., Duncan-Jones, P., Scott, R., & Adcock, S. (1980). Social relationships, adversity and neurosis: a study of associations in a general population sample. *British Journal of Psychiatry, 136,* 354-383.

Henley Centre for Forecasting. (1985). *Leisure Futures.* London: Quarterly.

Herringer, L. G. (1998). Facets of extraversion related to job satisfaction. *Personality and Individual Differences, 24,* 731-733.

Herzberg, F., Mausner, B., & Snyderman, B. (1959). *The Motivation to Work.* New York: Wiely.

Higgins, N. C., Michelle, D. St. A., & Poole, G. D. (1997). The controllability of negative life experiences mediates unrealistic optimism. *Social Indicators Research, 42*, 299-323.

Hills, P., & Argyle, M. (1998a). Musical and religious experiences and their relationship to happiness. *Personality and Individual Differences, 25*, 91-102.

Hills, P., & Argyle, M. (1998b). Positive moods derived from leisure and their relationship to happiness and personality. *Personality and Individual Differences, 25,* 525-535.

Hills, P., & Argyle, M. (2001). Happiness, introversion-extraversion and happy introverts. *Personality and Individual Differences, 30*, 595-608.

Hills, P., Argyle, M., & Reeves, R. (2000). Individual differences in leisure satisfactions: an investigation of four theories of leisure motivation. *Personality and Individual Differences, 28*, 763-779.

Hobfoll, S. E. (1989). Conservation of resources: a new attempt at conceptualizing stress. *American Psychologist, 44*, 513-524.

Hochschild, A. R. (1983). *The Managed Heart: The Commercialization of Human Feeling.* Berkely, CA: University of California Press.

Hoffman, L. W., & Manis, J. D. (1982). The value of children in the United States. In F. I. Nye (Ed.), *Family Relationships* (pp. 143-170). Beverly-Hills, CA: Sage.

Hofstede, G. (1980). *Culture s Consequences.* Beverly Hills, Ca: Sage.

Holdaway, S. (1983). *Inside the British Police.* Oxford, UK: Blackwell.

Holden, R. (1998). *Happiness Now.* London: Hodder & Stoughton.

Hollin, C. R., & Trower, P. (1986). *Handbook of Social Skills Training* (2 vols.). Oxford, UK: Pergamon.

Holmes, T. H., & Rahe, R. H. (1967). The social readjustment rating scale. *Journal of Psychosomatic Research, 11,* 213-218.

Hood, R. W., Spilka, B., Hunsberger, B., & Gorsuch, R. (1996). *The Psychology of Religion: an Empirical Approach* (2nd ed.). New York: Guilford Press.

Hoppock, R. (1935). *Job Satisfaction.* New York: Harper.

Hops, H., & Lewinsohn, P. M. (1995). A course for the treatment of depression in adults and children. In K. D. Craig & K. S. Dobson (Eds.), *Anxiety and Depression in Adults and Children* (pp. 230-245). Thousand Oaks, CA: Sage.

Horwitz, A. V., White, H. R., & Howell-White, S. (1996). Becoming married and mental health: a longitudinal study of a cohort of young adults. *Journal of Marriage and the Family, 58*, 895-907.

House, J., Robbins, C., & Metzner, H. L. (1982). The association of social relationships and activities with mortality: prospective evidence from the Tucumsch Community Health Survey. *American Journal of Epidemiology, 116,* 123-140.

House, R. J. (1981). *Work Stress and Social Support.* Reading, MA: Addison-Wesley.

Houston, D. M., McKee, K. J., Carroll, L., & Marsh, H. (1998). Using humour to promote psychological wellbeing in residential homes for older people. *Aging and Mental Health, 2,* 328-332.

Howes, M. J., & Hokanson, J. E. (1979). Conversational and social responses to depressive interpersonal behavior. *Journal of Abnormal Psychology, 88,* 625-634.

Hsaiao, E. T., & Thayer, R. E. (1988). Exercising for mood regulation: the importance of experience. *Personality and Individual Differences, 24,* 829-836.

Hummer, R. A., Rogers, R. G., Nam, C. B., & Ellison, C. G. (1999). Religious involvement and US adult mortality. *Demography, 36,* 273-285.

Hurlock, E. B. (1929). Motivation in fashion. *Archives of Psychology, 3,* 1-72.

Iaffaldano, M. T., & Muchinsky, P. M. (1985). Job satisfaction and job performance: a meta analysis. *Psychological Bulletin, 97,* 251-273.

Idler, E. L. (1987). Religious involvement and the health of the elderly: some hypotheses and an initial test. *Social Forces, 66,* 226-238.

Idler, E. L. (1995). Religion, health, and non-physical sense of self. *Social Forces, 74,* 683-704.

Idler, E. L., & Benyamini, Y. (1997). Self-rated health and mortality: a review of twenty-sevne community studies. *Journal of Health and Social Behavior, 38,* 21-37.

Inglehart, R. (1971). The silent revolution in Europe: intergenerational change in postindustrial societies. *American Political Science Review, 65,* 990-1017.

Inglehart, R. (1990). *Culture Shift in Advanced Industrial Society.* Princeton, NJ: Princeton University Press.

Inglehart, R., & Rabier, J.-R. (1986). Aspirations adapt to situations-but why are the Belgians so much happier than the French? In F. M. Andrews (Ed.), *Research on the Quality of Life* (pp. 1-56). Ann Arbor, MI: Institute for Social Research, University of Michigan.

Isen, A. M. (1987). Positive affect, cognitive processes, and social behavior. *Adances in Experimental Social Psychology, 20,* 203-253.

Isen, A. M., & Levin, P. F. (1972). Effect of feeling good on helping: cookies and kindness.

Journal of Personality and Social Psychology, 21, 38-388.

Isen, A. M., & Simmonds, S. F. (1978). The effect of feeling good on a helping task that is incompatible with a good mood. *Social Psychology Quarterly, 41*, 345-349.

Iso-Ahola, S. E., & Park, C. J. (1996). Leisure-related social support and self-determination as buffers of stress-illness relationship. *Journal of Leisure Research, 28*, 169-187.

Izard, C. E. (1977). *Human Emotions*. New York: Plenum.

Jackson, S. E., & Schuler, R. S. (1985). A meta-analysis and conceptual critique of research on role ambiguity and role conflict in work settings. *Organizational Behavior and Human Decision Processes, 36*, 16-78.

Jahoda, M. (1982). *Employment and Unemployment*. Cambridge, UK: Cambridge University Press.

James, O. (1997). *Britain on the Couch*. London: Century.

Jarvis, G. K., & Northcott, H. C. (1987). Religion and differences in morbidity and mortality. *Social Sciences and Medicine, 25*, 813-824.

Jenkinson, C., & McGee, H. (1998). *Health Status Measurement*. Abingdon, UK: Radcliffe Medical Press.

Jones, W. H. (1985). The psychology of loneliness: some personality issues in the study of social support. In I. G. Sarason & B. R. Sarason (Eds.), *Social Support: Theory, Research and Applications* (pp. 225-241). Dordrecht, The Netherlands: Nijhoff.

Jordan, T. E. (1992). An index of the quality of life for Victorian children and youth: the VICY index. *Social Indicators Research, 27*, 257-277.

Jordan, T. E. (1993). "L' Homme moyen": estimating the quality of life for British adults, 1815-1914, an index. *Social Indicators Research, 29*, 183-203.

Joseph, S., & Lewis, C. A. (1998). The Depression-Happiness scale: reliability and validity of a bipolar self-report scale. *Journal of Clinical Psychology, 54*, 537-544.

Judge, T. A., & Watanabe, S. (1993). Another look at the job satisfaction-life satisfaction relationship. *Journal of Applied Psychology, 78*, 939-948.

Kahneman, D., Diener, E., & Schwarz, N. (Eds.). (1999). *Foundations of Hedonic Psychology*. New York: Russell Sage.

Kaldor, P. (1994). *Winds of Change*. Homebush West, NSW, Australia: Anzea.

Kalleberg, A. L., & Loscocco, K. A. (1983). Aging, values and rewards: explaining age differences in job satisfaction. *American Sociological Review, 35*, 78-90.

Kammann, R., & Flett, R. (1983). Affectometer 2: a scale to measure current level of general happiness. *Australian Journal of Psychology, 35,* 259–265.

Kandel, D. B., Davis, M., & Raveis, V. H. (1985). The stressfulness of daily roles for women: marital, occupational and household roles. *Journal of Health and Social Behavior, 26,* 64–78.

Kane, T. R., Suls, J., & Tedeschi, J. T. (1977). Humour as a tool of social interaction. In A. J. Chapman & H. C. Food (Eds.), *It s a Funny Thing, Humour* (pp. 13–16). Oxford, UK: Pergamon.

Karasek, R. A. (1979). Job demands, job decision latitude, and mental strain: implications for job redesign. *Administrative Science Quarterly, 24,* 285–308.

Kasl, S. V. (1978). Epidemiological contributives to the study of work stress. In C. L. Cooper & R. Payne (Eds.), *Stress at Work* (pp. 3–48). Chichester, UK: Wiley.

Kasl, S. V. (1980). The impact of retirement. in C. L. Cooper & R. Payne (Eds.), *Current Concerns in Occupational Stress* (pp. 137–186). Chichester, UK: Wiley.

Kasser, T., & Ryan, R. M. (1993). A dark side of the American dream: correlates of financial success s a central life aspiration. *Journal of Personality and Social Psychology, 65,* 410–422.

Kelly, M. W. (1972). *Why Conservative Churches are Growing.* New York: Harper & Row.

Kelly, J. R. (1983). *Leisure Identities and Interactions.* London: Allen & Unwin.

Keltner, D., & Bonanno, G. A. (1997). A study of laughter and dissociation: distinct correlates of laughter and smiling during bereavement. *Journal of Personality and Social Psychology, 73,* 687–702.

Keltner, D., Lcke, K. D., & Audrain, P. C. (1993). The influence of attributions on the relevance of negative felling to satisfaction. *Personality and Social Psychology Bulletin, 19,* 21–29.

Keltner, D., Young, R. C., Heerey, E. A., Oermig, C., & Monarch, N. D. (1998). Teasing in hierarchical and intimate relations. *Journal of Personality and Social Psychology, 75,* 1231–1247.

Keeler, R. C. (1982). A dissaggregation of the relationship between socioeconomic status and psychological distress. *American Sociological Review, 47,* 757–764.

King, L. A., & Napa, C. K. (1998). What makes a life good? *Journal of Personality and Social Psychology, 75,* 156–165.

Kirkpatrick, L. A. (1992). An attachment–theory approach to the psychology of relation. *International Journal for the Psychology of Religion, 2,* 3–28.

Klein, M. H., Greist, J. H., & Gurtman, A. S. (1985). A comparative outcome study of group psychotherapy vs exercise treatments for depression. *International Journal of Mental Health, 13*, 148–177.

Klemmack, D. L., & Roff, L. L. (1984). Fear of personal aging and subjective well-being in later life. *Journal of Gerontology, 39*, 756–758.

Kobasa, S. C. (1982). The hardy personality: towards a social psychology of stress and health. In G. S. Sanders & J. Suls (Eds.), *Social Psychology of Health and Illness* (pp. 3–32). Hillsdale, NJ: Lawrence Erlbaum Associates Inc.

Kobrin, F. E., & Hendershot, G. E. (1977). Do family ties reduce mortality? Evidence from the United States 1966–1968. *Journal of Marriage and the Family, 39*, 737–745.

Kohn, M. L., & Schooler, C. (1982). Job conditions and personality: a longitudinal assessment of their reciprocal effects. *American Journal of Sociology, 87*, 1257–1286.

Konecni, V. J. (1982). Social interaction and musical preference. In D. Deutsch (Ed.), *The Psychology of Music* (pp. 497–516). New York: Academic Press.

Kornhauser, A. (1965). *Mental Health of the Industrial Worker*. New York: Wiley.

Korunka, C., Weiss, A., Huemer, K. H., & Karetta, B. (1995). The effect of new technologies on job satisfaction and psychosomatic complaints. *Applied Psychology: An International Review, 44*, 123–142.

Kossek, E. E., & Ozeki, C. (1998). Work-family conflict, policies and the job-life satisfaction relationship: a review and directions for organizational behavior-human resources research. *Journal of Applied Psychology, 83*, 139–149.

Krause, J. S., & Sternberg, M. (1997). Aging and adjustment after spinal cord injury: the roles of chronological age, time since injury, and environmental change. *Rehabilitation Psychology, 42*, 287–302.

Kraut, R. E., & Johnston, R. E. (1979). Social and emotional messages of smiling: an ethological approach. *Journal of Personality and Social Psychology, 37*, 1539–1553.

Mrauze, M., Brandwein, T., & Fox, S. (1995). Work attitudes and emotional responses of permanent, voluntary, and involuntary temporary-help employees: an exploratory study. *Applied Psychology: An International Review, 44*, 217–232.

Kubey, R., & Csikszentmihalyi, M. (1990). *Television and the Quality of Life*. Hillsdale, NJ: Lawrence Erlbaum Associates Inc.

Kubovy, M. (1999). Pleasures of the mind. In D. Kahneman, E. Diener, & N. Schwarz (Eds.), *Well-Being: The Foundations of Hedonic Psychology* (pp. 134–154). New York: Sage.

Kuiper, N. A., & Martin, R. A. (1998). Laughter and stress in daily life: relation to positive and negative affect. *Motivation and Emotion, 22*, 133-153.

Kuiper, N. A., & Martin, R., Oliknger, L. J., Kazarian, S. S., & Jette, J. L. (1998). Sense of humor, self-concept, and psychological well-being in psychiatric inpatients. *Humor: International Journal of Humor Research, 11*, 357-381.

Kuiper, N. A., Martin, R. F. A., & Dance, K. A. (1992). Sense of humour and enhanced quality of life. *Personality and Individual Differences, 13,* 1273-1283.

Lachman, M. E., & Weaver, S. L. (1998). The sense of control as a moderator of social class differences in health and well-being. *Journal of Personality and Social Psychology, 74*, 763-773.

La Fave, L., Haddad, J., & Maeson, A. (1976). Superiority, enhanced self-esteem, and perceived incongruity. In A. J. Chapman & H. C. Foot (Eds.), *Humour and Laughter: Theory, Research and Applications* (pp. 63-91). Chichester, UK: Wiley.

Lai, J. C. L., & Wong, W. S. (1998). Optimism and coping with unemployment among Hong Kong Chiness Women. *Journal of Research in Personality, 32*, 454-479.

Laird, J. D. (1984). Facial response and emotion. *Journal of Personality and Social Psychology, 47,* 909-937.

Landau, S. F., Beit-Hallahmi, B., & Levy, S. (1998). The personal and the political: Israeli's perception of well-being in times of war and peace. *Social Indicators Research, 44*, 329-365.

Langston, C. A. (1994). Capitalizing on and coping with daily-life events: expressive responses to positive events. *Journal of Personality and Social Psychology, 67*, 1112-1125.

Larsen, R. J., & Diener, E. (1987). Emotional response intensity as an individual difference characteristic. *Journal of Research in Personality, 21*, 1-39.

Larsen, R. J., Diener, E., & Emmons, R. A. (1985). An evaluation of subjective well-being measures. *Social Indicators Research, 17*, 1-18.

Larsen, R. J., & Ketelaar, T. (1991). Personality and susceptibility to positive and negative emotional states. *Journal of Personality and Social Psychology, 61,* 132-140.

Larson, R. (1978). Thirty years of research on the subjective well-being of older Americans. *Journal of Gerontology, 33,* 109-125.

Larosn, R., Csikszentmihalyi, M., & Freeman, M. (1984). Alcohol and marihuana use in adolescent's daily lives: a random sample of experiences. *International Journal of* the Addications, 19, 367-381.

Larson, R. W. (1990). The solitary side of life: an examination of the time people spend alone from childhood to old age. *Development Review, 10*, 155-183.

Lawler, E. E., & Porter, L. W. (1963). Percentions regarding management compensation. *Industrial Relations, 3*, 41-49.

LeDoux, J. E. (1993). Emotional networks in the brain. In M. Lewis & J. M. Haviland (Eds.), *Handbook of Emotions* (pp. 109-118). New York: Guilford Press.

Lee, T.-T., & Seligman, M. E. P. (1997). Are Americans more optimistic than the Chinese? *Personality and Social Psychology Bulletin, 23*, 32-40.

Lefocurt, H. M., Davidson, K., Prkachin, K. M., & Mills, D. E. (1997). Humor as a stress moderator in the prediction of blood pressure obtained during five stressful tasks. *Journal of Research in Personality, 31*, 523-542.

Leicht, K. T., & Shepelak, N. (1994). Organizational justice and satisfaction with economic rewards. *Research in Social Stratification and Mobility, 13*, 175-202.

Lepper, H. S. (1998). Use of other reports to validate subjective well-being measures. *Social Indicators Research, 44*, 367-379.

Lester, D. (2000). National differences in neuroticism and extraversion. *Personality and Individual Differences, 28*, 35-39.

Levin, J. S. (1994). Religion and health: is there an association, is it valid, and is it causal? *Social Science and Medicine, 38*, 1475-1482.

Levine, R. V., & Norenzayan, A. (1999). The pace of life in 31 countries. *Journal of Cross-Cultural Psychology, 30*, 178-205.

Lewinsohn, P. M., & Gotlib, I. H. (1995). Behavioral theory and treatment of depression. In E. E. Beckham & W. R. Leber (Eds.), *Handbook of Depression* (2nd ed., pp. 352-375). New York: Guilford Press.

Lewinsohn, P. M., & Graf, M. (1973). Pleasant activities and depression. *Journal of Consulting and Clinical Psychology, 31*, 261-268.

Lewinsohn, P. M., Sullivan, J. M., & Grosscup, S. J. (1982). Behavioral therapy: clinical applications. In A. J. Rush (Ed.), *Short-Term Therapies for Depression* (pp. 50-87). New York: Guilford Press.

Lichter S., Haye, K., & Kammann, R. (1980). Increasing happiness through cognitive training. *New Zealand Psychologist, 9*, 57-64.

Lindenfield, G. (1997). *Emotional Confidence*. London: Thorsons.

Livingstone, S. M. (1988). Why people watch soap opera: analysis of the explanations of British viewers. *European Journal of Communication, 3,* 55–80.

Loewentstein, G., & Schkade, D. (1999). Wouldn't it be nice? Predicting future feelings. In D. Kahneman, E. Diener, & N. Schwarz (Eds.), *Well-Being: The Foundations of Hedonic Psychology* (pp. 85–105). New York: Russell Sage Foundation.

Loher, B. T., Noe, R. A., Moeller, N. L., & Fitzgerald, M. P. (1985). A meta-analysis of the relation of job characteristics to job satisfaction. *Journal of Applied Psychology, 70,* 280–289.

Lorenz, K. (1963). *On Aggression.* New York: Bantam.

Lu, L. (1997). Social support, reciprocity and well-being. *Journal of Social Psychology, 137,* 618–628.

Lu, L. (2000). Gender and conjugal differences. *Journal of Social Psychology, 140,* 132–141.

Lu, L., & Argyle, M. (1992a). Happiness and cooperation. *Personality and Individual Differences, 12,* 1019–1030.

Lu, L., & Argyle, M. (1992b). Receiving and giving support: effects on relationships and well-being. *Counselling Psychology Quarterly, 5,* 123–133.

Lu, L., & Argyle, M. (1993). TV watching, soap opera and happiness. *Kaohsiung Journal of Medical Sciences, 9,* 501–507.

Lu, L., & Argyle, M. (1994). Leisure satisfaction and happiness as a function of leisure activity. *Kaohsiung Journal of Medical Sciences, 10,* 89–96.

Lu, L., & Lin, Y.-Y. (1998). Family roles and happiness in adulthood. *Personality and Individual Differences, 25,* 195–207.

Lu, L., Shih, J. B., Lin, Y., & Ju, L. S. (1997). Personal and environmental correlates of happiness. *Personality and Individual Differences, 23,* 453–462.

Lucas, R. E., Diener, E., & Suh, E. (1996). Discriminant validity of well-being measures. *Journal of Personality and Social Psychology, 71,* 616–628.

Lundy, D. E., Tan, J., & Cunningham, M. R. (1998). Heterosexual romantic preferences: the importance of humor and physical attractiveness for different types of relationships. *Personal Relationships, 5,* 311–325.

Lutz, C. A. (1988). *Unnatural Emotions: Everyday Sentiments on a Micronesian Atoll and their Challenge to Western Theory.* Chicago: University of Chicago Press.

Lykken, D., & Tellegen, A. (1996). Happiness is a stochastic phenomenon. *Psychological Science, 7,* 186–189.

Lynch, J. J. (1977). *The Broken Heart*. New York: Basic Books.

Lynn, P., & Smith, J. D. (1991). *Voluntary Action Research*. London: The Volunteer Centre.

Lynn, R. (1971). *Personality and National Character*. Oxford, UK: Pergamon.

Lynn, R. (1981). Cross-cultural differences in neuroticism, extraversion and psychoticism. In R. Lynn (Ed.), *Dimensions of Personality* (pp. 263-286). Oxford, UK: Pergamon.

Lynn, R., & Martin, T. (1995). National differences for thirty-seven nations in extraversion, neuroticism, psychoticism and economic, demographic and other variables. *Personality and Individual Differences, 19*, 401-406.

Lyubomirsky, S., & Ross, L. (1997). Hedonic consequences of social comparison: a contrast of happy and unhappy people. *Journal of Personality and Social Psychology, 73*, 1141-1157.

Lyubomirsky, S., & Tucker, K. L. (1998). Implications of individual differences in subjective happiness for perceiving, interpreting, and thinking about life events. *Motivation and Emotion, 22*, 155-186.

Magnus, K., Diener, E., Fujita, F., & Payot, W. (1993). Extraversion and neuroticism as predictors of objective life events: a longitudinal analysis. *Journal of Personality and Social Psychology, 65*, 1046-1053.

Maio, G. R., Olson, J. M., & Bush, J. E. (1997). Telling jokes that disparage other groups: effects on the joke teller's stereotypes. *Journal of Applied Social Psychology, 27*, 1986-2000.

Maletasta, C. Z., Grigoryev, P., Lamb, C., Albin, M., & Culver, C. (1986). Emotion socialization and expressive development in preterm and full-term infants. *Child Development, 57*, 316-330.

Mallard, A. G., Lance, C. E., & Michalos, A. C. (1997). Culture as a moderator of overall life satisfaction-life factor relationships. *Social Indicators Research, 40*, 259-284.

Maltby, J., Lewis, C. A., & Day, L. (1999). Religious orientation and psychological well-being: the role of the frequency of personal prayer. *British Journal of Health Psychology, 4*, 363-378.

Manucia, G. K., Baumann, D. J., & Cialdini, R. B. (1984). Mood influences on helping: direct effects or side effects? *Journal of Personality and Social Psychology, 46*, 357-364.

Markham, S. F. (1942). *Climate and the Energy of Nations*. London: Oxford University Press.

Markland, D., & Hardy, L. (1993). The exercise motivations inventory: preliminary development and validity of a measure of individuals' reasons for participation in regular physical exercise. *Personality and Individual Differences, 15,* 289-296.

Markus, H. R., & Kitayama, S. (1991). Culture and the self: implications for cognition, emotion and motivation. *Psychology Reveiw, 98, 224-253.*

Marmot, M. G., Rose, G., Shipley, M., & Hamilton, P. J. S. (1978). Employment grade and coronary heart disease in British civil servants. *Journal of Epidemiology and Community Health, 32,* 244-249.

Marmot, M. G., Shipley, M. J., & Rose, G. (1984). Inequalities in death-specific explanations of a general pattern. *Lancet, 1,* 1003-1006.

Maroukalis, E., & Zervas, Y. (1993). Effects of aerobic exercise on mood of adult women. *Perceptual and Motor Skills, 76,* 795-801.

Marsella, A. J. (1980). Depressive experience and disorder across cultures. In H. Triandis & J. Draguns (Eds.), *Handbook of Cross-Cultural Psychology* (Vol. 6). Boston, MA: Allyn & Bacon.

Martin, R. A. (1996). The Situational Humor Response Questionnaire (SHRQ) and Coping Humor Scale (CHS): a decade of research. *Humor: International Journal of Humor Research, 9,* 251-272.

Martin, R. A., & Kuiper, N. A. (1999). Daily occurrence of humor: relationships with age, gender, and Type A personality. *Humor: International Journal of Humor Research, 12,* 355-384.

Martin, R. A., & Lefcourt, H. M. (1983). Sense of humor as a moderator of the relation between stresses and moods. *Journal of Personality and Social Psychology, 45,* 1313-1324.

Martineau, F. W. H. (1972). A model of the social functions of humor. In. J. H. Goldstein & P. E. McGhee (Eds.), *The Psychology of Humor* (pp. 101-125). New York: Academic Press.

Maslach, C., & Jackson, S. E. (1982). Burnout in health professions: a social psychological analysis. In G. S. Sanders & J. Suls (Eds.), *Social Psychology of Health and Illness* (pp. 227-251). Hillsdale, NJ: Lawrence Erlbaum Associates Inc.

Maslow, A. H. (1954). *Motivation and Personality.* New York: Harper & Row.

Maslow, A. H. (1968). *Toward a Psychology of Being.* Princeton, NJ: Van Nostrand.

Mastekaasa, A. (1993). Marital status and subjective well-being: a changing relationship? *Social Indicators Research, 29,* 249-276.

Matlin, M. W., & Gawron, V. J. (1979). Individual differences in Pollyannaism. *Journal of*

Personality Assessment, 43, 411-412.

Matthews, K. A. (1988). Coronary heart disease and Type A behaviors: update on and alternative to the Booth-Kewley and Friedman (1987) quantitative review. *Psychological Bulletin, 104*, 373-380.

Mayer, J. D. (1994). Emotion over time within a religious culture: a lexical analysis of the Old Testament. *Journal of Prehistory, 22*, 235-248.

McAdams, D. P. (1988). Personal needs and personal relationships. In S. Duck (Ed.), *Handbook of Personal Relationships* (pp. 7-22). Chichester, UK: Wiley.

McClelland, D. C. (1987). *Human Motivation*. Cambridge, UK: Cambridge University Press.

McFadden, S. H., & Levin, J. S. (1996). Religion, emotions and health. In C. Magai & S. H. McFadden (Eds.), *Handbook of Emotion, Adult Development and Aging* (pp. 346-365). San Diego, CA: Academic Press.

McGhee, P. E. (1971). The development of the humor response: a review of the literature. *Psychological Bulletin, 76*, 328-348.

McGhee, P. E. (1979). *Humor: its Origin and Development*. San Francisco: W. H. Freeman.

McGoldrick, A. (1982). Early retirement: a new leisure opportunity. *Work and Leisure, 15*, 73-89.

McGregor, I, & Little, B. R. (1998). Personal projects, happiness and meaning. *Journal of Personality and Social Psychology, 74*, 494-512.

McIntosh, D. N., Silver, R. C., & Wortman, C. B. (1993). Religion's role in adjusting to a negative life event: coping with the loss of a child. *Journal of Personality and Social Psychology, 65*, 812-821.

McLeod, J. D., & Kessler, R. C. (1990). Socioeconomic status differences in vulnerability to undesirable life events. *Journal of Health and Social Behavior, 31*, 162-172.

Meehan, M. P., Duriak, J. A., & Bryant, F. B. (1993). The relationship of social support to perceived control and subjective mental health in adolescents. *Journal of Community Psychology, 21*, 49-55.

Mehnert, T., Krauss, H. H., Nadler, R., & Boyd, M. (1990). Correlates of life satisfaction in those with disabling conditions. *Rehabilitation Psychology, 35*, 3-17.

Mellhuish, A. H. (1981). The doctor's role in educating managers about stress. In J. Marshall & C. L. Cooper (Eds.), *Coping with Stress at Work* (pp. 3-40). Andover, UK: Gower.

Melton, R. J. (1995). The role of positive affect in syllogism performance. *Personality and Social Psychology Bulletin, 21*, 788-794.

Mettee, D. R., Hrelec, E. J., & Wilkens, P. C. (1971). Humor as an interpersonal asset and liability. *Journal of Social Psychology, 85*, 51–64.

Michalos, A. C. (1985). Multiple discrepancies theory. *Social Indicators Research, 16*, 347–413.

Middleton, R. (1959). Negro and white reactions to racial humor. *Sociometry, 22*, 175–182.

Mishra, S. (1992). Leisure activities and life satisfaction in old age: a case study of retired government employees living in urban areas. *Activities, Adaptation and Aging, 16* (4), 7–26.

Mitchell, W. B., DiBartolo, P. M., Brown, T. A., & Barlow, D. H. (1998). Effects of positive and negative mood on sexual arousal in sexually functional males. *Archives of Sexual Behavior, 27*, 197–207.

Moberg, D. O., & Taves, M. J. (1965). Church participation and adjustment in old age. In A. M. Rose & W. A. Peterson (Eds.), *Older People and their Social World* (pp. 113–124). Philadelphia: F. A. Davis.

Morrison, D. R., & Cherlin, A. J. (1995). The divorce process and young children's well-being: a prospective analysis. *Journal of Marriage and the Family, 57*, 800–812.

Moser, K. A., Fox, A. J., & Jones, D. R. (1984). Unemployment and mortality in the OPCS longitudinal study. *Lancet, 2*, 1324–1329.

Moses, J., Steptoe, A., Mathews, A., & Edwards, S. (1989). The effects of exercise training on mental well-being in the normal population. *Journal of Psychosomatic Research, 33*, 47–61.

Mottaz, C. (1986). Gender differences in work satisfaction, work-related rewards and values, and the determinants of work satisfaction. *Human Relations, 39*, 359–376.

Moyle, P. (1995). The role of negative affectivity in the stress process: tests of alternative models. *Journal of Organizational Behavior, 16*, 647–668.

Mroczak, D. K., & Kolanz, C. M. (1998). The effect of age on positive and negative affect: a developmental perspective on happiness. *Journal of Personality and Social Psychology, 75*, 1333–1349.

Mulkay, M. (1988). *On Humour*. Cambridge, UK: Polity Press.

Mullis, R. J. (1992). Measures of economic well-being as predictors of psychological well-being. *Social Indicators Research, 26*, 119–135.

Murphy, G. C., & Athanasou, J. A. (1999). The effect of unemployment on mental health. *Journal of Occupational and Organizational Psychology, 72*, 83–99.

Murphy, L. R. (1994). Workplace interventions for stress reduction and prevention. In C. L. Cooper & R. Payne (Eds.), *Causes, Coping and Consequences of Stress at Work* (pp. 301–339). Chichester, UK: Wiley.

Murray, S. L., & Holmes, J. G. (1997). A leap of faith? Positive illusions in romantic relationships. *Personality and Social Psychology Bulletin, 23*, 586–604.

Myers, D. G. (1999). Close relationships and quality of life. In D. Kahneman, E. Diener, & N. Schwarz (Eds.), *Well-Being: The Foundations of Hedonic Psychology* (pp. 374–391). New York: Russell Sage.

Myers, D. M. (1992). *The Pursuit of Happiness*. New York: Morrow.

Near, J. P., Smith, C., Rice, R. W., & Hunt, R. G. (1980). The relationship between work and nonwork domains. *Academy of Management Review, 5*, 415–429.

Needles, D. J., & Abramson, L. Y. (1990). Positive life events, attributional style, and hopefulness: testing a model of recovery from depression. *Journal of Abnormal Psychology, 99*, 156–165.

Neulinger, J. (1981). *The Psychology of Leisure* (2nd ed.). Springfield, IL: Charles C. Thomas.

Nevo, O. (1994). The psychological contribution of humor in Israel during the Gulf War. *Psychologia: Israel Journal of Psychology, 4*, 41–50.

Nevo, O., Aharonson, H., & Klingman, A. (1998). The development and evaluation of a systematic program for improving sense of humor. In W. Ruch (Ed.), The Sense of Humor: Explorations of a Personality Characteristic. *Humor Research* (Vol. 3, pp. 385–404). Berlin, Germany: De Gruyter.

Nolen-Hoeksema, S. (1991). Responses to depression and their effects on the duration of depressive episodes. *Journal of Abnormal Psychology, 100*, 569–585.

Nolen-Hoeksema, S., & Rusting, C. L. (1999). Gender differences in well-being. In D. Kahneman, E. Diener, & N. Schwarz (Eds.), *Foundations of Hedonic Psychology* (pp. 330–350). New York: Russell Sage.

Noor, N. (1995). Work and family roles in relation to women's well-being: a longitudinal study. *British Journal of Social Psychology, 34*, 87–106.

Noor, N. M. (1997). The relationship between wives 'estimates of time spent doing housework, support and wives' well-being. *Journal of Community and Applied Social Psychology, 7*, 413–423.

O'Brien, G. E. (1986). *Psychology of Work and Employment*. Chichester; UK: Wiley.

Oettingen, G. (1992). *Prerequisites for the power of positive thinking*. Berlin, Germany: Max

Plank Institute.

Offer, A. (2001). On economic welfare measurement and human well-being over the long run. In P. A. David, P. Solar, & M. Thomas (Eds.), *The Economic Future in Historical Perspective*. Oxford, UK: Oxford University Press.

Oishi, S., Diener, E. F., Lucas, R. E., & Suh, E. M. (1999). Cross-cultural variations in predictors of life satisfaction: perspectives from needs and values. *Personality and Social Psychology Bulletin, 25,* 980–990.

Okun, M. A., & George, L. K. (1984). Physician and self-ratings of health, neuroticism and subjective well-being among men and women. *Personality and Individual Differences, 5,* 533–539.

Okun, M. A., Stock, W. A., Haring, M. J., & Witten, R. A. (1984). Health and subjective well-being: a meta-analysis. *International Journal of Aging and Human Development, 19,* 111–132.

Olds, J. (1958). Self Ostimulation of the brain. *Science, 127,* 315–324.

Olson, G. L., & Schober, B. I. (1993). The satisfied poor. *Social Indicators Research, 28,* 173–193.

O' Malley, M. N., & Andrews, L. (1983). The effects of mood and incentives on helping: are there some things that money can' t buy? *Motivation and Emotion, 7,* 179–189.

Osarchuk, M., & Tate, S. J. (1973). Effect of induced fear of death on belief in afterlife. *Journal of Personality and Social Psychology, 27,* 256–260.

Ostroot, N. M., & Snyder, W. W. (1985). Measuring cultural bias in a cross-cultural study. *Social Indicators Research, 17,* 243–251.

Oswald, A. J. (1997). Happiness and economic performance. *The Economic Journal, 107,* 1815–1831.

Ouweneel, P., & Veenhoven, R. (1994). *Nation Characteristics and Average Happiness, Rotterdam.* The Netherlands: Erasmus University.

Pacini, R., Muir, F., & Epstein, S. (1998). Depressive realism from the perspective of cognitive experiential self-theory. *Journal of Personality and Social Psychology, 74,* 1056–1068.

Paffenbarger, R. S., Hyde, R. T., & Dow, A. (1991). Health benefits of physical activity. In B. L. Driver, P. J. Brown, & G. L. Peterson (Eds.), *Benefits of Leisure* (pp. 49–57). State College, PA: Venture Publishing.

Paffenbarger, R. S., Wing, A. L., & Hyde, R. T. (1978). Physical activity as an index of heart attack in college alumni. *American Journal of Epidemiology, 108*, 161-175.

Pahnke, W. H. (1966). Drugs and mysticism. *International Journal of Parapsychology, 8*, 295-314.

Palinkas, L. A., Wingard, D. L., & Barrett, C. E. (1990). The biocultural context of social networks and depression among the elderly. *Social Science and Medicine, 30*, 441-447.

Palouzian, R. F. (1981). Purpose in life and value changes following conversion. *Journal of Personality and Social Psychology, 41,* 1153-1160.

Paloutzian, R. F., & Ellison, C. W. (1982). Loneliness, spiritual well-being, and the quality of life. In L. A. Peplau & D. Perlman (Eds.), *Loneliness: A Sourcebook of Current Theory, Research and Therapy* (pp. 24-237). New York: Wiley.

Pargament, K. I. (1997). *The Psychology of Religion and Coping.* New York: Guilford Press.

Park, C., Cohen, L. M., & Herb, L. (1990). Intrinsic religousness and religious coping as life stress moderators for Catholics versus Protestants. *Journal of Personality and Social Psychology, 59*, 562-574.

Park, C. L., Cohen, L. H., & Murch, R. L. (1996). Assessment and prediction of stress-related growth. *Journal of Personality, 64*, 71-105.

Parker, S. (1982). *Work and Retirement.* London: Allen & Unwin.

Paykel, E. S., Emms, E. M., Fletcher, J., & Rassaby, E. S. (1980). Life events and social support in puerperal depression. *British Journal of Psychiatry, 136,* 339-346.

Payne, R. (1988). A longitudinal study of the psychological well-being of unemployed men and the mediating effect of neuroticism. *Human Relations, 41*, 119-138.

Peale, N. V. (1953). *The Power of Positive Thinking.* Kingswood, UK: World's Work.

Pearce, J. L. (1993). *Volunteer.* London: Routledge.

Perace, P. L. (1982). *The Social Psychology of Tourist Behaviour.* Oxford, UK: Pergamon.

Pennebaker, J. W. (1989). Confession, inhibition, and disease. *Advances in Experimental Social Psychology, 22,* 211-244.

Petty, M. M., McGee, G. W., & Cavender, J. W. (1984). A meta-analysis of the relationships between individual job satisfaction and individual performance. *Academy of Management Review, 9,* 712-721.

Petty, R. E., & Wegener, D. T. (1998). Attitude change: multiple roles for persuasion variables. In D. T. Gilbert, S. T. Fiske, & G. Lindzey (Eds.), *The Handbook of Social Psychology* (4th ed., Vol. 1, pp. 323-390). Boston: McGraw-Hill.

Plancherel, B., & Bolognini, M. (1995). Coping and mental health in early adolescence. *Journal of Adolescence, 18*, 459–474.

Platt, S. (1986). Recent trends in parasuicide ("attempted suicide") among men in Edinburgh. In S. Allen et al. (Eds.), *The Experience of Unemployment* (pp. 150–167). Basingstoke, UK: Macmillan Education.

Pollio, H. R., & Edgerly, J. W. (1976). Comedians and comic style. In A. J. Chapman & H. C. Foot (Eds.), *Humour and Laughter: Theory, Research and Applications* (pp. 215–242). Chichester, UK: Wiley.

Pollner, M. (1989). Divine relations, social relations, and well-being. *Journal of Health and Social Behavior, 30*, 92–104.

Poloma, M. M., & Pendleton, B. F. (1991). *Exploring Neglected Dimensions of Religion in Quality of Life Research*. Lewiston, NY: Edwin Mellon Press.

Prager, K. J., & Buhrmester, D. (1998). Intimacy and need fulfilment in couple relationships. *Journal of Social and Personal Relationships, 15*, 435–469.

Preuschoft, S., & Van Hooff, J. A. R. A. M. (1997). The social function of "smile" and "laughter" : variations across primate species and societies. In U. C. Segestrale & P. Molnar (Eds.), *Non-verbal Communication: Where Nature Meets Culture* (pp. 171–190). Mahwah, NJ:Lawrence Erlbaum Associates Inc.

Privette, G. (1983). Peak experience, peak performance, and peak flow: a comparative analysis of positive human experiences. *Journal of Personality and Social Psychology, 45*, 1361–1368.

Putnam, R. D. (1996). The strange disappearance of civic America. *American Prospect*, Winter, 34–48.

Putman, R. D. (2000). *Bowling Alone*. New York: Simon and Schuster.

Radcliffe-Brown, A. R. (1940). On joking relationships. *Africa, 13*, 195–210.

Rahman, T., & Khaléque, A. (1996). The purpose in life and academic behavior of problem students in Bangladesh. S*ocial Indicators Research, 39*, 59–64.

Ransford, H., & Palisi, b. J. (1996). Aerobic exercise, subjective health and psychological well-being within age and gender subgroups. *Social Science and Medicine, 42*, 1555–1559.

Raphael, D., Renwick, R., Brown, I., & Rootman, I. (1996). Quality of life indicators and health: current status and emerging conceptions. *Social Indicators Research, 39*, 65–88.

Rehm, L. P. (1990). Cognitive and behavior theories. In B. B. Wolman & C. Stricker (Eds.), *Depressive Disorders* (pp. 64-91). New York: Wiley.

Reich, J. W., & Zautra, A. (1981). Life events and personal causation. *Journal of Personality and Social Psychology, 41*, 1002-1012.

Reis, H. R., & Franks, P. (1994). The role of intimacy and social support in health outcomes: two processes or one? *Personal Relationships, 1*, 185-197.

Reis, H. T. (1984). Social interaction and well-being. In S. Duck (Ed.), *Personal Relationships* (Vol. 5, pp. 21-45). London: Academic Press.

Reis, H. T., Nezlek, J., Kernis, M. H., & Spiegel, N. (1984). On specificity in the impact of social participation on physical and mental health. *Journal of Personality and Social Psychology, 48*, 1018-1034.

Reynolds, J. R. (1997). The effects of industrial employment conditions on job-related stress. *Journal of Health and Social Behavior, 38*, 105-116.

Riddick, C. C., & Stewart, D. G. (1994). An examination of the life satisfaction and importance of leisure in the lives of older female retirees: a comparison of Blacks to Whites. *Journal of Leisure Research, 26*, 75-87.

Rimland, B. (1982). The altruism paradox. *Psychological Reports, 51,* 521-522.

Robert, S. A. (1998). Community-level socioeconomic status effects on adult health. *Journal of Health and Social Behavior, 39*, 18-37.

Robinson, J. P. (1977). *How Americans Use Time.* New York: Praeger.

Robinson, J. P. (1990). Television's effects on families' use of time. In J. Bryant (Ed.), *Television and the American Family* (pp. 195-209). Hillsdale, NJ: Lawrence Erlbaum Associates Inc.

Robinson, M. D., & Ryff, C. D. (1999). The role of self-deception in perceptions of past, present, and future happiness. *Personality and Social Psychology Bulletin, 25*, 595-606.

Robinson, T. E., & Berridge, K. C. (1993). The neural basis of drug craving: an incentive-sensitization theory of addiction. *Brain, 18*, 247-291.

Robinson-Wheeler, S., Kim, C., MacCallum, R. C., & Kiecolt-Glaser, J. K. (1997). Distinguishing optimism from pessimism in older adults: is it more important to be optimistic or not pessimistic? *Journal of Personality and Social Psychology, 73*, 1345-1353.

Rogers, S. J., & White, L. K. (1998). Satisfaction with parenting: the role of marital happiness, family structures, and parents' gender. *Journal of Marriage and the Family, 60*, 293–308.

Rokeach, M. (1981). *The Three Christs of Ypsilanti*. New York: Columbia University Press.

Rolls, E. T. (1999). *The Brain and Emotion*. Oxford, UK: Oxford University Press.

Rosenberg, B., & Shapiro, G. (1958). Marginality and Jewish humor. *Midstream, 4,* 70–80.

Rosenberg, M. (1965). *Society and the Adolescent Self-Image*. Princeton, NJ: Princeton University Press.

Rosenberg, M., Schooler, C., Schoenbach, C., & Rosenberg, F. (1995). Global self-esteem and specific self-esteem: different concepts, different outcomes. *American Sociological Review, 60,* 141–156.

Rosenthal, R., & DePaulo, B. (1979). Sex differences in eavesdropping on nonverbal cues. *Journal of Personality and Social Psychology, 37,* 273–285.

Ross, C. E., & Drentea, P. (1998). Consequences of different retirement activities for distress and the sense of personal control. *Journal of Health and Social Behavior, 39,* 317–334.

Ross, M., Eyman, A., & Kishuck, N. (1986). Determinants of subjective well-being. In J. M. Olson, C. P. Herman, & M. Zanna (Eds.), *Relative Deprivation and Social Comparison*. Hillsdale, NJ: Lawrence Erlbaum Associates Inc.

Ross, C. E., & Milgram, J. L. (1982). Important variables in adult sibling relationships: a quantitative study. In M. E. Lamb & B. Sutton-Smith (Eds.), *Sibling Relationships* (pp. 225–249). Hillsdale, NJ: Lawrence Erlbaum Associates Inc.

Ross, C. E., & Mirowsky, J. (1989). Explaining the social patterns of depression: control and problem-solving-or support and talking. *Journal of Health and Social Behavior, 30,* 206–219.

Ross, C. E., & Mirowsky, J. (1995). Does employment affect health? *Journal of Health and Social Behavior, 36,* 230–243.

Ross, C. E., & Van Willigen, M. (1997). Education and the subjective quality of life. *Journal of Health and Social Behavior, 38,* 275–297.

Rothbart, M. K. (1976). Incongruity, problem-solving and laughter. In A. J. Chapman & H. C. Foot (Eds.), *Humour and Laughter: Theory, Research and Applications* (pp. 37–54). Chichester, UK: Wiley.

Rotter, J. B. (1966). Generalised expectancies for internal versus external control of reinforcement. *Psychological Monographs, 80,* 1–28.

Roy, D. (1959). Banana time: job satisfaction and informal interaction. *Human Organization, 18*, 158–168.

Rubenstein, C. (1980). Vacations. *Psychology Today, 13* (May), 62–76.

Ruch, W. (1993). Exhilaration and humor. In M. Lewis & J. M. Haviland (Eds.), *Handbook of Emotions* (pp. 606–616). New York: Guilford Press.

Ruch, W. (1997). To be in good or bad humor: construction of the state form of the State–Trait–Cheerfulness–Inventory–STCI. *Personality and Individual Differences, 22*, 477–491.

Ruch, W., & Carrell, A. (1998). Trait cheerfulness and the sense of humour. *Personality and Individual Differences, 24*, 551–558.

Ruch, W., & Hehl, F. J. (1986). Conservatism as a predictor of responses to humour: Ⅱ. The location of sense of humour in a comprehensive attitude space. *Personality and Individual Differences, 7*, 861–874.

Ruch, W. D. (Ed.). (1998). *The Sense of Humor: Explorations of a Personality Characteristic.* Berlin, Germany: De Gruyter.

Runciman, W. G. (1966). *Relative Deprivation and Social Justice.* London: Rougledge & Kegan Paul.

Russell, J. A. (1980). A circumplex model of affect. *Journal of Personality and Social Psychology, 39*, 1161–1178.

Russell, J. A., & Carroll, J. M. (1999). On the bipolarity of positive and negative affect. *Psychological Bulletin, 125*, 3–30.

Russell, R. J. H., & Wells, P. A. (1994). Predictors of happiness in married couples. *Personality and Individual Differences, 17*, 313–321.

Ryff, C. D. (1989). Happiness is everything, or is it? Explorations on the meaning of psychological well-being. *Journal of Personality and Social Psychology, 57*, 1069–1081.

Saarni, C. (1979). Children's understanding of display rules for expressive behavior. *Developmental Psychology, 15*, 424–429.

Saarni, C. (1989). Children's understanding of strategic control of emotional expression in social transactions. In C. Saarni & P. L. Harris (Eds.), *Children s Understanding of Emotion* (pp. 181–208). Cambridge, UK: Cambridge University Press.

Sackett, G. P. (1966). Monkeys reared in isolation with pictures as visual imput: evidence for an innate releasing mechanism. *Science, 154*, 1468–1473.

Sales, S. M., & House, J. (1971). Job satisfaction as a possible risk factor in coronary heart disease. *Journal of Chronic Diseases, 23*, 861–873.

Salovey, P., O' Leary, A., Stretton, M. S., Fishkin, S. A., & Drake, C. A. (1991). Influence of mood on judgements about health and illness. In J. P. Forgas (Ed.), *Affect and Social Judgements* (pp. 241–262). Oxford, UK: Pergamon.

Sandvik, E., Diener, E., & Seidlitz, L. (1993). Subjective well–being: the convergence and stability of self–report and non–self–report measures. *Journal of Personality, 61*, 317–342.

Saper, B. (1990). The therapeutic use of humor for psychiatric disturbances of adolescence. *Psychiatric Quarterly, 61*, 261–272.

Sastry, J., & Ross, C. E. (1998). Asian ethnicity and the sense of personal control. *Social Psychology Quarterly, 61*, 101–120.

Scambler, D. J., Harris, M. J., & Milich, R. (1998). Sticks and stones: evaluations of responses to childhood teasing. *Social Development, 7*, 234–249.

Schachter, S., & Singer, J. (1962). Cognitive, social and physiological determinants of emotional state. *Psychological Review, 69*, 379–399.

Scheier, M. F., & Carver, C. S. (1985). Optimism, coping and health. *Health Psychology, 4*, 219–247.

Scherer, K. R. (1986). Vocal affect expression: a review and model for further research. *Psychological Bulletin, 99*, 143–165.

Scherer, K. R., & Oshinsky, J. J. (1977). Cue utilization in emotion attribution from auditory stimuli. *Motivation and Emotion, 1*, 331–346.

Scherer, K. R., Summerfield, A. B., & Walbott, H. G. (1986). *Experiencing Emotion*. Cambridge: Cambridge University Press.

Schmitt, M., & Maes, J. (1998). Perceived injustice in unified Germany and mental health. *Social Justice Research, 11*, 59–78.

Schor, J. (1998). *The Overspent American*. New York: Basic Books.

Schultz, T. R. (1976). A cognitive–developmental analysis of humour. In A. J. Chapman & H. C. Foot (Eds.), *Humour and Laughter: Theory, Research and Applications* (pp. 11–36). Chichester, UK: Wiley.

Schultz, T. R., & Horibe, F. (1974). Development of the appreciation of verbal jokes. *Developmental Psychology, 10*, 13–20.

Schulz, R., & Decker, S. (1985). Long–term adjustment to physical disability: the role of social support, perceived control, and self-blame. *Journal of Personality and Social Psychology, 48*, 1162-1172.

Schwartz, C. E., & Sendor, M. (1999). Helping others helps oneself: response shift effects in peer support. *Social Science and Medicine, 48*, 1563-1575.

Schwartz, J. C., & O' Connor, C. J. (1984). *The social ecology of memorable emotional experiences.* Paper at Second International Conference on Personal Relationships, Madison.

Schwarz, N. (1990). Feelings as information: informational and motivational functions of affective states. In R. M. Sorrentino & E. T. Higgins (Eds.), *Handbook of Motivation and Cognitive Foundations of Social Psychology* (Vol. 2, pp. 527-561). New York: Guilford Press.

Schwarz, N., & Clore, G. L. (1983). Mood, misattribution, and judgments of well-being: informative and directive functions of affective states. *Journal of Personality and Social Psychology, 45*, 513-523.

Schwarz, N., & Strack, F. (1991). Evaluating one' s life: a judgement model of subjective well-being. In F. Strack, M. Argyle, & N. Schwarz (Eds.), *Subjective Well-Being* (pp. 27-47). Oxford, UK: Pergamon Press.

Schwarz, N., & Strack, F. (1999). Reports of subjective well-being: judgmental processes and their methodological implications. In D. Kahneman, E. Diener, & N. Schwarz (Eds.), *Well-Being: The Foundations of Hedonic Psychology* (pp. 61-84). New York: Russell Sage.

Schwarz, N., Strack, F., Kommer, F., & Wagner, D. (1987). Soccer, rooms, and the quality of your life: mood effects on judgements of satisfaction with life in general and with specific domains. *European Journal of Social Psychology, 17*, 69-79.

Schwarzer, R., & Leppin, A. (1989). Social support and health: a meta-analysis. *Psychology and Health, 3*, 1-15.

Schyns, P. (1998). Crossnational differences in happiness: economic and cultural factors explored. *Social Indicators Research, 43*, 3-26.

Scott, K. D., & Taylor, G. S. (1985). An examination of conflicting findings on the relationship between job satisfaction and absenteeism: a meta-analysis. *Academy of Management Journal, 28*, 599-612.

Sedikides, C. (1995). Central and peripheral self-conceptions are differentially affected by mood: tests of the differential sensitivity hypothesis. *Journal of Personality and Social*

Psychology, 669, 759-777.

Segerstorm, S. C., Taylor, S. E., Kemeny, M. E., & Fahey, J. L. (1998). Optimism is associated with mood, coping and immune change in response to stress. *Journal of Personality and Social Psychology, 74*, 1646-1655.

Seidlitz, L., Wyer, R. S., & Diener, E. (1997). Cognitive correlates of subjective well-being: the processing of valenced life events by happy and unhappy persons. *Journal of Research in Personality, 31*, 240-256.

Sem-Jacobsen, C. W. (1976). Electrical stimulation and self-stimulation in man with chronic implanted electrodes. Interpretations and pitfalls of results. In A. Wauquier & E. T. Rolls (Eds.), *Brain-Stimulation Reward* (pp. 505-520). Amsterdam: Elsevier.

Sethi, S., & Seligman, M. E. (1993). Optimism and fundamentalism. *Psychological Science, 4*, 256-259.

Shammi, P., & Stuss, D. T. (1999). Humour appreciation: a role of the right frontal lobe. *Brain, 122*, 657-666.

Shapiro, A., & Lambert, J. D. (1999). Longitudinal effects of divorce on the quality of the father-child relationship and on fathers' psychological well-being. *Journal of Marriage and the Family, 61*, 397-408.

Shaver, P. R., & Hazan, C. (1988). A biased overview of the study of love. *Journal of Social and Personal Relationships, 5*, 473-501.

Sheldon, K. M., & Elliot, A. J. (1999). Goal-striving, need satisfaction, and longitudinal well-being: the self-concordance model. *Journal of Personality and Social Psychology, 76*, 481-497.

Sheldon, K. M., Ryan, R., & Reis, H. T. (1996). What makes a good day? Competence and automomy in the day and in the person. *Personality and Social Psychology Bulletin, 22*, 1270-1279.

Shepherd, R. J. (1997). *Aging, Physical Activity and Health*. Champaign, IL: Human Kinetics.

Siegel, J. M., & Kendall, D. H. (1990). Loss, widowhood, and psychological distress among the elderly. *Journal of Consulting and Clinical Psychology, 58*, 519-524.

Simmel, G. (1904). Fashion. *International Quarterly, 1*, 130-155.

Sinclair, R. C., Mark, M. M., Enzle, M. E., & Borkovec, T. D. (1994). Toward a multiple-method view of mood induction: the appropriateness of a modified Velten mood induction technique and the problems of procedures with group assignment to conditions. *Basic and Applied Social Psychology, 15*, 389-408.

Skevington, S. M., MacArthur, P., & Somerset, M. (1997). Developing items for the WHOQOL: an investigation of contemporary beliefs about quality of life related to health in Britain. *British Journal of Health Psychology, 2*, 55-72.

Sloane, P. J., & Williams, H. (1996). Are "overpaid" workers really unhappy? A test of the theory of cognitive dissonance. *Labour, 10* (1), 3-15.

Slottje, D. J. (1991). *Measuring the Quality of Life Across Countries: A Multidimensional Analysis.* Boulder, CO: Westview.

Smith, D. F., & Hoklund, M. (1988). Love and salutogenesis in late adolescence: a preliminary investigation. *Psychology: A Journal of Human Behavior, 25,* 44-49.

Smith, P. C., Kendall, K. M., & Hulin, C. L. (1969). *The Measurement of Satisfaction in Work and Retirement.* Chicago: Rand McNally.

Smith, S., & Razzell, P. (1975). *The Pools Winners.* London: Caliban Books.

Smulders, P. G. W., Kompier, M. A. J., & Paoli, P. (1996). The work environment in the twelve EU countries: differences and similarities. *Human Relations, 49,* 1291-1313.

Sonstroem, R. J., & Potts, S. A. (1996). Life adjustment correlates of physical self-concepts. *Medicine and Science in Sports and Exercise, 28,* 619-625.

Spector, P. E. (1997). *Job Satisfaction.* Thousand Oaks, CA: Sage.

Stack, S., & Eshleman, J. R. (1998). Marital status and happiness: a 17-nation study. *Journal of Marriage and the Family, 60,* 527-536.

Staw, B. M., & Ross, J. (1985). Stability in the midst of change: a dispositional approach to job attitudes. *Journal of Applied Psychology, 70,* 469-480.

Stebbins, R. A. (1979). *Amateurs.* Beverly Hills, CA: Sage.

Steinberg, H., & Sykes, E. A. (1985). Introduction to symposium on endorphins and exercise. *Pharmacology, Biochemistry and Behavior, 23,* 857-862.

Steptoe (1998). *Effects of exercise on mood.* Seminar at Oxford.

St. George, A., & McNamara, P. H. (1984). Race and psychological well-being. *Journal for the Scientific Study of Religion, 23,* 351-363.

Stock, W. A., Okun, M. A., Haring, M. J., & Witter, R. A. (1985). Race and subjective well-being in adulthood: a Black-White research synthesis. *Human Development, 28,* 192-197.

Stone, A. A., Cox, D. S., Valdimarsdottir, H., Jandorf, L., & Neale, J. M. (1987). Evidence that secretory IgA is associated with daily mood. *Journal of Personality and Social Psychology, 52,* 988-993.

Stone, A. A., & Neale, J. M. (1984). Effects of severe daily events on mood. *Journal of Personality and Social Psychology, 46*, 137–144.

Stone, L. (1977). *The Family, Sex and Marriage in England,* 1500–1800. London: Weidenfeld and Nicolson.

Stone, S. (1934). The Miller delusion: a comparative study in mass psychology. *American Journal of Psychiatry, 91*, 593–623.

Storr, A. (1996). *Feet of Clay: A Study of Gurus.* London: Harper Collins.

Strack, F., Schwarz, N., Chassein, B., Kern, D., & Wagner, D. (1990). The salience of comparison standards and the activation of social norms: consequences for judgments of happiness and their communication. *British Journal of Social Psychology, 29*, 303–314.

Strack, F., Schwarz, N., & Gschneidinger, E. (1985). Happiness and reminiscing: the role of time perspective, affect and mode of thinking. *Journal of Personality and Social Psychology, 49*, 1460–1469.

Stroebe, W., & Stroebe, M. S. (1987). *Bereavement and Health.* Cambridge, UK: Cambridge University Press.

Strozier, C. B. (1994). *Apocalypse: On the Psychology of Fundamentalism in America.* Boston: Beacon Press.

Stull, D. E. (1988). A dyadic approach to predicting well-being in later life. *Research on Aging, 10*, 81–101.

Suh, E., Diener, E., Oishi, S., & Triandis, H. (1997). The shifting basis of life satisfaction judgments across cultures: emotions versus norms. *Journal of Personality and Social Psychology, 74*, 482–493.

Suh, E. M. (in press). Self, the hyphen between culture and subjective well-being. In E. Diener & E. M. Suh (Eds.), *Subjective Well-Being Across Cultures.* Cambridge, MA: MIT Press.

Sweetman, M. E., Munz, D. C., & Wheeler, R. J. (1993). Optimism, hardiness, and explanatory style as predictors of general well-being among attorneys. *Social Indicators Research, 29*, 153–161.

Swenson, W. M. (1961). Attitudes towards death in an aged population. *Journal of Gerontology, 16*, 49–52.

Tait, M., Padgett, M. Y., & Baldwin, T. T. (1989). Job satisfaction and life satisfaction: a reexamination of the strength of the relationship and gender effects as a function of the date of the study. *Journal of Applied Psychology, 74*, 502–507.

Taussig, M., & Fenwick, R. (1999). Recession and well-being. *Journal of Health and Social Behavior, 40*, 1–16.

Taylor, S. E., & Brown, J. D. (1988). Illusion and well-being: a social-psychological perspective on mental health. *Psychological Bulletin, 103*, 193–210.

Taylor, S. E., & Gollwitzer, P. M. (1995). Effects of mindset on positive illusions. *Journal of Personality and Social Psychology, 69*, 213–226.

Teasdale, J. D., & Russell, M. L. (1983). Differential effect of induced mood on the recall of positive, negative, and neutral words. *British Journal of Clinical Psychology, 22*, 163–171.

Tellegen, A., Lykken, D. T., Bouchard, T. J., Wilcox, K. J., Segal, N. L. & Rich, S. (1988). Personality similarity in twins reared apart and together. *Journal of Personality and Social Psychology, 54*, 1031–1039.

Thaut, M. H. (1989). The influence of music therapy interventions on self-rated changes in relaxation, affect, and thought in psychiatric prisoner-patients. *Journal of Music Therapy, 26*, 155–166.

Thayer, R. E. (1989). *The Biopsychology of Mood and Arousal.* New York: Oxford University Press.

Thoits, P., & Hannan, M. (1979). Income and psychological distress: the impact of an income-maintenance experiment. *Journal of Health and Social Behavior, 20*, 120–138.

Thoits, P. A. (1985). Social support and psychological well-being: theoretical possibilities. In I. G. Sarason & B. R. Sarason (Eds.), *Social Support: Theory, Research and Applications* (pp. 51–72). Dordrecht, The Netherlands: Nijkhoff.

Thorne, A. (1987). The press of personality: a study of conversation between introverts and extroverts. *Journal of Personality and Social Psychology, 53*, 718–726.

Tomkins, S. S. (1962). *Affect, Imagery, Consciousness* (Vol. 1). The Positive Affects. New York: Springer.

Trew, K., & Kilpatrick, R. (1984). *The Daily Life of the Unemployed.* Belfast, Northern Ireland: Dept. of Psychology, Queen's University.

Triandis, H. C. (1995). *Individualism and Collectivism.* Boulder, CO: Westview Press.

Triandis, H., Bontempo, R., Villareal, M. J., Asai, M., & Lucca, N. (1988). Individualism and collectivism: cross-cultural perspectives on self-ingroup relationships. *Journal of*

Personality and Social Psychology, 54, 323-338.

Trope, Y., Ferguson, M., & Raghumathan, R. (2000). Mood as a resource in processing self-relevant information. In J. P. Forgas (Ed.), *Handbook of Affect and Social Cognition* (pp. 256-274). Mahwah, NJ: Lawrence Erlbaum Associates Inc.

Tucker, L. A. (1990). Physical fitness and psychological distress. *International Journal of Sport Psychology, 21,* 185-201.

Turner, J. B. (1995). Economic context and health effects of unemployment. *Journal of Health and Social Behavior, 36,* 213-229.

Turner, R. W., Ward, M. F., & Turner, D. J. (1979). Behavior treatment for depression: an evaluation of therapeutic components. *Journal of Clinical Psychology, 35,* 166-175.

Turner, V. W. (1969). *The Ritual Process.* London: Routledge & Kegan Paul.

Ullman, C. (1982). Cognitive and emotional antecedents of religious conversion. *Journal of Personality and Social Psychology, 43,* 183-192.

Ulrich, R. S., Dimberg, U., & Driver, B. L. (1991). Psychophysiological indicators of leisure benefits. In B. L. Driver, P. J. Brown, & G. L. Peterson (Eds.), *Benefits of Leisure* (pp. 73-89). State College, PA: Venture Publishing.

Umberson, D. (1987). Family status and health behaviors: social control as a dimension of social integration. *Journal of Health and Social Behavior, 28,* 306-319.

Umberson, D., Chen, M. D., House, J. S., & Hopkins, K. (1996). The effect of social relationships on psychological well-being: are men and women really so different? *American Sociological Review, 61,* 837-857.

United Nations Development Programme (1990). *Human Development Report.* Oxford, UK: Oxford University Press.

Ushino, B. N., Cacioppo, J. T., & Keicolt-Glaser, J. K. (1996). The relationship between social support and physiological processes: a review with emphasis on underlying mechanisms and implications for health. *Psychological Bulletin, 119,* 488-531.

van der Doef, M., & Maes, S. (1999). The Job Demands-Control (-Support) Model and psychological well-being: a review of 20 years of empirical research. *Work and Stress, 13,* 87-115.

Vanfossen, B. E. (1981). Sex differences in the mental health effects of spouse support and equity. *Journal of Health and Social Behavior, 22,* 130-143.

Van Hooff, J. A. R. A. M. (1972). A comparative approach to the phylogeny of laughter and smiling. In R. H. Hinde (Ed.), *Non-Verbal Communication* (pp. 209-241). Cambridge,

UK: Cambridge University Press.

van Ranst, N., & Marcoen, A. (1997). Meaning in life of young and elderly adults: an examination of the factorial validity and invariance of the Life Regard Index. *Personality and Individual Differences, 22*, 877–884.

Veblen, T. (1899). *The Theory of the Leisure Class*. New York: Viking.

Veenhoven, R. (1988). The utility of happiness. *Social Indicators Research, 20*, 333–354.

Veenhoven, R. (1989). *Did the Crisis Really Hurt? Rotterdam*. The Netherlands: Rotterdam University Press.

Veenhoven, R. (1993). *Happiness in Nations: Subjective Appreciation of Life in 56 Nations*. Rotterdam, The Netherlands: RISBO.

Veenhoven, R. (1994). *Correlates of Happiness* (3Vols.). Rotterdam, The Netherlands: RISBO, Center for Socio-Cultural Transformation.

Veenhoven, R. (1995). The cross-national pattern of happiness: test of predictions implied in three theories of happiness. *Social Indicators Research, 34*, 33–68.

Veenhoven, R. (2000). *Freedom and happiness*. Paper presented at the Nuffield College conference on Well-Being.

Veenhoven, R., & Ehrhardt, J. (1995). Test of predictions implied in three theories of happiness: the cross-national pattern of happiness. *Social Indicators Research, 34*, 33–68.

Vella, B. D. A., & White, V. (1997). Response set of social desirability in relation to the mental, physical and spiritual well-being scale. *Psychological Reports, 81*, 127–130.

Velten, E. (1968). A laboratory task for induction of mood states. *Behavior Research and Therapy, 6*, 473–482.

Verkley, H., & Stolk, J. (1989). Does happiness lead into idleness? In R. Veenhoven (Ed.), *How Harmful is Happiness?* (pp. 79–93). Rotterdam, The Netherlands: Rotterdam University Press.

Veorff, J., Douvan, E., & Kulka, R. A. (1981). *The Inner American*. New York: Basic Books.

Vollenweider, F. X., Gamma, A., Liechti, M., & Huber, T. (1998). Psychological and cardiovascular effects and short-term sequelae of MDMA ("Ecstasy") in MDMA-native healthy volunteers. *Neuropsychopharmacology, 19*, 241–251.

Wadsworth, M. E. J., Montgomery, S. M., & Bartley, M. J. (1999). The persisting effect of unemployment on health and social well-being in men early in working life. *Social Science and Medicine, 48*, 1491–1499.

Walker, C. (1977). Some variations in marital satisfaction. In R. Chester & J. Peel (Eds.), *Equalities and Inequalities in Family Life* (pp. 127-139). London: Academic Press.

Wanberg, C. R. (1997). Antecedents and outcomes of coping behaviors among unemployed and reemployed individuals. *Journal of Applied Psychology, 82,* 731-744.

Wanberg, C. R., Griffiths, R. F., & Gavin, M. B. (1997). Time structure and unemployment: a longitudinal study. *Journal of Occupational and Organizational Psychology, 70,* 75-90.

Wannamethee, G., Shaper, A. G., & Macfarlane, P. W. (1993). Heart rate, physical activity, and mortality from cancer and other noncardiovascular diseases. *American Journal of Epidemiology, 137,* 735-748.

Wanous, J. P., Reichers, A. E., & Hudy, M. J. (1997). Overall job satisfaction: how good are single item measures? *Journal of Applied Psychology, 82,* 247-252.

Warm, T. R. (1997). The role of teasing in development and vice versa. *Journal of Developmental and Behavior Pediatrics, 18,* 97-101.

Warr, P. (1999). Well-being and the work place. In D. Kahneman, E. Diener, & N. Schwarz (Eds.), *Well-being: The Foundations of Hedonic Psychology* (pp. 392-412). New York: Sage.

Warr, P. B. (1978). A study of psychological well-being. British *Journal Psychology, 69,* 111-121.

Warr, P. B. (1982). A national study of non-financial employment commitment. *Journal of Occupational Psychology, 55,* 297-312.

Warr, P. B. (1984). Work and unemployment. In P. J. D. Drenth et al. (Eds.), *Handbook of Work and Organizational Psychology* (Vol. 1, pp. 413-443). Chichester, UK: Wiley.

Warr, P. B., & Payne, R. (1982). Experience of strain and pleasure among British adults. *Social Science and Medicine, 16,* 1691-1697.

Waterman, A. S. (1993). Two conceptions of happiness: contrasts of personal expressiveness (eudomania) and hedonic enjoyment. *Journal of Personality and Social Psychology, 64,* 678-691.

Watson, D., & Clark, L. A. (1984). Negative affectivity: the disposition to experience negative emotions. *Psychological Bulletin, 96,* 465-490.

Weisenberg, M., Raz, T., & Hener, T. (1998). The influence of film-induced mood on pain perception. *Pain, 76,* 365-375.

Weiss, R. S. (1973). *Loneliness: The Experience of Emotional and Social Isolation.*

Cambridge, MA: MIT Press.

Welsford, E. (1961*). The Fool: His Social and Literary History.* New York: Anchor Books.

Wessman, A. E., & Ricks, D. F. (1966). *Mood and Personality.* New York: Holt, Rinehart & Winston.

West, C. G., Reed, D. M., & Gildengorin, G. L. (1998). Can money buy happiness? Depressive symptoms in an affluent older population. *Journal of the American Geriatrics Society, 46*, 49–57.

West, M. A., Borrill, C. S., & Unsworth, K. L. (1998). Team effectiveness in organizations. In C. Cooper & I. T. Robertson (Eds.), *International Review of Industrial and Organizational Psychology* (Vol. 13, pp. 1–48). Chichester, UK: Wiley.

Westermann, R., Spies, K., Stahl, G., & Hesse, F. W. (1996). Relative effectiveness and validity of mood induction procedures: a meta–analysis. *European Journal of Social Psychology, 26*, 557–580.

Wheeler, J. A., & Gorey, K. M., & Greenblatt, B. (1998). The beneficial effects of volunteering for older volunteers and the people they serve: a meta analysis. *International Journal of Aging and Human Development, 47*, 69–79.

Wheeler, L., Reis, H., & Nezlek, J. (1983). Loneliness, social interaction and social roles. *Journal of Personality and Social Psychology, 45*, 943–953.

Whyte, M. K. (1990). *Dating, Mating, and Marriage.* New York: Aldine de Gruyter.

Wickrama, K., Conger, R. D., Lorenz, F. O., & Matthews, L. (1995). Role identity, role satisfaction, and perceived physical health. *Social Psychology Quarterly, 58*, 270–283.

Wickrama, K. A. S., Lorenz, F. O., Conger, R. D., Matthews, L., & Elder, G. H. (1997). Linking occupational conditions to physical health through the marital, social and interpersonal processes. *Journal of Health and Social Behavior, 38*, 363–370.

Williams, A. W., Ware, J. E., & Donald, C. A. (1981). A model of mental health, life events, and socal support applicable to general populations. *Journal of Health and Social Behavior, 22*, 324–336.

Willmott, P. (1987). *Social Networks and Social Support.* London: Policy Studies Institute.

Wills, T. A. (1981). Downward comparison principles in social psychology. *Psychological Bulletin, 90*, 245–271.

Wilson, W. (1967). Correlates of avowed happiness. *Psychological Bulletin, 67*, 294–306.

Winefield, A. H. (1995). Unemployment: its psychological costs. In C. L. Cooper & I. T. Robertson (Eds.), *International Review of Industrial and Organizational Psychology*

(Vol. 10, pp. 169-212). Chichester, UK: Wiley.

Winefield, A. H., Tiggemann, M., & Winefield, H. R. (1992). Spare time use and psychological well-being in employed and unemployed young people. *Journal of Occupational and and Organizational Psychology, 65*, 307-313.

Witter, R. A., & Okun, M. A., Stock, W. A., & Haring, M. J. (1984). Education and subjective well-being: a meta-analysis. *Educational Evaluation and Policy Analysis, 6,* 165-173.

Witter, R. A., Stock, W. A., Okun, M. A., & Haring, M. J. (1985). Religion and subjective well-being in adulthood: a quantitative synthesis. *Review of Religious Research, 26,* 332-342.

Wood, W., Rhodes, N., & Whelan, M. (1989). Sex differences in positive well-being: a consideration of emotional style and martial status. *Psychological Bulletin, 106,* 249-264.

Wood, J. V., Taylor, S. E., & Lichtman, R. R. (1985). Social comparison in adjustment to breast cancer. *Journal of Personality and Social Psychology, 49,* 1169-1183.

Worcester, R. M. (1998). More than money. In I. Christie & L. Nash (Eds.), *The Good Life* (pp. 19-25). London: Demos.

World Values Study Group. (1994). *World Values Survey, 1981-1984 and 1990-1993.* Ann Arbor, MI: Institute for Social Research, University of Michigan.

Wright, S. J. (1985). Health satisfaction: a detailed test of the multiple discrepancies theory model. *Social Indicators Research, 17,* 299-313.

Wyer, R. S., & Collins, J. E. (1992). A theory of humor elicitation. *Psychological Review, 99,* 663-688.

Young, M., Benjamin, B., & Wallis, C. (1963). Mortality of widowers. *Lancet, 2,* 454-456.

Zillmann, D., & Cantor, J. R. (1976). A disposition theory of humour and mirth. In A. J. Chapman & H. C. Foot (Eds.), *Humour and Laughter: Theory, Research and Applications* (pp. 93-115). Chichester, UK: Wiley.

Zuckerman, M. (1979). *Sensation Seeking.* Hillsdale: NJ: Lawrence Erlbaum Associates Inc.

찾아보기

내 용

❖저자 소개 ─────────────────────────────

Michael Argyle

　　옥스퍼드 대학교에서 사회심리학을 공부하였으며, 이학박사, 문학박사, 명예 심리학
박사다. 현재는 옥스퍼드 대학교(Oxford University) 사회심리학 명예학자이며, 볼프슨
대학(Wolfson College)의 특별 연구원, 옥스퍼드 브룩스 대학교(Oxford Brookes
University) 심리학과 명예교수로 있다.
　　주요 저서로는 『The Social Psychology of Everyday Life』(1992), 『The
Psychology of Social Class』(1993), 『The Psychology of Religious Behaviour:
Belief and Experience』(공저, 1997), 『The Psychology of Money』(공저, 1998),
『Psychology and Religion: An Introduction』(2000) 등이 있으며, 사회적 상호작용에
대한 실험연구와 이를 사회문제에 적용하는 데 관심을 가지고 있다.

❖역자 소개 ─────────────────────────────

김동기

　　중앙대학교 심리학과를 졸업하였으며, 중앙대학교 대학원에서 석사학위, 박사학위를
취득(사회심리학 전공)하였다. 한국심리학회 총무위원, 한국심리학회 산하 사회심리분
과회 출판위원장을 역임하고, 현재는 강남대학교 교육학과 교수, 한국종교학회 평생회
원으로 있다.
　　주요 저서로는 『종교심리학』(2003), 『심리학 개론』(공저) 등이 있으며, 최근에는 '종
교가 인간의 생활에 어떻게 작용하는가'에 관심을 가지고 종교적 의식 및 종교적 태도
에 대한 실증적 연구를 하고 있다.

김은미

　　중앙대학교 대학원에서 석사학위, 박사학위를 취득(사회심리학 전공)하였으며, 현재
는 강남대학교 교육학과 겸임교수로 있다.
　　주요 저서로는 『심리학 개론』(공저)이 있으며, 사회적 규범행동으로서 한국인의 겸손
이 언행에 미치는 영향 요인들과 심리적 기능에 대한 몇 편의 논문이 있다. 최근에는 청
소년들의 예절 언행에 관심이 있으며, 문화심리학적 시각에서 한국 사람들의 사회적 규
범 행동과 삶의 질에 대해 관심을 두고 있다.

행복심리학

2005년 1월 25일 1판 1쇄 발행
2009년 4월 30일 1판 2쇄 발행

지은이 • Michael Argyle
옮긴이 • 김동기 · 김은미
펴낸이 • 김진환
펴낸곳 • (주) 학지사
121-837 서울시 마포구 서교동 352-29 마인드월드빌딩 5층
대표전화 • 02)330-5114 팩스 02)324-2345
홈페이지 • http://www.hakjisa.co.kr
등록 1992년 2월 19일 제2-1329호
홈페이지 www.hakjisa.co.kr

ISBN 978-89-5891-071-8 93180
정 가 15,000원

인터넷 학술논문 원문 서비스 **뉴논문** www.newnonmun.com

학지사는 깨끗한 마음을 드립니다

학지사

예술심리학

Ellen Winner 저
이모영 · 이재준 공역

2004년
크라운판 · 양장 · 592면 · 22,000원

참 만남을 위한
한 쌍의 대화

연문희 지음

2004년
국판 · 양장 · 240면 · 9,000원

개정증보판
젊은이를 위한
인간관계의 심리학

권석만 지음

2004년
4×6배변형판 · 반양장 · 576면 · 19,000원

스트레스를 넘어 건강한 삶 가꾸기

이종목 · 이계윤 · 김광운 공저

2003년
신국판 · 반양장 · 368면 · 12,000원

개정판
인간관계와 정신건강

설기문 지음

2002년
크라운판 · 반양장 · 456면 · 15,000원

분노 스스로 해결하기

한기연 지음

2001년
4×6판 · 양장 · 216면 · 8,500원

용서는 선택이다

로버트 D. 엔라이트 저
채규만 역

2004년
신국판 · 양장 · 352면 · 13,000원

나는 지적인 사람인가 감정적인 사람인가
－심리학에서 바라본 IQ와 EQ－

김미라 · 윤영화 · 서혜희 공저

1998년
신국판 · 반양장 · 256면 · 8,000원

개정판
화가 날 때 읽는 책
-화를 내지 않고 사는 방법-

알버트 엘리스 저
홍경자 · 김선남 공역

2002년
신국판 · 반양장 · 320면 · 8,000원

의미요법

이남표 지음

2000년
신국판 · 반양장 · 300면 · 7,000원

에니어그램
성공하는 사람의 성격관리

할렌 팔머 · 파울 브라운 공저
윤운성 · 김봉환 · 송의열 · 이주하 ·
정정옥 · 황임란 공역

2001년
신국판 · 반양장 · 370면 · 9,000원

명상과 자기치유 (상 · 하)

존 카밧진 저
장현갑 · 김교헌 공역

1998년
신국판 · 반양장 · 각 8,000원

에니어그램
-이해와 적용-

윤운성 · 김봉환 · 임형택 · 황임란 ·
이주하 · 정정옥 · 이명숙 · 이은하
공저

2003년
크라운판 · 반양장 · 396면 · 15,000원

NLP의 원리

조셉 오코너 · 이안 맥더모트 공저
설기문 역

2000년
신국판 · 반양장 · 280면 · 9,000원

에니어그램 정복
자기발견을 통한
자기완성의 길잡이

에디 피츠거랠드 · 에일리스 버긴
공저
윤운성 역

2002년
4×6판 · 양장 · 140면 · 8,000원

자기 혁신을 위한
NLP 파워

설기문 지음

2003년
신국판 · 반양장 · 382면 · 14,000원